ULRIKE RENK

Mademoiselle Marthe

und die KÜCHE der FREIHEIT

atb aufbau taschenbuch

Ulrike Renk, Jahrgang 1967, studierte Literatur und Medienwissenschaften und lebt mit ihrer Familie in Krefeld. Familiengeschichten haben sie schon immer fasziniert, und so verwebt sie in ihren erfolgreichen Romanen Realität mit Fiktion.

Im Aufbau Taschenbuch liegen ihre Australien-Saga, die Ostpreußen-Saga, die Seidenstadt-Saga, die große Berlin-Saga um die Dichterfamilie Dehmel und zahlreiche historische Romane vor.

Mehr zur Autorin unter www.ulrikerenk.de.

Nach dem Tod ihres Vaters wächst Marthe bei ihrer Großmutter auf einem kleinen Hof in den Vogesen auf. Von Grand-mère lernt sie nicht nur die Kunst des Brotbackens, sondern auch all jene Gerichte, für die diese Region so berühmt ist. Dann erhält ihre Mutter Julie eine Anstellung als Köchin und holt Marthe zu sich nach Paris. Die Metropole brummt, die Weltausstellung steht kurz bevor, und Gustave Eiffel errichtet einen riesigen Turm auf dem Champs de Mars. Durch Florence, Tochter der Familie, für die ihre Mutter arbeitet, lernt Marthe nicht nur das Leben der Pariser Oberschicht kennen, Florence ermutigt sie auch, ihre Leidenschaft, das Schreiben, weiterzuverfolgen. Und dann ist da noch Vincent, sie beiden trennen Welten, und doch lässt er Marthes Herz höherschlagen …

ULRIKE RENK

Mademoiselle Marthe

und die KÜCHE der FREIHEIT

ROMAN

aufbau taschenbuch

MIX
Papier | Fördert
gute Waldnutzung
FSC® C083411

ISBN 978-3-7466-4055-6

Aufbau Taschenbuch ist eine Marke der Aufbau Verlage GmbH & Co. KG

1. Auflage 2024

www.aufbau-verlage.de
10969 Berlin, Prinzenstraße 85

Umschlaggestaltung www.buerosued.de, München
unter Verwendung eines Motivs von
Cover photography © Richard Jenkins
Satz LVD GmbH, Berlin
Druck und Binden CPI books GmbH, Leck, Germany

Printed in Germany

Für Claus –
Oh Captain, my Captain

Amuse-Gueule

Gruß aus der Küche

Kapitel 1

Remiremont, 1887

Es hatte die ganze Nacht geregnet. Marthe zog die Schultern hoch, als sie auf den Hof trat. Sie ging an der Scheune vorbei zur Streuobstwiese. Auf dem Feld daneben standen die Kartoffelpflanzen gebeugt, ihre Köpfe hingen tief herab. Die Luft war würzig, es duftete nach der fruchtbaren, nun schweren Erde, und über dem Wald hing der Nebel.

Schon bald würde die Sonne den Nebel auflösen und die Luft erwärmen. Als sie auf dem kleinen Hügel hinter dem Haus stand, schaute sie zur Chaussee, doch dort war nichts zu sehen. Kein Reiter, keine Kutsche, noch nicht einmal ein Fuhrwerk. Aber es war noch früh, tröstete sie sich. Der Zug aus Paris würde erst gegen Mittag in Épinal ankommen. Bis zu dem kleinen Bauernhaus am Rande der kleinen Stadt Remiremont war es dann noch ein ganzes Stück – fast eine Tagesreise zu Fuß, mit einem Fuhrwerk immerhin zwei Stunden. Seit einer Woche stieg sie jeden Tag mindestens einmal auf den Hügel und schaute in Richtung Norden. Das kleine Gehöft ihrer Großeltern schmiegte sich in die Vorausläufer der Vogesen, seit zwei Jahren, seit dem Tod ihres Vaters, lebten sie nun hier zusammen mit Grand-mère. Marthe strich sich die feuchten Haarsträhnen aus der Stirn, schaute noch einmal angestrengt die Chaussee entlang und kehrte dann um. Vor der Scheune hatte sie den Korb für die Eier abgestellt. Sie griff danach und öffnete die schmale Tür zum Hühnerstall. Jeden Morgen ging Grand-mère als Erstes zum Stall, molk die Kuh und ließ die Hühner auf den Hof. Die Kuh durfte anschließend auf die Weide hinter dem Kartoffelacker. Im Stall war es stickig, und es roch säuerlich nach Milch und Stroh. Schnell sammelte Marthe die noch warmen Eiern aus den Nestern. Nebenan trat die Färse unruhig von einem Bein auf das andere, muhte unglücklich.

»Ist ja gut«, sagte Marthe in dem ruhigen Singsang, in dem auch Grand-mère immer mit den Tieren sprach. »Bald darfst du auch wieder auf die Weide.« Schnell füllte sie noch frisches Wasser für die Hühner nach, dann ging sie zurück zu dem Haus aus grau-gelbem Sandstein, das sich an den Hügel schmiegte, als würde es sich ducken.

Als Marthe eintrat, zog sie den Kopf ein. Natürlich war die Tür hoch genug, sie würde sich nicht stoßen, aber die Räume waren niedrig und durch den Ruß eines Jahrhunderts wirkten sie noch gedrungener. Obwohl sie schon seit zwei Jahren hier wohnte, hatte sich Marthe immer noch nicht daran gewöhnt.

»Warst du wieder auf dem Hügel?« Grand-mère nahm ihr den Korb mit den Eiern ab. Ihre Hände, rissig und schrundig, so wie die Kruste des dunklen Brotes, das sie noch dampfend aus dem Ofen geholt hatte, legten die Eier sanft in die Mulden des Eierbretts, das immer mitten auf dem Küchentisch lag. »Deine Mutter wird schon zurückkommen«, brummte sie nun.

»Seit vier Wochen ist sie jetzt weg.« Marthe senkte den Kopf.

»Die Zukunft muss gut geplant werden. Wenn sie es jetzt gründlich macht, ist es besser für alle.« Grand-mère klang, wie immer, harsch. Das Leben war nicht gnädig mit ihr gewesen, und so wirkte sie oft unwirsch und brüsk, doch Marthe wusste, dass unter der kantigen Schale ein sanftes Herz pochte – so wie sich unter der harten Kruste des Brotes das wolkige und zarte Innere verbarg.

»Ich verstehe es trotzdem nicht.« Marthe wusste, wie bockig sie klang und senkte beschämt den Kopf. Sie wollte ja geduldig sein, aber manchmal war es einfach zu schwer.

Grand-mère warf ihr einen kurzen Blick zu, wies dann auf das kleine Butterfass. Sie musste gar nichts weiter sagen. Marthe setzte sich auf den Hocker und begann die Kurbel zu drehen. Am Anfang war es immer ganz leicht, aber dann nahm der Widerstand zu. Doch es war eine Tätigkeit, die Marthe mochte. Sie musste nicht aufmerksam sein, konnte ihren Gedanken nachhängen.

Auf dem Herd, dessen Feuer Grand-mère immer wieder mit kleinen Kohlestücken oder Ästen fütterte, stand, wie jeden Tag ein großer Topf, in dem Brühe vor sich hinköchelte. Das gleichmäßige Klack-Klack-Klack des Deckels hatte eine beruhigende, fast schon einschläfernde Wirkung. An den Fenstern lief das Kondenswasser herunter und ließ die Landschaft draußen wie hinter einem Nebel verschwinden. Nach und nach füllte der köstliche, satte Duft der Brühe die Küche und vermischte sich mit dem bitteren und beißenden Qualm des Holzfeuers.

»Pierre muss nach dem Kamin schauen«, murmelte Grand-mère. »Ich fürchte, er ist verstopft.« Sie öffnete eins der kleinen Fenster und wedelte den Rauch mit ihrer Schürze nach draußen. Dann überprüfte sie den Inhalt des Butterfasses. »Noch ein wenig, du musst schneller drehen«, ermahnte sie Marthe und trat zum Küchentisch. Sie griff nach dem großen, runden Brotlaib und presste ihn gegen ihren Bauch, schnitt mit dem Messer dicke Scheiben ab.

Obwohl sie das immer so machte, staunte Marthe dennoch jedes Mal wieder. Sie selbst würde sich nicht trauen, das große Messer so schnell und kraftvoll in Richtung Körper zu ziehen.

Grand-mère legte zwei Brotscheiben auf ein Küchenbrett, nahm Marthe das kleine Butterfass ab und bestrich die Scheiben dick mit der frischen und süßen Butter.

»Es wird Zeit, dass die Färse belegt wird«, sagte sie mürrisch. »Bei der nächsten Brunft darf sie zu Pierres Bullen auf die Weide.«

»Warum hast du sie nicht schon dieses Mal dorthin gelassen?«, fragte Marthe. »Sie dauert mich so, sie schreit ganz verzweifelt.«

»Tse«, machte Grand-mère. »Sie ist eine Kuh, und Tiere sind nicht verzweifelt, solange sie Wasser und Futter haben. Sie ist noch zu jung, um zu tragen. Auch nächsten Monat wird sie noch zu jung sein, aber die alte Kuh gibt immer weniger Milch. Ein Jahr muss sie schon noch durchhalten.«

»Warum noch ein Jahr?«, fragte Marthe.

Grand-mère schüttelte den Kopf. »Man merkt, dass du in der Stadt aufgewachsen bist. Jetzt lebst du schon so lange hier, aber vom Landleben verstehst du so viel, wie eine Forelle im Teich.« Sie wandte sich ab, hob den klappernden Deckel des Topfes und rührte um.

Marthe wusste, dass es keinen Sinn machte, weiter zu fragen, Grand-mère würde nicht darauf eingehen.

Das Brot, das Grand-mère ihr hinschob, schmeckte herrlich würzig und zugleich süß. Marthe aß langsam, kaute gründlich. Bis zum Mittag würde es nichts weiter geben.

Der feine Regen hielt sich, ein Nebel, der über den Bergen hing, die Baumspitzen unter einer grauen, weichen Decke versteckte. Die Erde nahm die Feuchtigkeit dankbar auf, glänzte und duftete.

»Es ist zu feucht, um den Garten umzugraben«, brummte Grandmère und legte einen Bund Möhren auf den Tisch. Sie war durch den Gemüsegarten gegangen, so wie jeden Tag, hatte die Pflanzen geprüft, dort etwas aus der Erde gezogen und in ihren großen, breiten Korb gelegt, hier etwas abgezupft. Nun hängte sie ihr feuchtes Schultertuch über die Lehne und rückte den Stuhl vor den Ofen. Wieder einmal stopfte sie ein paar Zweige in die immer hungrige Ofenklappe. Mit kritischem Blick betrachtete sie die Holzvorräte. »Hol Holz«, sagte sie knapp, griff nach dem kleinen, scharfen Messer und begann die Möhren zu putzen.

Marthe stand auf, nahm ihr Tuch vom Haken, schlang es sich um die Schultern und hob die Trage hoch, mit der sie Holz holten.

»Hier!« Das Wort reichte, damit sich Marthe umdrehte. Grandmère schob die Schüssel mit Küchenabfällen in ihre Richtung. Marthe seufzte. Das waren die Reste, die das Schwein bekam. Die Hühner fraßen Gemüseschalen, welken Salat und Brotkrumen, das Schwein aber nahm den Rest. Sogar Knochen fraß es, zermahlte sie genüsslich und langsam. Früher hatte Marthe den Schweinerüssel niedlich gefunden, aber inzwischen wusste sie, dass hinter der niedlich grunzenden Schnauze scharfe Zähne waren. Entsprechend groß war ihr Respekt vor dem Tier. Das Schwein lebte in einem Verschlag hinter dem Stall. Dort durchwühlte es die Erde, wälzte sich voller Wonne im feuchten Dreck und suchte beständig nach Futter. Groß war der Auslauf nicht. Es sollte, so hatte Grandmère ihr erklärt, sich nicht zu viel bewegen, sondern Speck ansetzen.

Im Haushalt der Distels wurde nichts verschwendet, was die Hühner nicht bekamen, fraß das Schwein. Im Herbst wurde das Schwein geschlachtet und im Frühjahr zog ein neues Jungtier ein. Das Schlachtfest, dass die Nachbarn gemeinsam feierten, hatte Marthe letzten Herbst das erste Mal erlebt und es war ihr nachhaltig in Erinnerung geblieben. Dieses Jahr sprach sie kaum mit dem Tier, schmiss ihm nur das Futter hin und füllte das Wasser auf. Für einen Moment blieb sie am Gatter stehen, betrachtete den großen, gefleckten Körper des Schweins. Das Leben hier auf dem Hof war so anders als das in der Stadt, viel ursprünglicher. Sie vermisste die Stadt, Remiremont, vermisste den Trubel und die Fröhlichkeit. Alles dort schien leichter zu sein. Aber vielleicht täuschten sie ihre Erinnerungen auch nur, denn als sie noch in der Stadt wohnten, lebte ihr Vater noch. Die Erinnerung an ihren Vater kam plötzlich, und getroffen schloss sie die Augen. Seit seinem Tod hatte sich alles verändert.

»Marthe?«

Sie hörte die Ungeduld in der Stimme und straffte die Schultern. Niemand konnte etwas dafür, dass alles jetzt so anders war. Schon gar nicht Grand-mère, die ihre Schwiegertochter und die Enkelin seufzend bei sich aufgenommen hatte.

Warum, fragte sich Marthe, ist sie nicht dankbar und froh, dass wir bei ihr leben und sie nicht mehr allein ist? Schließlich nehmen wir ihr ja auch Arbeit ab. Dann aber senkte sie den Kopf. Aber natürlich, dachte sie beschämt, machen wir ihr auch Arbeit.

Schnell schaute sie noch einmal um das Haus herum zur Straße, doch sie war menschenleer.

Die Tage auf dem kleinen Gehöft verliefen gleichmäßig und eintönig – obwohl es immer etwas zu tun gab. Die Aufgaben richteten sich nach der Jahreszeit und dem Wetter, ein immer wiederkehrender Kreislauf, erkannte Marthe. Was gleich blieb, war die Versorgung der Tiere. Sie mussten gefüttert und getränkt, die Ställe gemistet, die Kuh gemolken und die Eier der Hühner eingesammelt werden. Jeden Montag buk ihre Großmutter Brot, aus einem Teig, den sie bereits am Sonntagabend ansetzte. Vor einigen Wochen hatte sie angefangen, Marthe das Brotbacken beizubringen. Marthe liebte das lebendige Gefühl des säuerlichen Teiges unter ihren Händen. Sie knetete, walzte und faltete ihn, streichelte und klopfte, wie um ihn aufzumuntern. Dann wurde er in die Holzschüssel gelegt und mit einem sauberen Leinentuch abgedeckt, fast so, als würde man ein Kind zum Schlafen legen. Am nächsten Morgen, wenn Marthe das Tuch anhob, klopfte ihr Herz immer unruhig und besorgt. War das kleine Wunder wieder gelungen? War der Teig gewachsen, hatte sich entfaltet und war aufgegangen? Am Anfang misslang es ihr ein paarmal, und der Teig lag wie zusammengekrümmt auf dem Boden der Schüssel, hart und leblos. Erschrocken hatte sie Grand-mère angesehen, doch diese hatte nicht geschimpft, sondern nur geseufzt. Geduldig hatte sie den Teig neu angesetzt, mit Mehl, etwas Zucker und warmen Wasser gemischt, behutsam geknetet.

»Es muss Luft in den Teig, aber du kannst sie nicht hineinprügeln, du musst es mit Verstand und Hingabe machen. Der Teig lebt, du kannst ihn nicht zwingen, du musst ihn ermuntern zu wachsen und zu gedeihen.« Geduldig zeigte sie Marthe, wie sie den Teig kneten sollte. Und auch als es ein zweites Mal nicht gelang, wurde sie nicht unwirsch, sondern zeigte es ihr erneut.

Nach und nach bekam Marthe ein Gefühl für den Brotteig, wusste, wann er geschmeidig genug war und wie sie ihn am besten betten sollte. Es machte sie stolz, wenn sie den duftenden und mit Luftblasen durchzogenen Teig in den Ofen schob und später das herrlich krustige und dennoch lockere Brot auf den Tisch legen konnte.

Eine weitere Woche war vergangen, der Sommer war zurückgekehrt und die Kartoffelpflanzen schauten wieder munter über das Feld. Auch die Färse durfte wieder auf die Weide und musste nicht mehr ihr einsames Leid im Stall klagen.

Marthe wurde immer unruhiger. Fünf Wochen war Maman nun schon in der großen Stadt. Langsam beschlich sie die Angst, ihre Mutter könne nie wieder zurück kommen.

»Was, wenn ihr etwas zugestoßen ist?«, fragte sie fast tonlos, während sie die Kurbel des Butterfasses drehte. »Paris ist so groß. Warst du schon mal dort?«

»Einmal«, sagte Grand-mère in dem Tonfall, der keine weiteren Fragen zuließ. »Was soll ihr denn zugestoßen sein?«

Marthe zuckte hilflos mit den Schultern. »Ich weiß nicht. Dort gibt es doch auch viele Clochards und … andere dunkle Gesellen. Papa hat immer davon erzählt. Er ist nie gerne nach Paris gereist.«

»Ihr ist nichts zugestoßen.«

»Aber was, wenn doch? Was, wenn sie einfach nicht mehr wiederkommt?« Marthe schluckte. Erst jetzt merkte sie, wie groß die Angst in ihrem Bauch geworden war.

»Mon Dieu, du machst dir aber auch immer Gedanken um ungelegte Eier.« Grand-mère schüttelte den Kopf und verzog den Mund. »Falls ihr etwas passiert wäre, wüssten wir schon Bescheid. Schlechte Nachrichten reisen schnell.«

»Aber wenn sie in die Seine gefallen ist? Oder jemand sie in einem Hinterhof versteckt hat?« Marthe stockte der Atem, ihre Gedanken überschlugen sich.

»Deine Phantasie ist so blühend wie die Kapuzinerkresse im Garten. Das mag an den Heftchen liegen, die du immerzu liest. Du solltest dich lieber nützlich machen. Geh zum Gemüsebeet, das Unkraut wächst schneller, als man gucken kann – aber man kann es nicht essen.«

Marthe zog die Küchenschürze aus und den Gartenkittel über. An der Scheune standen der Eimer, Harke und die kleine Schaufel, mit der sie das Unkraut ausstechen konnte. Die Arbeit im Gemüsegarten war mühsam, langweilig, aber auch wichtig, das hatte Marthe inzwischen begriffen. Alles, was Grand-mère hier anbaute, ernährte sie. Jetzt, im Sommer, leerten sich die Regale der Vorratskammer. Und noch gab es nicht viel, was schon geerntet werden konnte. Zwar hatten sie im Erdkeller noch zwei Säcke mit schrumpeligen Kartoffeln, doch bis sie den Acker umgraben konnten, würde es noch dauern. Im letzten Jahr war es sogar noch schlimmer gewesen. Da hatte Grand-mère unwillig und grummelnd einige Ware auf dem Markt dazukaufen müssen, sie war nicht auf zwei weitere, hungrige Mäuler eingestellt gewesen.

In diesem Jahr hatte sie den Gemüsegarten vergrößert und den Kartoffelacker auch. Zudem war das Frühjahr feucht, aber nicht zu nass gewesen, so dass die Beerensträucher und die Obstbäume voller Fruchtansätze hingen.

Die Erde war noch vom gestrigen Regen schwer, Marthe musste sich durchkämpfen. Sie war froh, als Grand-mère sie zum Abendessen ins Haus rief. Am gestrigen Sonntag hatte Grand-mère ein Kaninchen geschmort. Die Feinde des Gemüsegartens fing sie mit Fallen und somit kamen sie oft auf den Tisch. Für Marthe zu oft.

»Ich esse sie lieber, als dass sie unser Gemüse und den Salat vertilgen«, sagte Grand-mère gerne. Marthe meinte sogar, eine gewisse Genugtuung in ihrem Gesicht zu erkennen, wenn sie wieder einmal einem Kaninchen das Fell über die Ohren zog.

Nachdem Marthe sich den Kittel ausgezogen und Hände und Gesicht gewaschen hatte, setzte sie sich an den schrundigen alten Tisch, der schon seit Generationen in der Familie war und sicherlich viele Geschichten hätte erzählen können.

Grand-mère stellte einen Teller mit dünnen und über dem Feuer gerösteten Brotscheiben auf den Tisch, dazu ein Schälchen. Marthe sah sie verblüfft an.

»Ein kleines Amuse-Gueule«, sagte Grand-mère, und ihr Mund verzog sich zu einem kaum erkennbaren Lächeln. »Ein Rillette vom Kaninchen.«

»Oh!«

»Ich dachte, du könntest etwas Aufmunterung gebrauchen«, murmelte sie, setzte sich Marthe gegenüber, faltete die Hände und senkte den Kopf zum stummen Gebet. Früher hatte Papa das Tischgebet gesprochen, und wenn er nicht da war, hatte Maman diese Rolle übernommen. Doch seit sie hier wohnten, hatte es kein laut gesprochenes Gebet mehr gegeben. Marthe fiel es normalerweise schwer, ihren Dank und ihre Bitte an Gott im Kopf zu formulieren, doch nun war dort dieser eine, große Wunsch, um dessen Erfüllung sie wieder und wieder bat. »Lass Maman zurückkommen!«

»Amen«, sagte Grand-mère und reichte Marthe das Brot und das Rillette.

»Es ist köstlich«, sagte Marthe erstaunt. Normalerweise waren die Speisen im kleinen Bauernhaus bodenständig und einfach, doch das Rillette überraschte sie.

»Es ist ein Rezept, dass ich von deiner Mutter habe«, sagte Grand-mère. »Sie ist eine gute Köchin.«

»Woher weißt du das?«, fragte Marthe fast trotzig. »Du lässt sie doch nie an den Herd.«

»Ich weiß es von früher, Kind«, sagte Grand-mère. »Und dies ist meine Küche, mein Herd. Julie würde sich nicht wohlfühlen, hier kochen zu müssen. Auch kocht sie ja ganz andere Gerichte, als ich es tue.«

»Das ist gar nicht wahr. Maman kochte fast so wie du. Nur gab es bei uns öfter eine Süßspeise als Dessert. Und außerdem hat sie natürlich auf dem Markt eingekauft. Unsere Vorratskammer war nicht so groß wie deine und einen Erdkeller hatten wir in der Stadt erst recht nicht.«

»Und deshalb sind unsere Gerichte ja auch so unterschiedlich.«

Marthe merkte, dass für Grand-mère das Thema beendet war. Statt der sonst üblichen Schüssel Potage, der Gemüsesuppe, die tagtäglich auf dem Herd köchelte, gab es heute eine klare, aber sehr kräftige Brühe.

»Es war ein weiteres Kaninchen in der Falle. Ich habe eine Brühe aus den Knochen gekocht. Bei einem lohnt sich das nicht, da gebe ich die Knochen zur Potage.«

Verwundert sah Marthe ihre Großmutter an. So kochte sie sonst nur an Feiertagen oder wenn Besuch kam – was sehr selten war.

Nach der Suppe holte Grand-mère gebratene Kaninchenkeulen aus dem Ofen, die sie entbeint und mit Kräutern gefüllt hatte. Dazu gab es die ersten Möhren in Butter gegart und mit frischem Kerbel bestreut.

»Lass es dir schmecken«, forderte sie ihre Enkelin auf.

»Feiern wir irgendetwas?«, fragte Marthe unsicher.

»Wir feiern uns. Manchmal muss das sein, Kind. Ich merke, dass du deine Mutter vermisst. Und ich weiß, dass sich dein Leben in den letzten zwei Jahren sehr geändert hat. Es wird sich wohl noch mehr verändern. Und deshalb feiern wir das Hier und Jetzt. Und nun iss.«

»Aber …« Grand-mères Blick schnitt ihr das Wort ab.

Was meint sie wohl damit, fragte sich Marthe verwirrt. Weiß sie etwas, was ich nicht weiß? Gibt es schlechte Nachrichten von Maman? War ihr doch etwas zugestoßen? Marthe blickte zu ihrer Großmutter, versuchte aus dem unbewegten Gesicht zu lesen – doch es gelang ihr nicht. Sie beugte sich wieder über den Teller und aß etwas von der Kaninchenkeule. Verwundert schloss sie die Augen. Das Fleisch war herrlich zart, fast buttrig, die frischen Kräuter unterstrichen den Geschmack. Estragon konnte sie herausschmecken und auch etwas Kerbel. Die jungen Möhren, die Grand-mère nur abgebürstet hatte, waren süß und voller Geschmack. Sie hatten noch nicht die herbe Holzigkeit der Lagermöhren, die den Winter in der Kiste mit dem feuchten Sand verbrachten und inzwischen aufgebraucht waren.

Marthe nahm sich von dem Brot, das immer zum Essen gereicht

wurde, um auch den letzten Rest des Fleischsaftes und der Soße aufzuwischen und zu genießen.

Zu guter Letzt stellte Grand-mère das Brett mit dem Käse auf den Tisch, schnitt noch ein paar weitere Scheiben frischen Brots vom Laib, dazu reichte sie eine Schale mit Butter, die sie mit Meersalz verrührt hatte. Frischkäse stellte sie selbst her, auch etwas selbst gemachter Schnittkäse ruhte immer in der Vorratskammer. Jeden Tag wischte Großmutter den Käse mit einem Lappen, den sie in Salzwasser tränkte, ab und wendete die Stücke. Von Pierre, dem Nachbar zur Linken, bekam Grand-mère Camembert und Ziegenkäse, denn er betrieb mit seiner Frau eine kleine Käserei.

»Brot und Käse«, sagte sie und schob das Brett über den Tisch zu Marthe.

»Grand-mère …«, sagte Marthe unsicher. »Warum …?«

»Essen ist mehr als nur Nahrung. Mahlzeiten sind auch Gefühle, vergiss das nie. Du weißt jetzt, besser als noch vor zwei Jahren, woher die Nahrung kommt. Sie kommt aus dem Garten, wächst in der Erde. Man muss alles hegen und pflegen, man muss sich kümmern. Essen ist mehr als nur satt zu werden. Ich möchte, dass du das weißt und dich immer daran erinnerst.« Sie sah ihre Enkeltochter eindringlich an. »Versprichst du mir das?«

Marthe nickte.

Nach dem Essen räumten sie den Tisch ab und spülten das Geschirr. Grand-mère schickte Marthe nach draußen, um die Kühe von der Weide zu holen, die Hühner in den Stall zu bringen. Wieder stieg Marthe auf den Hügel, aber auch diesmal konnte sie kein Fuhrwerk entdecken.

An diesem Abend ging sie früh zu Bett. Grand-mère saß noch

am Küchentisch und palte die ersten Erbsen, die sie heute aus dem Garten geholt hatte.

Marthe und ihre Mutter schliefen in dem kleinen Kämmerchen unter dem Dach. Es war dort so niedrig, dass sie kaum aufrecht stehen konnte. Ihre Großmutter hatte ihr Schlafzimmer unten, neben der Küche.

Das winzige Fensterchen öffnete Marthe weit – denn im Sommer war es hier unter dem Dach heiß und stickig. Im Winter dagegen zugig und kalt.

Draußen zwitscherten sich die Vögel ihre Gute-Nacht-Rufe zu.

Wir können froh sein, hier unterzukommen, hatte ihre Mutter ihr gesagt. Am Anfang, kurz nach Papas Tod, war Marthe einfach nur entsetzt und traurig gewesen. Sie hatte alles – die Beerdigung und den Umzug hierher – wie durch Watte wahrgenommen. Sie hatte nicht wahrhaben wollen, dass ihr Leben sich so grundsätzlich geändert hatte. Das kleine Bauernhaus kannte sie schon, denn oft hatte sie die Großmutter in den Ferien besucht. Damals hatte aber auch noch Tante Cecilie hier gewohnt und Marthe hatte keine Pflichten oder Aufgaben gehabt. Sie hatte sich immer auf die Tage bei Grand-mère gefreut und die Zeiten hier genossen.

Es ist schön hier, dachte sie nun. Aber es ist anders. Vor allem jetzt in den Sommermonaten, in denen die Schule geschlossen war. Für mich, denkt sie seufzend, ist die Schule sowieso vorbei. In der Dorfschule wurden die Kinder nur bis zur achten Klasse unterrichtet. Einige Jungs gingen danach auf die weiterführende Schule in Épinal, ganz selten wurde auch ein Mädchen geschickt. Doch die weiterführende Schule war teuer, und außerdem war sie zu weit weg.

Das ist sicher auch ein Grund, warum Maman nach Paris gefahren ist. Hier im Umland von Remiremont haben wir keine Zukunft. Wir können ja nicht ewig auf diesem kleinen Hof leben, auch wenn die Selbstversorgung in diesem Jahr besser funktioniert. Maman ist in Paris, um eine Ausbildungsstelle für mich zu finden. Und vielleicht auch eine Arbeit für sich selbst. Papa hat uns eine kleine Rente hinterlassen, außerdem gehören Maman zwei Weinberge im Süden – doch die werfen nicht viel ab und die Rente reicht auch nicht weit, das hat Maman mir ja erklärt. Immer wieder hat Maman versucht, mit mir über die Zukunft zu sprechen, doch ich habe einfach meine Ohren verschlossen, gestand sich Marthe nun beschämt ein.

Der Gedanke an die Zukunft machte ihr Angst. Wie wird sie aussehen? Wie soll das werden? Bis vor zwei Jahren war unser Leben einigermaßen sicher und geregelt. Wir hatten eine schöne Wohnung in Remiremont, Papa war Kurier. Er war oft unterwegs, aber dafür wurde er auch recht gut bezahlt. Das Pferd wurde ihm gestellt und manchmal sogar eine Kutsche – je nachdem, was er befördern musste. Immer hatte er spannende Geschichten mit nach Hause gebracht.

Marthe stopfte sich das Kissen zurecht, das mit den Daunen der Gänse aus der Nachbarschaft gefüllt war, und schloss die Augen. Sie konnte ihren Vater vor sich sehen, wie er in seiner schmucken Uniform lachend am Tisch saß und von all den Dingen erzählte, die er erlebt hatte. Oft hatte Marthe ihm an den Lippen gehangen, hatte jedes seiner Worte in sich aufgenommen. Manchmal hatte sie versucht, seine Geschichten aufzuschreiben. Immer aber hatten sie ihre Phantasie beflügelt. In den letzten zwei Jahren hatte sie diese

Gedanken, die Phantasien und Träume nicht mehr zugelassen. Sie hatte sie in ein Kästchen gepackt und weggeschlossen.

Ich werde mich an seine Worte erinnern, beschloss Marthe nun und nickte, verschränkte die Arme vor der Brust. Ich werde mir jede seiner Erzählungen ins Gedächtnis rufen und alles aufschreiben. Sie sollen weiterleben, in mir, vielleicht auch für andere. Ich werde schreiben.

Maman hatte sie oft gefragt, was sie denn würde machen wollen, wie Marthe sich ihre Zukunft vorstellte. Doch Marthe hatte keine Vorstellung von der Zukunft gehabt. Zu groß war die Angst, dass alle Pläne, die sie machte, zerplatzen würden wie eine Seifenblase – so wie ihr sicheres und schönes Leben in Remiremont von einem Tag auf den anderen geplatzt war. Nun aber fasste sie einen Plan, ein kleiner Gedanke erst, wie ein Samenkorn, das man in die feuchte Erde legte und das Zeit brauchte, um zu wachsen. Ich möchte etwas mit Worten machen. Ich möchte etwas mit Schrift machen – schreiben. Berichte schreiben vielleicht. Ja, das möchte ich. Aber … gab es dafür einen Weg? Maman war nach Paris gefahren, um für sie beide eine Zukunft zu finden. Was eine Zukunft hatte ein fast sechzehnjähriges Mädchen in Frankreich denn, wenn sie nicht zur höheren Schicht oder gar zum Adel gehörte? Maman würde eine Stellung für sie suchen. Eine Anstellung als Hausmädchen, als Zimmermädchen oder gar als Wäschefrau. Als Frau hatte man doch gar keine anderen Möglichkeiten, wenn man nicht in eine entsprechende Familie hineingeboren worden war. Marthe biss sich auf die Lippe. Nein, nein, so würde es nicht enden. Sie würde einen Weg finden.

Ja, Marthe Marie Josephine, das wirst du tun, versprach sie sich selbst. Du wirst deinen Weg finden und gehen. Du wirst es für Papa machen – denn das würde er von dir erwarten.

Das erste Mal seit Wochen schlief sie mit einem Lächeln auf den Lippen ein.

Kapitel 2

Als Marthe am nächsten Tag den Tisch für das Abendessen deckte, hörte sie Hufgetrappel und das Knirschen von Rädern auf der steinigen Zufahrt zum Hof. Sie hob den Kopf, hielt den Atem an. War das nur Pierre, der Nachbar, der irgendetwas brachte? Manchmal kam er vorbei. Sie schaute unsicher zu Grand-mère, die auch den Kopf gehoben hatte und sich nun die Hände am Küchentuch abwischte.

»Er… erwartest du jemanden?«, fragte Marthe und schluckte, ihre Stimme klang brüchig.

»Nein.« Grand-mère ging zur Tür, öffnete sie und schaute in den Hof. Marthe wollte ihr folgen, traute sich aber nicht. Immer, wenn Händler kamen, schickte Grand-mère sie weg.

Unsicher stellte Marthe die Teller aus Steingut auf den Tisch, legte das Besteck daneben. Ihrer Großmutter war es wichtig, dass auch Stoffservietten neben den Tellern lagen und jeder ein Glas hatte. Auch ein Krug mit frischem Wasser aus dem Brunnen war Pflicht, genauso wie einer mit dem Hauswein, den sie aus dem Fass im Keller abfüllten.

Marthe prüfte den Tisch, alles war so, wie Grand-mère es wünschte. Nun ging sie zögerlich in Richtung Tür, wo die Großmutter immer noch abwartend stand.

Die Kutsche fuhr in den Hof, hielt an. Auf dem Kutschbock saß ein Mann, der die Hand zum Gruß hob, dann öffnete sich die Tür, und Marthe konnte eine Frauengestalt erspähen, die ausstieg. Sie streckte sich.

»Maman!«, rief Marthe, drängte sich an der Großmutter vorbei und eilte in den Hof. »Maman!«

Die beiden umarmten sich herzlich, drückten sich fest.

Endlich, dachte Marthe, endlich. Endlich ist Maman wieder da. Sie fühlte sich an wie immer, vielleicht ein wenig knochiger und steifer, aber sie roch ganz anders, ganz unvertraut. Julie rückte ein Stück von ihrer Tochter ab, musterte sie.

»Es ist schön, wieder bei dir zu sein«, sagte sie leise.

Der Mann auf dem Kutschbock räusperte sich, und Julie drehte sich schnell zu ihm um, nahm eine Münze aus ihrer Tasche und reichte sie ihm. Dann holte sie das kleine Köfferchen aus der Kutsche und ging zum Haus.

Grand-mère stand immer noch in der Tür, sie hatte weder etwas gesagt noch sich gerührt. Jetzt nickte sie ihrer Schwiegertochter zu und trat zur Seite, ließ sie ins Haus.

»Mach dich in Ruhe frisch«, sagte sie nun. »Wir werden mit dem Essen warten.«

»Ist gut«, sagte Julie.

In der Waschküche war auch die Zinkwanne und dort gab es einen Pumpschlegel, der Brunnenwasser führte. Einmal in der Woche wurde im großen Waschkessel Wasser für die Wanne erhitzt und alle badeten nacheinander. Im Winter gab es jeden Abend einen Krug mit warmem Waschwasser, im Sommer wuschen sie sich kalt.

Grand-mère zögerte einen Moment, doch dann ging sie mit

festem Schritt in die Waschküche und setzte Wasser auf. »Nach so einer langen Reise willst du vielleicht ein schnelles Bad nehmen und dir den Reisestaub abwaschen.«

»Danke«, sagte Julie verblüfft. »Das wäre wirklich schön.«

»Bring den Koffer deiner Mutter nach oben«, wies Grand-mère Marthe an. Sie selbst ging zum Herd, zog den Topf mit der Suppe vom Feuer. Dann nahm sie Speck aus dem Vorratsschrank und würfelte ein paar Zwiebeln.

Marthe hatte den Koffer nach oben gebracht und stand nun unsicher in der Küche. »Kann ich helfen?«

»Geh in den Garten und hole etwas Salat. Nein – lass mich das tun. Du kannst die Zwiebeln würfeln. Aber schneide wirklich feine Würfel.«

»Ich kann auch in den Garten gehen …«

»Pfff«, machte Grand-mère nur und eilte an ihr vorbei nach draußen.

Sie traut mir gar nichts zu, dachte Marthe und spürte die Wut in ihrem Bauch. Warum nicht? Ich gebe mir doch so viel Mühe, höre immer auf das, was sie sagt. Ja, ich bin nicht auf dem Land aufgewachsen, und nein, ich weiß oft nicht, warum man dies tut und jenes nicht, aber sie könnte es mir doch erklären.

Missmutig krempelte sie die Ärmel ihres Kleides hoch und nahm das Messer. Bei Maman und Grand-mère sah es immer so leicht aus. Sie nahmen das Gemüse – Zwiebeln, Karotten oder was auch immer zu schneiden war –, legten es auf das große Brett, nahmen das Messer und schnitten mit schnellen Bewegungen, fast fließend sah es aus. Das würde sie sicher auch hinbekommen. Doch das Messer, das Grand-mère immer benutzte, war lang und scharf. Es wurde regelmäßig gewetzt und eingeölt. Eigentlich durfte niemand außer ihr das Messer benutzen. Maman hatte ihre eigenen Messer, die sie in einer besonderen Tasche verstaut hatte. Die Tasche lag normalerweise oben unter ihrem Bett und sie hütete sie wie einen Schatz. Hatte sie die Tasche mit nach Paris genommen?, fragte sich Marthe nun und nahm das große und schwere Messer in die rechte Hand, die Zwiebel hielt sie mit der Linken. Mit einem forschen Schnitt halbierte sie die Zwiebel, so wie sie es bei Grand-mère beobachtet hatte. Dann legte sie die Hälften auf das Brett. Grand-mère schnitt die Zwiebel immer mit dem Messer von oben ein – in dünne Streifen. Aber sie machte es so, dass die Streifen nicht auseinander fielen. Dann schnitt sie zweimal waagerecht und schließlich senkrecht und somit entstanden die Würfel. Das ist nicht schwer, dachte Marthe.

Sie setzte das Messer an, wollte schnell und zügig schneiden, aber die Schneide rutschte von der glitschigen, frischen Zwiebelhaut ab.

Ich mache es langsam, sagte sich Marthe. Lieber langsam und sorgfältig, als schnell und grob. Grand-mère soll keinen Grund haben, mich zu schimpfen. Wieder nahm sie das Messer, setzte erneut an und schnitt beherzt zu. Anders als bei Grand-mère blieben die Streifen nicht in Form, sondern fielen auseinander. Dünn waren sie auch nicht. Marthe biss sich auf die Lippe und runzelte verzweifelt die Stirn.

»Was machst du da?«, fragte Julie, die aus der Waschküche kam, frisch duftend und noch mit feuchtem Haar. Sie lächelte ihre Tochter an.

»Ich soll die Zwiebeln würfeln. Fein würfeln. Aber … es gelingt mir nicht.« Marthe wischte sich mit der Rückseite ihrer Hand über die Augen. Es waren ganz sicher die Zwiebeln, die sie zum Weinen brachte.

»Schau, du hast die Zwiebel falsch geteilt. Siehst du das hier?« Julie nahm eine neue Zwiebel, schälte mit einer schnellen und sicheren Bewegung die äußere Schale ab. »Hier ist die Wurzel und auf der anderen Seite wächst der Stiel. Du muss sie durch beides hinweg teilen und nicht in der dicken Mitte.«

»Ach?«

»Ja.« Julie lächelte. »Und dann legst du die Hälfte so hin und schneidest von der Mitte bis zur Wurzel – aber nicht ganz. Ein ganz kleines Stück lässt du stehen. So hält es zusammen, siehst du?« Sie zeigte es langsam und sorgfältig. »Und jetzt du.«

Marthe nahm die andere Hälfte des Gemüses, versuchte genauso zu schneiden, wie es ihr ihre Mutter gezeigt hatte. Es gelang ihr fast.

»Das hast du schon ganz gut gemacht. Für das erste Mal war es sogar sehr gut.« Julie nahm das Messer. »Und jetzt schneidest du waagerecht hindurch – einmal, das reicht schon. Siehst du – so geht das.«

Wieder folgte Marthe dem Beispiel ihrer Mutter.

»Du darfst auch jetzt nicht bis ganz zum Ende schneiden. So hält das Wurzelstück alles noch zusammen.«

»Ich verstehe«, murmelte Marthe.

»Und nun kannst du die Würfel schneiden – von oben, so fein und so dünn wie möglich. Schau, es ist eigentlich ganz einfach.«

»Wenn du es machst, sieht es so leicht aus.« Marthe biss sich wieder auf die Lippe und versuchte sich zu konzentrieren. Ihre Würfelchen waren gröber als die der Mutter, aber es sah schon ganz anders aus, als beim ersten missglückten Versuch.

»Das ist die Übung«, sagte Julie. »Ich werde hochgehen und meine Haare richten. Kommst du nun allein zurecht?«

»Ja, ich glaube schon.« Martha schob die Zunge zwischen ihre Zähne, nahm die nächste Zwiebel und zog die Haut ab. Dann schnitt sie es so, wie es Maman ihr gezeigt hatte. Sie machte es langsam und sorgfältig. Wieder wurden ihre Würfel nicht so fein, wie die von Maman oder Grand-mère, aber weitaus besser als das, was sie am Anfang zustande gebracht hatte.

Als sie die vierte Zwiebel geschnitten hatte, kam Grand-mère zurück in die Küche. In ihrem Korb lagen Salatblätter, eine kleine rote Bete und Kräuter. Kritisch betrachtete sie die Zwiebelwürfel auf dem Brett, kniff kurz die Augen zusammen. »Du lernst schnell. Die Letzten sind gar nicht so schlecht.«

So viel Lob hatte Marthe selten von Grand-mère bekommen und das Blut stieg in ihre Wangen. »Danke.«

»Sie sind aber weit entfernt von perfekt. Und glaub bloß nicht, dass ich nicht sehe, dass deine Mutter es dir gezeigt hat.«

Marthe hielt die Luft an. Würde nun ein Tadel kommen? Aber Grand-mère nickte nur. »Die Reste, deine erste Zwiebel und all die Wurzelstücke kannst du in den großen Suppentopf tun.«

»Nicht in die Schale für die Hühner oder das Schwein?«, fragte Marthe.

»Natürlich nicht. Das sind frische Zwiebeln.« Grand-mère wusch die Salatblätter an der Pumpe in der Waschküche, kehrte dann zurück an den Küchentisch.

»Ich dachte, die Tiere bekommen alle Abfälle«, sagte Marthe.

»Aber die Zwiebelreste sind keine Abfälle. Das ist doch gutes Gemüse.«

»Die Schalen bekommen sie aber?«

»Nein, natürlich nicht. Auch die kommen in die Suppe. Sie geben Geschmack und Farbe.«

»Aber … aber manchmal gibst du doch die Schalen in das Tierfutter.« Marthe rieb sich über das Kinn.

»In das Tierfutter kommen alle alten und harten Schalen, alles, was schon runzelig und vielleicht auch schon ein wenig schimmelig ist«, sagte Julie, die nun die Treppe herunterkam. »Diese Zwiebeln sind frisch, höchstens drei Wochen alt. Frische Schalen und Reste – von Zwiebeln, Karotten und anderem Gemüse – sollte man auskochen. Manchmal haben sie mehr Geschmack, als die Frucht selbst.«

Grand-mère nickte kaum sichtlich.

»Im Winter haben wir aber …«

»Im Winter brauchen die Hühner zusätzliches Futter – sie finden draußen kaum etwas. Und wenn es schneit, können sie gar nicht nach draußen. Deshalb füttern wir im Winter mehr zu«, erklärte Julie.

»Was glaubst du denn, warum wir im Winter kein Schwein haben? Wir könnten es gar nicht über die kalten Monate bringen«, brummte Grand-mère. Sie schob den Laib Brot zu Julie, das Messer hinterher. Dann ging sie zum Herd, auf dem schon eine Eisenpfanne stand, und ließ Speck aus, gab die Zwiebelwürfel hinzu. Der würzige Duft erfüllte die niedrige Küche, schien alles einzuhüllen. Grand-mère stelle eine zweite Pfanne auf, ließ etwas von dem flüssigen Fett hinein, nahm die Brotscheiben, die Julie inzwischen abgeschnitten hatte und briet sie in dem Fett aus. »Du hast den Tisch noch nicht fertig gedeckt«, ermahnte sie dann Marthe.

Eilig deckte sie den Tisch, während die beiden Frauen – Mutter und Großmutter – stillschweigend, aber Hand in Hand, das Essen zubereiteten. Es war wie ein Tanz, stellte Marthe fest. Wie ein gut einstudierter Tanz. Niemand brauchte eine Anweisung, ein Blick, ein Heben des Kinns, eine Handbewegung schien ihnen als Kommunikation zu reichen. Das war schon immer so gewesen, wurde Marthe nun klar, sie hatte es nur noch nie so deutlich wahrgenommen wie heute.

Der Duft in der Küche wurde intensiver, nahm Körper an. Die Aromen schienen Fangen miteinander zu spielen, vermischten sich, stoben wieder auseinander. Die Schärfe der frischen Zwiebeln vermischte sich mit der Schärfe von Knoblauch und dem Hauch des Piment d'Espelette, den Grand-mère über die Pfanne stäubte. Sie nahm die angerösteten Brotscheiben aus der Pfanne, legte kleine Stücke des Ziegenkäses hinein, den sie vom Nachbarn bezog. Dann beträufelte sie den Käse mit etwas Honig und ein paar getrockneten Lavendelblüten, mahlte Pfeffer darüber und schwenkte die Pfanne sacht. Julie hatte die frische, noch zarte Bete geschält und in feine Scheiben geschnitten, richtete sie kreisförmig auf einem Teller an und gab etwas Olivenöl darüber, salzte mit dem Sel gris vom Atlantik, das in einem großen, irdenen Topf aufbewahrt wurde. Es schmeckte anders, würziger und jodiger, als das Steinsalz, das in den Bergen gewonnen wurde und das Grand-mère nur zum Kochen, aber nicht zum Würzen nahm.

Ihre Großmutter schüttelte die jungen Salatblätter trocken und legte sie zu den Betescheiben.

»Warum durfte ich keinen Salat holen?«, fragte Marthe.

»Welchen Salat hättest du denn genommen?«, fragte Grand-mère zurück.

»Nun … den, den du auch da hast.«

»Wirklich?« Grand-mère zog die Augenbrauen hoch.

»Es ist doch nur Salat. Den hätte ich doch auch aus der Erde ziehen können.« Marthe runzelte die Stirn. Warum traute ihr Großmutter nichts zu? Schließlich war dies schon der zweite Sommer hier, und sie war ja nicht dumm.

»Ich habe aber nichts aus der Erde gezogen, Kind. Ich habe einzelne Blätter gepflückt – vorsichtig habe ich sie abgeknipst, um die Pflanze nicht zu verletzen. Wenn man sie rauszieht, dann … kann sie ja nicht mehr wachsen. Wenn man aber nur hier und da ein äußeres Blatt nimmt, bleibt die Pflanze am Leben und wächst weiter.«

»Aber im letzten Jahr haben wir doch die Salatköpfe mit den Wurzeln aus der Erde gezogen.«

»Ja, das war, kurz bevor sie geschossen sind, bevor sie geblüht haben. Blühender Salat wird bitter, den kann man nur noch kochen, aber nicht mehr roh essen, das schmeckt nicht.«

»Das wusste ich nicht«, sagte Marthe verblüfft.

»Du bist ja auch ein Stadtmädchen«, murmelte Grand-mère und es klang nicht freundlich.

Marthe zog verletzt die Schultern hoch.

Ihre Großmutter beachtete sie jedoch nicht, sie rührte im großen Topf, schmeckte ab. Dann nickte sie Julie zu.

»Händewaschen«, sagte Julie.

»Ich habe mir doch vorhin schon die Hände gewaschen.«

»Dann machst du es jetzt noch einmal. Vor dem Essen waschen wir uns die Hände.«

Marthe ging grummelnd in die Waschküche, schwenkte die Pumpe und wusch sich die Hände. Sie sah Grand-mère über den Hof zu dem kleinen Erdkeller gehen, der in den Hügel eingegraben war. Was mochte sie jetzt noch aus dem holen, fragte sie sich verwundert. Dort wurden im Winter Eisschollen eingelagert, die dick mit Stroh gepolstert wurde, damit sie den Sommer überstanden und sie immer frisches Eis hatten. Dort wurden auch die Milch und andere Sachen aufbewahrt, die kühl stehen mussten. Grand-mère kam mit einer Schüssel zurück, aber Marthe konnte nicht erkennen, was darin war. Schnell ging sie zurück in die Wohnküche. Sie wollte sich neben den Herd stellen und ihrer Grußmutter zusehen, aber Maman wies Marthe mit einem Blick an, am Tisch Platz zu nehmen.

Julie stellte den Teller mit den gerösteten Brotscheiben und die Schüssel mit dem Salat auf den Tisch. Dazu kam ein Schüsselchen mit gesalzener Butter und ein weiteres mit der süßen Butter vom Morgen.

Grand-mère stellte die Pfanne, die sie kurz ausgewischt hatte, wieder auf und gab etwas Speck hinein. Es zischte, und der würzige Duft füllte die Küche. Sie zog die Pfanne ein wenig vom Feuer, stellte sie an den Rand des gusseisernen Ofens, so dass sie nur noch mäßige Hitze abbekam, und legte das hinein, das sie aus dem Erdkeller geholt hatte. Marthe wusste immer noch nicht, was es war, doch dann erkannte sie den Geruch von Fleisch. Es war doch gar nicht Sonntag – was gab es dann zu feiern?

Nun wusch sich Großmutter schnell die Hände, nahm den Krug mit dem Landwein und schenkte ihnen allen ein Glas ein, bevor sie sich an den Tisch setzte.

»Auf deine Rückkehr, Julie«, sagte sie und hob ihr Glas.

Marthe und Julie hoben ebenfalls ihre Gläser, und Marthe wurde es ganz warm und wohlig. Endlich war Maman wieder da. Sie trank einen kleinen Schluck, der Wein füllte angenehm ihren Magen.

Julie gab jedem eine Scheibe Brot und etwas Salat mit dem Ziegenkäse auf den Teller.

»Bon Appetit.«

Sie aßen schweigend. Danach holte Grand-mère die Suppe – sie hatte etwas Brühe aus dem großen Suppentopf abgeseiht und geklärt. Nun gab sie ein paar frische Kräuter hinzu und servierte die warme Vorspeise.

»Köstlich«, sagte Julie.

Grand-mère brummte nur. Schließlich trug sie den Hauptgang auf.

»Jean-Paul hat Lammböckchen geschlachtet, und ich habe ihm etwas von dem Fleisch abgekauft«, erklärte sie. Zu dem kurz gebratenen Lamm gab es Rübchen, die Grand-mère aus dem großen Suppentopf fischte und eine köstliche, aromatische Soße.

»Wo hast du die Soße her?«, fragte Marthe verblüfft.

»Das ist eine ganz normale Soße«, sagte Grand-mère. »Wo soll ich sie schon herhaben? Ich habe sie gekocht.«

»Grand-mère hat sie aus der Brühe gezogen. Hast du das nicht gesehen?«, erklärte Julie nun. »Sie hat doch Brühe abgeseiht. Dann hat sie fein gewürfelten Speck und Zwiebeln angebraten, mit Rotwein abgelöscht und mit der sehr reduzierten Brühe aufgefüllt. Dazu kommt zum Schluss der Bratensaft und das Ganze wird mit etwas Mehl abgebunden.«

»Einfach so? Nebenbei?«

»Manchmal«, grummelte Grand-mère, »glaube ich, dass du deiner Tochter gar nichts beigebracht hast. Und hier hat sie auch nicht viel dazugelernt.« Sie nahm eine weitere Brotscheibe und wischte den letzten Rest Soße vom Teller. »Wie man eine Soße zieht, weiß man doch.«

Marthe biss sich verärgert auf die Lippen. »Du lässt mich oder Maman ja kaum in die Nähe vom Herd. Und du erklärst auch kaum etwas. Wie soll ich denn dann etwas lernen?«

»In deinem Alter konnten deine Mutter und ich schon ganze Menüs selbstständig zubereiten und servieren.«

»Ja, Grand-mère«, sagte Julie. »Aber die Zeiten waren anders. Bist du länger als vier Jahre zur Schule gegangen? Nein, und ich auch nicht. Du und ich, wir sind auf Höfen aufgewachsen. Marthe aber in der Stadt und sie ist zur Schule gegangen. Das ist ein ganz anderes Leben.«

»Hmm.« Grand-mère stand auf und holte die Flasche mit dem Pastis, schenkte Julie und sich ein. »Räum den Tisch ab, Marthe«, sagte sie dann. »Und spül das Geschirr. Deine Mutter und ich müssen reden.«

»Marthe sollte dabei sein«, sagte Julie. Ihre Stimme war leiser geworden, und es schien Marthe so, als sei sie in sich zusammen gesunken.

Grand-mère runzelte die Stirn, nickte dann aber kaum merklich. Schnell räumten sie gemeinsam den Tisch ab, stapelten das Geschirr in der Spüle in der Waschküche. Grand-mère ließ ein wenig Wasser darüber laufen. Dann stellte sie das Käsebrett auf den Tisch, schenkte sich und Julie noch etwas Wein ein, Marthe musste mit Wasser vorliebnehmen.

»Warst du bei Alphonse?«, fragte sie dann.

Julie nickte. »Er hat mir einen Brief an dich mitgegeben. Ihm, Claire und den Kindern geht es gut. Das Geschäft läuft.« Julie nippte nachdenklich an ihrem Glas.

»Und?« Grand-mères Stimme klang nicht freundlich.

Marthe saß angespannt auf ihrem Platz. Würde sie nun erfahren, was die Zukunft bringen würde?

»Es ist alles nicht so einfach. Alphonse könnte mir eine Arbeit vermitteln, aber bei ihnen wohnen kann ich nicht. Wohnraum in Paris ist sowieso sehr knapp und teuer.«

»Wohnen? Du willst doch nicht wirklich nach Paris ziehen?«, fragte Marthe nun erschrocken.

»Still, Kind«, brummte die Großmutter. »Alphonse ist Josephs Cousin, mein Neffe. Er und seine Familie werden doch wohl für dich und Marthe etwas zusammenrücken können. Wir sind doch Familie. Und welche Arbeit hätte er für dich?«

»Die Wohnung ist schon sehr eng, Grand-mère«, sagte Julie und runzelte die Stirn, räusperte sich. »Ich könnte Zimmermädchen in einer Pension werden. Dort müsste ich die Zimmer putzen und die Betten machen. Wie die Wohnungen, sind auch Arbeitsstellen nicht so einfach zu bekommen.«

»Zimmermädchen? Du?« Grand-mère schnalzte mit der Zunge. »Warum so eine Stellung? Warum kannst du nicht in der Küche arbeiten? Du bist Köchin.«

»In den Restaurants und Hotels gibt es keine Köchinnen, es gibt sogar kaum Küchenmädchen. Das ist dort eine Männerdomäne.«

Grand-mère verzog das Gesicht. »So einen Blödsinn habe ich schon lange nicht mehr gehört. Du hast doch lange auf dem großen

Weingut der Familie d'Harcourt als Köchin gearbeitet – bis zu deiner Eheschließung mit meinem Sohn. Warum solltest du jetzt nicht mehr als Köchin arbeiten können?«

»Die Zeiten haben sich geändert«, sagte Julie seufzend. »Und in Paris gibt es keine Weingüter.«

»Aber es wird genügend Familien geben, die eine gute Köchin suchen.« Grand-mère verschränkte die Arme vor der Brust.

»Ich habe mich erkundigt.« Julies Stimme war ganz dünn geworden. »Fast alle Haushalte suchen Köche – keine Köchin.«

»Ach so. Du hast dich also erkundigt? Hast du dich auch beworben? Es reicht doch, wenn du ihnen etwas servierst. Jeder Gourmet wird dich mit Kusshand aufnehmen.«

Julie senkte den Kopf. »Ich weiß nicht ... ich glaube, eine Frau hat dort in der Stadt keinen Platz in großen Haushalten – außer als untergeordnete Kraft.«

Grand-mère richtete sich auf und funkelte ihre Schwiegertochter wütend an. »Nun sag mir, warum du nach Paris gehen willst? Warum?«

»Wegen Marthe, das weißt du doch.«

»Genau. Mon Dieu, ich hätte doch ein wenig mehr Rückgrat von dir erwartet. Du solltest doch mehr für dich einstehen. Mein Sohn hätte ganz sicher kein Mäuschen geehelicht.«

Julie schwieg. Dann sah sie Grand-mère an. »Darüber werde ich nachdenken.«

»Aber warum willst du denn überhaupt nach Paris ziehen?«, fragte Marthe ganz aufgebracht. »Wir können doch auch hier bleiben. Was habe ich damit zu tun?«

»Alles«, sagte Grand-mère. »Du sollst nicht so werden, wie deine

Mutter es gerade ist – ängstlich und unsicher. Du sollst eine bessere Chance im Leben haben.«

»Ich bin nicht ängstlich«, sagte Marthe trotzig. »Und ich muss nicht nach Paris gehen. Was soll ich denn dort überhaupt?«

»Zur Schule gehen«, sagte Julie nun. »Du sollst zur Schule gehen und auch studieren, wenn du es möchtest. Hier auf dem Land bekommst du nicht die richtige Ausbildung. Deshalb will ich mit dir nach Paris.«

»Studieren?« Marthe sah ihre Mutter mit großen Augen an. »Ja, was soll ich denn studieren?«

»Das, was du möchtest. Das, was deinem Leben einen Sinn gibt.«

»Aber … aber was, wenn ich heirate? Hat nicht Papa deinem Leben einen Sinn gegeben, Maman? Hättest du weiter zur Schule gehen wollen?«

»Oh ja, mein Kind, das hätte ich. Nur damals war es nicht möglich. Und ja, Papa hat meinem Leben einen Sinn gegeben – so wie du auch. Und deine Geschwister, wenn sie denn überlebt hätten.« Julie schluckte. »Aber sie sind gestorben – genau wie dein Vater. Und nun stehe ich da und habe nichts – keine Arbeit, keine Ausbildung, kaum Einkommen.«

»Du bekommst ja etwas Geld«, sagte Grand-mère. »Und ich habe auch ein wenig zurückgelegt. Das sollte für den Anfang für euch reichen. Und dann suchst du dir eine Stellung als Köchin. Denn das ist, was du kannst, sehr gut sogar.« Sie setzte eine strenge Mine auf.

Julie sah sie verblüfft an. »Sagst du das, weil du es so meinst oder willst du mich loswerden?«

»Es gäbe sehr viel einfachere und bessere Methoden, um dich aus dem Haus zu treiben«, entgegnete Grand-mère sachlich. »Das ist nicht meine Intention. Ich möchte, dass ihr – du und Marthe – eine bessere Zukunft habt. Schau mich doch an – ich werde hier bis zu meinem Tod leben. Ich werde die Kühe melken, das Schwein füttern. Im Herbst werde ich Würste aus dem Schwein drehen und Schinken in den Rauch hängen. Im Winter hocke ich mich vor dem Kamin und lausche den Stürmen, die über die Vogesen ziehen. Das ist kein schlechtes Leben, so haben wir seit Jahrhunderten gelebt. Aber heute gibt es andere Möglichkeiten. Möglichkeiten für Frauen – die gab es früher nicht.« Sie schnaufte, trank einen großen Schluck Wein, schenkte sich nach. Der Krug war leer. Grand-mère hielt ihn Marthe hin. Sie stand auf, eilte in den Keller und füllte einen weiteren Krug ab.

»Bring den Pastis mit«, rief Julie ihr hinterher.

Der Pastis wurde nur selten hervor geholt, aber Marthe wusste genau, wo die Steingutflaschen standen. Dennoch zögerte sie, bevor sie eine der Flaschen in die Hand nahm und mit nach oben trug.

Grand-mère war hart, manchmal sogar fast gehässig, aber sie war im Grunde nie böse. Doch es gab etwas zwischen Grand-mère und Maman, wie einen unausgesprochenen Streit, den Marthe nicht wirklich fassen, nicht wirklich verstehen konnte. Glut, die in der fast schon ausgekühlten Asche schwelte, aus der aber immer mal wieder kleine Flammen, angefacht durch etwas Luft und heiße Worte, nach oben schlugen. Wollte Grand-mère, dass sie weggingen? Waren sie ihr lästig? Das Gefühl fraß sich in ihre Gedanken, wie eine Zecke, die sie sich unvorsichtig eingefangen hatte. Sie bohrte sich in die Haut und sog sich voll, sog an den Gefühlen.

Schnell eilte sie wieder nach oben, sie wollte auf keinen Fall etwas von dem Gespräch verpassen. Aber womöglich hatte es nun schon den entscheidenden Wortwechsel gegeben, und Marthe würde nie erfahren, warum die beiden manchmal so spinnefeind zueinander waren.

Sie stellte die Flasche und den Krug auf den Tisch, ging in die Küche und holte zwei von den niedrigen und breiten Gläser aus dem dicken Glas, aus denen Grand-mère ihren Pastis trank.

Großmutter nickte anerkennend, schenkte sich und Julie ein.

»Liberté, Égalité, Fraternité – so heißt es doch. Freiheit, Gleichheit, Brüderlichkeit. Und was ist mit uns? Mit uns Schwestern? Wir bleiben außen vor.« Grand-mère schnaufte, trank den Pastis, schenkte sich erneut ein. »In der Ersten Republik sah das noch anders aus, in der Zweiten unter Bonaparte wurden uns wieder Rechte genommen – Pflichten nie, Pflichten durfen wir behalten. Und jetzt?«, sagte sie und sah Julie an. »Wie sieht es in der Dritten Republik aus?«

»Frauen haben ein Recht auf Bildung«, sagte Julie leise. »Sie dürfen zur Schule, in Frankreich dürfen Frauen auch studieren.«

»Ja, das dürfen sie. Aber dürfen sie wählen? Nein, das dürfen sie nicht. Haben sie Mitsprache in der Politik, in der Gesellschaft?« Grand-mère schüttelte den Kopf. »Und deshalb müssen Frauen sich bilden. Aus Fraternité muss Humanité werden.« Sie sah Marthe an. »Du, du musst dich dafür einsetzen. Du musst dich stark machen dafür, dass Frauen sich wirklich bilden können und die gleichen Rechte wie die Männer erhalten. Schau dir deine Mutter an.«

Marthe blickte verwundert zu Julie.

Grand-mère lachte leise und bitter auf. »Deine Mutter hat gelernt, sie hat die harte Lehre vom Küchenmädchen zur Köchin vollzogen. In einer großen Küche, auf einem großen Gut. Und sie kann so gut kochen, wie jeder einzelne Koch in diesem Land. Aber sie traut sich nicht, sich um eine Stelle zu bewerben, weil sie eine Frau ist.«

»Natürlich traue ich mich«, sagte Julie nun und trank ihren Pastis aus, stellte das Glas hart auf den Tisch. »Doch, das traue ich mich. Nur … meine Chancen sind gering.«

»Du traust dich? Wirklich? Beweise es mir.« Grand-mère stand auf, sie schwankte leicht. »Zeig es mir. Dann glaube ich dir.« Sie drehte sich um, sah Julie an, schwieg für einen Moment. »Nein, ich will dich nicht rausschmeißen. Ich habe erst gehadert damit, euch hier aufzunehmen – aber wo solltet ihr hin? Und jetzt? Jetzt schmerzt mich der Gedanke, dass ihr gehen werdet. Aber ihr müsst, um Marthas willen müsst ihr gehen.« Sie holte tief Luft, ging dann mit kleinen, langsamen Schritten zu ihrer Kammer und schloss die Tür hinter sich.

Julie blieb noch einen Moment nachdenklich sitzen, dann stand sie auf und räumte das restliche Geschirr ab, schürte den Herd.

»Ich will nicht nach Paris«, sagte Marthe und merkte, wie zugeschnürt sich ihr Magen anfühlte. »Ich will hierbleiben. Gerade habe ich mich eingelebt.«

Julie drehte sich um, musterte sie nachdenklich. »Wir können jederzeit hierher zurückkommen. Das wird auch immer unser Zuhause bleiben. Aber Grand-mère hat recht – welche Zukunft hast du hier? Keine.«

»Ich … ich könnte in Remiremont eine Ausbildung machen.«

»Als?«

Marthe zuckte mit den Schultern. »Das ist doch egal.« Tränen stiegen ihr in die Augen. »Ich will bloß nicht weg. Ich will hierbleiben.«

Julie trat zu ihr und nahm sie in die Arm, drückte sie an sich. »Mon Cœur, meine Süße, gräm dich nicht. Sh, sh«, sagte sie. »Du willst nicht hier bleiben, aber das weißt du noch nicht«, flüsterte sie. »Mir macht es auch Angst, in die große Stadt zu gehen. Ich verstehe dich.«

»Wenn es dir auch Angst macht, dann lassen wir es einfach«, flehte Marthe. »Wir können ja nach Épinal gehen, dort kann ich auch zur Schule, und es wird andere Möglichkeiten für uns geben.«

Julie schüttelte den Kopf. »Das könnten wir vielleicht machen – aber … aber Grand-mère hat schon recht. Wir müssen jetzt in die große Stadt gehen, uns dort dem Leben anpassen, sonst wird es uns immer und immer fremd bleiben. Je später wir diesen Schritt tun, je älter wir sind, um so schwerer wird es uns fallen. Paris ist wie ein … ein Lebewesen. Es wächst und verändert sich – stetig. Und wir müssen versuchen, uns anzupassen und mitzuhalten.«

»Ich will das nicht«, flüsterte Marthe.

Julie drückte sie noch enger an sich. »Ich weiß. Jetzt spülen wir erst einmal das Geschirr.«

Sie wuschen die Teller und Schüsseln ab, schrubbten die Töpfe. Julie räumte die Lebensmittel in den Keller, wo es kühl war. Dann füllte sie den Wasserkessel wieder auf und legte etwas Holzkohle nach, so dass der Ofen über Nacht nicht ausgehen würde. Marthe nahm die Laterne und ging zum Stall. Einer von ihnen musste abends noch einmal alles kontrollieren und sicherstellen, dass keins der Hühner im Hof geblieben war, alle Tiere genügend Wasser hatten und die Türen verschlossen waren. In den Wäldern lauerte nicht nur der Fuchs, um nachts Beute zu machen. Marthe war ganz aufgewühlt, und viele Gedanken, die sie nicht einordnen konnte, schossen ihr durch den Kopf. Wirklich glücklich war sie auf dem Hof nie gewesen, aber einigermaßen zufrieden. Der Gedanken, von hier weg und in die große Stadt zu ziehen, verstörte sie. Es war mehr als nur die Angst vor dem Ungewissen.

Vielleicht, dachte sie und klammerte sich an das kleine Fünkchen Hoffnung, überlegt es sich Maman noch. Sie möchte ja auch nicht wirklich in die große Stadt. Vielleicht können wir in Remiremont oder in Épinal eine Zukunft finden. Ja, das wäre sicher der bessere Weg.

Sie rüttelte vorsichtig an der Stalltür, um sicherzugehen, dass die Tür wirklich zu war. Dann ging sie zurück zum Haus. Aus der Stube fiel eine warme Lichtpfütze in den Hof, es sah so anheimelnd aus. Bisher war es nur ein niedriges, altes Haus für sie gewesen, doch nun schien ihr der kleine Hof, der sich am Hügel zu ducken schien, wie eine sichere Höhle und Zuflucht zu sein.

Julie wischte den Tisch ab, als Marthe hineinkam. »Geh schon hoch und mache dich bettfertig«, sagte sie. »Ich lösche noch die Lichter.«

Als Marthe im Bett lag und durch das kleine Fenster nach draußen zum Sternenhimmel schaute, spürte sie, wie erschöpft sie war. Es fühlte sich an, als hätte sie den ganzen Tag auf dem Acker gearbeitet und Kartoffeln aus dem lehmigen Boden gezogen. Doch es waren die Worte, die Gespräche gewesen und keine körperlichen Tätigkeiten, die sie so ermüdet hatten. Sie schloss die Augen, aber fand keine Ruhe.

Leise öffnete Julie die Tür, schlüpfte in ihr Bett, das auf der anderen Seite der Kammer stand und drehte die Lampe aus.

»Maman?«, flüsterte Marthe in die Dunkelheit.

»Ich dachte du schläfst schon, mon Cœur.«

»Ich glaube, ich kann nicht schlafen.« Marthe holte Luft. »Wolltest du immer Köchin werden?«

»Oh.« Julie klang überrascht. »Darüber habe ich noch nie nachgedacht. Es hat sich einfach so ergeben. Ich hatte keine Wahl damals und war froh, dass ich als Küchenmädchen genommen wurde.«

»Wie alt warst du?«

»Ich war elf oder gerade zwölf«, antwortete Julie nachdenklich. »Meine ältere Schwester hatte den Hof schon verlassen, weil … nun, die Ernten waren schlecht gewesen und der Hof warf nicht mehr genug für uns alle ab. Mein Bruder konnte besser bei der Feldarbeit helfen als ich, also war mir bewusst, dass ich gehen musste.«

»War das nicht schrecklich für dich?« Marthes Stimme zitterte. »Ich könnte mir gar nicht vorstellen, wegzugehen … ohne dich. Und du warst ja noch viel jünger, als ich es bin.«

Julie zögerte. »Es ist ja schon eine Weile her – ich kann mich daran gar nicht mehr so genau erinnern. Aber nein – wirklich schrecklich fand ich es nicht. Ich wusste, dass es sein musste. Es war nicht ungewöhnlich damals und wie gesagt – meine Schwester war ja auch schon vom Hof gegangen.«

»Aber – hast du deine Eltern nicht vermisst? Hattest du nicht ganz furchtbares Heimweh?« Marthe erinnerte sich an die ersten Monate, nachdem sie hierher gezogen waren. Sie hatte ganz starkes

Heimweh nach ihrer Wohnung in Remiremont gehabt, nach ihrem alten Zuhause.

»Das hatte ich bestimmt. Aber ich kann mich auch daran nicht mehr erinnern. Ich weiß nur noch, dass ich in der ersten Zeit immer sehr müde und erschöpft war. Zwar musste ich auch zu Hause auf dem Hof meiner Eltern immer mithelfen, aber die Arbeit in der großen Küche auf dem Gut war doch um einiges anstrengender.«

»Hmm.« Marthe schaute durch das dunkle Zimmer zum Bett der Mutter. Sie konnte sie nur schemenhaft erkennen. »Was war so anstrengend?«

»Die Arbeit. So eine große Gutsküche ist ja ganz anders, als unsere Küche hier oder die früher in Remiremont. Es werden die Mahlzeiten für viele Leute gekocht – und manchmal auch noch Diners für die Herrschaft. Es gab ständig etwas zu tun. Am Anfang durfte ich natürlich nur Hilfsarbeiten verrichten. Ich kann mich daran erinnern, dass ich tagelang Zwiebeln schälen und schneiden musste – oder Kartoffeln. Von morgens bis abends – es waren Berge von Zwiebeln.« Marthe konnte hören, dass sie schmunzelte. »Dann kamen die Karotten. Alles wurde auf dem Gut angebaut. Wir haben viel eingelegt für den Winter. Zu tun gab es immer etwas. Mit der Zeit hatte ich mich daran gewöhnt, und es machte mir Spaß.«

»Und dann bist du Köchin geworden?«

»Nein, so einfach war das nicht, Marthe. Köchin in einer großen Küche zu sein, erfordert eine Menge an Wissen. Ich war immer neugierig. Das Essen, vor allem, wenn die Herrschaft da war, war so anders als die Eintöpfe und einfachen Speisen, die ich von zu Hause kannte. Ich wollte wissen, wie man das machte. Also habe ich gefragt und zugeschaut. Ich weiß noch, dass die Beiköche am Anfang immer genervt von mir waren, weil ich so viele Fragen gestellt habe.« Julie lachte leise. »Und sie haben mich damit aufgezogen. Aber ich habe mich nicht beirren lassen. Und so bin ich nach und nach immer einen Posten weiter nach oben gekommen.«

»Posten? Was ist das?«

»Nun, in einer so großen Küche kann nicht jeder alles machen. Die einfachen Küchenmädchen waren dafür zuständig, das Gemüse zu putzen und zu spülen – du glaubst gar nicht, wie viel Geschirr anfällt. Es scheint nie aufzuhören. Eine von uns war dafür zuständig, dass die Wasserhexe auf dem Herd immer gefüllt war. Wir hatten keine Pumpe im Haus, das Wasser musste vom Brunnen geholt werden und das mehrmals am Tag. Zum Glück gab es einen Burschen, der für den Brunnen verantwortlich war, der Schwegel war nämlich sehr schwer und nicht einfach zu bedienen.« Julie seufzte, aber es klang nicht unglücklich, sondern eher wehmütig. Dann gähnte sie. »Es war ein langer Tag, Kind. Wir sollten jetzt schlafen. Gute Nacht.«

»Gute Nacht, Maman«, sagte Marthe, obwohl sie noch so viele Fragen hatte. Sie stopfte sich ihr Kissen zurecht, glaubte nicht daran, schnell einschlafen zu können, doch dann fielen ihr die Augen zu.

Kapitel 3

»Vite, vite«, sagte Julie und schüttelte Marthe sanft. »Der Hahn hat schon gekräht, und die Sonne ist fast über den Berg.«

Marthe rieb sich die Augen, streckte sich dann. Ein Lächeln breitete sich auf ihrem Gesicht aus. »Maman!« Doch dann fiel ihr wieder ein, worüber sie gestern gesprochen hatten, und der dunkle Schatten der Gedankenwolken zog über ihr Gemüt.

Julie hatte sich bereits gewaschen und angekleidet. »Steh auf, die Arbeit wird nicht weniger, je länger du liegen bleibst.«

»Erzählst du mir heute noch mehr von deiner Zeit auf dem Gut?«, fragte Marthe.

Julie sah sie überrascht an. »Warum willst du das wissen?«

»Weil … weil ich wissen will, wie du Köchin geworden bist. Du hast früher nie darüber gesprochen. Ich habe nicht gewusst, dass du so eine große Küche geleitet hast, ich habe immer gedacht, du hättest einfach nur gekocht, so wie bei uns zu Hause.«

Julie schmunzelte. »Oh nein, das war schon etwas ganz anderes. Wenn wir Zeit haben, erzähle ich dir davon. Aber nun husch-husch. Ich habe dir einen frischen Krug mit Wasser nach oben geholt. Wasch dich und zieh dich schnell an.«

Von unten hörte Marthe schon das Klappern der Töpfe und des Geschirrs. Maman hatte das Fenster geöffnet, es würde wieder ein warmer Tag werden. Der Morgennebel, der immer über dem Wald stand, wurde schon jetzt dünner und schien wie Wellen über den Wipfeln zu wogen. Ein dünnes Chiffontuch, das unsichtbare Hände bewegten. Die Vögel sangen ihren Morgengruß. Bald würde die Sonne über die Wipfel der Berge steigen und ihr sengendes Licht über allem ausgießen. Die Zeit der Morgendämmerung war kostbar, das hatte Marthe inzwischen gelernt. In der Mittagshitze konnte es unerträglich werden. Sie wusch sich flüchtig, zog sich an und eilte nach unten.

Grand-mère stand am Herd, hatte gerade Kaffee aufgesetzt. Sie drehte sich kurz um, ihr Gesicht sah aus wie der im Hochsommer ausgetrocknete Boden auf dem Pfad zwischen den Feldern – gefurcht und gerissen, getrocknet und gebräunt. Doch als sie Marthe sah, formte sich ihr Mund zu einem Lächeln und die tiefen Furchen schienen sich zu verwandeln – wie kleine Sonnenstrahlen, die sich um ihre Augen und ihren Mund legten.

»Guten Morgen, mein Kind«, sagte sie, und ihre Stimme klang rau, war noch ungebraucht und ungeübt in diesen frühen Stunden.

Gestern hatte sie zu viel getrunken, das hatte Marthe bemerkt. Ihr Vater hatte an dem ein oder anderem Abend auch schon mal etwas zu tief in den Weinkrug geschaut, er hatte auch am nächsten Morgen Mühe gehabt, seine Stimme zu finden.

»Papa tut das nur, um zu vergessen«, hatte Maman ihr damals erklärt. »Er hat im Krieg Dinge gesehen, die niemand sehen sollte. Und manchmal kommen die Erinnerungen wieder hoch, dann ertränkt er sie in Wein. Und wenn sie dort ertrunken sind, geht es ihm besser.«

Hatte Grand-mère gestern auch Erinnerungen ertränken wollen, fragte sich Marthe nun. Welche Erinnerungen mochten das sein?

»Wir sind spät dran heute Morgen«, sagte Grand-mère nun und verzog den Mund zu einem schiefen Lächeln. »Es war ein langer Abend. Deine Mutter ist im Stall und versorgt die Kuh. Kannst du die Hühner in den Hof lassen und dich um das Schwein kümmern?«

Marthe nickte überrascht. Normalerweise versorgte Großmutter die Kuh und die Färse noch fast vor dem Morgengrauen. Es war das Erste, was sie tat. Heute hatte sie es das erste Mal, seit Marthe hier wohnte, nicht getan. Marthe ging eilig über den Hof. Sie hörte die Stimme ihrer Mutter, die mit der Kuh sprach.

»Nun komm, meine Gute, ein wenig mehr Milch brauchen wir noch. Das machst du gut, meine Liebe. Du bist so eine Schöne.«

Sie sprach in einem Sing-Sang, ruhig und ein wenig fröhlich. Marthe wusste, dass sich Maman eigentlich vor der Kuh fürchtete. Wahrscheinlich dienten die Worte als Beruhigung – für die Kuh und für sie selbst. Bei dem Gedanken musste Marthe grinsen. Die Hühner waren noch im Stall, keiner hatte sie heraus gelassen. Der Hahn beschwerte sich lauthals, und die Hennen scharrten aufgeregt im Staub.

»Jaja«, sagte Marthe, »es muss auch diese Tage geben. Eine Stunde später auf dem Hof wird euch wohl nicht schaden.« Sie öffnete die Tür, und das Geflügel stob nach draußen. Der Hahn drängte sich an ihr vorbei, scharrte im Staub und erklomm dann den Misthaufen. Er hatte schon im Stall gekräht, holte es jetzt noch einmal lauthals nach, so, als wollte er der Nachbarschaft mitteilen, dass er noch nicht in der Suppe gelandet war. Der Gedanke erheiterte Marthe. Schnell sammelte sie die Eier aus den Nestern, füllte Wasser nach und sah nach dem Schwein, das sich schon im Dreck suhlte.

Maman war fertig mit dem Melken und versuchte die Kuh aus dem Stall zu bekommen. Sie stand an der offenen Tür und rief: »Komm, nun komm.«

»Nimm den Korb mit den Eiern«, sagte Marthe lachend. »Sie ist doch faul, du musst sie schon aus dem Stall drängen.« Sie ging in den Stall, drückte mit der Schulter gegen die Flanke der Kuh. »Komm schon. Eigentlich willst du doch raus.«

»Sie ist so groß …« Julie zuckte mit den Schultern. »Ich bin mal zwischen zwei Kühe geraten, die sich nicht leiden konnten und sie haben mir eine Rippe gebrochen. Seitdem habe ich Angst vor ihnen.«

»Das hast du noch nie erzählt.« Marthe sah ihre Mutter an. »Wie so viele andere Dinge auch nicht.« Dann klatschte sie der Kuh mit der flachen Hand auf die Flanke, und endlich bewegte sich das Tier nach draußen. »Ich bring die beiden zur Weide«, sagte Marthe und öffnete die Box der Färse, die sich schon lautstark beschwerte.

»Danke.«

»Aber du musst mir dann auch noch mehr über früher erzählen.« Ihre Mutter biss sich auf die Lippen, nickte aber dann.

Warum, dachte Marthe, als sie den Kühen den Hügel hoch zur Weide folgte, wollte Maman nicht von früher erzählen? Es war doch ihre Geschichte. Und bisher war es nur spannend gewesen, davon zu erfahren. Es war nichts, weshalb sich Maman schämen musste.

Sie ließ die Kühe auf die Weide, schloss das Gatter und ging wieder den Hügel hinunter zum Haus. Für einen Moment blieb sie stehen und schaute hinab zu dem Haus, das sich wie das Nest einer Schwalbe an den Hügel schmiegte. Ihr wurde ganz flau, als ihr bewusst wurde, dass sie diese Heimat vermutlich würde verlassen müssen.

Das letzte Wort, dachte sie und straffte die Schultern, ist ja noch nicht gesprochen. Ich möchte nicht hier wegziehen. Ich möchte hierbleiben. Entschlossen ging sie den Hügel hinab zum Haus.

In der Küche duftete es nach Kaffee und frischem Brot, nach Speck und Eiern. Julie hatte den Tisch gedeckt und drehte nun die Kurbel vom Butterfass. Auch sie wirkte noch müde und erschöpft.

»Wo ist Grand-mère?«, fragte Marthe und sah sich suchend um.

»Wasch dir die Hände. Sie ist im Erdkeller.«

»Wasch dir die Hände, wasch dir die Hände«, murmelte Marthe und verzog das Gesicht, aber sie ging in die Waschküche, setzte den Schlegel der Pumpe in Bewegung und seifte sich die Hände ein, wusch sie. Dann kehrte sie zurück in die Küche.

»Wann haben dir die Kühe die Rippen gebrochen? War das auf dem Gut?«

»Nein«, sagte Julie und wirkte plötzlich schmallippig. »Das war auf dem Hof meiner Eltern.«

»Wie alt warst du?« Marthe ging zum Herd. Dort brieten Speckscheiben in der Pfanne. Ohne darüber nachzudenken, wendete sie sie.

»Acht«, sagte Julie nachdenklich. »Vielleicht neun. Wir hatten ein paar Rinder. Diese beiden Kühe haben sich nie verstanden. Mein Vater hielt sie getrennt. Er wollte die ältere schlachten.« Julie runzelte die Stirn. »Ich mochte die Kühe nie, das Vieh war nicht meins. Ich mag die Produkte – die Milch, die Sahne, die Butter, die man herstellen kann. Den Käse, den man gewinnt.« Sie sah in ihren Schoß, wo das Butterfass stand, und schmunzelte kurz. Dann wurde ihre Miene wieder ernst. Sie drehte weiter an der Kurbel, schluckte, vermied Marthes Blick. »Ich hatte mehrere Geschwister. Darunter zwei Brüder, die etwas älter waren als ich. Mit einem, Thierry, habe ich mich nie verstanden. Er war … ein Großmaul, lästerlich, angeberisch und … gemein.« Julie schnaufte.

»Gemein? Zu dir?«

»Er war zu allen gemein. Zu uns Geschwistern. Er kniff die kleinen Schwestern, haute, nahm uns Sachen weg – aber immer so, dass es meine Mutter nicht bemerkte. Und er sah aus wie ein Engel. Wenn er beteuerte, dass er es nicht war, glaubte ihm meine Mutter. Jeder glaubte ihm. Er war ein Teufel, und ich … ich … habe ihn gehasst.« Sie senkte den Kopf. »Dafür schäme ich mich.«

»Nun, nun«, sagte Grand-mère, die schon vor einigen Minuten in die Küche getreten sein musste, ohne dass Marthe und Julie sie bemerkt hatten, »dafür musst du dich nicht schämen.« Großmutter ging zum Ofen, rüttelte an der Pfanne. »Hast du den Speck gewendet, Marthe?«

»Ja«, antwortete Marthe unsicher.

»Gut!«, lobte Grand-mère sie. »Du bekommst immer mehr Gespür für die Küche. Hopfen und Malz sind nicht verloren.« Sie schob den Speck auf einen Teller, schlug ein paar der frischen Eier in die brutzelnde Pfanne. Es zischte, und ein köstlicher Duft füllte die Küche. Grand-mère stellte ein Steingutfässchen auf den Tisch, nahm den gläsernen Deckel ab. »Das sind Salzheringe.« Sie sah Julie an. »Sie helfen.«

Ein Lächeln huschte über Julies Gesicht. »Das hat Joseph an solchen Morgen auch immer gesagt. Er hat diese Weisheit also von hier.«

Grand-mère lachte leise. »Diese Weisheit und andere auch.« Sie schnitt das Brot, stellte die Butter auf den Tisch, den Speck und die nun gebratenen Eier. Dann schenkte sie drei Tassen voll mit dem bitteren und starken Kaffee, den sie gekocht hatte. »Wir sollten frühstücken. Dieser Tag ist schon zu weit fortgeschritten, als dass wir uns beeilen müssten. Die Tiere sind versorgt, das Feld können wir auch noch morgen bearbeiten. Bon appetit.«

Marthe öffnete den Mund, aber kein Ton kam heraus, so überrascht war sie. Julie nickte nur und stellte das Butterfass zur Seite, öffnete es und schöpfte die fertige Butter vom Rahm und der Molke, die sich getrennt hatte. »Die Kuh gibt nicht mehr viel.«

»Ich weiß. Es muss noch reichen. Die Färse im letzten Jahr ist ja dummerweise vom Wolf gerissen worden. Auf der oberen Weide lass ich keine Kuh mehr stehen im Herbst.« Grand-mère schnaufte. »Ich würde eine junge Milchkuh zukaufen, wenn … na ja, wenn die Gegebenheiten anders wären. Nun werde ich die Alte noch mal decken lassen.«

»Darüber sprechen wir noch«, sagte Julie leise.

Marthe wusste nicht, wie sie die Worte der beiden Frauen einordnen sollte. Sie setzte sich an den Tisch, trank einen kleinen, vorsichtigen Schluck vom heißen Kaffee.

Julie nahm sich eine Scheibe des Brotes, brach es. Die knackende Kruste brach, krümelte über den Tisch, das wolkig-weiche Innere des Brotes stand wie der Gipfel eines Berges hervor. Sie nahm ihr Messer, bestrich das Brot mit der frischen Butter, streute ein paar Körner des sel gris, das in einer Schale auf dem Tisch stand, darüber, biss hinein. Marthe tat es ihr gleich. Es war der Geschmack von Land und Meer vereint, ein zufrieden machender Geschmack, der

Marthe ausfüllte. Grand-mère schob die Schale mit dem Speck und den Eier in die Mitte des Tisches, aber nichts konnte den reinen Geschmack von frischem Brot, gerade geschlagener Butter und körnigem Salz aus dem Meer übertreffen, fand Marthe.

»Warum hast du dich geschämt? Damals«, fragte sie nun. Die Worte quollen aus ihr heraus, und sie blickte erschrocken auf. Vielleicht wollte Maman diese Geschichte nicht vor Grand-mère erzählen. Aber es hatte sich vorhin so angehört, als ob Grand-mère schon wusste, worum es ging.

»Ich schämte mich, weil ich meinen Bruder hasste.« Julie zog das Steinguttöpfchen zu sich, hob den Deckel an und fischte sich mit spitzen Fingern einen der fetten und würzigen Heringe heraus, legte ihn auf den Teller. Es duftete nach Meer und Salz, nach Wacholderbeeren und Dill. Vorsichtig schnitt Julie ein Stück vom Fisch ab, aß es genüsslich und mit geschlossenen Augen. Dann öffnete sie die Augen wieder. »Ich habe ihn gehasst, aus tiefstem Herzen, und ich wusste, dass es ein falsches Gefühl war.«

»Papperlapapp. Er hat sich dir gegenüber schlecht verhalten und was passiert ist, ist passiert.«

»Aber er war mein Bruder.«

»Was macht das anders?«, fragte Grand-mère. »Er war dein Bruder, ja. Aber er hat sich dir gegenüber schlecht verhalten. Immer wieder. Mein Onkel war auch so, und ja, ich habe meinen Onkel auch gehasst. Weil er schlecht zu mir war. Da macht das Blut keinen Unterschied. Man muss keine Haare spalten, Julie, das macht Dinge nicht besser.«

»Die Kirche sieht das anders.«

»Komm mir jetzt nicht mit der Kirche. Thierry war bekannt

dafür, dass er grausam war, dass er schlecht war. Er hat andere gerne gequält. Deine Mutter hat davor die Augen verschlossen. Das hat aber nichts mit dir zu tun.«

Julie aß den Fisch, langsam und bedächtig. Sie kaute lange, nahm noch ein Stück Brot, tunkte es in die fettige, würzige Soße. Dann sah sie Marthe an. »Du willst wissen, was an dem Tag geschehen ist? Ich wurde geschickt, um die Milcheimer zu holen. Thierry war im Stall. Er sollte die Kühe nach dem Melken auf die Weide treiben. Er wusste, dass sich diese beiden Kühe nicht verstanden. Mein Vater hielt sie getrennt. Aber Thierry hat sie beide zugleich aus ihren Boxen gelassen, und so kamen sie in der Stallgasse zusammen, und ich war mittendrin – zwischen den beiden Kühen, die sich angingen. Ich habe ihn um Hilfe gerufen, aber er hat nur gelacht und gesagt, ich solle auf die Eimer achten. Wenn ich die Milch verschütte, würde es Ärger geben …« Julies Stimme brach, sie senkte den Kopf.

Fassungslos sah Marthe ihre Mutter an.

»Der Knecht kam und hat mich gerettet, vielleicht hätten sie mich sonst zu Tode getrampelt.«

»Wurde dein Bruder betraft?«

»Nein, er hat behauptet, dass er mich weder gesehen noch gehört hätte. Und er hat es so sehr beteuert und mich auch so sehr bemitleidet, dass ihm alle geglaubt haben.«

»Dir hat man nicht geglaubt?«

Julie schüttelte den Kopf. »Nun, ich war ja nur ein Mädchen, er der potenzielle Hoferbe.«

»Er hat bekommen, was er verdient hat«, brummte Grand-mère.

Verwundert sah Marthe sie an.

»Hat er das?«, fragte Julie leise. »Ich zweifle daran immer noch.«

»Doch, das hat er. Er war niederträchtig und gewissenlos. Das wussten alle in der Nachbarschaft, nur deine Eltern wollten das nicht sehen.«

»Dennoch … ich hätte mir für ihn etwas anderes gewünscht.«

»Was ist denn mit ihm passiert?«, fragte Marthe nun ungeduldig.

»Mein Arm war gebrochen und einige Rippen ebenso. Zum Glück war es ein einfacher Bruch«, erzählte Julie weiter. »Dennoch dauerte es eine Weile, bis die Knochen verheilt waren. In der Zeit war ich natürlich eine Belastung für unseren Hof. Ich konnte ja nicht helfen. Thierry hat mich immer aufgezogen, ich war so wütend auf ihn.« Sie schluckte. »Es war ein halbes Jahr später. Inzwischen waren die Brüche verheilt, und ich konnte wieder mitarbeiten. Ich sollte die Kühe von der Weide holen, aber seit dem Vorfall hatte ich Angst vor ihnen. Aber ich habe es geschafft. Doch da war noch die böse Kuh, die mein Vater demnächst schlachten wollte. Sie sollte ich auch holen, aber vor ihr fürchtete ich mich ganz besonders.«

Marthe lauschte gespannt.

Julie zögerte einen Moment, sprach dann weiter. »Thierry kam und machte sich über mich lustig. ›Du bist ein Angsthase‹, sagte er und lachte mich aus. Ich sagte zu ihm, dass er ja gehen könne, wenn er das so viel besser machen würde. Dann sagte er: ›Ich zeige dir, wie das geht. Kein Wunder, dass die dich zerquetscht haben, du bist ja ein Mäuschen und das spüren sie.‹« Julie seufzte. »Er ging also zu der Weide, rief die Kuh. Ich war ihm gefolgt, hielt mich aber hinter ihm, denn ich hatte wirklich Angst.« Sie knetete ihre Hände, ihre Stimme war leise geworden. »Er war so großspurig wie immer, öffnete das Gatter, rief die Kuh. Sie kam. Eigentlich war es eine ganz normale Kuh, nur mit den anderen verstand sie sich nicht. Sie gab gut Milch, sonst hätte mein Vater sie auch schon längst geschlachtet. Nun ja, er rief sie also, und als sie auf den Weg trottete, pikste er sie mit einem Stock, den er am Wegesrand aufgehoben hatte. Er schlug ihr auf die Flanke und pikste sie wieder. Die Kuh muhte, sie drehte sich zu ihm um, schlug mit dem Schwanz. Thierry lachte nur. Dann trottete sie weiter, und er ging hinter ihr her und ich hinter ihm. Sie wollte ja in den Stall, sie wollte ja gemolken werden und war ganz friedlich. Aber er ließ sie nicht in Ruhe, ärgerte sie wieder und wieder. Er ging hinter ihr her und schlug und stach mit dem Stecken. Und dann …« Julie holte tief Luft, »und dann, auf einmal, dann schlug sie mit den Hinterbeinen aus. Richtig hoch, es war … grässlich. Ich sah es, hörte diese Krachen, als ihr Huf auf seine Stirn traf.«

»Mon Dieu«, flüsterte Marthe und schlug die Hand vor den Mund.

»Thierry fiel hin, er schrie noch nicht einmal, er fiel um, wie ein Sack Mehl. Die Kuh, die nun nicht mehr geärgert wurde, lief einfach weiter bis zum Stall. Ich eilte zu meinem Bruder. Sein Kopf blutete, er hatte die Augen geöffnet und den Mund, aber er sagte nichts, er bewegte sich auch nicht. Ich sah aber, dass er atmete. Zuerst rief ich um Hilfe, aber wer sollte mich hören? Dann lief ich zum Hof zurück und holte Hilfe.« Julie nahm ihre Kaffeetasse, trank. Sie sah zum Fenster, schaute hinaus, aber ihr Blick verlor sich, das konnte Marthe sehen.

»Was«, fragte sie verstört, »was war mit der Kuh?«

Julie sah sie verblüfft an, Grand-mère lachte leise.

»Du fragst nach der Kuh und nicht nach dem Bruder«, stellte sie fest.

»Oh …« Marthe fühlte sich wie mit heißem Wasser übergossen. »Die Kuh, sie konnte doch nichts dafür … er hat sie geärgert, sie hat sich nur gewehrt«, brachte sie zu ihrer Verteidigung vor.

»Damit hast du völlig recht«, bestätigte Grand-mère und schaute zu Julie, nickte ihr aufmunternd zu.

»Die Kuh lief zum Stall, der Knecht brachte sie in ihren Verschlag. Ich holte meine Mutter und die Magd. Mein Vater war noch auf dem Feld bei der Arbeit. Jemand gab ihm aber auch Bescheid. Alle waren aufgeregt, es war ein heilloses Drunter und Drüber.« Wieder musste Julie kurz pausieren. Ihre Großmutter stand auf, holte frischen Kaffee.

»Und was war mit deinem Bruder?«, fragte Marthe nun leise.

»Er hatte sich den Schädel gebrochen. Man brachte ihn in ein Hospital. Dort war er einige Wochen, dann wurde er zurück auf den Hof gebracht.«

»Er ist also nicht gestorben?«

»Wie man es nimmt«, brummte Grand-mère kaum hörbar.

»Nein«, sagte Julie. »Er hat es überlebt, aber er war nie wieder er selbst. Er konnte nicht mehr richtig sprechen, nicht richtig laufen. Er war wie ein Kleinkind. Ein paar Jahre hat er wohl noch überlebt, dann ist er irgendwann an einem Infekt gestorben.« Sie holte tief Luft, sah ihre Tochter an. »Ich habe lange über deine Fragen gestern nachgedacht. Ob ich Heimweh hatte, ob es mir schwergefallen ist, vom Hof zu gehen. Ich konnte mich nicht erinnern, aber jetzt tue ich es – für mich war es eine Erleichterung, gehen zu können, denn für meine Eltern war ich immer für diesen Unfall verantwortlich, auch wenn sie es nie ausgesprochen haben.«

»Du? Wieso das denn?«, empörte sich Marthe.

»Weil ich die Kuh von der Weide holen sollte und nicht Thierry. Ich hätte das machen sollen. Und im Zweifel hätte die Kuh mich verletzen sollen und nicht ihn. Er war der Erbe, ich nur ein weiteres Maul, das gestopft werden musste.« Nun klang Julie verbittert. »Ich glaube, meine Eltern waren froh, als ich auf das Gut wechseln konnte. Dann mussten sie mich nicht mehr sehen.«

»Aber … aber … er hat sie doch geärgert. Er hat es selbst zu verantworten gehabt.«

»Das siehst du so, das sehe ich so«, sagte Grand-mère und sah ihre Enkelin an. »Vielleicht haben deine Großeltern das ebenfalls so gesehen, konnten den Gedanken aber nicht zulassen. Wer weiß? Einen Hof zu führen ist nicht einfach. Der Erbe ist wichtig. Das war schon immer so.«

»Bei dir auch? Bei dir und Grand-père? Dann wäre doch … mein Vater der Erbe gewesen.« Marthe dachte nach. An die Großeltern mütterlicherseits hatte sie keine Erinnerung, sie waren während des Krieges, noch vor ihrer Geburt, gestorben. An Grand-père konnte sie sich nur schemenhaft erinnern. Er war ein gebeugter Mann gewesen, hatte nie viel gesagt.

»Dieser Hof war immer nur ein Nebenerwerb, zumindest in den letzten Jahrzehnten. Zur Selbstversorgung. Dein Grand-père und auch schon sein Vater vor ihm sind in die Erzmine eingefahren. Und auch Antoine, unser Ältester. Dein Vater wollte nie Bergmann werden, er strebte nach anderen Dingen. Also wurde er Kurier. Und auch als Antoine bei einem Grubenunglück starb, kam uns nie der Gedanke, dass er den Hof führen sollte – das wäre ja auch nicht gegangen, nicht mit seiner Tätigkeit.«

»Ich verstehe es nicht«, gestand Marthe. »Was ist der Unterschied in den Höfen? Sah dein Elternhof anders aus als dieser hier, Maman?«

»Wir waren dort«, sagte Julie überrascht. »Mehr als einmal. Kannst du dich nicht erinnern?«

Marthe schüttelte den Kopf.

»Der Hof meiner Eltern ist sehr viel größer. Es gibt nicht nur das Wohnhaus mit der Scheune und dem Stall – es sind mehrere Gebäude. Es gibt einige Felder, Weiden und einen viel größeren Gemüsegarten. Grand-mère hat Beete mit Kartoffeln und Gemüse, damit sie – und jetzt auch wir – davon leben können. Meine Familie hat viel mehr angebaut – Getreide, um Mehl zu mahlen, und Kartoffeln, um sie auf dem Markt zu verkaufen. Nur einen kleinen Teil der Milch unserer Kühe haben wir selbst verbraucht. Das meiste wurde verkauft oder kam in die Käserei – dann wurde eben der Käse verkauft.« Sie trank noch einen Schluck Kaffee. »Der Hof war ein Unternehmen. Es gab Knechte und Mägde, aber natürlich mussten auch wir Kinder mit anpacken. Wir haben für andere produziert.« Sie sah Marthe an. »Meine Eltern, der Hof meiner Familie, hat für Leute wie uns, damals als wir noch in Remiremont lebten, Lebensmittel hergestellt.«

Marthe biss sich auf die Lippen. Es waren so viele Informationen, so viele neue Gedanken, die sie erst einordnen musste. Sie hatte noch viele Fragen, aber wo sollte sie anfangen?

»So!«, sagte Grand-mère entschieden und stand auf. »Ich merke, es gibt noch viel zu erzählen und zu sagen. Aber das Tagwerk dürfen wir nicht vergessen.« Sie schaute nach draußen. »Es wird ein heißer Tag und deshalb muss der Garten gewässert werden. Und auch wenn die Blumen die Köpfe bei dem Wetter hängen lassen, das Unkraut wächst weiter.«

»Ja, aber ...«, wandte Marthe ein, »was ... wie ... also ...«

»Spar dir deine Fragen für heute Abend auf. Zuerst müssen wir uns um den Hof kümmern. Die ersten Kirschen sind reif und auch im Gemüsegarten gibt es einiges zu tun. Reden können wir später wieder.«

»Du kannst die ersten Kirschen ernten, ich gehe ins Unkraut«, sagte Julie zu Marthe. »Aber sei vorsichtig, die Äste brechen schnell.«

»Und ernte nur die reifen Früchte«, ermahnte Grand-mère sie und begann den Tisch abzuräumen.

Marthe nahm einen Korb und ging nach draußen. Die schwere und schwüle Hitze des Sommertages schlug ihr entgegen. Sie ging am Garten entlang den Hügel hoch zur Mischobstwiese, wo auch die Kirschbäume standen. Die Luft war voller Düfte und, obwohl es noch nicht Mittag war, schon schläfrig, die Bienen summten und brummten, doch es klang träge.

Viele Gedanken gingen Marthe durch den Kopf, sie schienen genauso zu summen, wie die Bienen. Nie zuvor hatte sie diese Geschichte von Maman gehört, doch Grand-mère kannte sie offensichtlich. Was gab es noch alles, was sie nicht wusste, was ihr niemand erzählt hatte? Es war, als wäre sie plötzlich aus einem tiefen und schützenden Wasser aufgetaucht und würde nun viele Dinge sehen, die vorher schon immer da gewesen waren, die sie aber nie erkannt hatte. Wahrheiten über die Familien, ihre Eltern.

Dinge, die sie bisher nie hinterfragt hatte, die aber nun eine Bedeutung bekamen. Eine Bedeutung, die sie trotzdem noch nicht wirklich verstand. Aber sie wusste in ihrem Inneren, dass all das wichtig war – für sie selbst und für ihr eigenes Leben.

Am Rand der Obstwiese stand eine Leiter, die sie nun hochhob und zum ersten Kirschbaum trug. Es gab auch Apfel-, Birnen- und Quittenbäume. Alle trugen schon Früchte, doch nur die roten Kirschen waren reif. Es waren Süßkirschen. Sie wurden entkernt und getrocknet, für Marmelade eigneten sie sich nicht. Einige kochte Grand-mère in Gläser ein – das war ein kompliziertes Verfahren und nicht immer ging es gut. Süßkirschen wurden zudem geliert und kandiert. In Zucker eingelegt hielten sie lange.

Man musste sie vorsichtig pflücken und aufpassen, dass man die Äste nicht abbrach. Zuerst pflückte sie die Kirschen von den niedrigen Ästen, dann aber musste sie auf die Leiter steigen.

Früher hatte sie sich gar keine Gedanken über die Vergangenheit und die Geschichte ihrer Eltern gemacht – die Familie ihre Mutter hatte nie eine Rolle in ihrem Leben gespielt, anders als Grand-mère, die zwar oft sehr grantig sein konnte, aber sich dennoch immer über Besuche freute.

Wie musste es sein, in einer Familie aufzuwachsen, die einen so ablehnte?, fragte Marthe sich, und der Gedanke daran tat ihr weh. Kein Wunder, dass Maman kein Heimweh gehabt hatte. Vermutlich war die Küche auf dem großen Gut eine sichere Zuflucht für sie gewesen. Dort gab es nichts, was man ihr nachtrug oder vorwarf.

Warum war Mamans Bruder wohl so grässlich gewesen?, fragte sie sich auch. Marthe hatte einen älteren Bruder und eine jüngere

Schwester gehabt, doch beide waren schon als Säuglinge verstorben. Immer hatte sie sich heimlich weitere Geschwister gewünscht, doch sie spürte, dass das Thema Maman traurig machte, deshalb hatte sie nie ein Wort darüber verloren. Einen älteren Bruder zu haben, hatte sie sich immer ganz großartig vorgestellt. Er würde sie beschützen und auf sie aufpassen. Doch anscheinend stimmte das nicht immer. Waren manche Menschen einfach so oder war etwas passiert, was sie böse gemacht hatte? Marthe schüttelte den Kopf, um die Gedanken loszuwerden und versuchte sich wieder auf die Kirschen zu konzentrieren. Die eine oder andere süße Frucht wanderte natürlich auch in ihren Mund. Vergnügt spuckte sie die Steine ins Gras.

»Du naschst doch nicht etwa?«, hörte sie plötzlich Mamans Stimme unter sich. Maman lachte leise. »Sie sind aber auch köstlich. Ich liebe Kirschen.«

»Du hast mich erschreckt«, gestand Marthe. »Ich habe dich gar nicht kommen hören.«

»Dabei habe ich mich gar nicht angeschlichen. Ist der Korb schon voll?«

»Nein, noch nicht. Ich war so sehr in Gedanken. Aber ich werde mich jetzt beeilen.«

»Ich helfe dir ein bisschen«, sagte Julie. »Das Unkraut wächst eh.« Sie ging zum nächsten Baum, füllte ihren Korb. »Als ich klein war, mussten wir alle Kirschen ernten. Aber wir sollten natürlich nicht naschen, deshalb mussten wir die ganze Zeit pfeifen. Mein Bruder hat es aber irgendwie geschafft, zu pfeifen und dennoch Kirschen zu essen.«

»Warum war er so … böse?«, fragte Marthe leise.

»Er war nicht immer böse. Manchmal konnte er auch nett sein«, sagte Julie nachdenklich. »Aber man wusste nie, wann seine Stimmung umschlug. Ich weiß nicht, warum das so war. Vermutlich lag es auch daran, dass mein Vater ihm alles durchgehen ließ. Er musste nie Angst vor Konsequenzen haben.«

»Aber warum?«

»Er war der Erbe, und mein Vater hielt große Stücke auf ihn. Der erste Sohn nach zwei Töchtern. Vielleicht lag es daran. Aber ich weiß es nicht wirklich, ich habe meine Eltern nie gefragt.«

»Bist du … manchmal traurig, dass es so war? Dass du keine enge Beziehung zu deiner Familie hast?«

Julie stellte den Korb ins Gras und sah ihre Tochter an. »Ja. Natürlich bin ich deshalb schon mal traurig. Nicht oft, aber hin und wieder schon. Wir haben Grand-mère, und sie ist immer sehr anständig zu mir gewesen, anders als meine eigenen Eltern. Grand-mère, hat uns hier aufgenommen, obwohl sie selbst kaum etwas hat.«

»Aber sie will nicht mehr, dass wir hier wohnen«, sagte Marthe grüblerisch.

»Das stimmt nicht, mon Cœur. Eigentlich ist sie froh, uns hier zu haben. Sie kann es nur nicht so gut zeigen.«

»Aber sie hat doch gesagt, dass wir nach Paris gehen sollen.«

»Ja, aber das will sie … wegen dir. Und vermutlich auch wegen mir. Sie möchte, dass wir etwas aus unseren Leben machen und nicht hier auf dem Hof versauern.«

»Ist sie darum manchmal so grantig? Weil sie hier versauert ist?«

Julie sah Marthe überrascht an, dann brach ein Lachen aus ihr heraus, es perlte über den Hügel und schien sich im Wald zu fangen. »Mon Dieu, lass sie das bloß nie hören«, sagte Julie lachend. Dann wurde sie wieder ernst. »Nein, Grand-mère ist so, wie sie ist, weil sie ein hartes Leben hinter sich hat. Es war oft nicht einfach für sie. Grand-père war ja Hauer im Bergwerk – eine harte Arbeit und auch sehr gefährlich. Ich glaube, sie hat sich immer Sorgen gemacht. Und dann der Hof dazu. Früher haben sie ja noch mehr Felder bewirtschaftet – und meist musste sie sich kümmern, weil ihr Mann ja im Bergwerk war. Auch ihre beiden älteren Söhne waren Hauer, nur dein Vater hat einen anderen Weg gewählt und wurde Kurier.« Julie strich sich mit dem Unterarm über die Stirn. Die Hitze hing nun wie eine Glocke über dem Berg, und die Luft flimmerte. Es war still, kein Lüftchen regte sich und selbst die Bienen schienen verstummt zu sein.

»Sie hat ihren Mann und ihre Söhne überlebt«, sagte Marthe leise. »So wie du …«

»Ja.« Julie ging zu ihrer Tochter und nahm sie in die Arme. »Deshalb weiß sie auch, wie es mir geht, wie ich mich fühle. Ich denke, sie würde mich auch manchmal in den Arm nehmen wollen, aber das kann sie nicht, das hat sie nie gelernt. Die Leute waren früher anders als wir heute.« Sie holte tief Luft. »Ich spüre, dass sie uns liebt und nur das Beste für uns will.«

»Meinst du, sie wäre auch gerne nach Paris gegangen? Früher, nachdem Grand-père gestorben war?«

»Hmm«, machte Julie nachdenklich. »Das weiß ich nicht. Ich denke nicht. Sie hat sich damals gewünscht, dass dein Vater und ich hier zu ihr auf den Hof ziehen, aber das wollte dein Vater nicht.«

»Warum nicht?«

»Weil … weil er das Leben auf dem Hof hasste. Er wollte in der Stadt leben. Ihm gefiel es in Remiremont. Der Hof war ihm zu abgelegen.«

»Mir gefiel es auch in Remiremont«, gestand Marthe. »Aber ich bin auch gerne hier. Müssen wir wirklich weggehen?«

»Und was machst du, wenn wir hierbleiben?«, fragte Julie zurück.

»Auf jeden Fall mehr Kirschen pflücken«, sagte Marthe und grinste. Dann aber dachte sie nach. »Ich weiß es nicht. Aber ich wüsste auch nicht, was ich in Paris machen sollte. Remiremont ist schon groß, Épinal finde ich schon sehr groß und unübersichtlich – wie mag dann erst Paris sein?«

»Du wirst Paris lieben, auch wenn es etwas dauern wird. Irgendwann wirst du es lieben.«

»Ich weiß nicht«, sagte Marthe und trottete zurück zu ihrem Kirschbaum.

»Ich werde dich daran erinnern.«

Sie pflückten zwei Körbe voller Kirschen, die Marthe dann zurück zum Haus brachte, während Julie in den Gemüsegarten ging. Grand-mère hatte einen Tisch aus dem Schuppen in den Hof gestellt.

»Wasch die Kirsche«, wies sie Marthe an. »Und füll sie dann in den Zinkeimer. Aber mach es sorgfältig.«

Marthe wusch die Kirschen am Brunnen, kam dann mit dem Zinkeimer zurück zu Grand-mère. Zwei Hocker standen neben dem Tisch, und ihre Großmutter gab Marthe ein kleines Gerät, das ein wenig wie eine Zange aussah. Auf der einen Seite des Bügels befand sich eine Art Dorn, die gegenüberliegende Seite war rund, wie ein Löffel, und hatte in der Vertiefung der Mitte ein Loch, in das der Dorn einstach, wenn man die Zange zusammendrückte. Ein Kirschentsteiner. Gemeinsam begannen sie die Kirschen zu entsteinen, und schon bald lief ihnen der süße, klebrige Saft über die Hände. Die Kirschen wurden auf ein großes Holztablett gelegt, das auf dem Tisch in der Sonne stand. Es dauerte etwas, bis Marthe den Trick heraus hatte, aber dann ging es ganz schnell. Klick – klick – klick machten die kleinen Zangen, und die Kirschkerne fielen in die Schüsseln, die sie zu ihren Füßen stehen hatten.

»Pass auf«, ermahnte Grand-mère sie, »nicht, dass dir zu viele Kerne auf den Boden fallen.«

»Warum? Man kann sie doch nicht mehr gebrauchen. Oder sind sie für das Schwein?«

»Nein, das Schwein würde sie zerkauen und dann daran sterben. In den Kernen ist Gift«, erklärte Grand-mère. »Aber an den Kernen ist noch Fruchtfleisch und auch noch Geschmack. Wir setzen sie nachher mit Zucker und Wasser auf und stellen einen Kirschsirup her.«

»Woher weißt du das alles?«, fragte Marthe neugierig.

»Von meiner Mutter. Und von meiner Großmutter. Und die wussten das von ihren Müttern. All diese Dinge sollten immer weitergegeben werden, von Generation zu Generation. Damit sie nicht verloren gehen.«

»Weiß Maman das auch – das mit den Kirschkernsirup?«

»Ganz bestimmt.«

»Aber sie hat es mir nie gezeigt.«

»Wie sollte sie das auch, Marthe? Ihr habt in der Stadt gelebt.

Sicher hat deine Maman auch das ein oder andere Glas Marmelade gekocht, aber ihr hattet ja keine Kirschbäume. Und für den Sirup braucht man mehr als eine Handvoll Kirschen.«

»Du und sie – ihr wisst so viele Dinge, die ich nicht weiß. Die ich vielleicht nie wissen werde, wenn ihr es mir nicht zeigt oder erzählt.« Marthe schüttelte den Kopf. »Das macht mich ganz traurig.«

»Das Leben ändert sich. Viele Dinge, die ich weiß, eignen sich nur für das Leben auf dem Land, auf einem Hof. In der Stadt sind sie nutzlos.«

»Dennoch. Ich werde mir ein Heft anlegen und deine Erfahrungen aufschreiben«, sagte Marthe. »Dann gehen sie nicht verloren. Und wer weiß, vielleicht kann ich sie später doch gebrauchen.«

»Das ist eine gute Idee. Du bist ein schlaues Kind.« Grand-mère lächelte ihr seltenes Lächeln, so dass das ganze Gesicht wie eine Sonne aussah.

In den nächsten Tagen erntete sie mehr und mehr Kirschen. Die Hände taten ihr vom Entsteinen inzwischen weh und es bildeten sich Blasen. Jeden Tag lagen die Laden mit den Kirschen zum Trocknen in der Sonne. Durch das Haus zog der klebrige Duft von Zucker und Kirschen, auf dem Herd blubberte ein Topf mit Sirup, ein anderer Topf mit Gelee. Ein Teil der Kirschen wurde entsaftet und der noch heiße Saft wurde in Glasflaschen abgefüllt. Die Glaskorken versiegelte Grand-mère mit heißem Wachs.

Auch die Him-, Stachel- und Johannisbeeren wurden nun reif. Jeden Morgen in der Früh, wenn die Hitze noch nicht so drückend war, zogen sie los und ernteten das Obst. Am frühen Nachmittag wurde es zum Trocknen in die Sonne gelegt oder eingekocht. Einige Beeren legte Grand-mère in einer milden Essiglake ein.

»Im Winter werden wir uns daran freuen«, sagte sie.

Auch im Gemüsegarten gab es viel zu tun. Karotten mussten gezogen, Erbsen gepalt werden, die ersten Kartoffeln konnten sie ausgraben und auch Blumenkohl war schon reif. Die Saubohnen aß Marthe gerne roh direkt auf dem Feld, aber sie durfte sich nicht erwischen lassen. Die frischen dicken Bohnen servierte Grand-mère mit Speck und Frühkartoffeln – es war ein einfaches Gericht, aber Marthe konnte nicht genug davon bekommen.

Die Tage waren lang und voller Arbeit. Abends fiel sie erschöpft ins Bett und meist hörte sie es noch nicht einmal, wenn ihre Mutter ihr folgte. Nur manchmal ergab sich die Gelegenheit, der Mutter Fragen zu stellen. Über Paris sprachen sie nicht mehr, aber Marthe wusste, das Thema war nur zur Seite geschoben.

Der Sommer schritt voran, die heißen, stickigen Tage zogen sich wie Zuckersirup. In der Küche war es fast unerträglich, auch wenn alle Fenster und die Türen jetzt immer weit geöffnet waren – die Luft für den Durchzug wollte nicht kommen, es regte sich kein Wind. Der Ofen schien zu glühen, denn er musste trotz der Hitze befeuert werden, damit sie die Ernte verarbeiten konnten. Gläser wurden in heißem Seifenwasser gespült und dann noch ausgekocht, mit Gemüse und Obst befüllt, mit heißem Sud, Gewürzen und Kräutern übergossen.

Die Sandkiste im Keller wurde mit frischem Sand befüllt, im Frühherbst würden sie anfangen, dort Rüben und Beete einzulagern.

Morgens ging es in den Garten und auf das Feld, wo die Sonne erbarmungslos schien. Nachmittags stand Marthe oft in der hitzigen Schwüle der Spülküche und hatte das Gefühl, dass ihre Haut sich aufblähte, weich wurde und sich ablösen würde. Sie sehnte sich nach der kühlen Luft des Herbstes, danach, wirklich einmal wieder Luft holen zu können, denn die Arbeit erschöpfte sie bis auf die Knochen. Dennoch schaffte sie es, immer wieder Rezepte und Vorgehensweisen in das kleine Heft zu schreiben, sie hatte ihr Versprechen an sich selbst nicht vergessen.

Kapitel 4

Morgen fahre ich in die Stadt auf den Markt«, sagte Grandmère. »Didier holt mich ab.«

»Brauchen wir etwas?«, fragte Julie überrascht. Sie saß müde und erschöpft am Tisch, wie sie alle.

Jetzt im Sommer saßen sie meist draußen am Tisch, der in der Mitte des Hofes stand und auf dem sie das Obst und Gemüse vorbereiteten. Hier aßen sie mittags ihren Imbiss, abends die Hauptmahlzeit.

Viel kühler als drinnen ist es heute hier draußen nicht, dachte Marthe und wischte sich den Schweiß aus dem Nacken. Ich fühle mich, als würde ich langsam geschmort. Sie schaute zum Himmel, der seltsam bleifarben aussah. Es war kein Wölkchen zu sehen, aber das Sonnenlicht strahlte auch nicht so wie sonst. Der Herbst kommt, dachte Marthe, es wird früher dunkel. Und irgendwann wird auch der Wind wiederkommen und frische Luft mit sich bringen.

Im Winter badeten sie einmal in der Woche in der Zinkwanne in der Waschküche. Aber jetzt im heißen Sommer übergossen sie sich abends oft mit dem kalten Wasser aus dem Brunnen oder stellten sogar die Zinkwanne in den Hof. Hin und wieder gingen sie in den Wald zur Quelle. Dort war das Wasser eiskalt. Es gab einen kleinen Tümpel, in dem man baden konnte, aber der wurde auch von den Wildschweinrotten benutzt und war nicht ganz sicher.

»Das meiste Eis im Erdkeller ist verbraucht oder sogar geschmolzen«, sagte Grand-mère missmutig. »Einen so heißen Sommer hatten wir schon lange nicht mehr. Es wird Zeit, dass der Herbst kommt.« Sie sah Julie an. »Ja, wir brauchen dies und das. Möchtest du mitkommen?«

»In die Stadt? Morgen?« Julie sah sie überrascht an. »Brauchst du mich dort? Was hast du denn vor?«

»Wir haben zu viel Weichkäse, der schlecht werden wird, weil wir ihn nicht kühlen können. Auch war die Ernte bisher sehr gut. Ich könnte einiges auf dem Markt anbieten und dafür dann neues Mehl kaufen, das wird knapp. Es gibt außerdem noch ein paar Dinge, die ich zu erledigen habe.« Sie kniff die Augen zusammen. »Aber ich überlasse es dir, ob du mitkommen willst.«

»Es gibt ja auch hier noch genügend zu tun«, meinte Julie nachdenklich.

»Und ich?«, sagte Marthe. »Darf ich auch mit?«

»Mir wäre es lieber, du würdest hier bleiben«, sagte Grand-mère. »Die Tiere müssen versorgt werden. Und die Auberginen müssen geerntet werden. Auch die letzten Mirabellen.«

Marthe seufzte auf.

»Ich brauche auch neuen Zucker, damit wir die Früchte kandieren können. Und Salz fehlt ebenfalls. Ich hatte Öl bestellt und Pierre sollte es mitbringen, das hat er aber vergessen. Es ist so viel zu bedenken, bevor der Winter kommt.«

»Der Winter?«, sagte Marthe und wischte sich über die Stirn. »Wie kannst du jetzt an den Winter denken? Es ist ja noch nicht einmal Herbst. Es ist so heiß, dass ich glaube, meine Haut wird abfallen.«

»Der Winter kommt schneller als du denkst, und wir müssen besser sein, als die Eichhörnchen, die lauter Verstecke mit Nahrung anlegen, aber vergessen, wo sie sind«, sagte Grand-mère. »Wir müssen vorsorgen. Und das sollten wir jetzt tun, solange ihr noch hier seid.«

Marthe wartete darauf, dass Maman etwa dazu sagte oder Grand-mère noch etwas hinzufügte, aber keiner der beiden rührte sich. Es kribbelte Marthe auf der Zunge, nachzufragen, was Grand-mère denn mit ›solange‹ meinte, aber andererseits wollte sie auch keine schlafenden Hunde wecken.

Wenn ich es nicht erwähne, dachte sie, ohne wirklich daran zu glauben, können wir vielleicht hierbleiben, nicht für immer, aber noch ein bisschen. Die Wahrscheinlichkeit, dass sie noch ein weiteres Jahr auf dem Hof bleiben würden, stieg für Marthe mit jeder Woche. Maman würde Grand-mère doch nicht im kalten, kargen Winter allein lassen, nein, das konnte sie sich nicht vorstellen. Bis zum nächsten Jahr, da war sie sich fast sicher, hatten sie noch Zeit. Und wer weiß, was dann sein würde.

»Falls irgendetwas ist, gehst du zu Pierre. Inès, seine Frau, wird da sein«, sagte Grand-mère.

»Was sollte denn passieren?«, fragte Marthe verwundert.

»Das weiß man nie.« Grand-mère nickte bedeutsam. »Niemals. Aber ihr wisst, dort bekommt ihr Hilfe, falls es nötig ist.«

Marthe lief trotz der Hitze ein Schauer über den Rücken und plötzlich fühlte sie sich unsicher.

»Es ist immer gut zu wissen, wo man Hilfe bekommt.« Julie

streckte sich. »Aber jetzt gehen wir erst einmal schwimmen.« Sie stand auf, reichte ihrer Tochter die Hand.

»Im Wald?«, fragte Marthe.

»Ja, komm.« Sie gingen ins Haus, holten sich frische Unterkleidung und Handtücher, stiegen den Hügel hinauf, am Gemüsegarten und der Streuobstwiese vorbei bis zum Waldrand. Hier wurde die Luft direkt kühler, drückend war es aber immer noch. Sie sprachen nicht viel, gingen nur den Pfad entlang bis zu dem Teich, der von der Quelle gespeist wurde. Das Farnkraut wuchs normalerweise hoch und üppig unter den Bäumen, rollte sich aber jetzt in der Hitze schützend zusammen. Die Luft war würzig, eine trockene Würze. Im Unterholz knackte es, und Julie blieb stehen, hob die Hand und lauschte. Dann nickte sie Marthe zu und ging weiter. Am Tümpel waren ein paar große Findlinge, die mit Moos bewachsen waren und wie große grüne Kissen aussahen. Dort zog sich Julie aus. »Nun komm schon«, forderte sie ihre Tochter lachend auf.

Der Tümpel auf der kleinen Lichtung sah aus wie ein Silbertablett, in dem sich die Bäume und der Himmel spiegelten. Julie blieb einen Moment am Rand stehen, sprang dann beherzt in das kalte Wasser. Sie juchzte auf, schwamm ein paar Züge, drehte sich dann auf den Rücken und winkte ihrer Tochter zu. Auch Marthe hatte sich nun schnell ihrer Kleidung entledigt. Vorsichtig steckte sie den Fuß in das Wasser, schauderte kurz auf. Dann aber fasste sie sich ein Herz und sprang hinein. Im ersten Moment verschlug die Kälte, die ihren hitzigen und klebrigen Körper umfing, ihr für einen Moment den Atem, doch dann genoss sie das kühle, frische und saubere Wasser.

Wieder knackte es im Unterholz, und Julie sah sich aufmerksam um. »Lange sollte wir nicht mehr hier bleiben. Die Tiere kommen jetzt gegen Abend, um zu trinken. Wir wollen sie besser nicht stören.«

Marthe hörte eine gewisse Unruhe in der Stimme der Mutter.

»Glaubst du, dass ein Wolf kommt?« Obwohl sie sehr bejagt wurden, gab es immer noch ein paar wenige Wölfe in den Bergen und Wäldern. Manchmal rissen sie Schafe oder Ziegen auf den entlegenen Weiden. Marthe hatte jedoch noch nie einen zu Gesicht bekommen, auch wenn Grand-mère und die Nachbarn schauerliche Geschichten erzählen konnten.

»Nein, vor Wölfen habe ich keine Angst. Zumindest jetzt nicht. In einem harten Winter ist das anders. Wölfe jagen normalerweise keine Menschen, nur wenn sie sehr verzweifelt und hungrig sind. Aber im Winter würden wir ja auch hier nicht schwimmen gehen.« Julie lachte leise und stieg aus dem Tümpel, trocknete sich ab. »Es sind die Wildschweine, die ich fürchte.«

Marthe beeilte sich, aus dem Wasser zu kommen, nahm das Handtuch und sah sich ängstlich um.

»Man hört sie, mon Cœur, sie tauchen nicht unerwartet zwischen den Bäumen auf. Wildschweine schleichen nicht.«

»Aber sie sind gefährlich.«

»Ja, sie können durchaus gefährlich sein. Vor allem die Keiler mit ihren Hauern. Oder eine Mutter mit ihren Frischlingen, die sie bis auf das Blut beschützt. Einer Rotte Wildschweinen will man nicht begegnen.«

Wieder schaute sich Marthe unsicher um. »Dann lass uns schnell gehen.«

»Angst musst du aber nicht haben. Man muss nur aufmerksam sein.« Julie nahm Marthes Hand, drückte sie.

Schweigend und lauschend gingen sie zurück. Das Zwitschern der Vögel klang matt, die Hitze war wie eine viel zu warme Decke, die man nicht lüften konnte. Der Himmel war schiefergrau, aber Wolken zeigten sich nicht. Doch das Licht hatte sich auch verändert, es war heute nicht die strahlende, fast sengende Abendsonne, die den Himmel rot färbte, das Licht war diffus und schmutziggelb.

»Da zieht ein Gewitter auf«, sagte Julie nachdenklich. »Das Wetter ändert sich.«

»Hoffentlich. Es ist viel zu drückend«, sagte Marthe, die erleichtert war, dass sie den Waldrand erreicht hatten. »Fährst du morgen mit in die Stadt?«, fragte sie dann.

»Nein, ich glaube nicht. Ich werde Grand-mère noch einmal fragen, ob sie meine Hilfe braucht, dann würde ich es natürlich tun. Aber ansonsten würde ich lieber hier bleiben.«

»Ich würde sofort mitfahren«, sagte Marthe. »Ich war schon lange nicht mehr in Remiremont.«

»Mir fällt es schwer, dorthin zu fahren«, gestand Julie mit leiser Stimme. »Ich habe dort die schönsten, aber auch die schlimmsten Tage meines Lebens erlebt.«

Marthe dachte über die Worte ihrer Mutter nach, nickte dann und drückte die Hand der Mutter.

»Dann ist es vielleicht besser, wenn wir beide hierbleiben.« Sie schaute zum Gemüsegarten, an dem sie gerade vorbeigingen. »Es ist ja auch noch so viel zu tun. Es scheint gar kein Ende zu nehmen.«

Julie lachte. »Das meinst du nur. Schon in zwei Monaten ist hier fast alles geerntet und verwelkt. Dann ist die Zeit der Frische vorbei.«

»Dann können wir aufatmen und uns ausruhen.« Marthe lachte fröhlich. Julie sah sie an, es war ein seltsamer Blick, ein wenig wissend, ein wenig bedauernd. Marthe sah den Blick und schluckte, aber sie fragte nicht nach. Sie wollte nichts ausgesprochen haben.

Gemeinsam gingen sie zum Hof, wo Grand-mère inzwischen damit beschäftigt war, die Sachen zusammenzustellen, die sie mit in die Stadt nehmen wollte.

»Brauchst du mich dort wirklich?«, fragte Julie. »Es sieht so aus, als würde das Wetter umschlagen, und vielleicht sollten wir morgen noch die letzten Beeren ernten, bevor es zu spät ist.«

Grand-mère sah zum Himmel, schnupperte, nickte dann. »Noch ist es nicht dunkel. Wenn du recht hast und ein Unwetter kommt, und ich denke, du täuschst dich nicht, verlieren wir die Tomaten. Die sind wichtiger, als die Beeren.«

Julie nahm sich wortlos einen der Körbe, die immer vor dem Haus standen. »Komm, Marthe«, sagte sie nur knapp und stieg wieder hinauf zum Gemüsegarten.

Marthe verdrehte entnervt die Augen. »Aber wir haben doch gerade gebadet, wenn wir jetzt wieder ins Feld gehen, war das alles umsonst«, jammerte sie, aber auch sie nahm sich einen Korb, folgte der Mutter.

»Wenn wir jetzt nicht ins Feld gehen, war das Tomatensetzen, das Ausgeizen, Gießen und Pflegen womöglich umsonst. Siehst du den gelben Himmel, siehst du da hinten die Schliere? Es sind keine

Wolken, es sind nur Anzeichen am Himmel, und sie verheißen nichts Gutes.«

»Was verheißen sie denn?« Marthe hatte ein wenig Mühe, zu Julie aufzuschließen, ihre Mutter ging mit strammen Schritten.

»Da kommt kälteres Wetter aus dem Nordwesten, das trifft auf das warme Wetter aus dem Süden, das wir in den letzten Wochen immer hatten. Wenn die Fronten hier vor den Bergen aufeinandertreffen, dann wird es knallen. Es gibt Gewitter, vielleicht hagelt es auch, auf jeden Fall wird Regen kommen.«

»Regen können wir doch gut gebrauchen.«

Die Quelle in den Bergen speiste den Tümpel, und aus dem Tümpel lief ein kleiner Bach bergabwärts. Die Bergbauern hatten im Laufe der Jahrhunderte hier und dort das Wasser gestaut, kleine Reservoirs angelegt, Brunnen gebaut. So konnten sie die Felder und die großen Gemüsegärten an den Hängen bewässern. In den letzten Wochen war aber das Wasser immer knapper geworden und jeder sehnte sich nach einem schönen, erfrischenden Landregen, der normalerweise immer kam, denn die Wolken vom Meer fingen sich an den Vogesen. Doch in diesem Jahr war es anders gewesen, viel zu heiß und viel zu trocken.

»Regen schon, aber keinen Hagel. Und keinen Starkregen, so wie er sich jetzt andeutet. Ich mag mich täuschen und ich wäre froh, wenn es so wäre.« Julies Stimme klang angespannt. »Aber lass uns einfach so viele Tomaten ernten, wie wir können.«

Die Tomaten standen im sonnigsten Teil des Gartens. Sie hatten sie an Stöcken hochgebunden, hatten sie bewässert und ausgegeizt. Die Sonne hatte gute Arbeit geleistet, trotz der Stöcke hingen die Pflanzen schwer beladen und beugten sich an den Stecken, an denen sie hingen. Der betörend süß-herbe Duft hing in der Luft, hier roch es ganz anders als bei den Beeren.

Eilig pflückten sie die Früchte, eilig, aber dennoch vorsichtig, denn zerquetschte Tomaten würden schnell verderben. Bald schon hatten sie die beiden Körbe gefüllt und brachten sie zurück zum Hof. Grand-mère kam ihnen entgegen. Sie hatte vier leere Körbe dabei, nahm die beiden vollen, tauschte sie gegen die leeren aus. Der Himmel hatte nun die schmutzige Farbe von Schlamm angenommen, dabei war die Sonne noch nicht einmal ganz untergegangen. Die Sonnenscheibe war jedoch nicht zu sehen, es war, als hätte jemand eine gefärbte Glasscheibe über den Himmel gelegt. Die Hitze nahm dennoch nicht ab, es schien sogar immer drückender zu werden, als ob jemand eine Decke über sie stülpen würde.

Wortlos gingen Julie und Marthe wieder auf den Gemüseacker, ernteten stetig und sorgsam. Dann waren auch die weiteren vier Körbe voll, doch es hingen noch etliche Früchte an den Pflanzen.

Sie schleppten die Körbe zum Hof, wo Grand-mère schon mit der Verarbeitung begonnen hatte. Das Licht wurde diffuser, langsam setzte die Dämmerung ein. Noch immer zeigte sich keine Wolke am Himmel, und Marthe konnte gar nicht glauben, dass es bald regnen sollte. Vermutlich würde morgen die Sonne aufgehen, so wie immer, und alle hatten sich getäuscht.

Julie strich sich die Haare, die sich aus ihrem Zopf gelöst hatten, aus der Stirn, sah nach oben. »Ich gehe wieder in den Garten.«

»Aber es wird dunkel«, gab Marthe zu bedenken.

»Hmm«, grummelte Grand-mère. »Nimm die Lampe mit. Ich komme nach, sobald ich kann.«

Julie nickte, nahm die Petroleumlampe und zwei leere Körbe, machte sich wieder auf den Weg. Marthe seufzte auf. Inzwischen spürte sie jeden Knochen, jeden Muskel in ihrem Körper. Die Erfrischung, die das Bad im Tümpel gebracht hatte, war verschwunden. Sie hätten auch gar nicht gehen müssen, dachte sie verbittert. Aber dann gab sie sich einen Ruck, nahm auch zwei Körbe und folgte ihrer Mutter.

»Willst du jetzt die ganze Nacht durcharbeiten?«, fragte sie vorwurfsvoll. »Noch sehe ich keine Wolke. Wahrscheinlich verzieht sich der Dunst, und es wird wieder ein schöner Tag.«

»Wenn es so wäre, dann würde ich mich freuen.« Julie blieb stehen und drehte sich um. »Du kannst zurückgehen. Ich weiß, du bist müde, und es ist anstrengend. Geh zurück und geh ins Bett, das ist dein gutes Recht. Du hast heute schon mehr als genug geholfen. Wirklich, mon Cœur, geh nach Hause.«

Marthe war auch stehen geblieben. »Warum gehst du nicht auch ins Bett? Auch wenn es regnet, dann ernten wir eben nasse Tomaten morgen. Es sind doch nur Tomaten, und wir haben schon so viele.«

»Wir haben vielleicht die Hälfte. Jetzt pflücken wir auch die, die noch etwas grün sind. Tomaten … sind wichtig in der Küche. Wir kochen und passieren sie, wir kochen sie ein, bis nur noch das Mark da ist. Und davon reicht oft nur ein Löffel, um ein ganzes Gericht zu verändern. Tomaten sind die Essenz von vielen Speisen, sie sind der Boden, auf denen man Geschmack aufbaut.« Julie war weitergegangen, sprach leise, wie zu sich selbst. Aber Marthe folgte ihr und hörte wie gebannt zu. »Tomaten sind süß, aber sie haben auch eine leichte Säure. Zusammen mit Zucker oder Zitrone können sie einem Gericht eine ganz andere Wendung geben.«

»Aber der Regen ändert doch nichts an dem Geschmack«, meinte Marthe.

»Doch, wenn es jetzt regnet, platzen sie auf. Ganz schnell bekommen sie dann die Bräune, und dann können wir sie nicht mehr verwerten.«

Marthe seufzte auf, folgte ihrer Mutter jedoch. Es war noch mühsamer bei dem Licht der Petroleumlampe Tomaten zu pflücken, denn die grünen sollten am Strauch bleiben. Je dunkler es wurde, um so schwieriger wurde es, die Farben zu unterscheiden. Endlich hatten sie die Körbe gefüllt, und Julie streckte sich, stemmte stöhnend die Fäuste in den Rücken. »Das muss reichen«, sagte sie müde und schaute zum Himmel. Es waren keine Sterne zu sehen, aber auch keine Wolken.

»Ich hoffe, es hat sich gelohnt. Noch glaube ich nicht an deinen Regen«, sagte Marthe und nahm einen der Körbe, dann den anderen. Julie hob ihre beiden Körbe hoch. Diesmal brauchten sie lange, bis sie zum Haus kamen.

In der Küche stand Grand-mère am Herd und rührte in den Töpfen. Es zischte und blubberte, die Wasserhexe brodelte. Überall standen Gläser, zum Teil schon gefüllt, zum Teil gerade ausgekocht und noch dampfend. Auch Grand-mère wirkte erschöpft.

Sie schaute in die Körbe. »Stellt sie in die Waschküche«, wies sie sie an. »Wir können sie morgen verarbeiten. Ich mache nur noch diese beiden Kessel fertig, dann reicht es für heute.«

»Ich helfe dir«, sagte Julie. »Zu zweit schaffen wir es schneller.« Sie sah Marthe an. »Du gehst ins Bett.«

Marthe widersprach nicht, sie war so müde, dass sie auch im Stehen hätte einschlafen können. Im Dachgeschoss war es drückend und stickig, die Nacht hatte bisher keine Abkühlung gebracht und Wind war auch nicht aufgekommen.

Ich wette, dachte Marthe, dass morgen die Sonne wieder scheinen wird. Dann war die ganze Arbeit umsonst. Dabei könnten wir alle eine Abkühlung brauchen.

Sie schlief so tief und fest, dass sie gar nicht mitbekam, als auch Julie zu Bett ging. Sie verschlief auch, dass der Kastenwagen von dem Nachbarn Didier in aller Frühe auf den Hof fuhr und Grandmère, sowie einige Kisten und Kästen einlud und wieder vom Hof fuhr. Sie verschlief, dass Julie die Hühner auf den Hof ließ, die Kuh molk und die Tiere zur Weide brachte.

Als sie endlich aufwachte, war es schon Vormittag. Es hatte in der Nacht nicht geregnet, aber die Sonne schien auch nicht hell an einem klaren Himmel, es war immer noch seltsam diesig und womöglich noch drückender als gestern. Erschrocken sprang sie auf, zog sich an und eilte nach unten. Julie war nicht im Haus, aber auf dem Tisch standen Brot, Butter und Honig.

Marthes Magen grummelte hungrig. Schnell schmierte sie sich ein Brot, ging dann nach draußen, um ihre Mutter zu suchen.

Auf dem Hof war alles friedlich, so wie immer, die Hühner scharrten im Dreck, der Hahn stand oben auf dem Misthaufen. Marthe schaute sich irritiert um, wo war Maman? Dann entdeckte sie sie auf dem Hügel im Gemüsegarten bei der Arbeit. Schnell schmierte sie sich noch ein Brot, aß es im Gehen.

»Warum hast du mich nicht geweckt?«, fragte sie und gab ihrer Mutter einen klebrigen Kuss auf die Wange.

»Ich hatte das Gefühl, dass du den Schlaf nötig hattest.« Julie musterte ihre Tochter. »Es war ein langer, anstrengender Tag gestern.«

»Ja, und es hat nicht geregnet.« Marthe grinste.

»Noch nicht«, sagte Julie und schaute unruhig nach oben. »Aber ich kann es spüren – da braut sich etwas zusammen.«

»Es ist noch nicht mal eine Wolke zu sehen«, tat Marthe die Worte ihrer Mutter ab. »Ist Grand-mère in die Stadt gefahren?«

»In aller Früh hat Didier sie abgeholt.«

»Mit dem Wagen?«, fragte Marthe erstaunt. »Ich habe nichts gehört. Ich habe wohl geschlafen wie ein Stein.«

Julie lachte leise. »Ja, das hast du.«

»Ernten wir jetzt weiter Tomaten?«

»Damit sind wir soweit durch. Die letzten habe ich schon heute in der Früh gepflückt. Ich habe auch schon einiges gewässert, aber die Erde ist so trocken, es scheint, als würde alles auf der Stelle verdunsten.« Julie wischte sich über den Nacken. »Wir brauchen dringend Regen, aber kein Unwetter. Die Erbsen müssen noch gepflückt werden und Bohnen sind auch reif. Die Kartoffeln können noch im Boden bleiben.«

Marthe machte sich an die Arbeit. »Wie kommst du darauf, dass es ein Unwetter geben wird?«

»Ich kann es fühlen. In den Knochen und auf der Haut. Es ist so, als ob ich immer wieder kleine Schläge auf der Haut spüren würde, oder Bisse – so wie Flohbisse, nur dass es danach nicht juckt und auch nichts zu sehen ist. Das war schon immer so.«

»Und immer, wenn du das gespürt hast, gab es ein Unwetter?«

»Immer, wenn ich das gespürt habe, gab es ein richtig schlimmes Unwetter. Ich habe das nicht, wenn es mal gewittert oder Regen herzieht.«

Marthe richtete sich auf und sah ihre Mutter an. »Du willst mich gerade veräppeln, nicht wahr?«

»Nein!«, sagte Julie ehrlich empört.

»Aber … aber in meinem ganzen Leben habe ich dich noch nie ängstlich gesehen, wenn sich ein Gewitter andeutete. Noch nie so … aufgewühlt. Du hast es früher noch nicht einmal großartig kommentiert, selbst wenn es blitzte und donnerte, als würde gleich die Welt untergehen.«

Julie hielt in der Arbeit inne. Sie schüttelte den Kopf. »Das ist merkwürdig, darüber habe ich noch nie nachgedacht, aber du hast recht.«

»Du veräppelst mich also?«, fragte Marthe verwirrt.

»Nein, nein. Ich hatte das früher immer. Immer dann, wenn ein Unwetter drohte. Zu Hause auf dem Hof oder auch auf dem Gut. Dann habe ich deinen Vater geheiratet, und wir sind in die Stadt gezogen … und da hatte ich es gar nicht mehr. Nicht einmal, auch wenn es in der Zeit natürlich auch das eine oder andere Unwetter gab. Wie merkwürdig.« Sie nahm einen Schluck aus der Wasserflasche, die sie mitgebracht hatte, reichte die Flasche dann ihrer Tochter.

»Du hast das gespürt, als du klein warst und dann erst jetzt wieder?«, fragte Marthe nach.

Julie nickte. »Es hängt damit zusammen«, sagte sie nun nachdenklich. »Es liegt am Hof, an der Landwirtschaft.«

»Wie meinst du das?«

»Nun, hier spielt es eine Rolle, in der Stadt nicht. Hier sind wir viel näher an der Natur. Wir kaufen die Lebensmittel nicht auf dem Markt, wir erzeugen sie hier.« Sie wies um sich. »All das, was wir ernten, wird uns über den Winter bringen. Geht es durch das Wetter verloren, müssen wir im Winter hungern. Das habe ich erlebt, als ich Kind war. Da hatten in einem Jahr im Frühjahr der Hagel und der Frost die Blüte zerstört und im Frühherbst ein Sturm die Ernte vernichtet. Es war ein bitterer Winter, in dem uns allen die Mägen knurrten. Es waren Zeiten, die sich mir eingeprägt haben.«

Plötzlich verstand Marthe, warum ihre Mutter früher immer Marmelade gekocht und Gemüse eingelegt hatte, auch wenn man diese Dinge jederzeit auf dem Markt und in den Geschäften hatte kaufen können. Sie hatte natürlich nie so eine Vorratshaltung wie Grand-mère betrieben, aber einiges war immer im Haus gewesen.

Plötzlich rann ein Schauer über Marthes Rücken, kleine, kalte Finger, die ihre Haut berührte. Sie schaute in den gelb-grauen Himmel, der immer noch stumpf, aber nicht wirklich bedrohlich wirkte. Eine schmutzige Glasscheibe, durch die das Sonnenlicht zwar drang, aber nicht schien. Und nun meinte sie auch, in der Ferne ein dumpfes Grollen zu hören.

Auch Julie hatte es vernommen und zog den Kopf ein. »Lass uns weitermachen«, sagte sie hastig. »Solange es noch geht.«

»Es sind keine Wolken zu sehen«, sagte Marthe und versuchte sich selbst damit etwas zu beruhigen. »Es wird noch dauern.«

Etwa eine Stunde pflückten sie Bohnen und Erbsen, nahmen die eine oder andere Zucchini mit, schnitten vorsichtig die kleinen

Auberginen ab. Man durfte sie nicht abreißen, den Fruchtansatz nicht verletzten, denn sonst verdarben sie schnell.

Und dann wurde der Himmel dunkel. Es kam ganz plötzlich, das Gelb wurde zu einem Grau und dann zu einem Schwarz. In der Ferne zuckten schon die Blitze. Keine zehn Minuten hatte es gedauert. Sie griffen nach den Körben, liefen den Hügel hinunter.

»Ich hole die Kühe«, rief Julie ihrer Tochter zu. »Scheuch die Hühner in den Stall und schau nach dem Schwein.«

Marthe nickte nur, rannte den Hang nach unten. Ihr Herz klopfte, auch wenn sie gar nicht so genau wusste, weshalb. Sie hatte schon vorher Gewitter erlebt, hatte sie eher aufregend als bedrohlich empfunden. Aber diesmal war es anders.

Als sie den Hof erreichte, klatschten die ersten, dicken Tropfen auf sie. Die Hühner liefen freiwillig in die Scheune, schienen fast erleichtert zu sein, sie gackerten aufgeregt. Der Hahn hackte nach links und rechts, als wollte er seine Familie zur Eile antreiben.

Das Schwein hatte sich unter den Unterstand verkrochen. Es hatte Wasser und auch noch genügen Essenreste, die es aber nicht angerührt hatte. Es gab eine leere Box im Stall, und Marthe überlegte für einen Moment, ob sie das Schwein dorthin scheuchen sollte, aber sie traute sich nicht.

Der Wind frischte auf, plötzlich stob das Laub, dass die Hitze der letzten Wochen ausgetrocknet und fast versengt hatte, in wilden Tänzen über den Hof. Das Scheunentor schlug gegen die Wand. Marthe konnte es noch nicht schließen, bevor die Kühe nicht im Stall waren. Sie füllte die Raufen mit Heu und die Tröge mit Wasser.

Der Regen wurde nun kräftiger, prasselte auf die ausgetrocknete

Erde. Die Tropfen waren wie kleine Glasmurmeln, und der Boden war so hart, dass sie sprangen und hüpften. Windböen jagten über den Hof, fingen sich heulend und fauchend unter der Traufe, alle Fensterläden klapperten. Für einen Moment blieb Marthe im Tor der Scheune stehen, sie wusste gar nicht, was sie zuerst machen sollte. Auf dem Hof stand der Tisch und die Stühle, die nun von den Böen umgeweht wurden. Die Eimer und die Körbe flogen durch die Luft. Marthe schloss die Augen, öffnete sie dann wieder und lief los. Sie sammelte die Körbe und die Zinkeimer ein, brachte sie ins Haus. Es roch nach Qualm, weil der Wind plötzlich auf dem Kamin stand.

Dann lief sie wieder nach draußen. Inzwischen war der Regen zu einer Wand aus Wasser geworden, und sie war sofort bis auf die Haut durchnässt. Die Tropfen waren eisig und hart, sie schmerzten, wenn sie auf die Haut trafen. Marthe packte die Stühle und trug sie ins Haus. Den Tisch konnte sie nicht allein tragen, er war umgekippt.

Sie lief wieder zurück, eilte nach oben. Sollte sie die Fenster schließen oder sollte sie den kühlen Luftzug noch durch das Haus ziehen lassen? Aber die Fensterläden klapperten so heftig, dass sich die Frage erübrigte. Mühsam schloss sie die Fensterläden, legte die Balken von innen vor, denn die kleinen Haken würden nicht reichen, da war sie sich plötzlich sehr sicher.

Dann rannte sie wieder nach unten, schloss auch hier die Fenster, schaute immer wieder zum Pfad, der vom Hügel zum Hof führte. Wo blieb Maman mit den beiden Kühen? Doch sie konnte kaum etwas sehen, so sehr regnete es. Der Wind tobte, er fegte durch den Hof, fing sich in den Bäumen und riss an den Blättern und Ästen.

»Vite, vite!«, hörte Marthe den drängenden Ruf ihrer Mutter. »Vite, vite!« Sie lief hinaus, fast blind durch den Regen, der nun zu kleinen Körnern wurde, lief zum Pfad, wo Julie mit den Kühen kam. Die Kühe muhten verängstigt, verdrehten die Augen, die Zungen hingen schief aus den weichen, sanften Mäulern.

»Kommt, kommt«, lockte sie die Kühe, die wie blind auf den Hof liefen, erschrocken stehen blieben und die Orientierung verloren hatten. Wild wedelte Marthe mit den Armen, scheuchte die beiden in Richtung Scheune und endlich setzten sie sich in Bewegung, liefen zur Scheune und hinein in ihre Boxen. Dort blieben sie erschöpft stehen.

»Wir müssen sie abreiben«, sagte Julie, die ebenso durchnässt war wie Marthe. Marthe schlotterte. »Warum?«, fragte sie. »Lass uns schnell in Haus gehen. Ich habe Angst.« Das Grollen war zu Donnern geworden. Es klang wie Explosionen im Bergwerk, nur heftiger, lauter und es schien immer näher zu kommen.

»Wir müssen sie trocken reiben, sie waren völlig überhitzt, sie werden sonst krank und sterben«, sagte Julie und nahm sich eine Handvoll Stroh, begann die Kuh trocken zu reiben. Marthe ging in die andere Box, nahm sich ebenfalls Stroh und rieb die Färse ab. Das Tier zitterte, hatte die Augen immer noch verdreht, doch langsam beruhigte es sich.

»Jetzt ist es gut«, rief Julie. Der Regen trommelte auf das Dach, sie konnten sich kaum verständigen, der Donner krachte immer wieder und wieder. Sie gingen zum Scheunentor. Der Hof hatte sich in einen See verwandelt, auf dem die Regentropfen tanzten. Doch die Regentropfen wurden zu Hagelkörnern, sie hüpften, weiß und gefährlich, über das Wasser, wie kleine Kieselsteine.

»Wir müssen ins Haus«, sagte Julie atemlos und nahm die Hand ihrer Tochter. »Los jetzt.«

Mit eingezogenen Köpfen kämpften sie sich durch die Windböen, durch den Sturm, der alles zu erfassen schien. Die Natur hatte ihr böses Maul geöffnet und fauchte, spie Eis und Wind vernichtend über das Land.

Mit Mühe erreichten sie das Haus, und Julie schloss die Tür hinter ihnen, lehnte sich nach Atem ringend dagegen. Immer noch füllte Qualm den Raum, es war kalt. Marthe stand zitternd da, hatte kaum noch die Kraft, ihren Kopf zu heben. So etwas hatte sie noch nie erlebt.

»Komm«, sagte Julie und holte tief Luft, »komm schnell.« Sie zog ihre Tochter mit sich zur Waschküche, nahm Handtücher aus dem Regal und rubbelte Marthe trocken, bis Marthe schließlich selbst das Handtuch nahm. Julie trocknete sich ab, so gut es ging, eilte dann nach nebenan und öffnete die Ofentür. Eine Qualmwolke kam ihr entgegen. Sie hustete, drehte den Kopf zur Seite und nahm den Schürhaken, stieß ihn in den Ofen. Dort war noch Glut, aber der Wind drückte auf den Kamin und in das Haus. Die Qualmwolke wurde schwarz, wurde zu Ruß, und Julie hustete. Sie legte ein paar Kienspäne auf, zündete zwei der langen Streichhölzer, die teuer waren und die sie nur im Notfall benutzen sollten, an und hielt sie an die Glut. Dann pustete sie vorsichtig auf die Flamme, die auf das dünne Holz übergriff und die Glut endlich wieder anfachte. Das Feuer leckte an den Holzspänen, vergriff sich hungrig an den dünnen Zweigen und Ästen, mit denen Julie es fütterte. Es leckte daran, ergriff sie, setzte sie in Brand. Schließlich konnte Julie einen großen Holzscheit auflegen und die Ofentür schließen. Die

Hitze des Feuers zog durch den Kamin nach oben und verdrängte den Wind. Julie rieb sich über das Gesicht, das voller Ruß war.

Marthe sah sie an und fing an zu lachen. Es war ein wildes Lachen, nicht fröhlich, sondern panisch und schließlich brachen sich ihre Gefühle den Lauf und das Lachen ging in ein Schluchzen über. Sie zitterte am ganzen Körper, aber es war nicht nur die nasse Kälte, die sie immer noch gefangen hielt, es war die nackte Panik. Draußen schien die Welt unterzugehen. Aus dem Regen war Hagel geworden, als würde jemand säckeweise feinen Kies auf das Haus schütten.

»Sh, sh«, versuchte Julie sie beruhigen. Sie stand auf und nahm ihre Tochter fest in die Arme. Es blitzte und donnerte fast ununterbrochen, der Wind schien noch einmal zuzunehmen. »Wir sollten trockene Sachen anziehen, damit wir uns nicht erkälten.«

Langsam fing sich Marthe wieder, auch wenn sie bei besonders heftigem Donner immer noch zusammenzuckte. Julie wollte mit ihr nach oben gehen, doch Marthe hielt sie zurück. »Du musst dich erst einmal waschen«, sagte sie. Zum Glück war das Wasser im Kessel noch warm, und Julie konnte sich den Ruß vom Gesicht und den Händen waschen.

Nach einer halben Stunde, die sich jedoch viel länger anfühlte, ließ das Unwetter endlich nach. Es wurde heller, der Himmel nicht mehr schwarz, sondern nur noch grau. Entsetzt stand Marthe am Fenster und schaute in den Hof. Dort lagen die Hagelkörner knöchelhoch, vermischt mit Ästen und Zweigen und vor allem mit den zerfetzten Blättern. Der Sturm hatte nicht nur zwei der dicken Äste des Hauswalnussbaumes abgerissen, er hatte die Bäume fast vollständig entlaubt.

Noch immer regnete es, aber immerhin war es nun nur noch Regen und kein Hagel, und auch der Wind ließ nach.

»Das ist furchtbar«, murmelte Marthe fassungslos. »So etwas habe ich noch nie erlebt.«

»Ja«, stimmte Julie ihr leise zu. »Es ist schrecklich. Ich mag gar nicht an den Gemüsegarten denken.«

»Wie gut, dass wir gestern noch die Tomaten geerntet haben.«

»Aber alles andere wird nun vernichtet sein. Es wird ein karger Winter werden.« Julie seufzte auf. »Es hilft alles nichts, es gibt immer noch genug zu tun. Wir müssen die Tomaten verarbeiten und die Bohnen und Erbsen putzen.«

Es war gut, dass sie Beschäftigung hatten und somit nicht zum Nachdenken kamen. Julie hatte, als der Regen nachließ, den Stall kontrolliert und nach Schäden am Haus geschaut. Bis auf ein paar Dachziegel, die heruntergefallen waren, schienen sie Glück gehabt zu haben. Nur die Bäume und Sträucher rund um das Haus sahen verheerend aus. Der Weg den Hügel hinauf zum Gemüsegarten war durch abgerissene Äste versperrt. Sie lagen zum Teil hüfthoch, und Julie war klar, dass sie dort alleine nichts ausrichten konnte.

»Hoffentlich geht es Grand-mère gut«, sagte Marthe verzagt.

»Sie wird in der Stadt untergekommen sein. Ich frage mich nur, ob Didier es überhaupt bis nach hier draußen schafft. Ich wette, einige Bäume sind umgeknickt und die Straßen sind vermutlich unpassierbar.«

»Aber … wie kommt Grand-mère dann wieder zurück?«

»Sie wird warten müssen, bis die Wege freigeräumt worden sind.«

Den ganzen Tag lauschte Marthe, hoffte auf Hufgetrappel, doch nur der Wind und der nun leichte Regen waren zu hören.

Auf dem Herd köchelte die Brühe, Julie hatte ein Stück gepökelten Bauchspeck aus dem Erdkeller geholt und schmorte es nun mit einigen Karotten und Tomaten. Sie hatte eine gute Handvoll Thymian in den Schmortopf getan und zwei Knoblauchzehen, so dass sich der würzige Duft in der Küche ausbreitete und sie tröstend einhüllte.

Sie goss gerade die Kartoffeln ab, stellte den Seiher zum Ausdampfen auf den Rand des Ofens, als sie Stimmen im Hof hörten. Den ganzen Tag über war es nicht wirklich hell geworden, nun hatte die Dämmerung eingesetzt.

Marthe lief zur Tür, öffnete sie. »Grand-mère! Grand-mère!«

»Danke für deine Hilfe, Didier«, hörte sie ihre Großmutter sagen.

»Melde dich, wenn ihr in den nächsten Tagen Hilfe braucht.«

Auch Julie war zur Tür geeilt. »Willst du nicht reinkommen?«, fragte sie. »Einen Kaffee trinken oder etwas heiße Suppe essen?«

Der Nachbar winkte ab und reichte ihr zwei Körbe. »Nein, ich will nach Hause, schauen, wie es dort aussieht. Und der Wagen steht unten an der Straße – es war ja kein Durchkommen nach hier oben.« Er nickte ihr zu, drehte sich dann um und stapfte davon.

Grand-mère wirkte müde. Sie legte ihren Mantel ab, stellte die beiden Körbe, die sie getragen hatte, zur Seite und setzte sich seufzend an den Tisch. »Schwere Schäden?«, fragte sie leise.

Marthe holte ihr eine Tasse Kaffee und den Zucker, dankbar nahm Grand-mère ihn entgegen.

»Am Haus sind nur ein paar Ziegel heruntergekommen. Soweit ich das sehen konnte, sind am Stall auch keine größeren Schäden.

Den Walnussbaum hat es ordentlich erwischt und alle Steckrosen. Bis zum Garten bin ich nicht gekommen, es liegen zu viele Äste im Weg.«

»Darum kümmern wir uns morgen. Wir können eh nichts mehr ändern.« Grand-mère seufzte. »Hauptsache, das Haus steht noch, und uns ist nichts passiert.«

»Konntest du irgendwo unterkommen?«, fragte Marthe besorgt.

»Wir waren im Bistro, als es losging. Allerdings war es in Remiremont nicht so schlimm. Es hat ein wenig gehagelt und gestürmt. Hier draußen muss es jedoch arg gewesen sein. Der Blitz hat in das Haus der Lamberts eingeschlagen, der Dachstuhl ist ausgebrannt. Viele Bäume sind umgekippt, die Straße war kaum passierbar. Ich bin sehr froh, dass Didier mich dennoch nach Hause gebracht hat, ich habe mir große Sorgen gemacht.«

»Es war ganz schrecklich hier«, sagte Marthe mit dünner Stimme. »Vom Gemüsegarten wird nicht mehr viel übrig sein.«

»Das werden wir sehen«, sagte sie und klang überraschenderweise sehr gelassen. »Ich habe solche Unwetter schon das ein oder andere Mal erlebt. Wichtig ist, dass niemand verletzt wurde, und dass das Haus noch stcht.«

Sie aßen schweigend, jeder schien seinen Gedanken nachzuhängen. Sie folgte der Aufforderung ihrer Mutter, ins Bett zu gehen, ohne Murren. Immer noch regnete es. Es war aber nun der leichte Landregen, den sie schon lange erhofft hatten, der auf das Dach tröpfelte. Der Wind hatte sich ganz gelegt, und der Sturm erschien Marthe auf einmal sehr unwirklich. Sie hätte nie gedacht, dass so ein Unwetter quasi aus dem Nichts kommen konnte. Ganz aus dem Nichts ist es ja auch nicht gekommen, wurde ihr nun klar. Maman hatte schon am Tag zuvor davor gewarnt und auch Grand-mère hatte die Anzeichen gesehen. Was ihnen die Natur alles gab, hatte sie in den letzten zwei Jahren gelernt, und nun hatte sie erfahren, dass die Natur ihre Geschenke auch sehr schnell wieder nehmen und vernichten konnte.

Am nächsten Morgen waren sie schon früh auf. Es regnete nicht mehr, aber der Himmel hatte immer noch die Farbe von schmutzigem Schnee. Außerdem hatte es sich sehr abgekühlt. Zu dritt gingen sie los, um sich die Schäden am Wegesrand anzuschauen. Die Kuh war gemolken, aber sie konnten sie nicht auf die Weide bringen, solange der Weg nicht frei war.

Mit vereinten Kräften zogen sie die großen und schweren Äste zur Seite. Julie hatte eine Säge dabei, die sie auch einsetzen mussten. Es dauerte zwei Stunden, bis der Weg endlich wieder passierbar war. Alles lag voller Zweige und Blätter.

»Ich hole die Kühe«, sagte Julie. »Und bringe sie auf die Weide.«

»Geh bloß langsam«, sagte Grand-mère. »Es ist alles glitschig und rutschig. Eine verletzte Kuh können wir nicht auch noch gebrauchen.«

Marthe überlegte, ob sie lieber ihrer Mutter mit den Kühen helfen oder mit Grand-mère mitgehen sollte, die der Anblick des Gemüsegartens sicherlich treffen würde. Sie entschied sich für die Kühe, denn all die zerfetzten und noch nassen Blätter machten den Pfad sehr gefährlich. Sie selbst musste schon aufpassen, nicht auszurutschen.

Mit bangem Gefühl und schweigend gingen sie zum Gemüsegarten, nachdem sie die Kühe auf die Weide gebracht hatten.

Wahrscheinlich ist Grand-mère am Boden zerstört, vermutete Marthe besorgt.

Als sie den Garten endlich erreichten, bot sich ihnen das Bild der Vernichtung. Die einst so ordentlichen Reihen mit dem Blumenkohl, dem Lauch, die Reihen mit den Stecken, an denen die Bohnen und Erbsen rankten, gab es nicht mehr. Der Garten glich einem Trümmerfeld – abgerissene, fast schon eingestampfte Pflanzen und Blätter. Zerfetzte Früchte. Grand-mère stand über ein Beet gebeugt und sammelte dort etwas ein, legte es in ihren Korb. Marthe ging zu ihr. Grand-mère richtete sich stöhnend auf. »Ich glaube, ich werde zu alt«, sagte sie.

Marthe hatte das Bedürfnis, sie tröstend in die Arme zu nehmen, traute sich aber nicht recht. »Es ist furchtbar«, sagte sie leise.

»Ja, das stimmt. Aber es ist nicht so schlimm, wie ich befürchtet habe. Dadurch, dass der Garten am Hang ist, hat der Hagel zwar viel zerstört, aber nicht alles. Du kannst die Stecken wieder richten und die Erbsen und Bohnen hochbinden. Von den abgerissenen Ranken erntest du natürlich alles ab, auch wenn es noch klein und unreif ist. Für eine Schnippelsuppe reicht es allemal.«

Julie hatte sich schon einen Korb genommen und angefangen, die noch kleinen Blumenkohlköpfe, die der Hagel abgesäbelt hatte, einzusammeln. Sie suchte das Beet nach den Blättern ab, legte sie zur Seite. Nach zwei Stunden schon sah der Garten ganz anders aus. Inzwischen war die Sonne hinter den grauen Wolken hervorgekommen, löste sie auf und trocknete das Land.

»Wir müssen uns beeilen«, meinte Grand-mère. »Wenn jetzt die Sonne wieder mit aller Macht scheint, verdorren die wurzellosen Pflanzen schnell. Marthe, geh zurück zum Hof und bring die

Schubkarre und weitere Körbe. Diese hier kannst du schon mitnehmen.« Sie zeigte auf die gefüllten Behälter.

Sie arbeiteten den ganzen Tag, machten nur eine kurze Pause. Grand-mère hatte Brot, Butter und Speck eingepackt, dazu ein paar gekochte Eier. Das Wasser aus der kleinen Zisterne, die von der Quelle im Wald gespeist wurde, war eiskalt und herrlich erfrischend.

Doch gegen Abend ließen ihre Kräfte nach. Mehrfach schon hatte Marthe die bis zum Rand gefüllte Schubkarre zum Hof gebracht, sie nach Grand-mères Anweisung in der Diele geleert und war wieder zum Garten zurückgekehrt.

»Es reicht«, beschloss Grand-mère und schaute sich um. Ihr Blick war fast zufrieden, auch wenn die Zerstörung überall noch zu sehen war. »Jetzt müssen wir erst einmal das, was wir haben, verarbeiten.«

Zum Glück hatte Julie am Vorabend reichlich gekocht, so dass sie auch heute noch davon essen konnten. Bis spät in die Nacht sortierten sie das Gemüse. Einiges würden sie im Erdkeller lagern können – dunkel und kühl, so dass sie Zeit hatten, es später zu verarbeiten.

Es war schon dunkel und die Petroleumlampe warf nur eine gnädige Lichtpfütze auf den Tisch, beleuchtete das Chaos drumherum nicht, als Grand-mère ihnen allen ein Glas Rotwein reichte.

»Danke«, sagte Julie.

»Ich habe noch etwas für dich«, sagte Grand-mère und griff in die Tasche, die sie gestern mit in Remiremont gehabt hatte, zog eine Zeitung hervor.

»Was ist das?«

»Lies selbst.«

»›L'Art Culinaire‹, Die Kunst des Kochens?«, fragte Julie verwundert.

»Ja, das ist eine Zeitschrift für Köche. Auguste Escoffier bringt sie heraus. Hast du von ihm schon gehört?«

»Natürlich. Er hat die Küchenbrigaden reformiert und eine neue Art des Kochens erfunden.«

»In dieser Zeitschrift, die alle paar Woche herausgegeben wird, gibt es Artikel über – Gerichte, Menüs, über die Kochkunst.«

»Das ist für Chefs – für Köche in Restaurants.«

»Jaja, Julie, das weiß ich auch. Aber im hinteren Teil gibt es Annoncen.« Sie setzte sich an den Tisch, sah ihre Schwiegertochter an. »Auch private Anzeigen mit der Suche nach einem Koch oder einer Köchin.«

Julie schlug die Zeitung auf, blätterte nach hinten. Es war drei Seiten eng bedruckt mit Annoncen.

»Sie suchen Köche, keine Köchinnen.«

»Diese Familien suchen jemanden, der ihnen gutes Essen kocht. Und das kannst du.«

»Ich habe seit Jahren nur noch Hausmannskost gekocht, keine mehrgängigen, raffinierten Menüs, das weißt du doch.«

»Das verlernt man nicht. Du bist nur ein wenig aus der Übung und daran kannst du ja arbeiten. Ab jetzt übernimmst du hier die Küche, und ich möchte jeden Tag zumindest drei Gänge auf dem Tisch haben. Die Zeit drängt. Im Herbst geht die Schule wieder los.« Grand-mère sah zu Marthe, die dem Gespräch schweigend und etwas verunsichert lauschte.

Julie sah ihre Schwiegermutter an, nickte dann. »Im Grunde weiß ich ja, dass du recht hast. Aber wir haben es uns hier doch gut eingerichtet … es fällt mir schwer, zu gehen.«

»Ich lasse euch auch nicht gerne gehen, aber … es ist zu eurem Besten.« Grand-mère beugte sich vor und nahm Julies Hand, drückte sie. Es war das erste Mal, dass Marthe eine solch herzliche Geste von ihr sah.

Entrée

Vorspeise

Kapitel 5

Paris, Herbst 1888

Die Arbeiter am Eiffelturm streiken«, sagte Marthe und hängte ihre Jacke an der kleinen Garderobe im Flur auf. Seit einem Jahr wohnten sie nun in Paris. Der Umzug war Marthe sehr schwer gefallen, sie hatte Angst vor der großen Stadt gehabt. So richtig geheuer waren ihr einige Viertel immer noch nicht, und sie wusste, sie kannte sich hier noch nicht ansatzweise so gut aus, wie in Remiremont. Aber sie liebte den Unterricht am Lyzeum und war Grand-mère sehr dankbar, dass sie sich durchgesetzt und Maman dazu gebracht hatte, hierher zu ziehen.

»Davon habe ich auch gehört«, sagte Claire, das Mädchen. Sie reichte Marthe eine Tasse heiße Schokolade, wie jeden Tag, wenn Marthe von der Schule kam. »Wo ist denn Florence?«

»Sie ist noch mit Freundinnen unterwegs«, sagte Marthe und versuchte sachlich zu klingen.

Florence war die Tochter der Familie Laurent, bei der Julie als Köchin angestellt war. Sie gingen in dieselbe Klasse, und obwohl Marthe die Tochter einer der Angestellten war, hatten sie sich angefreundet. Doch wenn sich Florence mit anderen Freundinnen traf, war Marthe abgemeldet – sie gehörte einfach nicht zu diesen Kreisen.

»Wie war es in der Schule?«, fragte Julie und nahm den Spritzbeutel aus dem Eisschrank, beugte sich über das Backblech. Sorgsam und mit Vorsicht spritzte sie winzige Rosetten aus Brandteig auf das Blech. Heute Abend würde nur die Familie speisen, es kamen keine Gäste. Das Menü würde also nur fünf Gänge haben, doch auch diese Gänge bereitete Julie mit Sorgfalt zu.

Tatsächlich hatte sie geschwind ihre früheren Küchen- und Kochkenntnisse aufgefrischt. Sie hatte etliche Ausgaben der Kochzeitschrift studiert und sich in der moderneren Kochkunst, die nicht mehr so fettig und üppig war wie früher, geübt. Und viel schneller als sie gedacht hatte, bekam sie diese Stelle. Erst im Laufe der Zeit wurde ihr klar, dass Köchinnen sehr wohl gesucht waren – vor allem solche, die einen guten Grundstock an Rezepten und einiges an Erfahrung mitbrachten. Es gab keine Ausbildung für Köche, meist kamen sie als Küchenjungen in ein Restaurant und lernten so die verschiedenen Posten kennen, konnten sich, wenn sie ein Händchen dafür hatten, hocharbeiten. Noch viel weniger gab es eine Ausbildung für Köchinnen. Julie hatte das Glück gehabt, in der Küche eines großen Gutes angelernt zu werden und sich da in den Posten hochzuarbeiten. Sie hatte jede Station kennengelernt – die Küchenhilfe, die saubermachte, Reste hinaustrug, Stiegen und Eimer voller Lebensmittel hineintrug. Dann durfte sie Gemüse schälen, als Nächstes auch schneiden und so ging es weiter. Sie lernte den Mise en place für die Köche vorzubereiten, wusste irgendwann, wie man einen Fond und eine Brühe ansetzte, fand heraus, was eine gute Consommé ausmachte und wie man sie doppelt klärte. Julie hatte gelernt, wie man große Menüs zusammenstellte, sie ausplante und zubereitete. In der Gutsküche hatte es viele Köche gegeben, viele Mädchen und Küchenjungen, die all die kleinen Handgriffe taten, die man brauchte, um eine große Tafel zu füllen.

Aber die großen Gutsküchen gab es kaum noch. Auch in den besseren Haushalten auf dem Land hatte man immer weniger Personal und somit wurden immer weniger Leute wirklich gut und von der Pike an ausgebildet. In den Städten gab es Restaurants, die mehr und mehr an Zulauf bekamen. Es war ›très chic‹ Essen zu gehen – wobei verheiratete und ehrbare Frauen nie in ein Restaurant gingen. Künstlerinnen oder … Kurtisanen waren als Begleitung akzeptiert, aber nie die Ehefrau. In den Restaurants galt der Weg, der in der Gutsküche üblich war – vom Küchenjungen über die einzelnen Posten und mit viel Glück zum Küchenchef. Und ein Küchenchef im Restaurant war immer ein Mann. Es gab keine Frauen in den Küchen. In Lyon und in anderen Städten der Mitte und des Südens Frankreich gab es inzwischen Bistros, die von Frauen geführt wurden. Dort wurde bodenständige, gute Küche serviert, drei Gänge – Suppe, Hauptgang, eine Süßspeise –, und dort konnten natürlich auch ehrbare Damen einkehren.

All dies hatte Julie nach und nach begriffen und sie hatte es Marthe erklärt, die immer noch nicht verstand, warum Frauen nicht in Nobelrestaurants essen gehen durften. Letztendlich aber sah Marthe, dass ihre Maman, so sehr sie sich auch anfangs dagegen gesträubt hatte, nun ganz und gar in ihrem Beruf aufging. Zu kochen, so wie es von der Familie Laurent gefordert wurde, ihr Bestes zu geben und sich immer wieder selbst zu übertreffen, das machte Julie glücklich, es erfüllte sie.

Warum, dachte Marthe nun, während sie ihrer Mutter zusah, wie sie die kleinen Windbeutel auf das Blech spritzte, hat Maman den Schritt nicht schon früher getan? Weil sie sich nicht getraut hat? Ich kann das verstehen, ich wollte ja auch nicht nach Paris ziehen, weil ich Angst vor der Stadt hatte. Aber nun, das nehme ich mir fest vor, dachte Marthe, werde ich immer versuchen, das zu tun, was ich tun will. Egal, ob das üblich ist, oder nicht. Ich werde mich nicht beschränken lassen, nur weil ich eine Frau bin oder zu wenig Erfahrung habe. Erfahrungen muss man machen, die werden nicht angeboren.

»Der Eiffelturm wird uns noch eine Weile beschäftigen«, sagte Julie. Es klang ein wenig gepresst, weil sie sich so konzentrierte.

»Ich war von Anfang an gegen diesen monströsen Bau«, sagte Claire. »Und viele bekannte Pariser auch. Es gab sogar eine Petition dagegen.«

»Genutzt hat sie nichts.« Julie grinste. »Warum warst du dagegen? Ich finde es phantastisch, wenn es denn funktioniert. So ein Bauwerk wird einmalig sein in der Welt. Wer, außer uns Franzosen, kann so etwas schon erschaffen?«

»Aber … es ist monströs!« Claire betonte das Wort, verdrehte die Augen. »Alles sagen das. Auch Madame Laurent.«

»Nein, nicht alle sagen das«, meinte Julie belustigt. »Und nur weil Madame es sagt, muss es nicht richtig oder wahr sein.«

»Aber … aber …« Claire schnappte nach Luft. »Aber sie ist unsere Madame. Sie wird doch wissen, was sie sagt.«

»Mir tun die Arbeiter leid«, meinte Marthe und schaute auf die kleinen Windbeutel, die ihre Mutter nun in den Ofen schob. Sie nahm eine Schale mit Wasser, goss es auf das untere, leere Blech. Zischend verdampfte das Wasser, und Julie schloss schnell die Ofentür.

»Warum tun dir die Arbeiter leid?« Julie wischte sich die Hände an ihrer Schürze ab, nahm einen Teller mit geräucherten Forellen aus dem Eisschrank und begann die Fische sorgsam zu filetieren.

»Weil es eine Knochenarbeit ist. Im Sommer müssen sie zwölf Stunden am Tag schuften, im Winter neun. Es ist ja keine leichte Arbeit, und der Turm wächst und wächst.«

»Nun ja, aber das ist ihre Aufgabe. Ich muss auch manchmal zwölf Stunden arbeiten, und, wenn die Laurents ein Fest geben, sogar noch mehr.«

»Sie streiken für bessere Bedingungen. Das ist doch ihr Recht, findest du nicht?« Marthe streckte streitbar das Kinn nach vorne.

»Doch, das sehe ich ähnlich. Man sollte immer versuche, das Beste aus seiner Situation herauszuholen. Aber es gibt so viele Arbeitssuchende und ob Monsieur Eiffel sie nicht einfach austauscht?«

»Ich glaube nicht, dass er das kann«, sagte Marthe und zog ein Schreibheft aus ihrer Schultasche, schlug es auf. »Es sind um die zweihundertfünfzig Arbeiter beim Bau beschäftigt. Ein Teil davon in den Werkstätten in Levallois-Perret. Etwa einhundert. Sie bauen und gießen die Teile, die dann zur Baustelle an der Seine transportiert werden. Dort werden sie von den anderen Arbeitern zusammengesetzt und aufgestellt. Das sind dann noch einmal einhundertfünfzig«, las sie aus ihren Aufzeichnungen vor. »Unter den Arbeitern sind Zimmerleute, Schmiede, Metallarbeiter und auch Schornsteinfeger.«

»Schornsteinfeger?«, fragte Claire verblüfft. »Warum das denn? Gibt es Schornsteine auf dem Turm?«

Marthe lachte. »Wegen der Höhe. Schornsteinfeger müssen doch schwindelfrei sein.«

»Das stimmt«, gab Claire zu. Eine der Klingel am Klingelbrett läutete, und Claire stand auf. »Madame ruft«, sagte sie und strich sich über ihre Haube und dann über die Schürze. »Vermutlich möchte sie Kaffee.«

»Ich habe noch ein paar Profiterols und natürlich haben wir noch Macarons, falls sie fragt.« Julie nickte Claire zu.

»Die nehme ich auch«, sagte Marthe und grinste. »Egal was …«

»Ich habe nur noch eine halbe Dose Macarons. Wenn du mir hilfst, neue zu machen, kannst du von den alten ein paar haben.«

»Das klingt gut.«

»Aber vorher isst du etwas Vernünftiges und Gesundes. Ich nehme mal an, das Schulessen war wieder ungenießbar.«

»Es gab eine Potage, die nach verbranntem Kohl schmeckte und total versalzen war.« Marthe verzog das Gesicht. »Keiner hat das gegessen, bis auf die beiden Schülerinnen, die aus dem Waisenhaus sind.«

»Ich verstehe das nicht«, sagte Julie. »Die meisten Eltern sind doch wohlhabend. Es sollte doch in ihrem Sinn sein, wenn sie einen vernünftigen Koch oder eine gute Köchin einstellen. Schließlich sollen doch auch ihre Kinder dort essen.«

»Die meisten bringen Essen mit«, sagte Marthe. »Florence und ich wollten dich bitten, uns auch Proviant mitzugeben.«

»Das kommt gar nicht in Frage. Ich bezahle für das Schulessen.« Julie stemmte verärgert die Hände in die Hüften. »Dafür wird es eine andere Lösung geben müssen.« Dann wurde ihr Gesicht milder. »Woher weißt du all das über die Arbeiter am Eiffelturm?«

»Es interessiert mich. Also habe ich recherchiert, nachgefragt und nachgelesen – es gibt schon einige Zeitungsartikel über den Bau des Eiffelturms. Irgendwann möchte ich auch Artikel für eine Zeitung schreiben und die müssen ja gut recherchiert sein.«

»Ich bin sehr stolz auf dich«, sagte Julie. »Geh, zieh dich um und wasch dir Hände und Gesicht. Danach kannst du etwas essen.«

Schnell lief Marthe den schmalen Gang entlang, der zur Hintertreppe führte. Die Laurents wohnten in einem der großen Wohnhäuser im achten Arrondissement in der ersten Etage. Die Wohnräume der Familie lagen im Vorderhaus. Die Schlafräume der Familie gingen zum Hof hinaus. Ein langer Flur führte zu den Wirtschaftsräumen, die im Hinterhaus waren. Dort gab es auch ein Treppenhaus, das nicht so imposant und schon gar nicht so breit war, wie die repräsentative Treppe, die in die Beletage führte. Julie hatte ihr Zimmer ebenfalls in der ersten Etage, aber im Hinterhaus, in der Nähe der Küche. Dort wohnte auch Thierry, der erste Diener. Marthe hatte ein Zimmer in der Mansarde unter dem Dach, genau wie Claire und Estelle, die Küchenmädchen. Hier oben hatte auch Gaston, der zweite Diener, sein Zimmer.

In ihrer Wohnung in Remiremont hatte Marthe auch ein eigenes Zimmer gehabt, aber daran verblasste die Erinnerung mehr und mehr. Auf dem Hof bei Grand-mère hatte sie sich eine Kammer mit Maman geteilt und es hatte ihr nichts ausgemacht. Doch ihr kleines Mansardenzimmer hier in Paris liebte sie. Im Winter wurde es unter dem Zinkdach so kalt, dass Eiszapfen im Zimmer von der Decke hingen und die kleinen Fensterchen einer Eisscholle glichen. Im Sommer schien das Dach zu glühen und man bekam kaum Luft, obgleich man hoch über der Straße war. Doch der Blick aus dem Fenster war atemberaubend. Man konnte das Marsfeld erahnen, sah die Dächer der Stadt, sah den Himmel. Hier, das hatte Marthe begriffen, begann ihre Zukunft.

Ihr Kämmerchen war groß genug für ein schmales Bett, eine

kleine Kommode und einen Waschtisch. Sie hatte sogar ein Tischlein unter der Dachluke stehen, an dem sie ihre Schulaufgaben machen konnte – aber nur im Frühjahr und im Herbst. Im Sommer war es zu heiß und im Winter zu kalt dafür. Deshalb hatte ihr Julie einen Schreibtisch in ihrem Zimmer, in der Beletage, eingerichtet.

Doch noch war es nicht so kalt, dass Marthe ihr Zimmer in der Mansarde nicht nutzen konnte. Hier oben auf der Etage gab es eine kleine Toilette – kein Wasserklosett wie unten, sondern einen Torfeimer, der einmal am Tag von einem Burschen geleert wurde. In ihrem Zimmer hatte Marthe einen Waschtisch. Sie schüttete das frische, kalte Wasser in die Schüssel, zog ihre Schulkleidung aus und wusch sich. Einmal in der Woche durfte sie unten ein Bad nehmen – es gab ein kleines Badezimmer im Wirtschaftsflügel. Die Herrschaften hatten zwei große Badezimmer im Vorderhaus und zudem noch eine Gästetoilette. Die Wohnung war so viel pompöser als jedes Haus, das Marthe bisher in Remiremont gesehen hatte. Und diese Wohnung war noch nicht mal eine der besten in Paris. Es gab wahre Paläste als Wohnungen, hatte Florence ihr erzählt. Mit Zimmern, die man kaum zählen konnte. So ganz mochte Marthe ihr das nicht glauben, aber dass es auch noch größere Wohnungen als die der Laurents gab, wusste sie schon.

Das Leben hier war so ganz anders als das bei Grand-mère. Es gab keinen Garten, nur zwei Balkone, die aber nicht benutzt wurden – man ging in die umliegenden Parks zum Flanieren. Man ging an die Seine, um dort ein Picknick zu veranstalten und sich mit Bekannten zu treffen. Lebensmittel wurden gekauft.

Marthe war sich noch nicht einmal sicher, ob Florence wusste, woher die Lebensmittel kamen, das Obst, Gemüse, das Fleisch, der Fisch und das Geflügel.

Ach Unfug, schalt sich Marthe nun und trocknete sich das Gesicht ab, das sie in die Waschschüssel getaucht hatte. Ich tue ihr Unrecht. Natürlich weiß sie das. Schließlich hatte die Familie zwei Häuser außerhalb der Stadt – einen kleinen Hof in der Normandie und ein Weingut in Südfrankreich. Im Sommer fuhren sie manchmal dorthin. In diesem Jahr aber waren sie in England bei Verwandten gewesen, und Julie und Marthe hatten die Zeit bei Grandmère verbracht.

Zurück nach Paris zu kommen, hatte Marthe gespalten. Sie liebte das Leben auf dem Land, konnte es nun viel mehr schätzen als zuvor. Aber die Reize der Großstadt waren ebenso verführerisch. Hier hatte sie die Möglichkeit, sich zu entwickeln und zu entfalten. Hier konnte sie sich bilden, konnte lernen und Erfahrungen sammeln, die sie in den Vogesen niemals haben würde.

Sie zog ein Nachmittagskleid an. Zum Glück legte Maman keinen Wert auf ein Korsett, so konnte sie sich selbst umziehen, denn ihre Taille war schlank.

Das wird sie auch nur bleiben, wenn ich mich von Mutters Leckereien fernhalte, dachte Marthe amüsiert. Sie fuhr sich mit der Bürste durch die Haare, fasste sie zu einem Dutt zusammen. Dann setzte sie sich kurz auf ihr Bett, nahm das Heft heraus, in dem sie sich immer Notizen machte, und blätterte darin. Sie hatte schon versucht, ein paar Aufsätze so zu schreiben, wie die Artikel in den Zeitungen. Ganz war es ihr noch nicht gelungen, aber es machte ihr Spaß, Dinge herauszufinden und sie in Worte zu fassen. Das, dachte sie froh, hätte ich auf dem Land nie gemacht. Sie streckte sich, strich über ihre Schürze und ging wieder nach unten.

In der Küche herrschte Aufruhr.

»Aber … aber … sie hatte gesagt, dass nur die Familie zu Tisch sein würde«, fauchte Julie. »Keine Gäste!«

»Ja, aber … der gnädige Herr kam zum Kaffee herein und sagte, er hätte noch jemanden eingeladen.« Claire zog den Kopf ein und schlug schluchzend die Hände vor das Gesicht.

Julie verdrehte die Augen und hob die Hände. »Nun, nun«, sagte sie beschwichtigend. »Du bist ja nur die Überbringerin der Nachrichten. Du kannst ja nichts dafür. Aber was sollen wir jetzt machen? Hat er wenigstens gesagt, wie viele Gäste kommen?«

»Nein«, jammerte Claire. »Es tut mir leid.«

Marthe war in die Küche gehuscht und nahm die schluchzende Claire in die Arme. Sie schaute ihre Mutter an. »Sie werden doch nicht ein großes Fest aus dem Boden stampfen wollen.«

»Wer weiß schon, was in ihren Köpfen vor sich geht«, murrte Julie. »Aber es ist ihre Entscheidung.«

»Was ist wessen Entscheidung?« Margaux Laurent betrat die Küche, sie fächerte sich mit der Hand Luft zu. »Gute Güte, ist es hier heiß. Öffnet das Fenster.«

»Das geht nicht«, sagte Julie ruhig. »Ich habe Windbeutel im Ofen.«

»Ja und?« Madame Laurent sah sie verblüfft an.

»Sie würden zusammenfallen, sobald ich die Ofentür öffne, wenn wir das Fenster aufmachen. Kalte Luft stößt auf warme Luft, Sie verstehen?«

»Nein«, sagte Madame Laurent und seufzte. »Wie dem auch sei, mein Mann hat für heute Abend überraschend Gäste eingeladen. Mademoiselle Deraismes kommt und Pater Roussel.« Sie sah Julie an. »Wir brauchen kein großartiges Essen. Kein spezielles Menü – eigentlich das, was du für uns geplant hast, nur für zwei Personen mehr.«

»Aber das ist nicht möglich, Madame«, sagte Julie ein wenig ungeduldig. »Ich kann das Menü nicht von vier auf sechs Personen strecken. Ich werde es umplanen müssen. Und wie soll das mit dem Service gehen? Estelle ist nicht da, Sie haben ihr diese Woche frei gegeben, damit sie zu ihrer Familie fahren kann. Und Claire kann nicht sechs Personen allein bedienen.«

»Aber warum denn nicht? Es sind sehr unkomplizierte Gäste.« Madame lächelte, aber ihr Lächeln war künstlich. »Natürlich möchte mein Mann, dass das Essen ordentlich serviert wird. Warum muss denn Estelle gerade nun frei haben?«

»Weil Sie ihr freigegeben haben, Madame«, sagte Marthe und streckte das Kinn vor.

»Natürlich, natürlich.« Madame Laurent sah Marthe nachdenklich an. »Du bist doch sehr aufgeweckt, Marthe. Du kannst Claire beim Servieren helfen. Non?« Sie klatschte begeistert in die Hände. »So machen wir das. Und Sie, Julie, machen uns ein schönes Essen. Sechs Gänge dürften reichen. Ich vertraue auf Ihre Fähigkeiten.« Sie lächelte und ging dann eilig wieder, fächerte sich die ganze Zeit Luft mit den Händen zu.

Julie sah ihr nach, schüttelte den Kopf.

»Ich vertraue auf Ihre Fähigkeiten«, äffte Claire Madame nach und fächelte sich übertrieben Luft mit den Händen zu und zog ein Gesicht.

»Lass das«, sagte Julie ernst.

»Was? Darf ich mich nicht über sie lustig machen?« Claire lachte bitter auf.

»Nein, das darfst du nicht.«

»Sie kommt her, wirft alle Pläne über Bord, und nun stehen wir da und müssen schauen, wie wir das hinbekommen.«

»Sie ist die Madame. Und eigentlich hat Monsieur die Pläne umgeschmissen, nicht sie. Er denkt einfach gar nicht daran, was alles dahinter steckt, das ist unsere Aufgabe.« Julie stemmte die Hände in die Hüfte. »Und wir werden das meistern.«

»Ärgerst du dich gar nicht darüber?«, fragte Marthe verblüfft. »Es bringt doch alles durcheinander.«

»So ist nun mal das Leben. Pläne kann man ändern.« Julie schaute auf die Uhr, die an der Wand hing. »Wir haben nur nicht mehr viel Zeit.« Sie ging zum Herd, füllte eine Schale mit der Suppe, die dort kochte. Das hatte sie von Grand-mère übernommen. Sie reichte Marthe die Schale und etwas Brot. »Du isst jetzt erst einmal etwas.«

Marthe setzte sich an den großen Holztisch, der in der Mitte der Küche stand. »Ich habe noch nie beim Servieren geholfen«, sagte sie leise. »Das kann ich doch gar nicht.«

Claire lief aufgeregt durch die Küche. »Das stimmt, du wirst keine Hilfe sein, sondern nur stören.«

Julie sah sie streng an. »Wenn das so ist, Claire, dann kannst du ja allein servieren. Das bekommst du sicherlich gut hin.«

»Alleine? Wenn Gäste da sind? Nein, nein, das werde ich nicht schaffen!«

»Es ist gar nicht so schwer, Marthe«, sagte Julie ruhig. »Es geht ja vor allem darum, dass alle am Tisch möglichst zeitgleich ihr Essen bekommen und dass nichts kalt wird. Schwierig ist es, die Getränke einzuschenken und immer wieder zu kontrollieren, ob jeder genug hat. Aber darum wird sich ja Claire kümmern. Du musst nur Teller auf- und wieder abtragen.«

»Dabei kann alles Mögliche schiefgehen«, jammerte Claire.

»Nicht, wenn man achtsam ist und das ist Marthe. Jetzt hör auf zu unken, du machst uns ja alle ganz hysterisch.« Julie schüttelte den Kopf und ging dann leise vor sich hin summend in die Vorratskammer neben der Küche. Sie kam mit einem Korb wieder. »Zum Glück habe ich gestern ausreichend eingekauft.«

»Was wirst du denn kochen?«, fragte Marthe und löffelte die schmackhafte Suppe.

»Wir haben noch Lamm«, murmelte Julie. »Und ich habe noch ein Glas Lammfond. Daraus lässt sich sicherlich etwas machen. Nur der Fischgang ist etwas heikel.«

»Aber was machst du als Vorspeise?«

»Ach, Marthe, man überlegt sich doch zuerst, was der Hauptgang wird und baut das Menü dann drumherum auf. Zu Lamm passen Bohnen, die haben wir. Und Bäckerinnen-Kartoffeln. Die werde ich im Lammfond schmoren, dann bekommen sie einen intensiven Geschmack. Aber ich habe nur ein kleines Stück Kabeljau, das wird für sechs Personen nicht ausreichen.« Sie zog die Stirn kraus.

»Ich kann ja schnell noch einkaufen gehen«, schlug Marthe vor.

»Wir haben nur vier Stunden Zeit, bis das Essen serviert werden muss«, sagte Julie nachdenklich. »Die Markthallen haben schon geschlossen.« Sie kniff die Augen zusammen. »Aber ich weiß, wo mein bevorzugter Fischhändler wohnt. Es ist an der Seine, und er hat hinter dem Haus auch eine kleine Lagerhalle mit Eisblöcken und wahrscheinlich auch noch Fisch. Ich schreibe dir die Adresse auf, Claire, und gebe dir einen Brief an ihn mit.«

Keine fünf Minuten später hatte sich das Mädchen den Korb gegriffen und ihr Tuch um die Schultern geschlungen. Sie hörten ihr eiliges Fußgetrappel auf der Hintertreppe.

»Ich hätte doch auch gehen können«, sagte Marthe ein wenig beleidigt.

»Meinst du, du würdest das finden?« Julie sah sie ein wenig skeptisch an.

»Nein«, gab Marthe zu. »Vermutlich eher nicht.«

»Und außerdem könntest du einen frischen Fisch überhaupt erkennen? Claire kann das, auch wenn sie oft nicht besonders geschickt in ihrer Auswahl ist.«

»Woran erkennt man denn frischen Fisch?«

»Ich zeige es dir beim nächsten Mal, wenn du mich beim Einkaufen begleitest.« Sie nahm Kartoffeln aus dem Korb und legte sie vor Marthe auf den Tisch. »Du kannst sie schälen. Aber wasch sie vorher gründlich ab. Die Schalen kommen dann in den Suppentopf.«

»Ja, Maman.«

Marthe schrubbte die Kartoffeln gründlich, sie waren von einer dicken Erdschicht bedeckt. Zum Glück hatten sie in der kleinen Spülküche fließendes Wasser. »Warum«, fragte sie Julie, während sie anschließend die Kartoffeln schälte, »lässt man so viel Erde an den Kartoffeln? Es wäre doch ganz einfach, sie abzuschütteln oder die Erde ein wenig abzuschlagen, wenn man sie erntet.«

»Die Erde schützt die Kartoffeln vor dem Austrocknen. So bleiben sie länger haltbar und treiben auch nicht aus.« Julie hatte die Windbeutel aus dem Ofen geholt und ließ sie nun auskühlen. Sie waren fluffig aufgegangen und hatten eine schöne, leicht bräunliche Farbe. »Wenn du damit fertig bist, kannst du die Kartoffeln in gleichmäßige Scheiben schneiden, etwa einen Finger dick.« Sie nahm die Lammkeulen, wusch das Fleisch ab und rieb es mit einem Tuch trocken. Dann schärfte sie ihr Messer an dem Wetzstein und legte das Fleisch vor sich auf das Schneidebrett. Mit sicheren und gezielten Schnitten entfernte sie Sehnen und Silberhaut. Dann entbeinte sie die Keule und legte die Knochen zur Seite. Auf dem Herd stand schon der große Bräter, in dem sie nun Butterschmalz ausließ. Schnell hatte Julie das Mirepoix geschnitten – Würfel aus Möhren, Sellerie und Petersilienwurzel. Mit dem Beil durchschlug sie die dicken Beinknochen und gab sie auf ein Backblech, das sie in den Ofen schob. Dann briet sie die beiden Keulen von allen Seiten an, gab das Gemüse dazu und ließ es kurz mitbraten. Schließlich löschte Julie mit einem kräftigen Rotwein ab, und ein köstlicher Duft erfüllte die Küche. Den Bräter stellte sie in das zweite, hintere Backrohr des Ofens.

»Warum gibst du es nicht in das große Fach?«, wollte Marthe wissen.

»Es soll sanft schmorren, dafür brauche ich eine gleichmäßige, aber nicht zu hohe Hitze. Die Knochen sollen aber rösten, die brauchen das Feuer.« Sie stellte einen weiteren, großen Topf auf den Herd. »Wenn ich gewusst hätte, dass wir heute Gäste haben werden, hätte ich die Jus schon gestern angesetzt oder spätestens heute Morgen. So wird es sehr knapp werden. Aber zum Glück hatte ich ja noch ein Glas Jus.«

»Weißt du jetzt schon, was du servieren willst?«

»Noch nicht ganz, das kommt auf den Fisch an, den Claire hoffentlich gleich bringt.« Sie holte die inzwischen angerösteten Knochen aus dem Ofen, gab sie zusammen mit grob geschnittenem Wurzelgemüse und drei großen Gemüsezwiebeln in den großen Topf. Dann gab sie die Parüren dazu und rührte alles kräftig um. Es zischte und brutzelte, fast roch es etwas verbrannt. Julie gab Tomatenmark, das sie immer im Vorrat hatte, dazu, rührte wieder um. Und dann löschte sie mit Wermut ab. Ein aromatischer Duft legte sich über alles, und Marthe hob schnuppernd die Nase, trat zu ihrer Mutter an den Herd.

Julie schaute in den Topf, in dem der Alkohol verdampfte. Marthe wurde unruhig. »Musst du nicht umrühren? Brennt das nicht an?«

»Schau, noch verkocht die Flüssigkeit. Das kann man hören – es kocht – es blubbert und zisselt. Gleich wird sich das Geräusch verändern, dann ist die Flüssigkeit weg und die Zutaten braten wieder. Hörst du?«

Marthe spitzte die Ohren, und tatsächlich konnte sie plötzlich den Unterschied hören. Jetzt rührte Julie mit dem großen Holzlöffel wieder kräftig um. Auf dem Topfboden bildete sich eine dunkle Schicht.

»Das ist das, was den Geschmack bringt«, erklärte Julie. »Die Röstaromen.« Sie nahm den Krug mit dem roten Tafelwein, den sie immer zum Kochen verwendete, und goss einen großen Schwung in den Topf, rührte wieder. »Siehst du, mit der Flüssigkeit kann ich die Röstaromen, das Gold der Küche, vom Topfboden lösen.« Dann wartete sie wieder ab. Marthe schaute gespannt zu. Wieder blubberte es, dann fing es an zu zischen, und die Flüssigkeit veränderte sich, wurde dicker, verkochte. Zweimal wiederholte Julie den Vorgang, dann goss sie alles mit der Gemüsebrühe, die immer auf dem Herd stand und köchelte, auf, gab noch Wein und Wasser dazu und schob den Topf an den Rand des Herdes, wo alles langsam vor sich hin simmerte.

Sie schaute besorgt auf die Uhr. »Wo bleibt denn Claire nur?«, murmelte sie und ging zum Eisschrank, der in der Vorratskammer stand. Der Schrank hatte oben und unten Metallschübe, die mit Eisblöcken gefüllt waren. Das Eis wurde im Winter aus der Seine und aus umliegenden Seen geschlagen und in Erdmieten, dick in Stroh verpackt, eingelagert. Einmal in der Woche, im Sommer nach Bedarf auch öfter, wurden neue Eisblöcke geliefert. Im Hochsommer, wenn die Hitze in den Straßen stand, leerte sich die Großstadt. Wer konnte, fuhr aufs Land oder in den Süden. Die meisten wohlhabenden Familien hatten dort Güter. Und auch das Bürgertum, das nicht so wohlhabend war, hatte Verwandtschaft auf dem Land oder an der Küste. Inzwischen gab es sogar schon Pensionen am Meer, kleine Hotels, die immer größere Beliebtheit erfuhren. Doch eigentlich gehörte der Sommer der Familie.

Julie schloss die Tür vom Eisschrank wieder, murmelte unverständlich vor sich hin.

»Machst du dir Sorgen wegen des Fisches?«, fragte Marthe.

»Ja, ich überlege, was ich aus dem Kabeljau für sechs Personen machen kann, falls Claire nichts anderes mehr bekommt. Wir haben natürlich noch Räucherfisch und ein wenig gebeizten Lachs, aber das wäre alles nur zweite Wahl.« Sie hatte ein in Wachspapier eingeschlagenes Paket aus dem Eisschrank genommen und legte es nun auf den Küchentisch. »Immerhin habe ich gestern noch Blätterteig gemacht. Den kann ich für die Vorspeise nehmen.« Außerdem hatte sie eine Poularde mitgebracht. Wieder schaute sie zweifelnd auf die Uhr. »Es sind nur noch drei Stunden, es wird knapp.« Sie nahm einen weiteren Topf aus dem Regal an der Seite, legte die Poularde hinein. »Ich brauche Suppengemüse, grob geschnitten reicht.«

»Jetzt kochst du auch noch ein Huhn?«, fragte Martha. »Wer soll das denn alles essen?«

»Ich mache ein schnelles Frikassee und werde damit kleine Pasteten füllen. Den Rest werde ich morgen verwenden, und eine Hühnersuppe haben wir dann obendrein. Die kann ich aber auch abfüllen und später verwenden. Hier wird nichts verschwendet.«

»Ja, Maman, das weiß ich. Was soll ich jetzt machen?«

»Du kannst den Teig ausrollen. Er muss gleichmäßig ausgerollt werden und ganz langsam, damit er nicht bricht. Vielleicht ist er aber noch zu kalt, lass ihn lieber noch etwas liegen.« Julie schaute sich um. »Du kannst Gemüse schälen. Die Pilze putzen.«

Pilze zu putzen war einer der Aufgaben, die Marthe hasste. Julie ließ nicht zu, dass die Pilze gewaschen wurden, aber sie waren immer voller Sand, Tannennadeln und Erde. Diese musste man sorgfältig mit einer Bürste entfernen. Und man musste wirklich sorgfältig sein, denn jedes Sandkorn wurde bemerkt. Marthe nahm den Korb mit den Pilzen, die kleine Bürste und Zeitungspapier, dann machte sie sich an die mühselige Arbeit.

»Du hast gesagt, dass du erst den Hauptgang haben musst, um ein Menü zu kreieren. Ist das immer so?«

»Ja. Für mehrgängige Menüs ist das so. Wenn ich nur ein ›Familienessen‹ planen soll, ein Essen für jeden Tag, dann ist das etwas anders. Da schaue ich, was da ist und was weg muss. Es gibt Regeln für ein Menü. Die Abfolge und auch der Aufbau unterliegen gewissen Grundsätze, die man befolgen sollte.« Sie hielt kurz inne. »Aber nicht die Regeln sind das Wichtigste, der Geschmack ist es. Ein Menü sollte wie eine gut erzählte Geschichte sein. Es gibt ein Vorwort, das neugierig machen soll, hungrig auf das, was noch kommt. Und dann sollte sich der Geschmack steigern, bis zum Hauptgang. Der Käsegang und der Nachtisch sind dann das sachte Ende der Geschichte – ein hoffnungsvoller Ausgang, der uns mit Wohlgefühl zurücklassen sollte.«

Marthe sah ihre Mutter mit großen Augen an. »Das klingt einleuchtend und auch wunderbar. Bisher habe ich mir nie Gedanken darüber gemacht, wie ein Menü aufgebaut wird und wieso. Ich dachte immer nur, dass man eben verschiedene Speise aneinanderreiht.«

»Essen hat sich verändert in den letzten Jahren. Früher war es nur ein Mittel, um satt zu werden. Mit dem Wohlstand kam der Genuss«, erklärte Julie. »Darüber können wir später reden, uns läuft die Zeit davon.«

Endlich kam Claire zurück. Sie stellte den Korb auf den Tisch, aus dem es tropfte – der Händler hatte ihr Eis gegeben, um den Fisch frisch zu halten und dieses schmolz nun.

Eilig wickelte Julie den Fisch aus dem Zeitungspapier. »Schütte das Eis in eine Schüssel«, wies sie Marthe an, »und stelle sie in den Eisschrank. Das können wir noch verwenden.« Genau prüfte sie den Fisch und nickte dann erleichtert. »Das sind wunderschöne Seezungen. Sie sind noch recht frisch – das merkt man woran, Claire?«

»Die Augen sollten klar sein und das Fleisch fest«, sagte Claire.

»Es sind aber nur drei Fische«, meinte Marthe, »aber sechs Personen bei dem Essen.«

»Das langt.« Julie schmunzelte. Sie legte die Fische in den Eisschrank, nahm das Kabeljaufilet jedoch heraus. »Daraus machen wir eine Farce. Sie muss gut gekühlt werden, deshalb müssen wir uns nun beeilen.«

Behände, aber dennoch konzentriert und ruhig bereitete Julie nach und nach alle Gänge zu. Sie gab Claire und Marthe präzise Anweisungen, so dass sie alle Hand in Hand arbeiteten. Währenddessen erklärte Claire Marthe, wie sie sich nachher am Tisch verhalten sollte. »Dieses Menü ist ein Tellermenü – jeder Gang hat einen schon angerichteten Teller. Somit ist es einfacher für uns – wir müssen nicht auflegen.«

»Beim Hauptgang gibt es Nachschlag, wenn gewünscht«, sagte Julie. »Aber da könnt ihr die Schüsseln auf den Tisch stellen und jeder kann sich nehmen. In einer kleinen, privaten Runde ist das akzeptabel, bei einem großen Diner nicht.«

Marthe schwirrte der Kopf von den ganzen Informationen, die sie heute erhalten hatte. Als Julie sie zum Umziehen schickte, stellte Marthe sich für einen kleinen Moment an das geöffnete Fenster. Tauben und Spatzen flogen über die Dächer der Stadt. Von der Straße drang das Getrappel der Fuhrwerke auf den Pflastersteinen nach oben, und immer, bis tief in die Nacht, konnte man Stimmen hören: – Lachen, Singen, aber auch Streit und Tränen. Diese riesige Stadt schien nie zu ruhen, selbst hier, in dem vornehmen Viertel, in dem es fast nur Wohnhäuser an den Chausseen gab, nicht.

Die Geräusche waren so anders, als sie es von früher gewohnt war – selbst auf dem einsamen Hof bei Grand-mère war es nie ganz still gewesen. Irgendein Vogel hatte gezwitschert, die Kühe im Stall hatten sich bewegt, im Gebüsch hatte es geraschelt. Doch die Töne der Stadt waren lauter und hektischer als die des Landes.

Ich mag beides, dachte Marthe. Mir gefällt die Lebendigkeit der Stadt, aber manchmal wäre es schön, zur Ruhe zu kommen und der Natur zu lauschen, vor allem wenn mein Kopf voller Ideen und Gedanken ist. Ich werde mir nachher aufschreiben, was Maman über das Menü gesagt hat.

Claire hatte ihr ein Kleid mit einer steifen, weißen Schürze gegeben, das sie nun anzog. Dann schloss sie das Fenster, denn der Wind hatte gedreht – einer der größten Unterschiede zum Land war der Qualm der vielen Kamine, der ständig über den Dächern lag, eine Nebelschicht aus Rauch.

Die Teller werden von links gereicht, sagte sie sich. Erst die Damen, dann die Herren. Wir tragen auf und warten dann, bis sie fertig sind, tragen dann die Teller wieder ab und kommen mit dem nächsten Gang zurück. Ich muss darauf achten, dass alle immer Wasser zu trinken haben. Dafür steht eine Karaffe auf der Anrichte, Claire kümmert sich um den Wein. Kurz schloss sie die Augen und atmete ein paarmal tief ein und aus. Ich werde es schon schaffen, sagte sie sich dann.

Als Amuse-Gueule hatte Julie winzige Pastetchen gebacken, die sie mit würzigem Hühnerfleisch gefüllt hatte. Claire trug ein großes Tablett mit vier Tellern, Marthe die beiden anderen. Die Familie und die Gäste saßen schon am Tisch, prosteten sich mit Schaumwein zu.

Vorsichtig platzierte Marthe die Teller, immer einen Blick auf

Claire gerichtet, um sich abzuschauen, wie es ging. Es dauerte nicht lange, bis die Häppchen vertilgt waren. Vincent, der Sohn der Familie Laurent, schaute Marthe die ganze Zeit verblüfft an, Florence vermied den Blickkontakt.

Bestimmt bin ich ihr nun peinlich, dachte Marthe, und das Blut stieg ihr in die Wangen. Schnell räumten sie ab und brachten den nächsten Gang – einen Salat mit gratiniertem Ziegenkäse und Rotweinbirnen. Nun musste Marthe zum ersten Mal Wasser nachschenken. Ihre Hand zitterte zuerst, doch Pater Roussel lächelte ihr beruhigend zu.

»Haben Sie ein neues Mädchen?«, fragte Madame Deraismes. »Ihr Gesicht kommt mir allerdings bekannt vor.«

»Das ist Marthe, die Tochter unserer Köchin«, erklärte Madame Laurent. »Da unser anderes Küchenmädchen heute verhindert ist, hilft sie ausnahmsweise aus.«

»Das machst du sehr gut«, lobte Madame Deraismes. »Und du kannst deiner Mutter ausrichten, dass das Essen mal wieder vorzüglich ist.« Sie nahm noch einen Schluck von dem dunklen Wein, der fast ölig in den Gläsern schimmerte. »Es ist so unvorstellbar schwierig geworden, gutes Personal zu bekommen. Gerade gute Köchinnen sucht man oft vergebens.«

»Wir sind sehr froh, Julie zu haben«, stimmte Madame Laurent ihr zu. »Sie kann ausgezeichnet kochen. Und wirtschaftet auch gut.«

»Warum ist es schwierig, Personal zu bekommen?«, fragte Vincent, der Sohn des Hauses. Er studierte Recht an der Sorbonne. »Es gibt doch zahllose Arbeitssuchende. Immer mehr strömen vom Land in die Stadt.«

»Ja, mein Sohn, das stimmt«, gab ihm Pater Roussel recht. »Die Armen kommen in die Stadt und suchen nach Beschäftigung – aber ausgebildet sind sie nicht. Es sind oft einfache Landarbeiter mit ihren Familien, die nicht geschult sind, um Dienstleistungen auszuüben.«

»Es kann doch nicht so schwer sein, ein paar Mahlzeiten zu kochen und Teller auf den Tisch zu stellen«, meinte Vincent. »Selbst unsere Marthe kann das, obwohl sie es noch nie zuvor gemacht hat, wenn ich mich nicht täusche.« Er lächelte ihr zu, es wirkte ein wenig entschuldigend.

»Oh nein, Vincent, da täuschst du dich«, erklärte Madame Deraismes. »Eine Potage, eine einfache Gemüsesuppe, wird sicherlich jede Hausfrau zustande bringen. Doch wenn du diese Suppe probierst«, sie zeigte auf die Teller, die Marthe und Claire nun gebracht hatten, tauchte den Löffel hinein und kostete vorsichtig, »dann wirst du eine Vielschichtigkeit an Geschmack wahrnehmen. Die Suppe kommt erst leicht und duftig daher, aber dann entwickelt sich der tiefere Geschmack am Gaumen, der schmeichelt. Sie macht Lust auf mehr und sättigt nicht, ist dennoch reich an Aromen.«

»Diese Köchin«, sagte nun auch Pater Roussel, »versteht ihr Handwerk. Doch das können nicht mehr viele. Nach dem Ende der zweiten Republik haben sich die Strukturen im Land verändert und verändern sich noch. Wir sind in einer Entwicklung, in der uns aber leider der Zugang zu den armen Bevölkerungsschichte fehlt.«

»Wie meinen Sie das?«, fragte Monsieur Laurent.

Marthe stand zusammen mit Claire neben der Anrichte. Sie warteten darauf, dass die Gäste den Gang beendeten und achteten zusätzlich darauf, dass auch alle Gläser gefüllt waren. Doch Marthes Aufmerksamkeit lag nun auf den Gesprächen.

»Es geht um die Bildung. Als Landarbeiter haben sie nur den Grundstock erhalten, mehr war ja auch nicht notwendig, aber nun … Was sollen sie in der Stadt tun, wenn sie keine Ausbildung haben? Oder von allem nur ein bisschen können? Sie verdienen sich als Tagelöhner, aber damit haben sie kaum Perspektiven.«

»Zeigt sich das auch bei Ihrem Waisenhaus«, Pater Roussel?«, fragte Madame Laurent.

Er nickte. »Tatsächlich ist das so. Die Kinder, die wir aufnehmen, haben oft so gut wie keine Bildung. Ihre Eltern waren verarmt und sind häufig an Seuchen oder Krankheiten gestorben, manche sind sogar verhungert. Das muss sich mal vorstellen – Frankreich ist ein so reiches Land, wir produzieren die besten Lebensmittel der Welt und dennoch verhungern Menschen hier.«

»Was passiert mit den Kindern?«, fragte Florence. »Wie lange bleiben sie bei Ihnen?«

Pater Roussel sah sie nachdenklich an. »Früher habe ich nur eine Handvoll Kinder aufgenommen. Ich wollte ihnen den Katechismus beibringen, wollte, dass sie verstehen, was die Erstkommunion bedeutet. Doch das reichte nicht, das wurde mir schnell klar.« Er aß nachdenklich ein paar Löffel der Suppe, während alle anderen gespannt darauf warteten, dass er fortfuhr. »Sie konnten ihren Namen schreiben, das Nötigste lesen – aber das brachte sie nichts durchs Leben. Deshalb habe ich es mir zur Aufgabe gemacht, diese Kinder zu behüten und sie so zu unterstützen, dass sie später auf eigenen Füßen stehen können, eine Ausbildung haben und somit eine Arbeit finden können.«

»Es ist ganz großartig, was Sie schon alles mit Ihrer Stiftung erreicht haben«, sagte Madame Deraismes.

»Unter anderem natürlich durch Ihre Hilfe, meine Liebe«, sagte der Pater schmunzelnd, doch dann wurde er wieder ernst. »Vor über zwanzig Jahren habe ich die ersten sechs Jungen bei mir aufgenommen, habe dieses heruntergekommene Haus in Auteuil gekauft und dort mein Waisenhaus eingerichtet. Inzwischen sind es über zweihundert Mädchen und Jungen. Ja, ich bin wohlbekannt in der Stadt, aber dennoch war es schon immer schwer, geeignete Lehrstellen für sie zu finden. Deshalb habe ich mich vor einiger Zeit entschlossen, selbst Werkstätten einzurichten.«

»Das ist ja wunderbar«, sagte Florence. »Was lernen sie denn dort?«

»Oh, natürlich verschiedene Handwerksberufe – das Tischlern und Schreinern, so können wir unsere Möbel selbst herstellen. Aber den größten Erfolg habe ich mit meiner kleinen Druckerei gemacht. Wir geben eine Zeitschrift heraus – eine Wochenzeitschrift ›La France Illustrée‹. Doch auch die lief erst nicht so gut, bis uns die Zeitung ›Le Figaro‹ geholfen hat – sie hat dazu aufgerufen, Abonnements für unser Blatt abzuschließen. Im Moment können wir uns damit einigermaßen über Wasser halten. Wir haben auch noch eine Gärtnerei und solche Sachen. Die Jungs sind sehr erpicht darauf, etwas zu lernen.«

»Und die Mädchen?«, fragte Florence.

»Ja, das ist ein Problem«, meinte Pater Roussel. »Es ist schwierig, die Mädchen unterzubekommen. Wir haben eine kleine Nähstube und eine Wäscherei, aber nähen und waschen – das kann auch jede Landfrau. Es gibt keine Ausbildungsmöglichkeiten für Mädchen.«

»Und das ist eine Tragödie«, sagte nun Madame Deraismes voller Empörung. »Freiheit, Gleichheit und … Brüderlichkeit. Was ist mit Schwesterlichkeit? Wo bleiben wir Frauen? Es ist hanebüchen, dass Frauen immer noch nicht auf der gleichen Stufe wie die Männer stehen.«

»Aber liegt das nicht in der Natur der Frau?«, meinte Monsieur Laurent. »Nicht zu Unrecht werden sie das ›schwache‹ Geschlecht genannt. Welche Frau kann harte körperliche Arbeiten ausführen? Welche Frau kann sich mit schwierigen Themen befassen? Es ist doch ihre Aufgabe, die Kinder großzuziehen und den Haushalt zu leiten.«

Madame Deraismes schnaufte entsetzt. »Was für eine altmodische Einstellung. Natürlich sind wir Frauen genauso intelligent, wie die Männer, daran gibt es doch in diesem Haus hoffentlich keinen Zweifel?«

»Ich wollte Sie nicht beleidigen«, sagte Monsieur beruhigend. »Sie sind natürlich eine Ausnahme.«

»Und Ihre Gattin? Meinen Sie, Ihre Gattin wäre zu dumm, um sich mit vielschichtigen Themen zu beschäftigen? Ich weiß genau, dass Madame Bücher und Zeitschriften liest, mit der Politik vertraut ist.«

»Jaja, das schon, aber … die Mehrheit der Frauen ist doch zu schwach, um einen Beruf auszuüben.«

»Das ist doch Unfug. Ich schreibe – Bücher und Artikel. Ich habe eine Weile einen Verlag geführt. Frauen können alles, was auch Männer können, man muss sie nur lassen.« Wieder schnaufte sie. Dann zeigte sie auf den Tisch, nun hatten Marthe und Claire den Fischgang, pochierte Seezungenröllchen mit einer Farce aus Kabeljau und Erbsen, aufgetragen. »Dieses Essen ist vorzüglich, es ist hervorragend gekocht und angerichtet – von einer Frau. Und doch haben Frauen keinen Zugang zur ›Haute Cuisine‹ oder kennen Sie eine erfolgreiche Köchin?« Sie sah ihn mit einem bohrenden Blick an.

»Ich glaube nicht, dass eine Frau der Belastung einer Restaurantküche gewappnet wäre. Und ein großes Menü zu kreieren, das obliegt doch eher ausgebildeten Köchen.«

»Wer hat denn dieses ausgezeichnete und ausbalancierte Menü kreiert? Ihr Koch?«, fragte Madame Deraismes.

»Es hat schon einmal ein großer Mann den Fehler gemacht, und die Kochfähigkeiten einer Frau unterschätzt«, sagte Pater Roussel nun beschwichtigend. »Das war König Louis der Fünfzehnte. Er war ein Gourmet und ein Gourmand – in vielfacher Hinsicht.« Er schmunzelte. »Die Überlieferung sagt, dass er öfters die Fähigkeiten der Frauen in der Küche herabwürdigte, sehr zum Ärgernis seiner Mätresse, Madame du Barry. Also beauftragte Madame du Barry eine Köchin das nächste Mal zu kochen, wenn der König sie besuchte – natürlich ohne es ihm zu sagen. Und siehe da, der König war so begeistert von den Speisen, dass er ausrief: ›Der Koch ist eines Cordon Blue wert!‹« Er sah in die Runde. »Und dann holte Madame du Barry die Köchin und zwang ihn einzugestehen, dass auch Frauen fähig seien, ein großartiges Menü zu kochen.«

»Was für eine wunderbare Geschichte«, sagte Madame Laurent lachend. »Und du weißt, unsere Julie ist auch eines Cordon Blue, eines Ordens wert.«

»Jaja«, lenkte ihr Mann ein. »Ich meine das auch nicht abwertend, nur … man macht sich so seine Gedanken.«

»Oder auch nicht«, meinte Florence jetzt. »Denn schließlich schickst du mich zur Schule und möchtest auch, dass ich später studiere. Warum, wenn ich dann gar keinen Beruf ausüben kann und soll?«

Ihr Vater sah sie überrascht an. »Aber du … du bist doch nicht wie jedes gewöhnliche Mädchen auf der Straße. Du bist meine Tochter und natürlich solltest du studieren.« Er lächelte verlegen. »Bitte, bitte, liebe Freunde – lasst uns dieses Missverständnis beiseite tun und uns wieder dem Essen und angenehmen Gesprächen zuwenden.«

Marthe hatte die ganze Zeit angespannt zugehört. Sie hatte noch so viele Fragen – sowohl an Madame Deraismes, als auch an den Pater, aber natürlich stand es ihr nicht zu, in dieser Runde Fragen zu stellen. Dennoch ließ sie das Thema nicht los.

Kapitel 6

Am nächsten Morgen schlug Marthe verschlafen die Augen auf. Über ihrem Bett befand sich eins der schmalen Dachfenster in der Schräge. Der Himmel war grau wie ein Kieselstrand, keine Wolke war zu sehen, aber es war schon hell. Schnell drehte sie sich um, schaute auf die kleine Uhr auf ihrem Nachttisch. Erschrocken fuhr sie hoch, aber dann wurde ihr klar, dass es Samstag war und sie somit keine Schule hatte. Dennoch war es schon viel später als sonst, normalerweise hätte Maman sie geweckt. Eilig wusch sie sich – nur eine Katzenwäsche, denn es war ja Samstag und sie würde heute Abend ein Bad nehmen dürfen, zog sich an und eilte die schmale Holztreppe nach unten, vorbei an den anderen Wohnungen im zweiten und dritten Geschoss.

Sie riss die Tür zur Beletage auf, lief zur Küche. Es duftete köstlich nach Butter und Vanille, nach Speck und nach Gewürzen. Julie sah sie an, als Marthe in die Küche stürmte, und lächelte. »Ausgeschlafen, mon Cœur? Das wurde aber auch Zeit.«

»Du hast mich ja gar nicht geweckt«, stotterte Marthe verlegen.

»Ich wollte dich ausschlafen lassen. Madame hat sich sehr lobend über dich geäußert, und da dachte ich, es täte dir gut, dich von der Arbeit zu erholen.« Sie nahm die Pfanne mit den süßen gebackenen Weißbrotscheiben vom Feuer und ließ sie auf einen Teller gleiten. »Hier ist Vanillesoße. Möchtest du ein gekochtes Ei?«

Marthe setzte sich an den großen Küchentisch und seufzte begeistert. »Ich bin im Himmel!«

Julie lachte auf.

»Oh, wie das duftet.« Florence kam in die Küche, strahlte über das ganze Gesicht, sie blieb an der Küchentür stehen, als sie Marthe entdeckte und zögerte.

Fast jedes Wochenende und jeden freien Tag kamen Florence und Vincent morgens in die Küche und ließen sich mit frischen Häppchen verwöhnen. Ihre Eltern schliefen an diesen Tagen gerne aus und erwarteten dann später ein Büfett – warm und kalt – im Esszimmer. Das war zwar einerseits ein gewisser Aufwand, andererseits machte diese Gewohnheit ein Mittagessen an den Wochenenden überflüssig. Julie wusste inzwischen, was die Familie bevorzugte, und konnte so gut vorarbeiten. Im Esszimmer standen Speisewärmer mit Rechauds, darin Braten und Rühreі. Außerdem eine Consommé und kalte Platten mit Käse, Wurst und gekochten Eiern. Natürlich gab es frisches Brot, das hier nicht selbst gebacken wurde, sondern das der Bäcker frühmorgens lieferte. Dazu süßen Rahm, Butter und Marmeladen. Und nach einem Abend mit Gästen auch sauer eingelegte Heringe. Jetzt sahen sich Florence und Marthe schweigend und abwägend an. Bisher waren sie fast so etwas wie Freundinnen gewesen, waren jeden Tag gemeinsam zur Schule gegangen, hatten teilweise ihre Hausaufgaben zusammen gemacht und auch sonst Zeit miteinander verbracht. Aber der gestrige Tag, so fühlte es Marthe, hatte etwas zwischen ihnen verändert. Sie hatte Florence bedient, ihr die Teller, die Speisen gereicht, ihr Wasser nachgeschenkt. Sie waren ganz deutlich keine gleichgestellten

Personen – Marthe war die Tochter der Köchin, eine Bedienstete, die einspringen musste, wenn Not war.

»Komm und setz dich«, sagte Julie leichthin. Sie hatte die Spannung zwischen den Mädchen gespürt, das merkte Marthe, aber sie lächelte sie weg. »Was willst du essen?«

Langsam ging Florence zum Küchentisch, setzte sich dann neben Marthe, sah sie aber nicht an. »Ich bräuchte einen Kaffee«, sagte sie leise. »Essen … möchte ich gerade noch nicht.«

Julie gab Marthe ein weich gekochtes Ei. »Fünf Minuten, so wie du es liebst«, sagte sie und ließ dann eins der überbackenen, süßen Brote auf Marthes Teller gleiten. »Armer Ritter nennt man das«, sagte sie und streute Zucker und Zimt auf das Brot. Wieder sah sie zu Florence, doch die rührte nachdenklich in ihrer Kaffeetasse und schaute nicht auf.

»Das war gestern vielleicht ein wenig viel Rotwein«, meinte Marthe nun spöttisch, aber ihre Stimme klang heiser, und sie musste schlucken. Unsicher schaute sie zu Florence.

Florence schaute ebenso unsicher zurück, aber dann grinsten die beiden sich an.

»Ja, das war wohl etwas viel Wein. Und danach habe ich auch noch Pastis getrunken, Vincent hat ihn mir gegeben … ein Fehler, ein großer Fehler.« Florence schlug die Hände vor das Gesicht.

»Für diesen Fall empfehle ich Bratheringe«, sagte Julie sanft. »Und … oder … eine kräftige Consommé.« Sie stellte eine Schale mit der duftenden, dampfenden Brühe vor das Mädchen. Florence verzog erst das Gesicht, fing dann langsam an zu löffeln. »Köstlich«, murmelte sie. »So reichhaltig.«

»Weil sie zweimal geklärt wurde«, sagte Marthe wie nebenbei.

Florence sah Marthe überrascht an. »Was bedeutet das? Geklärt?«

»Man muss eine kräftige Rinderbrühe kochen«, sagte Marthe sachlich, so, als würde sie es vorlesen. »Die Suppe muss lange simmern, dann stellt man sie, am Besten über Nacht, kalt und schöpft am nächsten Tag das erkaltete Fett ab. Anschließend dreht man noch einmal Suppenfleisch durch den Wolf, vermengt das gewolfte Fleisch mit einer gleichen Menge an Suppengemüse – im Prinzip Mirepoix, die aber nicht angeröstet, sondern gekocht werden – und mit Eiklar. Man gibt diese Mischung, man nennt sie einen Klärkuchen, in die kalte, entfettete Suppe und lässt sie langsam, aber stetig …«

»Moment«, sagte Florence und lachte verblüfft. »Du kannst nicht nur so gut servieren wie unsere Claire, du kannst auch kochen? Ernsthaft? Woher weißt du das? Und warum?« Sie schüttelte wieder den Kopf, trank dankbar von dem heißen, schwarzen Kaffee, den Julie den beiden Mädchen hingestellt hatte.

Marthe runzelte die Stirn. »Wie meinst du das? Was weiß ich?«

»Du weißt, wie man eine Suppe kocht. Wie man sie … entfettet? Was ist das? Ich kann mir das gar nicht vorstellen und wozu macht man das? Und dann wird ein … Klärkuchen hergestellt?« Ihr Gesicht war entwaffnend, eine einzige Frage.

»Nun ja, meine Mutter ist Köchin, meine Grand-mère ist eine Köchin, ich bin in der Küche aufgewachsen. Ich habe es nicht gelernt, aber die Grundsätze habe ich schon verstanden.« Marthe senkte beschämt den Kopf. »Ich bin eben aus einfachen Verhältnissen, nicht so, wie du …«

»Was?« Florence klang geradezu entsetzt. »Wie ich? Wie, wie ich? Was bin ich denn?«

»Eine Tochter aus gehobenem Haus«, sagte Marthe kaum hörbar. »Jemand, der beim Essen bedient wird. Nicht jemand, der bedient.«

Florence lehnte sich zurück und schluckte hörbar. Ihr Gesicht war bleich und ihre Stirn gerunzelt. Marthe linste zu ihr hinüber. War nun ihre Freundschaft endgültig zerstört, jetzt, wo sie die Differenzen, die Gräben, angesprochen hatte?

Plötzlich drehte sich Florence zu ihr, sah sie an und umarmte sie dann, drückte sie fest an sich. »Bitte, Marthe«, wisperte sie aufgelöst, »bitte bleib meine Freundin. Ich habe darüber noch nie nachgedacht. Das war sehr dumm von mir.«

Marthe versteifte sich erst bei der Umarmung, gab dann aber nach, fühlte die angenehme Wärme ihrer Freundin, sog den süßlichen Geruch – sie roch nach Schlaf und nach Seife – in sich auf. »Natürlich sind wir Freundinnen«, sagte sie, noch immer ein wenig verdutzt. »Warum auch nicht? Wir gehen doch zusammen zur Schule und das werden wir weiterhin.«

»Du bist mir also nicht böse?«, wisperte Florence immer noch unsicher.

»Nein. Außer, du erklärst mir, wieso ich das sein sollte?«

»Ich denke«, mischte sich nun Julie ein, »ihr solltet erst einmal euren Kaffee trinken und etwas essen. Und dann … nun … es ist Samstag, Marthe, und Claire hat den Badeofen schon angeheizt. Vielleicht könnt ihr euch später treffen und in Ruhe miteinander reden. Wenn alle wach und ausgeschlafen sind. Non?«

»Das klingt sehr vernünftig, Julie«, sagte Florence und senkte ihr Gesicht über die dampfende Suppenschale. Sie atmete tief ein, fing an zu essen.

Julie gab Marthe das wachsweich gekochte Ei und eine große Tasse mit Milchkaffee, dann zog sie ein noch leicht dampfendes und nach Butter duftendes Croissant aus dem mit Filz gefütterten Wärmekorb neben dem Ofen. Marthe köpfte das Ei und tunkte die Spitze des Croissants in das noch flüssige Eigelb, biss es ab und schloss genüsslich die Augen. Danach tunkte sie das Croissant in den Milchkaffee und biss wieder ab. »Das ist wie im Himmel«, schwärmte sie leise.

»Bist du nicht müde?«, fragte Florence. »War das kein anstrengender Abend für dich? Du musstest die ganze Zeit stehen und ich habe gesessen, und ich fühle mich, als wäre ein Bierfuhrwerk über mich gefahren.«

»Doch«, gab Marthe zu, »es war anstrengend, viel anstrengender, als ich gedacht hätte. Aber nicht das Stehen oder die Arbeit – das war körperlich nicht viel zu meistern. Es war die Anspannung, die mich noch bis ins Bett begleitet hat.«

»Anspannung?«

»Ja. Die Angst, einen Fehler zu machen. Ich hatte ja zuvor noch nie am Tisch bedient. Ich helfe manchmal in der Küche – einfache Arbeiten. Ich kann Gemüse schneiden, eine Mirepoix. Ich kann eine Suppe aufsetzen, ich kann Kartoffeln schälen, aber ein Soufflé? Daran würde ich scheitern.« Sie grinste verlegen. »Und gestern gab es viele andere Dinge, an denen ich hätte scheitern können.«

»Ja?« Florence sah sie verblüfft an.

»Ja, natürlich!« Marthe richtete sich auf. »Es war sehr anstrengend und belastend.«

»Du musstest Teller auf den Tisch stellen. Versteh mich nicht falsch, ich weiß eben einfach gar nicht, was daran schwierig sein sollte. Aber andererseits«, sagte sie zögernd, »wüsste ich auch gar nicht, wie man das macht. Einfach hinstellen, oder?«

»Ja«, antwortete Marthe und klang plötzlich sehr distanziert, es war, als sei die Temperatur im Raum plötzlich gefallen. »Ja, man muss einfach nur Teller hinstellen. Von links. Vorsichtig und achtsam, damit der Teller gerade und hübsch angerichtet bleibt. Nichts darf verrutschen – vor allem darf man den ›Gast‹ nicht zu nahe kommen, ihn nicht bekleckern. Aber dennoch muss man den Teller vor ihn auf den Tisch stellen – zwischen das Besteck und die Gläser, mittig. Dann muss man sich wieder entfernen, wieder, ohne den Gast zu berühren. Und so wird der Teller auch wieder abgeräumt. Links vom Gast.« Marthe holte tief Luft, nahm ihren Teller, auf dem der ›Arme Ritter‹ in Vanillesoße schwamm, reichte ihn Florence. »Hier, bitte. Serviere ihn mir.«

Florence stand auf, kicherte nervös. Dann nahm sie unsicher den Teller, sah Marthe an.

»Du gehst jetzt einmal um den Tisch und servierst ihn mir.« Marthe nickte ihr zu. »Das ist doch nicht so schwer.«

Florence sah Julie an, doch diese war zurückgetreten, beobachtete die Mädchen, ihr Gesicht wie eine Maske. Seufzend trat Florence einen Schritt zurück, ging dann langsam und achtsam um den großen Küchentisch. Ihre Hand, mit der sie den Teller hielt, zitterte. Sie erreichte Marthe wieder und wollte den Teller vor sie hinstellen.

»Nein, nein«, sagte Marthe. »Nicht von rechts, von links wird serviert.«

»Oh. Natürlich.« Florence wich zurück. Sie war von der rechten Seite gekommen, nun musste sie um Marthe herumgehen und den

Teller hinstellen. Sie stockte, machte einen kleinen Bogen, die Soße auf dem Teller schien in Wellen zu laufen, schwappte an den Rand. Florence blieb stehen, nahm die andere Hand und hielt den Teller fest, dann stellte sie ihn ganz langsam an den Platz vor Marthe.

»Puhh«, sagte sie dann und wischte sich über die Stirn. »Ich hätte nicht gedacht, dass es so schwierig ist.« Sie setzte sich wieder, löffelte nachdenklich ihre Suppe.

»Ich auch nicht«, gab Marthe zu. Dann schmunzelte sie. »Und weißt du, was das Schwerste war?«

Florence sah sie fragend an.

»Am Schwersten war es, still zu sein, nichts zu sagen. So gerne hätte ich Fragen gestellt und meine Meinung gesagt.«

»Welche Fragen hättest du denn gestellt?«

»Oh«, sagte Marthe und dachte nach. »Ganz viele. Ich möchte mehr über das Waisenhaus wissen. Ich fand alles, was Madame Deraismes gesagt hat, interessant, aber auch bei ihr hätte ich gerne nachgefragt.« Für einen Moment schloss sie die Augen und dachte an den gestrigen Abend. »Sie hat so entschlossen gesprochen, so überzeugend. Frauen, sagt sie, können alles, was auch Männer können. Ob sie das aber wirklich glaubt? Die Gesellschaft ist ja nicht so.«

»Meine Mutter ist schon lange mit Madame befreundet.« Florence lächelte. »Und ja, sie glaubt an das, was sie sagt. Vor ein paar Jahren hat sie sich fürchterlich darüber aufgeregt, dass Frauen keiner Loge beitreten dürfen. Sie wurde vor ein paar Jahren bei der großen Freimaurerloge eingeladen, um über die Gleichberechtigung von Mann und Frau zu sprechen. Ihr Vortrag wurde begeistert beklatscht und erhielt viel Aufmerksamkeit, der Loge beitreten durfte sie jedoch nicht. Dann hat sich ein Teil der Freimaurer von ihnen abgespalten und Madame Deraismes als Mitglied aufgenommen. Du glaubst gar nicht, was das für ein Aufruhr war. Es gab viele Artikel in der Presse, viel Gerede. Schließlich wurde die Unterloge wieder geschlossen. Aber Madame gibt nicht auf.«

»Ich finde sie großartig«, sagte Marthe ganz begeistert. »Ich möchte mit ihr reden, mehr darüber erfahren.«

»Sie setzt sich auch sehr für die Bildung von Mädchen und Frauen ein, hat einen Hilfsverband gegründet und natürlich ist sie auch ganz entschieden für das Frauenwahlrecht.«

»Es ist wunderbar«, sagte Julie nun, »dass es solche Frauen gibt. Frauen, die sich für andere einsetzen. Und für die Bildung. Das ist das Wichtigste, das dürft ihr nie aus den Augen verlieren – Bildung. Je mehr ihr wisst, je besser ihr informiert seid, umso mehr könnt ihr im Leben erreichen.«

»Das sagt Maman auch immer«, stimmte Florence ihr zu. »Deshalb will sie ja auch, dass ich studiere.« Dann runzelte sie die Stirn. »Was ich dann allerdings mit dem Studium anfangen werde, weiß ich nicht so recht.«

»Das musst du ja auch noch nicht wissen«, sagte Julie lächelnd. »Bis dahin habt ihr ja noch viel Zeit.«

»Weißt du, was du mal werden willst?«, fragte Florence Marthe.

»Ich will schreiben«, sagte Marthe spontan und war von sich selbst überrascht. Zwar schrieb sie jetzt schon kleine Aufsätze und Artikelchen, aber dass dieser Wunsch und diese Vorstellung plötzlich so klar für sie war, war ihr vorher nicht bewusst gewesen. »Ich will Journalistin werde und für eine Zeitung schreiben. Das stelle ich mir absolut großartig vor.« Ihre Augen strahlten.

»Aber du weißt schon so viel über ... das Kochen und die Küche«, sagte Florence.

»Na und?«, Marthe lachte. »Das eine schließt doch das andere nicht aus. Dann schreibe ich eben über Küchen.«

»Und schon hast du einen Zukunftsplan«, sagte Florence und klang ein wenig neidisch.

»Lebenspläne können sich ändern, und es können auch immer neue dazu kommen«, sagte Julie. »Das werdet ihr schon noch merken. Wenn ihr klug seid, und das seid ihr ja, dann werdet ihr Veränderungen als Chance wahrnehmen und immer offen für neue Dinge sein. Und jetzt brauche ich den Küchentisch, um das Essen vorzubereiten.«

»Sollen ... wir helfen?«, fragte Florence etwas schüchtern. »Wobei ich sicherlich keine große Hilfe wäre.«

»Das ist ein nettes Angebot«, sagte Julie. »Natürlich wärst du eine Hilfe. Aber heute ist Samstag, und ihr solltet den Tag genießen.« Sie zwinkerte ihnen zu. »Und euch von dem anstrengenden Abend ein wenig erholen.«

Ein paar Tage später kamen Marthe und Florence gemeinsam von der Schule nach Hause. Der Abend, der eigentlich ihre sehr unterschiedlichen Lebenssituationen deutlich gemacht hatte, hatte die beiden zusammengeschweißt. Eine zarte Freundschaft war entstanden, die über den Status, ›Klassenkameradinnen‹ zu sein, hinausging. Beide hatten einen tieferen Einblick in das Leben der anderen gewonnen, das sie zuvor nur gestreift hatten. In den letzten Tagen hatte Florence sich nach der Schule noch mit anderen Mädchen getroffen. Sie hatte jedes Mal gefragt, ob Marthe nicht mitkommen wolle, doch Marthe hatte immer dankend abgelehnt. Sie fühlte sich einfach nicht wohl in ihrer Gesellschaft. An diesem Tag aber gingen sie gemeinsam nach Hause und sprachen über die Mathematikaufgaben, die sie aufhatten. Ins Gespräch vertieft erreichten sie das Haus im achten Arrondissement. Vor der Haustür blieben sie kurz stehen. Als Florence ihren Satz beendet hat, nickte Marthe ihr zu. »Bis später«, sagte sie und drehte sich um, wollte weitergehen bis zum Hoftor.

»Bis später«, antwortete Florence, doch dann schüttelte sie den Kopf. »Wohin gehst du denn jetzt?«

»Nach oben«, sagte Marthe verblüfft. »So wie immer.«

»Aber … aber … hier ist doch die Tür.«

»Florence«, sagte Marthe und lächelte, »dort geht es in das große Treppenhaus. Durch den Hof komme ich zum Hinterhaustreppenhaus. Dort gehe ich immer nach oben. Mir steht es nicht zu, das vordere Treppenhaus zu benutzen.«

Florence schnaufte. »Wieso habe ich das noch nie bemerkt? Das war mir gar nicht aufgefallen. Und«, sagte sie und stockte einen Moment, »und wir sind doch nicht mehr im Mittelalter. Natürlich kommst du mit mir nach oben«, sagte sie dann entschieden.

Zögernd ging Marthe zu ihr zurück. »Und deine Eltern?«, fragte sie verunsichert. »Was, wenn ihnen das nicht recht ist?«

»Papperlapapp, sie wollen doch modern sein und mit der Zeit gehen. Wir haben das Kaiserreich abgeschafft, nun sollte es auch keine Klassenunterschiede mehr geben.«

Marthe lachte auf. »Das sind ja seltsame Phantasien aus deinem Mund. Keine Klassenunterschiede … wie soll das gehen?«

»Man muss es doch nur einfach machen.« Florence hakte sich bei

Marthe unter und zog sie in die große Eingangshalle. Eine breite Treppe führte nach oben, das Geländer war geschnitzt. Natürlich war Marthe auch schon mal im vorderen Treppenhaus gewesen, aber sie hatte sich nie so genau umgeschaut, hatte die Teppiche auf den Terrazzoböden nicht bemerkt, die getäfelten Wände, den Kronleuchter, der in der Halle hing. Sie straffte die Schultern und reckte das Kinn, aber in ihrem Inneren fühlte sie sich plötzlich ganz klein und unbedeutend. Wie mochte das für Florence sein? Sah sie die Pracht überhaupt oder war sie daran so gewöhnt, dass es ihr nicht mehr auffiel?

Schweigend gingen sie nach oben, Marthe traute sich gar nicht, etwas zu sagen und Florence hatte grübelnd die Stirn gerunzelt.

»Ich kann immer noch nicht glauben, dass du sonst die Hintertreppe nimmst«, sagte Florence plötzlich. Ihre Stimme halte durch das Treppenhaus.

Marthe zuckte erschrocken zusammen. »Es macht mir nichts aus«, flüsterte sie.

»Ich verstehe, dass es das hintere Treppenhaus gibt, um Waren anzuliefern.«

»Das Vorderhaus ist nun mal für die Herrschaft und das Hinterhaus für die Bediensteten«, wisperte Marthe und hatte dennoch das Gefühl, dass ihre Stimme bis in die oberen Stockwerke zu hören war.

»Warum flüsterst du denn?«, wollte Florence überrascht wissen.

»Es ist mir … peinlich.«

»Was?«

»Alles«, gab Marthe zu. »Hier die Treppe hochzugehen, zu sprechen – was, wenn mich jemand hört? Es fühlt sich … falsch an.«

»Aber warum denn?«

»Weil ich nicht hierher gehöre.«

»Das meinst du nur«, sagte Florence und lachte, nahm Marthes Hand und drückte sie.

Zum Glück waren sie nun an der Wohnungstür angelangt, und Florence zog an der Klingelschnur. In vielen anderen Häusern gab es im Eingangsbereich eine Tür zum Concierge, dem Hausmeister. In diesem Wohnblock wohnten die Hausmeister im Hinterhaus.

Claire öffnete die Tür, sah Marthe überrascht an. »Guten Tag, Florence«, sagte sie. »Was machst du denn hier?«, zischte sie Marthe zu.

Florence sah Claire mit einem durchdringenden Blick an. »Hallo, Claire. Wir freuen uns auch, dich zu sehen.« Sie schlüpfte aus ihrem Mantel, reichte ihn dem Mädchen. Sie tat es mit einer Selbstverständlichkeit, die Marthe wieder zeigte, wie unterschiedlich sie waren.

Die Tür zum Salon stand auf, auf dem Tischchen neben der Tür stand ein Tablett mit dem Kaffeeservice, das Claire wohl gerade hatte abtragen wollen.

»Bist du das, Florence?«, rief Madame Laurent heiter aus dem Salon. »Komm und begrüße unseren Gast.«

Marthe trat einen Schritt zurück und wollte durch den langen Flur zum Hinterhaus gehen, aber Florence ließ ihre Hand nicht los.

»Gute Tag, Maman«, sagte sie und zog Marte mit sich. »Oh, Madame Deraismes, welch eine Freude, Sie zu sehen.«

Madame Laurent lächelte ihrer Tochter entgegen, dann bemerkte sie Marthe und sie runzelte irritiert die Stirn. »Hallo, Marthe«, sagte sie etwas knapp.

»Guten Tag, Mesdames«, murmelte Marthe verlegen und knickste.

Madame Laurent zog die Augenbrauen hoch. »Nett, dass du uns auch begrüßt«, sagte sie, wandte sich dann ihrer Tochter zu. »Wie war die Schule?«

»Oh, fast wie immer. Nur die mathematischen Aufgaben, die wir lösen sollen, stellen uns noch vor Rätsel.« Florence lachte. »Aber diese Rätsel werden wir sicherlich lösen.«

»Ihr geht zusammen in die Schule?«, fragte Madame Deraismes. »Ich kenne dich doch, nicht wahr?« Sie sah Marthe durchdringend an.

»Das ist Marthe, die Tochter unserer Köchin …«, antwortete Madame Laurent leise und hüstelte.

»Aber natürlich. Du hast letzte Woche am Tisch ausgeholfen. Deine Mutter ist eine Meisterin ihres Faches. Davon gibt es nur noch so wenige.«

»Marthe geht mit mir in eine Klasse. Sie möchte Journalistin werden«, sagte Florence eifrig.

Marie Deraismes sah Marthe plötzlich interessiert an. »Das ist für dein Alter ein schon recht konkreter Wunsch. Warum möchtest du das?«

»Oh, weil … oh«, stotterte Marthe verlegen. Florence stieß sie in die Seite. »Also, ich liebe es zu schreiben – das zum einem. Und ich finde es wichtig, dass man vielfältig über Dinge berichtet und publiziert. Ich lese immer eifrig die Zeitungen.« Sie schluckte, senkte den Kopf, spürte, wie das Blut in ihr Gesicht schoss. Die Zeitungen, die täglich an die Familie Laurent geliefert wurden, wurden von Gaston, dem Diener, gebügelt und dann in den Salon gebracht. Schon morgens, vor der Schule, versuchte Marthe immer, einen Blick auf die Titelseiten zu erhaschen und die Schlagzeilen zu lesen. Irgendwann – abends oder am nächsten Tag – kamen dann die oft noch nicht einmal gelesenen Zeitschriften nach hinten, in den Wirtschaftsbereich. Es gab vielfältige Verwendung für das Papier – zum Polieren, um Fidibusse für die Kamine zu drehen, um Abfälle darin einzuwickeln oder um etwas mit den alten Zeitungen auszulegen. Marthe stibitzte sich so viel, wie sie konnte und las sie abends im Bett – danach brachte sie die Zeitungen natürlich zurück in die Küche.

»Du liest die Zeitungen? Das ist großartig. Sehr löblich. Du sicherlich auch, meine liebe Florence«, sagte Madame Deraismes begeistert. »So muss das sein. So sollen die jungen Frauen in diesem Land aufwachsen, findest du nicht auch, Margaux? Ich bin ganz begeistert darüber, dass du die Tochter der Köchin so sehr unterstützt.«

»Aber ich finde«, sagte Marthe nun, denn sie hatte Mut gefasst, »dass die Berichterstattung noch zu einseitig ist. Die Sicht der Frauen wird oft nicht berücksichtigt und das möchte ich ändern.«

Madame Deraismes nickte zustimmend. »So ist es. Genau so ist es. Das ist ein wunderbarer Ansatz, mein Kind.«

»Aber wie wäre das möglich?«, fragte Marthe nun nach. »Ich habe letzte Woche gut zugehört.« Wieder wurde sie rot und schaute verlegen zu Madame Laurent, die so aussah, als hätte sie gerade an Zitronen gelutscht. Ihr war es nicht recht, dass Marthe zu Wort kam. Wahrscheinlich wünschte sie sich, dass Marthe nett gegrüßt hätte und dann in den Wirtschaftsbereich verschwunden wäre. Eigentlich hatte sie das ja auch vorgehabt, aber diese Chance konnte sie sich nicht entgehen lassen. »Ich habe gehört, was Sie und Pater

Roussel sagten. Noch immer ist es schwer für Kinder … ohne guten Hintergrund, ohne gute Familie und Beziehungen und vor allem für Kinder aus Familien ohne Geld – etwas zu erreichen im Leben. Und für Mädchen ist es noch schwerer. Das muss man doch irgendwie ändern können.« Sie holte tief Luft.

»Meine Güte«, sagte Madame Deraismes, »du hast tatsächlich zugehört. Und welch schlaue Gedanken du dazu hast.« Sie sah Margaux Laurent anerkennend an. »Ich hatte nicht gedacht, dass du so tätig bist, dass du die Kinder deiner Bediensteten derart unterstützt und förderst. Du steigst enorm in meiner Hochachtung, die ja schon sehr groß ist.«

Margaux Laurent lachte auf, fächerte sich Luft zu. »Grundgütiger, man tut ja, was man kann, nicht wahr«, sagte sie. Aber der Blick, den sie Marthe zuwarf, sprach andere Worte.

»Pater Roussel sprach von seinem Waisenhaus und dass er dort Werkstätten für die Jungs eingerichtet hat«, sagte nun Marthe, die ihre Chance nutzen wollte. So ein Moment kam sicherlich so schnell nicht wieder. »Aber man sollte auch die Mädchen fördern, finde ich.«

»Ja, das ist richtig, Marthe«, sagte nun Madame Laurent. »Aber eben nicht ganz einfach. Und dies sind Dinge, mit denen sich Menschen befassen, die davon Ahnung haben, wie meine gute Freundin, Madame Deraismes. Sie tut alles, um Mädchen und Frauen mehr Rechte zu verschaffen und ihren Bedürfnissen mehr Geltung zu bringen. Aber das ist nichts, was wir jetzt hier diskutieren sollten, findest du nicht?« Sie lächelte, aber es war ein saures Lächeln.

Madame Deraismes zog eine Karte aus ihrer Handtasche. »Hier

ist meine Adresse, mein gutes Mädchen«, sagte sie, reichte Marthe die Karte und zwinkerte ihr zu. »Ich würde mich sehr freuen, weiter mit dir in Kontakt zu bleiben. Du hast eine erfrischende Art, das mag ich an jungen Frauen.«

»Dankeschön.« Marthe nahm die Karte, hielt sie erst etwas unsicher in ihrer Hand, steckte sie dann aber ein. »Ich wünsche Ihnen noch einen angenehmen Tag. Und bitte, Madame Laurent, ich wollte keine Umstände machen. Au revoir.« Sie knickste wieder, drehte sich dann um und verließ den Salon.

Florence wechselte noch einige Nichtigkeiten, kam ihr dann aber hinterher und holte Marthe ein, bevor sie die Küche im Wirtschaftsflügel erreicht hatte.

»Du bist die Wucht!«, rief Florence und packte Marthe, drehte sie im Kreis. »Die absolute Wucht.«

Marthe lachte verblüfft, ließ sich von ihr mitreißen. »Aber warum?«

»Ich habe doch gemerkt, wie unangenehm dir die Situation war. Und dann hast du deinen ganzen Mut zusammengenommen und hast mit ihr geredet. Sie findet dich gut, das habe ich gleich gemerkt. Wir werden sie besuchen, dann kannst du in Ruhe mit ihr reden – wenn meine Maman nicht dabei ist.« Florence blieb stehen, die Wangen gerötet vor Aufregung, ihre Augen strahlten.

»Deine Maman war nicht wirklich angetan von mir«, Marthe schluckte. »Hoffentlich hat das kein Nachspiel.«

»Was soll ein Nachspiel haben? Wo bleibt ihr denn überhaupt«, sagte Julie, die aus der Küche kam. »Ich warte schon einige Zeit auf euch. Habt ihr keinen Hunger?«

»Was gibt es denn?«, fragte Marthe und spürte plötzlich einen Knoten im Magen. Schnell ging sie in die Küche, ohne ihre Mutter anzusehen und sie richtig zu begrüßen.

Julie runzelte die Stirn, folgte ihrer Tochter in die Küche. »Ist etwas in der Schule vorgefallen?«

»Oh nein«, sagte Florence noch immer ganz aufgedreht. »Da war es wie immer. Nur die duseligen Mathematikaufgaben haben wir nicht verstanden. Wofür braucht man Mathematik überhaupt?« Sie setzte sich an den Tisch, hob schnuppernd die Nase. »Es duftet ganz köstlich.«

Julie stellte jedem Mädchen einen Teller hin und gab ihnen eine Schüssel mit dampfender Gemüsebrühe. »Erst die Suppe. Danach habe ich Kalbsgeschnetzeltes mit einer Pilzrahmsoße für euch. Morgen kommen Gäste, und ich bin schon dabei, das Essen vorzubereiten. Für euch habe ich etwas abgezwackt.« Sie schaute Marthe an. »Was meintest du denn mit Nachspiel?«

Marthe löffelte die Suppe. »Das schmeckt köstlich, aber ein wenig anders als sonst«, sagte sie.

»Ich habe die ganzen Pilzreste in die Suppe getan und Petersilienwurzel, dadurch hat sie einen tieferen und erdigen Geschmack«, erklärte Julie, ihre Stirn war immer noch gefurcht. »Aber wieso hast du von einem Nachspiel gesprochen«, ließ sie nicht locker.

»Marthe macht sich Gedanken um Dinge, über die sie sich keine machen müsste«, sagte Florence leichthin und erzählte von dem Gespräch mit Madame Deraismes. »Sie ist so klug und das hat Madame beeindruckt. Sie möchte mit uns in Kontakt bleiben, ist das nicht herrlich?«

»Hmmhmm«, machte Julie nur.

Florence plapperte munter weiter, Marthe blieb still.

Nachdem die Mädchen gegessen hatten, stand Florence auf. »Kann ich nachher noch einmal zu dir kommen, damit wir gemeinsam die Aufgaben durchgehen?«

Marthe nickte, sie war froh, als Florence endlich gegangen war.

»Es tut mir leid, Maman«, sagte sie dann. »Ich habe nicht nachgedacht.«

»Nein, das hast du nicht«, antwortete Julie und nahm Marthe in die Arme. »Aber das ist ja auch nicht so einfach, mit einer so übersprudelnden Persönlichkeit wie Florence an der Seite.«

»Meinst du, Madame Laurent wird Ärger machen?«

Julie überlegte kurz. »Das kann sie sich nicht leisten, zumindest nicht mir gegenüber. Sie braucht mich als Mamsell und Köchin.« Sie sah ihre Tochter nachdenklich an. »Ich verstehe, dass du gerade lauter neue Aspekte des Lebens kennenlernst. Ich finde es gut, dass du darüber nachdenkst und auch darüber diskutieren und Dinge verändern willst. Das finde ich wirklich, wirklich gut. Dafür sind wir in Paris, dafür gehst du zur Schule.«

»Aber ich sollte ein wenig mehr auf Distanz achten, nicht wahr?«

»Florence gegenüber?« Nachdenklich stellte Julie die Teller in die Spüle. »Ich bin da ganz zerrissen. Natürlich ist Florence die Tochter meiner Arbeitgeber. Natürlich sind sie sehr viel besser aufgestellt als wir, kommen aus einer höheren Schicht. Das macht sie aber nicht zu besseren Menschen. Und ich finde es löblich, wie Florence gerade versucht, die gesellschaftlichen Grenzen zwischen euch aufzuweichen. Es wird nicht einfach sein und vermutlich wirst du nie auf der gleichen Stufe wie sie stehen, aber es ist zumindest ein Anfang.«

»Ja, ich finde es auch verblüffend. Aber … heute im großen Treppenhaus war ich ganz beklommen, so, als würde ich etwas Verbotenes tun.«

»Aus Sicht von Madame Laurent ist das vielleicht auch so. Und dennoch – warum solltest du nicht gemeinsam mit Florence ins Haus kommen? Du bist hier nicht angestellt.«

»Aber ich bin auch nicht Mitglied der Familie.«

»Was ist mit ihren anderen Freundinnen? Die gehören auch nicht zur Familie und dennoch müssen sie nicht die Hintertreppe nehmen. Florence hat heute richtig erkannt, dass du ihre Freundin bist und nicht nur die Tochter der Köchin, mit der sie zufällig in die selbe Klasse geht.«

»So habe ich das noch nie gesehen«, sagte Marthe. »Aber bisher war ich ja auch noch nicht in die Verlegenheit gekommen, durch das große Treppenhaus zu gehen.«

Julie sah Marthe nachdenklich an. »Du sorgst dich?«

Marthe nickte. »Es ist … ungewohnt. Was, wenn dies nur eine Laune von Florence ist? Es ist nett, dass sie mich gerade als … fast gleichwertig ansieht, aber eben ungewohnt und es könnte auch schnell wieder vorbei sein.«

»Dann häng dein Herz nicht daran. Nimm für dich mit, was du kannst. Kontakte, Gespräche – das ist wichtig.«

Marthe nickte nachdenklich.

Zwei Stunden später saß sie in dem Zimmer ihrer Mutter über den Hausaufgaben, als Julie nach ihr rief. Sie ging in den Flur, dort stand Florence mit ihren Schulheften.

»Ich dachte«, sagte sie und klang ein wenig verlegen, »wir machen die Hausaufgaben gemeinsam. Ich komme nämlich nicht wirklich weiter.«

Unschlüssig sah Marthe über ihre Schulter in die Kammer ihrer Mutter. Dort gab es einen kleinen Sekretär, aber nicht wirklich Platz für zwei Stühle. Florence war neben sie getreten und schaute in den Raum. »Ist das dein Zimmer?«

»Nein, das meiner Mutter. Sie muss ja schnell verfügbar sein, wenn jemand nachts oder früh morgens etwas aus der Küche will. Ich habe eine Kammer in der Mansarde, so wie Claire und Estelle auch.«

»Ich war hier schon ein paarmal, als ich noch klein war. Da hatten wir eine wunderbare Mamsell und sie hat mich manchmal mit auf ihr Zimmer genommen. Ganz früher hat hier unser Kindermädchen gelebt. Oder war das dort?« Unsicher sah Florence zu einer der anderen Türen.

»Dort ist das Zimmer von Gaston, dem Butler«, erklärte Marthe.

»Die Mamsell war so nett und so fürsorglich. Ähnlich wie deine Mutter. Und dann hatten wir ein paar Jahre einen Drachen. Kochen konnte sie, aber auch Feuer spucken.« Florence verdrehte die Augen. »Meine Eltern liebten ihr Essen, aber sie hatten regelrecht Angst vor ihr – und Vincent und ich auch. Wir waren so froh, als deine Mutter kam und sich nicht als Drache entpuppte.« Sie sah Marthe an. »Darf ich dein Zimmer sehen?«

Marthe schluckte. »Wenn du willst«, sagte sie leise. »Es ist nur eine Kammer.«

»Dahinten ist die Treppe?«, fragte Florence neugierig. Sie legte ihre Hefte auf den Tisch und ging zur Tür, öffnete sie. Das Treppenhaus war natürlich viel schmaler als das große repräsentative vorne. Hier hinten zog es oft, weil die Türe zum Hof aufstand, da ständig jemand kam oder etwas geliefert wurde. Im Keller waren Lagerräume, im Hof gab es Schuppen, wo Kohle und Holz gelagert wurden. Es gab einen kleinen Aufzug, der einen Seilzug hatte. So mussten sie zum Glück die meisten Sachen nicht nach oben tragen.

»Hier war ich noch nie«, gab Florence zu.

»Wirklich nicht?« Marthe lachte. »Die Kammern für die Bediensteten sind in der Mansarde, oben. Komm, ich zeige es dir.« Sie ging voran und fühlte sich plötzlich groß. Hier kannte sie sich aus, dies war ihr Bereich, und sie musste sich nicht verstecken.

In der nächsten Etage – im zweiten Stock – gingen zwei Türen vom Treppenabsatz ab. »Dort wohnen die Bessons«, erklärte Marthe und zeigte auf die rechte Tür. »Ihre Wohnung ist ein wenig kleiner als eure.«

»Und wohin führt die linke Tür?«

»Dort hat Monsieur Besson Geschäftsräume. Da sitzen seine Schreiber oder so. Ich sehe sie manchmal durch das Treppenhaus huschen oder Akten nach oben tragen.« Marthe stieg weiter die Treppe empor. Auch vom nächsten Absatz aus gingen zwei Türen ab. »Hier wohnen die Delacroix und dort die Martins.« Marthe drehte sich zu Florence um. »Kennst du die Martins? Ein altes Ehepaar, mir sind sie unheimlich.«

»Ja, ich habe sie natürlich schon gesehen, aber nur gegrüßt. Die Bessons waren früher häufig bei uns zu Gast. Aber dann ist Madame und der Sohn gestorben …«, Florence schluckte. »Und Monsieur wurde ein wenig seltsam.«

»Ich weiß gar nicht, ob ich ihn schon einmal gesehen habe.

Maman versteht sich gut mit der Mamsell – Suzanne. Sie tauschen schon mal Lebensmittel aus und auch Rezepte. Suzanne hat Maman gute Tipps gegeben, was die besten Händler auf dem Markt angeht, das ist Gold wert. Und die anderen? Kennst du sie?«

»Nur vom Sehen und Grüßen. Seltsam oder? Ich habe da noch nie drüber nachgedacht, aber … nein, eigentlich kennt man sich nicht, obwohl man in einem Haus wohnt. Außer Vincent und mir gab es hier keine Kinder – abgesehen von Rainier Bessons, aber der war viel älter als wir.«

»Wir hier hinten kennen uns alle«, sagte Marthe. »Zwangsläufig, weil wir ja das Treppenhaus immerzu benutzen. Die Bessons haben eine Mamsell, ein Mädchen und einen Diener – und die Angestellten der Kanzlei. Die kenne ich aber nur vom Sehen. Die Martins und die Lacroix haben jeweils nur eine Mamsell und einen Burschen für die groben Sachen. Sie haben aber Zugehfrauen, die zwei- oder dreimal in der Woche kommen.«

»Zugehfrauen?«

»Nun, zum Saubermachen – Fenster putzen und so. Und natürlich Wäschefrauen.«

»Haben wir auch Wäschefrauen?«, fragte Florence verblüfft.

Marthe blieb stehen und schnaufte ein wenig fassungslos. »Das weißt du nicht?«

»Woher soll ich das wissen? Ich habe mich nie damit beschäftigt.« Florence biss sich verlegen auf die Lippen.

Marthe schwieg, stieg weiter nach oben. Sie öffnete die Tür zum Gang. »Hier oben sind unsere Zimmer. Da vorne gibt es zwei Abtritte und dort in der Ecke ist ein Waschbecken, dort gibt es kaltes Wasser.« Sie ging bis zu ihrer Zimmertür, schloss es auf. »Das ist mein … Reich«, und kicherte nervös. Sie trat zur Seite und ließ Florence hinein.

Florence sah sich um. Da war das einfache Bett aus Metall – aber Grand-mère hatte Marthe drei große Kissen mit Leinenbezügen aus ihrer guten Truhe mitgegeben, die nun auf dem Bett thronten. Außerdem gab es eine gewebte Wolldecke, die Marthes Vater von irgendeiner Reise mitgebracht hatte. Sie sah fremdländisch aus und verlieh dem Kämmerlein eine besondere Note. Auf dem kleinen Nachttisch stand eine Petroleumlampe, dort lag das Buch, das Marthe gerade las. Dann gab es noch einige Haken an der Wand, an denen die Bügel mit ihren Sachen hingen. Ein Stuhl und ein winziger Tisch, das Waschgeschirr auf der Kommode – das war Marthes Kammer.

»Das ist … das ist ja so gemütlich«, staunte Florence. »Klein, geradezu winzig. Wie eine Puppenstube.«

»Winzig trifft es gut.« Marthe öffnete das Dachfenster. »Aber schau, der Blick ist einmalig. Dahinten ist das Marsfeld. Dort wird der Eiffelturm gebaut.«

Florence schaute nach draußen. Die Luft war kalt, der Qualm der vielen Kamine hing über den Dächern und dann flog ein Schwarm Tauben durch den Rauch, verwirbelte ihn im rot-orangenen Licht der untergehenden Herbstsonne. Das Sonnenlicht brach sich in den Qualmwolken, schien sie einzufärben, Wirbel aus Rauch und Farbe. »Das ist ja wunderschön hier oben. Ich glaube, so habe ich die Stadt noch nie gesehen.« Florence seufzte. »Es sind so viele … Eindrücke … und mein Kopf rauscht.«

»Weil du noch nie hier oben warst?«

»Weil ich so viele Dinge gar nicht weiß. Gar nicht kenne. Das fängt beim Treppenhaus an. Ich meine – ich bin hier geboren und war noch nie im hinteren Treppenhaus. Das ist eine andere Welt für mich. Warum war ich da noch nie?«

»Weil es eben nicht deine Welt ist.« Marthe schloss das Fenster wieder. »Hier oben gibt es nur die Kaminschächte, die die Zimmer etwas wärmen«, sagte sie entschuldigend. »Im Winter frieren die Fenster von innen zu.«

»Aber – ihr müsst doch Öfen haben.«

Marthe schüttelte den Kopf. »Wie willst du denn in diese Kammern Öfen einbauen? Das geht nicht. Und offenes Feuer geht auch nicht. Bei meiner Grand-mère auf dem Land hatten wir Kohleschalen aus Metall, aber das wäre hier viel zu gefährlich.«

Florence sah sie an. »Ich weiß gar nichts von dir. Nicht wirklich. Das möchte ich ändern.«

Marthe nahm ihre Hand. »Danke. Ich weiß das zu schätzen. Ich mag dich sehr, Florence, und ich weiß, du trittst gerade in eine andere Welt, das bedeutet, Mut zu haben. Ich freue mich darüber.«

»Ich will so viel wissen. Es ist, als wären da überall Türen, die ich nie zuvor gesehen habe. Ich will sie aufmachen und schauen, was dahinter ist. Ich will alles kennenlernen.« Sie sah sich um, zeigte auf das Fenster, das Bett. »Und dich auch. Erzähl mir von dir, von deinem Leben, deiner Familie. Magst du das tun?«

»Ja«, sagte Marthe und lachte leise. »Aber erst müssen wir Hausaufgaben machen.«

Als sie abends im Bett lag, ließ sie den Tag Revue passieren. Es war ein spannender, aufregender Tag gewesen. Auch sie war in einer anderen Welt gewesen, als sie das Haus durch die Vordertür betrat und die große Treppe hochstieg. Sie hatte mit Madame

Deraismes gesprochen, und vielleicht bestand ja tatsächlich die Chance, sie noch einmal zu treffen. Marthe freute sich darüber, dass Florence sich so offen zeigte, mehr von Marthes Welt wissen und auch ihre eigene mit der Freundin teilen wollte.

Aber, sagte sie sich, wer weiß, ob das von Dauer ist. So wirklich traue ich dem noch nicht. Das will ich auch nicht, denn die Möglichkeit, dass sie sich wieder anders besinnt und mich in den Bediensteten-Status zurückschickt, ist sicherlich gegeben. Doch das lasse ich auf mich zukommen.

Kapitel 7

Paris, Weihnachten 1888

Nein, nein, nein«, sagte Julie streng. »Du musst die Gläser ganz sorgfältig polieren, Estelle. Sie müssen glitzern wie Diamanten. Schau, da sind überall Fingerabdrücke von dir zu sehen. Ich hatte dir doch Stoffhandschuhe gegeben, warum ziehst du sie nicht an?«

»Weil ich das Gefühl komisch finde. Ich habe dann immer Angst, dass mir das Glas aus der Hand rutscht …« Estelle senkte den Kopf. »Die Gläser sind doch sauber, warum müssen sie auch noch funkeln?«

»Weil Gäste kommen und weil Madame das so möchte.«

»Die Martins und die Bessons haben es richtig gemacht«, sagte Claire und ließ sich erschöpft auf den Küchenstuhl fallen. »Sie sind in ihre Landhäuser im Süden gefahren und werden dort die Feiertage verbringen. Warum machen das die Laurents nicht auch? Wer will schon bei diesem nasskalten Wetter Weihnachten in der qualmigen Stadt feiern?«

»Genügend«, murmelte Julie. »Sonst wäre ja die Gästeliste nicht so lang.«

»Aber wie sollen wir das alles schaffen? Es ist so viel zu tun.«

»Wie habt ihr das denn früher geschafft?«, fragte Marthe, die am Küchentisch saß und das Silber polierte. »Flo hat erzählt, dass es früher manchmal sogar zu Weihnachten einen Ball hier gab.«

»Früher«, sagte Estelle, die am Längsten bei Familie Laurent arbeitete, »hatten wir mehr Personal. Und zu Festen wurde zusätzliches Personal ausgeliehen. Aber das gibt es heute alles wohl nicht mehr.«

»Ach ja«, sagte Julie nun, »daran kann ich mich auch noch erinnern. Große Feste auf dem Gut. Wir hatten schon viel Personal in der Küche, aber zu den großen Festen, an denen oft über hundert Gäste kamen, gab es natürlich noch Hilfen. Die waren auch oft schon gut ausgebildet, aber sie kannten unsere Abläufe und die Küche nicht. Manchmal war das ein großes Tohuwabohu. Und dennoch – wie sollen wir hier zu dritt fünfundzwanzig Gäste meistern? Auch wenn es ein Büfett gibt – das ist schlichtweg unmöglich.« Sie seufzte. »Ich hatte so sehr auf Suzannes Hilfe gehofft, doch sie ist mit den Bessons in den Süden gereist und das Mädchen auch.«

»Was sagt denn Madame dazu?«, fragte Claire.

»Ich konnte bisher nicht mit ihr darüber reden. Bis Weihnachten ist noch eine Woche und auch die Speisen stehen noch nicht.« Julie wischte sich mit dem Unterarm über die Stirn. »Es ist ja Monsieur, der ständig die Gästeliste erweitert, ich bin mir nicht sicher, ob Madame das überhaupt realisiert.«

»Das tut sie ganz sicher nicht, Maman«, sagte Marthe nun. »Sie geht immer noch von einem kleinen Fest aus. Du musst mit ihr sprechen.«

Marthe war eine Wanderin zwischen den Welten geworden, und noch immer unsicher in dieser Rolle. An manchen Tagen war sie mit Florence im Hauptteil der Wohnung, im Vorderhaus. Madame Laurent, Florence Mutter, hatte Marthe inzwischen als die Freundin ihrer Tochter akzeptiert. Eigentlich fand sie es sogar amüsant, dass Marthe nun einen Teil ihrer Zeit im Vorderhaus verbrachte.

»Florence hat ein großes Herz«, hatte Marthe sie sagen hören. »Sie hat sich mit der Tochter der Köchin angefreundet. Ein so kluges und hübsches Mädchen.«

»Die Tochter der Köchin?«, hatte die Besucherin entsetzt gesagt.

»Aber ja doch. Das finde ich auch richtig. Wir leben ja nicht mehr unter Napoleon.«

»Aber … dennoch …« Die Stimme klang empört. »Zwischen vorne und hinten oder oben und unten sollte es eine gewisse Trennung geben. Schließlich werden sie ja von uns bezahlt und sind keine Freunde.«

»Marthe wird nicht bezahlt. Sie ist die Tochter der Köchin und geht mit meiner Tochter in dieselbe Klasse. Wer weiß, wo sie gesellschaftlich stehen, wenn sie erwachsen sind?«

»Ja, das macht mir auch Angst. Das sich alles vermischt und die Ordnung aufgehoben wird«, sagte die Besucherin bedrückt.

»Angst macht es mir nicht, liebe Corinne. Ich bin nur immer wieder verblüfft, wie sehr sich Dinge doch ändern. Aber wir müssen mit der Zeit gehen, non? Und Marthe ist wirklich eine Bereicherung.«

»Ich finde es erstaunlich und bewundernswert, wie fortschrittlich du bist«, hatte die Besucherin gesagt. »Chapeau!«

Marthe wusste, dass Madame Laurent sich auch nur gezwungenermaßen darauf einließ. Florence ließ aber auch keine Diskussionen zu – Marthe war ihre Freundin und Punkt!

Dennoch gehörte sie mehr in den hinteren Teil des Hauses, in die Küche, zu den Bediensteten. Und wenn Not wäre, dann würde sie auch wieder bedienen müssen – zu Weihnachten zum Beispiel.

Dieser Gedanke verursachte Marthe Bauchschmerzen, denn zu den geladenen Familien gehörte auch zwei, deren Töchter mit ihr und Florence zusammen in das Lyzeum gingen und wahrscheinlich würde zumindest eine der beiden mit zum Fest kommen.

»Vielleicht«, riss Julie Marthe aus ihren Gedanken, »möchtest du ja mit Madame sprechen? Da du ja fast schon vorne wohnst.« Ihre Stimme klang spitz und verletzt.

Marthe sah erschrocken auf. Sie schaute ihre Mutter an, die dunkle Ringe unter den Augen hatte und blass aussah. »Oh, Maman«, sagte sie und sprang auf. »Bitte, verzeih mir meine eiligen Worte, ich habe nicht nachgedacht.«

Julie nahm sie in die Arme. »Schon gut. Ich bin diejenige, die sich entschuldigen muss. Du kannst ja nichts dafür. Es ist nur einfach … so viel Arbeit.«

»Ja, und Madame weiß das bestimmt nicht«, murmelte Marthe. »Sie sieht nur das Ergebnis.«

»Dennoch hast du recht. Ich werde mit ihr sprechen müssen. So kann es nicht gehen, wir brauchen Hilfe.«

Marthe überlegte, ob sie Madame Laurent auf das Thema ansprechen sollte. Doch dann wurde ihr klar, dass sie damit ihre Kompetenzen überschreiten und ihre Mutter in ein schlechtes Licht stellen würde. Ihre Mutter würde schon einen Weg finden, um das Problem zu lösen.

Als sie am nächsten Tag in die Küche kam, standen sich Madame Laurent und Julie gegenüber, wie zwei Kämpfer im Ring. Julie hatte die Hände zu Fäusten geballt in die Hüften gestemmt und Madame Laurent abwehrend ihre Arme vor der Brust verschränkt.

»Wir haben aber nun mal nicht mehr Personal«, fauchte Margaux Laurent. »Früher hat das doch auch immer funktioniert.«

Julie atmete tief und langsam ein. Marthe kannte den Blick ihrer Mutter – innerlich zählte sie nun langsam von zehn rückwärts, um sich zu beruhigen. »Ich weiß nicht, wie das früher bei Ihnen funktioniert hat, Madame Laurent, heute wird es aber nicht funktionieren. Sie haben fast dreißig Personen eingeladen. Dreißig! Das schaffen wir nicht zu dritt. Nicht in der Küche und schon gar nicht im Service, selbst wenn Gaston mithilft.«

»Dreißig? Wie kommen Sie denn auf diese absurd hohe Zahl? Natürlich haben wir keine dreißig Personen eingeladen.« Madame schnaubte.

Julie ging zur Anrichte und holte eine Liste heraus, die immer wieder erweitert worden war, und legte sie auf den Küchentisch.

Madame Laurent beugte sich widerwillig über die Liste, nahm sie dann erstaunt in die Hände und las leise murmelnd die Namen. »Dupy, Lecomte … Thomas, Lemoine … Dumas …« Sie hob den Kopf und sah Julie verwirrt an. »Was ist das für eine Liste? Ich habe zwölf Personen eingeladen.«

»Die Liste ist von Ihrem Gatten, Madame.«

Margaux Laurent schüttelt den Kopf, nahm die Liste. »Ich werde das klären«, sagte sie leise, aber in einem scharfen Ton. Dann drehte sie sich um und rauschte an Marthe vorbei den Gang hinunter nach vorne.

»Puh!« Julie stieß den Atem aus, ging zum Schrank und nahm die Flasche mit dem Kräuterschnaps heraus, den Grand-mère jedes

Jahr ansetzte. Sie schenkte sich ein kleines Glas ein, trank es mit einem Schluck aus, schenkte sich nach.

»Bonjour, Maman«, sagte Marthe leise, fast schon schüchtern.

Julie blickte auf. »Oh je, hast du das etwa mitbekommen?«

Marthe nickte und ging zu ihrer Mutter. »Siehst du, sie wusste es nicht.«

»Männer«, schimpfte Julie leise. »Die wissen einfach nicht, was sie tun. Sie machen es einfach, ohne sich Gedanken darüber zu machen, was für eine Arbeit es ist.«

»Werden sie jetzt Gäste wieder ausladen?«

Julie lachte auf. »Grundgütiger, nein. Diese Blöße gibt sich doch keiner. Aber hoffentlich wird Madame für Hilfe sorgen.«

Nach dem Abendessen, das in dieser Woche zum Glück immer nur die Familie unter sich einnahm, polierten Marthe und Estelle weiter Gläser und das Silber, während Julie und Claire die Küche sauber machten und abwuschen, als die Klingel vom Salon schellte. Claire seufzte auf. »Ich habe doch schon Eiswürfel gebracht. Was wollen sie denn jetzt noch?« Sie wischte sich die Hände ab, wechselte die Schürze und ging nach vorne. Schnell kam sie zurück. »Sie wollen mit dir sprechen, Julie.«

Auch Julie zog sich eine saubere Schürze an, überprüfte im Spiegel den Sitz ihrer Haube und holte dann tief Luft. Mit entschlossenen Schritten ging sie nach vorne.

Claire war schon längst mit dem Abwasch fertig und half nun auch beim Polieren des Silbers, als Julie endlich zurückkam.

»Und?« Alle schauten ihr gespannt entgegen.

»Wir werden zwei oder drei weitere Mädchen als Hilfe bekommen, Gaston und Thierry werden mit bedienen.«

»Thierry?« Claire kicherte nervös. »Der kann doch noch nicht mal eine Karaffe von einem Dekanter unterschieden.«

»Gaston wird es ihm schon zeigen.«

»Ich bin ja auch noch da«, sagte Marthe. »Ich kann ja auch helfen.«

Julie sah sie an und schwieg. Dann schüttelte sie den Kopf. »Nein, Marthe, das kannst du nicht. Florence möchte, dass du an der Feier teilnimmst. Als Gast.«

»Wie bitte?«, fragte Marthe entsetzt.

»Du wusstest es nicht?« Zweifelnd schaute Julie sie an. »Hat sie dir nichts gesagt?«

»Nein. Nein, natürlich nicht. Ich will das auch gar nicht.«

»Nun wirst du müssen.«

»Aber warum? Ich … ich wüsste gar nicht, wie ich mich in einer solchen Gesellschaft verhalten sollte.« Verzweifelt schüttelte Marthe den Kopf. »Es kommen so viele Leute und … und …« Die Tränen schossen ihr in die Augen.

»Nun beruhig dich mal, Liebchen«, sagte Estelle und nahm sie in den Arm. »Ich arbeite schon sehr lange in diesem Haus und eins habe ich gelernt – diese Leute, diese Gesellschaft, das sind auch nur Menschen wie du und ich. Es sind ganz normale Menschen, auch wenn sie denken, dass sie etwas Besseres sind, auf einem höheren Stand stehen. Aber in ihren ersten Lebensminuten und in ihren letzten unterscheiden sie sich nicht von uns.«

»Die Betten, in denen das geschieht, unterschieden sich von unseren«, sagte Claire pragmatisch. »Und man schnäuzt sich besser in ein weiches Seidentuch als in einen alten Lappen.«

Julie lachte los, es war ein lautes, ein befreiendes Lachen, so, als würde etwas von ihr abfallen. Nun endlich ging auch sie zu Marthe und umarmte sie. »Der Vergleich ist gut, Claire. Aber auch in deinen Worten steckt viel Wahrheit, Estelle. Sie sind Menschen, feiner gekleidet als wir und aus einer anderen Schicht. Dennoch sind es Menschen, und das sind wir auch. Wenn sie dich da haben wollen, dann solltest du auch gehen. Es könnte eine Chance für dich sein, mon Cœur.«

»Aber … aber warum will Florence, dass ich komme?«, fragte Marthe. »Ich möchte das aber gar nicht. Ich werde von einem Fettnäpfchen in das nächste treten und mich nicht zu benehmen wissen.«

»Du bist doch kein Dorftrampel«, sagte Estelle entschieden.

»Du brauchst dich doch nicht zu verstecken«, meinte nun auch Claire. »Am Besten schaust du erst einmal und imitierst dann das, was Florence tut.«

Marthe schlug die Hände vor das Gesicht. »Oh nein, es werden so viele Leute da sein.«

»Das macht es ja auch einfacher«, beruhigte Julie ihre Tochter. »Du kannst dich in der Menge verstecken.«

Nun redeten alle auf sie ein, versuchten sie zu beruhigen und zu ermuntern.

»Es wird bestimmt ein ganz toller Abend«, sagte Julie. Dann seufzte sie. »Und nun muss ich planen, was wir noch alles brauchen. Ich hoffe sehr, Madame hält ihr Versprechen, und wir bekommen rechtzeitig Unterstützung.«

»Ist das nicht wunder-wunder-wunderbar?«, rief Florence am nächsten Morgen und drehte Marthe im Kreis. »Du darfst mit uns feiern!«

Marthe hatte trotz des Zuspruchs in der Nacht kaum geschlafen, und in ihrem Kopf waren viele Bedenken und noch mehr Fragen.

»Freust du dich gar nicht?« Florence ließ sich auf ihr Bett fallen, das Marthe immer so groß erschien, wie ihr gesamtes Zimmer.

»Doch …«, sagte sie leise und unschlüssig.

»Weißt du, Maman und Papa haben sich gestern gestritten. Ich hatte mir schon längst überlegt, dass ich dich un-be-dingt dabeihaben möchte, wusste aber nicht so genau, wie ich das einfädeln sollte. Du weißt ja, Maman ist manchmal etwas … sagen wir, schwierig.« Sie lachte auf. »Sie meint es nicht so, aber sie gehört einer anderen Generation an und für sie ist Emanzipation und Gleichberechtigung wunderbar, solange es nicht sie selbst und ihr Umfeld betrifft. Nicht, weil sie … es nicht versteht oder nicht wollen würde.« Florence runzelte nachdenklich die Stirn. »Es ist eigentlich eher so, dass sie etwas unflexibel ist. Alles, was sich ändert, ist erst einmal schwierig.«

»Das kann ich gut verstehen«, sagte Marthe und seufzte.

»Ja, aber sie hatten ja diesen Streit. Ich weiß nicht genau, worum es ging – wohl um die Gästezahl. Papa hat mehr Leute eingeladen, als Maman wollte. Dabei – kommt es wirklich auf zwei oder drei mehr an?« Sie lachte.

Marthe schluckte eine bissige Bemerkung hinunter.

»Also da saßen sie und starrten sich wütend an, und ich fand, dass das der ideale Zeitpunkt wäre, um dich ins Spiel zu bringen. Also sagte ich, dass ich auch noch jemanden einladen wollen würde. Beide sahen mich überrascht an. Maman sagte sofort ›Nein‹ und Papa sofort ›Natürlich‹.« Wieder lachte sie erheitert auf. »Papa fragte dann, wer es denn sei, und ich sagte, dass du es bist. Er schüttelte den Kopf und sagte: ›Marthe? Das geht nicht. Was sollen unsere Freunde denken‹?« Florence setzte sich auf, ihr Gesicht strahlte. »Maman sah ihn an und hat den Kopf geschüttelt. Sie sagte dann: ›Aber natürlich kommt Marthe. Sie ist Florences Freundin. Warum sollte sie nicht kommen?‹ Sie haben sich noch einmal gestritten, aber natürlich hat sich Maman durchgesetzt. Ist das nicht herrlich?« Florence klang ganz begeistert. Sie sah Marthe an. Marthe biss sich auf die Lippe und versuchte zu lächeln.

»Du freust dich gar nicht«, sagte Florence plötzlich ernüchtert.

»Nein. Doch. Aber …«, stotterte Marthe. »Du musst das verstehen, das ist nicht einfach für mich«, versuchte sie zu erklären.

»Was?« Florences Gesicht verdüsterte sich, ein Gewitter, das aufzog.

Marthe holte tief Luft, setzte sich neben ihre Freundin auf das weiche Bett, in das sie am liebsten tief versinken würde. »Ich freue mich, dass du mich dabeihaben willst. Nein, es ist mehr als Freude. Es ist mir eine Ehre, ein Hochgefühl – es ist – unbeschreiblich schön.« Sie sah ihrer Freundin in die Augen. »Wirklich.« Florence wollte den Kopf wegdrehen, doch Marthe drückte ihre Hand, hielt den Augenkontakt, bis Florence den Blick senkte.

»Aber«, sagte Florence ernst und traurig. »Es gibt ein ›Aber‹.«

Marthe nickte. »Versuch bitte, mich zu verstehen. Da ist zum einen … deine Eltern wollen beide gar nicht, dass ich dabei bin. Deine Mutter hat das nur durchgesetzt, weil sie sich über deinen Vater geärgert hat. Sagt nicht Nein, denn das ist so.«

Florence schluckte. »Und?«, sagte sie trotzig. »ICH will dich dabeihaben, ist das nicht das, was zählt?«

»Das ist es. Und deshalb bin ich auch unendlich glücklich und froh. Du willst mich dabeihaben. Das finde ich wunderbar.«

»Das ist immer noch nicht alles, oder?«, fragte Florence leise.

»Du hast mich nicht gefragt. Hättest du mich nicht zuerst fragen sollen? Ja, es ist eine Ehre für mich, an der Feier teilzunehmen. Es ist eine … Auszeichnung. Und ja, ich dürfte das nicht anzweifeln, sollte nur dankbar sein.« Sie holte Luft, biss sich kurz auf die Lippe. »Aber weißt du denn, ob ich das will?«

Florence sah sie an, wurde feuerrot und drehte sich dann weg. »Sacrèment«, wisperte sie beschämt. »Darüber habe ich gar nicht nachgedacht.« Sie sah Marthe an. »Du möchtest gar nicht, richtig?«

»Es ist … schwer für mich. Ich fühle mich nicht so, als ob ich zu euren Kreisen dazugehören würde …«

»Aber das ist es doch gerade, Marthe. Wir müssen die Grenzen aufbrechen, sie überwinden. Wir sind moderne Frauen und sollten uns nicht von alten Konventionen einengen lassen.« Jetzt leuchteten ihre Augen wieder.

»So etwas geht nicht von jetzt auf gleich, Flo«, sagte Marthe. »Aber da ist auch noch etwas anderes – ich habe nämlich nichts anzuziehen«, sagte sie nun beschämt und senkte den Kopf.

Florence öffnete den Mund, schloss ihn dann aber wieder. Sie schaute Marthe erstaunt an. »Du gute Güte«, murmelte sie schließlich.

»Ich habe keine … Abendkleider, so wie du. Ich habe zwei gute Kleider, die ich zum Kirchgang anziehe und wenn wir jemanden besuchen. Dann habe ich zwei Kleider für die Schule und drei für … hier. Und natürlich habe ich ein paar Schürzen.«

»Darüber habe ich tatsächlich nicht nachgedacht.« Sie stand auf und ging zu ihrem Kleiderschrank, öffnete ihn. »Wir werden bestimmt etwas für dich finden.«

»Nein, das geht nicht. Ich kann doch nichts von deinen Kleidern tragen. Deine Mutter würde es nicht zulassen.«

Florence runzelte die Stirn. »Maman – das ist doch die Lösung. Komm mit«, sagte sie und nahm Marthes Hand. Zielstrebig ging sie zum kleinen Salon, in dem Madame Laurent nach dem Frühstück die Zeitungen las und meist noch eine Tasse Kaffee trank.

Marthe folgte ihr unwillig. Sie wusste, es würde ihretwegen weitere Diskussionen geben. Florences Plan, so gut er auch gemeint war, zog einen Rattenschwanz an Komplikationen nach sich. Außerdem hatte sie Florence noch nicht gestanden, dass sie sich ja gar nicht traute, an dem Fest teilzunehmen, weil sie Angst hatte, etwas falsch zu machen. Sie wusste, ihre Freundin würde ihre Bedenken nicht verstehen und sie einfach zur Seite wischen.

Manchmal, dachte sie nun, wünsche ich mir, ich wäre so sorglos und unbekümmert wie sie.

Florence klopfte kurz, öffnete dann aber ohne auf eine Antwort zu warten die Tür und trat in den kleinen Salon. Das Feuer im Kamin prasselte lustig, es duftete würzig nach dem Tannengrün, das, zu Girlanden gewunden, auf dem Kaminsims und den Fensterbänken lag. »Maman, wir haben ein Problem«, sagte sie und stürmte in den Raum, blieb dann aber plötzlich stehen, so dass Marthe beinahe in sie hineingekracht wäre. »Bonjour, Madame Deraismes«, sagte sie leise.

»Bonjour. Oh, da sind ja die beiden entzückenden und aufgeweckten Mädchen. Wie schön, euch wiederzusehen. Ihr ward neulich bei mir, das sagte mir mein Hausmädchen, aber leider war ich in England.«

»Komm«, flüsterte Marthe Florence zu, »lass uns wieder gehen.« Dann knickste sie. »Bonjour, Mesdames.«

»Florence, wie oft habe ich dir gesagt, dass du erst warten sollst, ob du hereingebeten wirst?«, seufzte Madame Laurent. »Was möchtet ihr beiden denn?«

»Es ist nicht wichtig«, sagte Marthe und zupfte an Florence Ärmel. »Wir wollen nicht stören.«

»Oh, ihr stört doch nicht«, sagte Madame Deraismes und lächelte. »Florence scheint ja ein wichtiges Anliegen zu haben, wenn sie so in den Raum stürmt.«

»Nein, nein …«

Doch Florence straffte die Schultern und unterbrach ihre Freundin. »Es geht um Marthe. Sie hat nichts anzuziehen – nichts, was für die Weihnachtsfeier passend wäre.«

Margaux Laurent holte tief Luft und hob die Augenbrauen. »Hmm. Das ist … bedauerlich. Vielleicht hat dein Vater ja recht, und …«

»Nein, Maman!«, empörte sich Florence. »Natürlich hat er nicht recht.«

»Darf ich fragen, was das Problem ist?« Madame Deraismes schaute neugierig von Mutter zu Tochter.

»Ich habe nichts anzuziehen«, rutschte es nun Marthe heraus. »Also, natürlich habe ich Kleidung. Aber ich habe nichts, was für eine Abendgesellschaft, für die Weihnachtsfeier hier im Haus, passend wäre.«

»Stellen Sie den Bediensteten keine Kleidung?«, fragte Madame

Deraismes irritiert. »Du hattest doch das letzte Mal ein adrettes Kleid und eine saubere Schürze … genau wie das andere Mädchen.«

Madame Laurent räusperte sich verlegen. »Dieses Mal soll Marthe nicht aushelfen«, sagte sie leise, fast schon unhörbar. »Meine Tochter hätte sie gerne an ihrer Seite. Als … Gast.«

»Wir sind Freundinnen. Ich habe sie eingeladen.« Florence streckte das Kinn nach vorne.

»Wie ungewöhnlich«, sagte Madame Deraismes. »Wie außergewöhnlich ungewöhnlich.«

Marthe sah sie überrascht an. Madames Stimme klang so, als würde sie Florences Wunsch infrage stellen, als wäre Marthes Teilnahme an der Feier befremdlich, ja sogar grotesk.

»Finden Sie?«, fragte nun Marthe, deren Kampfgeist erwacht war. »Warum? Weil ich nicht demselben Stand angehöre, sondern nur die Tochter der Köchin bin?«

»Tatsächlich war das mein erster Gedanke. Und mein zweiter ist: Es war ein dummer Gedanke.« Sie lächelte, wandte sich Florence zu. »Du möchtest, dass deine Freundin an der Feier teilnimmt? Das finde ich gut. Ich werde auch kommen.«

»Aber … aber …«, stotterte Margaux Laurent, »finden Sie das nicht … unangebracht? Ich meine, sie ist …«

»Sie ist ein Mensch«, sagte Madame Deraismes nun entschieden und setzte sich sehr gerade auf. »Eine meiner Freundinnen ist Luise Michel. Ich weiß nicht, ob Ihnen der Name etwas sagt?«

»Oh doch. Sie war sehr aktiv in der Pariser Kommune. Sie ist … sehr leidenschaftlich. Ich habe sie ein paarmal getroffen, aber seit dem Attentat auf sie im Januar hört man nicht mehr viel von ihr.«

»Sie hat die Schüsse zum Glück gut überstanden. Ich bin mir

sicher, dass niemand sie mundtot machen wird. Wissen Sie, woher sie stammt?«

Madame Laurent schüttelte den Kopf.

»Sie wurde auf dem Schloss Vroncourt geboren. Der Hausherr, Etienne Charles Demahis, ist ihr Vater. Ihre Mutter war Marianne Michel – die Küchenmagd des Hauses.« Madame Deraismes lächelte. »Sie wurde zwar nie vom Vater adoptiert, aber man hat ihr eine angemessene Erziehung und Bildung angedeihen lassen.«

»Oh, das wusste ich nicht – ich dachte, sie wäre …« Margaux verstummte.

»Aus gutem Hause? Ja, das war sie ja auch. Und sie ist eins der besten Beispiele dafür, dass die Herkunft keine Rolle spielt.«

»Väterlicherseits war sie ja auch …«

Madame Deraismes blickte Margaux streng an. »Die Herkunft spielt eine Rolle, das stimmt, weil nämlich begüterte Kinder – Mädchen wie Jungen – eine so viel bessere Chance im Leben erhalten. Sie haben Zugang zu Bildung. Bildung macht uns aus, nicht blaues Blut oder ein hochtrabender Name.«

»Natürlich, Sie haben so recht, deshalb setzen wir uns ja auch für die Bildung der Ärmsten ein. Damit sie die Möglichkeit haben, ihren Lebensweg zu gehen.« Jetzt lächelte Madame Laurent wieder und nickte.

»Marthe erhält dieselbe Bildung wie ich«, sagte Florence nun triumphierend. »Sie ist mir also ebenbürtig.«

Madame Laurent schnappte nach Luft und versuchte weiterhin zu lächeln.

»Da sagst du etwas«, meinte Madame Deraismes, »was fehlt, sind nur Äußerlichkeiten.« Sie musterte Marthe. »Aber da lässt sich bestimmt etwas machen. Komm heute Nachmittag zu mir, wir werden eine Lösung finden.«

»Aber nein!«, sagte Margaux. »Auf keinen Fall, Madame. Darum werde ich mich selbst kümmern. Wir finden ganz sicher etwas bei Florences abgelegten Sachen.«

Madame Deraismes wiegte nachdenklich den Kopf. »Ist das schlau? Abgelegte Kleidung Ihrer Tochter … das degradiert Marthe ja wieder als Almosenempfänger.«

»Oh nein, Madame, das sehe ich nicht so«, sagte nun Marthe. »Es gibt sicherlich genügend Kleider, die Florence nicht mehr trägt, die mir aber passen könnten – ich bin auch ganz geschickt mit Nadel und Faden, das hat mir meine Grand-mère beigebracht. Es wäre doch besser, wenn ich diese Kleidung nutze und sie nicht ungebraucht im Schrank hängt.« Sie sah Madame Laurent an. »Ich würde es mir ja auch nur ausleihen«, fügte sie nun wieder schüchterner hinzu.

Madame Laurent nickte. »Du bist ein sehr vernünftiges Mädchen, Marthe. Und ganz sicher finden wir ein schönes Kleid, das wir noch etwas aufhübschen können. Ein anderer Kragen, eine Schärpe … und schon sieht das Kleid ganz anders aus. Ich muss eh noch ein paar Sachen zu meiner Schneiderin bringen.« Madame Laurent seufzte. »Ich hoffe nur, sie hat noch Zeit.«

»Sie sollten die Weißwäsche und solche Dinge zu Pater Roussel geben, er hat in seinem Waisenhaus nun auch eine Näherei. Die könnten bestimmt auch kleine Änderungen durchführen.«

»Aber ja doch. Das wollte ich schon die ganze Zeit machen.« Sie nickte eifrig. »Das wäre ja für beide Seiten ein Gewinn.« Sie sah ihre Tochter an. »Ihr beiden sucht zwei oder drei Kleider aus, die

Marthe passen könnten und dann zeigt ihr sie mir nachher. Dann werden wir sehen, wie wir weiter vorgehen.«

Marthe merkte, dass Madame sie mit diesen Worten verabschiedete, aber Florence überhörte den Tonfall ihrer Mutter.

»Maman, sie wird aber noch mehr brauchen, als nur ein Kleid … Wir haben sie eingeladen, wir müssen uns jetzt auch darum kümmern.«

»Florence! Ich bitte dich, darüber können wir später noch reden.« Die Stimme von Madame wurde schneidender, und nun verstand auch Florence die Situation.

»Danke«, sagte Marthe betont freundlich. »Herzlichen Dank.« Sie knickste wieder und zupfte am Ärmel ihrer Freundin.

»Einen schönen Tag noch«, sagte Florence mit der lieblichsten Stimme. »Ich freue mich sehr auf das Weihnachtsfest und Sie dort wiederzutreffen, Madame Deraismes.«

»Ihr Mädchen müsst mich dennoch demnächst besuchen kommen.«

»Das werden wir bestimmt.«

Im Flur schlug Marthe die Hände vor das Gesicht, sobald Florence die Tür zum Salo geschlossen hatte. »Du liebe Güte«, murmelte sie.

»Was ist denn nun schon wieder?«

»Tut mir leid.« Marthe sah sie an und lachte dann. »Ich glaube, ich bin ein wenig überfordert. Das ist alles plötzlich so viel. So viel Neues … aber«, und nun nahm sie die Hände ihrer Freundin, »jetzt möchte ich es und freue mich auch!«

Florence stimmte in ihr Lachen ein. »Na also!«

Die nächsten Stunden verbrachten sie damit, Florences Kleider durchzusehen. Die beiden Mädchen hatten eine ähnliche Statur, nur war Marthe kleiner als Florence und auch etwas zierlicher. Florence hatte blonde Locken, Marthe war brünett. Letztendlich blieben vier Kleider zur Auswahl übrig. Sie waren schon aus der vorletzten Saison und passten Florence nicht mehr.

»Ich habe jedes nur ein paarmal getragen. Daran wird sich niemand mehr erinnern«, sagte Florence.

»Wäre das wichtig?« Marthe biss sich auf die Lippe. Etwas an der Aussage ihrer Freundin bohrte sich in ihre Gedanken, aber sie konnte nicht sagen, was sie gerade so sehr störte. Plötzlich läutete die Essensglocke, und die Mädchen sahen sich erschrocken an.

»Es ist schon Mittag«, sagte Marthe. »Ich hatte Maman versprochen, dass ich in der Küche helfe.«

»Du wirst ihr sicherlich erklären können, warum wir die Zeit vergessen haben.«

Marthe nickte und lief dann schnell den langen Gang entlang bis zu den Wirtschaftsräumen. Gaston kam ihr mit einem Tablett entgegen. »Wo warst du nur?«, zischte er. »Deine Mutter ist ganz aufgelöst.«

Marthe sah ihn nur an und eilte weiter. In der Küche stand Julie am Küchentisch und schnitt den kalten Braten von gestern auf. Sie sah Marthe nur kurz an und tranchierte dann weiter.

»Maman, es tut mir leid …«, sagte Marthe. »Wir haben die Zeit vergessen.«

»Das kann passieren. Würdest du bitte die Soße in die Sauciere geben? Heute Mittag gibt es nur eine einfache Mahlzeit für die Familie.«

»Sei mir nicht böse.« Marthe trat zum Herd, wo die Soße vor sich hin köchelte und einen herrlichen Duft verbreitete.

»Das bin ich nicht. Aber wir können im Moment jede Hand gebrauchen …«

»Flo ist heute einfach nur formidable gewesen«, sagte Marthe und kicherte. »Erst war es mir peinlich, aber dann habe ich mir gesagt, dass ich mich nicht verstecken muss. Und Madame Deraismes hat mich dahingehend unterstützt.« Vorsichtig füllte sie die Soße in die Sauciere, wischte die Ränder dann ab. »Kennst du Luise Michel?«

»Nein, ich kenne sie nicht, aber ich habe natürlich schon viel von ihr gehört.«

»Wirklich?« Marthe drehte sich erstaunt um.

»Kannst du nun bitte das Gemüse in die Schüssel füllen?«

»Ja, Maman. Aber was weißt du über Madame Michel?«

»Mademoiselle Michel. Sie ist meines Wissens nicht verheiratet. Man nennt sie auch ›Die rote Jungfrau‹.«

»Ihre Mutter war eine Küchenmagd und ihr Vater ein Vicomte oder so …«

»Ja, das weiß ich. Die Familie ihres Vaters hat sie aufgenommen und erzogen, aber nie offiziell anerkannt.«

»Und dennoch ist sie eine Berühmtheit geworden.«

»Das ist Jeanne d'Arc auch.«

»Maman«, rief Marthe empört aus. »Du kannst sie doch nicht mit Jeanne d'Arc vergleichen.«

»Nein, denn Jeanne stammte aus einfachen Verhältnissen, hatte keine reichen Großeltern, die für ihre Bildung sorgten.« Julie schnitt das frische Brot, das der Bäcker am Morgen geliefert hatte, auf und richtete die Tabletts an. »Hier, Claire. Das kann ins Esszimmer, sobald Gaston die Suppenteller zurückgebracht hat.«

Claire nickte. »Ist gut. Aber was ist denn jetzt mit dieser Luise?«, fragte sie Marthe. »Ich will wissen, was Madame gesagt hat.«

»Madame Deraismes bewundert Luise Michel. Michel setzt sich für die Armen und für Frauen ein. Dafür, dass alle Bildung bekommen. Für die Gleichberechtigung. Genau wie Madame Deraismes.«

»Und was hat das alles damit zu tun, dass du dich den ganzen Vormittag nicht hast blicken lassen?«, fragte Julie und versuchte vergeblich ein Schmunzeln zu unterdrücken.

»Oh … das, nun … es ging um ein Kleid. Ich habe ja nichts anzuziehen für das Fest.« Sie biss sich auf die Lippe. »Also, das heißt jetzt habe ich wohl etwas – eins der Kleider, die Flo nicht mehr trägt.«

Julie schluckte, nickte dann aber.

»Das ist doch in Ordnung, oder nicht, Maman?«

»Mir wäre es lieber, es müsste nicht sein. Aber nun denn – natürlich ist es in Ordnung.«

Gaston brachte die Suppenteller zurück und griff sich das schon fertige Tablett mit dem Hauptgang, Claire nahm rasch das zweite und folgte ihm.

Grübelnd räumte Marthe die Teller in das Spülbecken, gab heißes Wasser aus der Küchenhexe dazu und wusch die Teller ab. Julie bereitete die Nachspeise vor.

»Es ist dir nicht recht«, sagte Marthe dann leise. »Du möchtest nicht, dass ich an dem Fest teilnehme. Warum nicht? Weil wir nicht dieser ›Klasse‹ angehören? Weil wir Bedienstete sind?«

Julie seufzte, ging zum Herd und schenkte sich und Marthe Kaffee ein und goß ein paar Tropfen Sahne dazu. »Hier«, sagte sie und reichte Marthe die Tasse, sah ihre Tochter nachdenklich an. »Du bist keine Bedienstete und wirst es hoffentlich auch nie werden. Vielleicht eine Angestellte irgendwo – aber nach und nach wird sich das Klassensystem auflösen, es ist nur eine Frage der Zeit.«

»Und dennoch …«

»Ich habe nichts dagegen, dass du an dem Fest teilnimmst. Doch es wäre mir lieber … wenn es nicht Florence gewesen wäre, die dich eingeladen hat. Wenn du eine andere Freundin in der Schule hättest und die dich zu so einem Fest einladen würde, dann würde das aus Freundschaft geschehen.«

»Flo ist meine Freundin«, sagte Marthe entschieden. »Sie setzt sich sehr für mich ein.«

»Das mag sein«, sagte Julie, doch in ihrer Stimme klangen Zweifel mit. Sie trank einen Schluck Kaffee. »Ich hoffe sehr, dass Flo wirklich deine Freundin ist und dich nicht nur als … als eine Art soziales Projekt sieht. Bitte versteh das nicht falsch. Florence ist ganz begeistert davon, neue Wege zu gehen. Und sie nimmt dich mit – aber sie macht dich auch zu ihrem Objekt. Verstehst du, wie ich das meine?«

»Ja, Maman. Und ich hoffe sehr, dass ich eine echte Freundin für sie bin.«

»Das hoffe ich auch.«

In den nächsten Tagen gab es kaum einen Moment der Ruhe. Julie bereitete die verschiedenen Pasteten vor – das dauerte einige Tage, in denen die Pasteten immer wieder gekühlt werden mussten.

Lebensmittel und Wein wurden geliefert, in den Wirtschaftsräumen türmten sich die Waren. Es gab so viele kleine Handgriffe, die ausgeführt werden mussten, dass Marthe der Kopf davon summte. Wie schaffte es ihre Mutter nur, den Überblick zu behalten? Und zugleich mussten sie noch die täglichen Mahlzeiten zubereiten.

Drei Tage vor dem Fest nahm Julie ihren Mantel und den großen Einkaufskorb. »Ich gehe zum Markt. Kommst du mit, Marthe?«

Schnell schloss sich Marthe ihrer Mutter an, sie war froh, der heißen Küche und dem Spülraum für eine Weile zu entkommen. Zwei Mädchen kamen nun jeden Tag und halfen, sie plauderten mit Claire und Estelle, es brummte wie in einem Bienenstock zur Kirschblüte.

Sie machten sich auf zum Großmarkt, dem Quartier des Halles. Immer noch bestaunte Marthe die Pavillons aus Eisen und Glas, in denen die verschiedenen Marktstände angeordnet waren. So gab es eine Halle nur für Fleisch und Wurstwaren. Dort liefen die Lastenträger mit ihren speziellen, steifen Lederhüten, die eine breite Krampe hatte, die bis über die Schultern reichte, herum, trugen Schweinehälften und Rinderviertel auf ihrem Rücken. Marthe wich immer ein wenig vor ihnen zurück, die Männer machten ihr Angst.

»Du brauchst dich vor den Portefaix nicht zu fürchten«, sagte Julie belustigt.

»Aber sie wirken immer so riesig. Und sie schauen immer so ernst.«

»Nur starke Männer können die Waren tragen und es gibt viel zu ent- und beladen. Das ist anstrengend, deshalb schauen sie so. Sie gehen ihrer Arbeit immer sehr sorgfältig nach. Sie sind außerdem die Wachmänner der Les Halles«, erklärte Julie, »sie sorgen für Ruhe und Ordnung, schlichten Streits und halten das Diebesgesindel im Zaum.«

Marthe schaute sich die Portefaix nun genauer an und plötzlich hatten sie nichts Furchteinflößendes mehr, sondern etwas Beruhigendes. Diebe und Halunken gab es zuhauf in den Straßen von Paris und natürlich auch in den Markthallen. Doch nun fühlte sich Marthe sicherer. »Ich habe gar nicht bemerkt, dass es so viele sind.«

»Ja, sie scheinen überall zu sein«, sagte Julie und lächelte. »Das ist doch gut, nicht wahr?« Zielstrebig ging sie zu dem größten Pavillon, dem Pavillon de la Marée, in dem Fisch und Meeresfrüchte angeboten wurden. »Wir müssen uns beeilen«, sagte sie.

»Warum?« Der Markt öffnete schon in den frühen Morgenstunden und schloss mit dem lauten Läuten der Marktglocke um die Mittagszeit. Noch war es früh am Vormittag, doch die Gänge und Straßen waren gut gefüllt.

»Guter Fisch ist schnell ausverkauft, und so lange hat der Markt nicht mehr geöffnet«, erklärte Julie und zog Marthe mit sich durch die entweder langsam schlendernden oder hastig eilenden Leute. Manche schienen sich nur durch die Menge treiben zu lassen und begutachteten die Auslagen der Markthändler. Andere eilten gezielt von einem Stand zum anderen, als seien sie auf der Jagd. Überall wurden Waren angeboten. Zwischen den Pavillons liefen fliegende Händler mit Kraxen auf dem Rücken oder kleinen Bauchläden, in denen sie gestrickte Socken, Taschentücher oder auch selbst gebackene Küchlein oder kleine Pasteten anboten. Die Markthändler priesen ihre Sachen lautstark an, manche versuchten die Konkurrenten zu überschreien oder auszubooten. Es wurde geschimpft, geschrien, aber auch gelacht. Es gab einen Pavillon für Weißwäsche, einen für Gemüse und Kartoffeln, Eisen- und Haushaltswaren wurden in einem anderen angeboten und natürlich gab es Fisch und Fleisch, Brot und Milchprodukte und vieles andere mehr.

Julie wusste genau, wohin sie wollte. Mit festem Schritt ging sie durch die Menge, wich hier Leuten aus, die sich unterhielten, sprang dort zur Seite, als jemand eilig den Gang entlanglief, machte einem der Träger Platz, der große Körbe mit Muscheln auf dem Rücken trug, aus denen noch das Meerwasser auf den Boden tropfte. Marthe wusste gar nicht, wohin sie zuerst schauen sollte. Dort gab es Meeresschnecken in allen Größen, einen Stand weiter wurden Austern angeboten, es roch frisch nach Salz und Meer. Dort hoben Hummer ihre zusammengebundenen Zangen, etwas weiter krabbelten Krebse über die Eisblöcke. In diesem Pavillon war es kalt – noch kälter als draußen, wo ein scharfer Wind den Schneeregen durch die Gassen blies. Das lag an dem zerstoßenen Eis und den Eisblöcken, die den Fisch und die Meeresfrüchte so frisch wie möglich halten sollten. In den Ecken des Pavillons waren große Haufen Stroh – damit würden die Händler die Eisblöcke nach Marktschluss bedecken, bis sie früh am nächsten Morgen das Stroh wieder beiseite räumen und frische Ware ausbreiten würden.

Julie hatte inzwischen einen Stand in der rechten Ecke erreicht. Am Stand nebenan drängten sich die Leute, der Händler pries seine Fische lauthals an, gab oftmals zwei Fische zum Preis von einem und schien auch mit sich handeln zu lassen. Fasziniert beobachtete Marthe das eifrige Treiben. Doch Julie interessierte das nicht. Sie ging zu dem kleinen Stand, an dem viel weniger in der Auslage war und begutachtete die Fische.

»Schau doch, Maman«, sagte Marthe, »dort drüben ist die Auswahl viel größer.«

»Dort kaufe ich nicht«, murmelte Julie.

»Aber warum denn nicht? Sieh, wie viele Leute dort sind, sie reißen ihm die Fische förmlich aus den Händen. Und er ist auch günstig, will mir scheinen.«

»Günstig ist nicht immer gut. Gerade bei Fisch muss man aufpassen.« Julie nahm einen Fisch, hob ihn hoch, drückte die Kiemen auseinander und legte ihn dann wieder zurück auf das Eis.

»Bonjour, Madame Distel, was darf es heute sein?«, fragte der Fischhändler und rieb sich die roten und schrundigen Hände an einem Tuch trocken.

»Haben Sie noch Brassen? Kleine Rotbrassen?«

Er schüttelte entschuldigend den Kopf. »Nein. Ich hatte heute nur ein paar, aber morgen kommen mehr. Die Forellen sind jedoch ganz frisch.«

»Das habe ich schon gesehen. Davon nehme ich vier. Und noch etwas Kabeljau.«

»Sehr gerne, Madame.«

»Außerdem nehme ich die Sardinen«, sagte sie und zeigte auf den Korb.

»Alle?« Er hob erstaunt die Augenbrauen.

»Ja, alle. Wir veranstalten ein Fest mit vielen Gästen …« Suchend sah sie sich um. »Ich brauche noch etwas, für ein Gelee.«

»Ich habe noch Seezunge«, sagte er und griff unter den Tisch, holte eine kleine Kiste hervor. »Es sind aber nur noch fünf, doch sie sind allerbester Qualität.«

Julie nahm jeden Fisch in die Hände, betrachtete ihn sorgfältig, schnupperte daran und nickte schließlich. »Jetzt fehlen mir noch Hummer und Austern. Aber die brauche ich frisch am Morgen des vierundzwanzigsten.«

»Das lässt sich machen. Mein Schwager hat seinen Stand vorne in der Halle …«

»Ja, ich weiß. Ich würde auch nirgendwo anders kaufen, als bei Ihrer Familie.« Julie lächelte.

»Danke, Madame, das weiß ich zu schätzen. Ich kann die Bestellung weitergeben, und mein Sohn wird Ihnen die Sachen bringen, so wie immer.«

»Wunderbar. Ich brauche fünfzehn Hummer mittlerer Größe – nein, eher zwanzig. Und natürlich Austern.«

»So wie immer?«

»Die dreifache Menge an Austern. Felsenaustern aus der Dordogne.«

Er nahm einen Block und einen Bleistift aus der Tasche seiner Schürze, leckte an der Spitze des Stiftes und notierte sich die Bestellung. »Noch etwas?«, fragte er.

Julie überlegte. »Ich glaube nicht.« Sie bezahlte und nahm den Fisch entgegen.

»Warum hast du nicht an dem anderen Stand gekauft? Die Leute haben sich dort gedrängelt«, fragte Marthe, als sie weitergingen.

»Der Händler ist ein Betrüger. Er verkauft gerne alten Fisch als frisch, deshalb kann er auch so gute Preise machen.«

»Aber man sieht doch, ob der Fisch frisch ist.«

»Wenn man am Ende des Markttages den nicht verkauften Fisch mit heißem Wasser besprengt und ihn sofort in klein gehacktes Eis taucht, dann bildet sich eine Eisschicht um das Tier, und es wirkt, als ob es fangfrisch wäre. Aber es schmeckt nicht danach. Außerdem kauft der Händler oft von Fischern, die im Brackwasser fischen – auch das kann man schmecken. Mein Händler ist ehrlich, bei ihm habe ich noch nie schlechten Fisch bekommen.«

»Spricht sich das nicht herum? Sollten dann nicht auch die Leute zu ihm strömen?«

»Oh, er hat genügend Kunden und immer Abnehmer für seine Ware, er braucht es nicht hinauszuposaunen. Viele Leute, die Wert auf gute Qualität legen, bestellen bei ihm.« Julie ging weiter zur nächsten Halle. Hier wurde Geflügel verkauft. Sie wählte ein Bressehuhn und zwei Poularden.

»Brauchen wir denn nicht auch noch Truthahn?«, fragte Marthe. »Es ist doch Weihnachten.«

»Aber Liebes, die beiden Truthähne und die Gänseleber sind doch schon längst geliefert worden. Sie kommen in die Pasteten. Heute wäre es viel zu spät, um damit anzufangen.«

»Wie kannst du nur den Überblick behalten?«

»Das ist nicht so einfach, aber man kann es lernen. Ich hatte große Sorge, dass ich alles vergessen hätte – wie man ein Fest plant, wie man die Vorbereitungen macht – aber zum Glück ist alles noch da.« Sie tippte sich an die Stirn und schmunzelte. Im Gemüsepavillon kaufte sie noch frischen Trüffel, Champignons und ein Bund Möhren. »Das andere Gemüse wird geliefert«, erklärte sie. »Jetzt haben wir alles, was wir brauchen.« Sie führte ihre Tochter zum Rand des Marktes, wo es etliche kleine Bistros und Cafés gab, bestellte Milchkaffee und kleine, dampfende, würzige Pasteten.

»Hmmm, lecker«, sagte Marthe und leckte sich die Lippen. »Nicht so gut wie deine, aber dennoch lecker.« Sie zwinkerte ihrer Mutter zu. »Kannst du nicht einfach diese Pasteten frisch zum Fest bestellen, dann sparst du dir die Arbeit?«

»Das ist gar nicht so lustig«, sagte Julie plötzlich und ihr Gesicht wurde ernst. »Denn die Gefahr besteht durchaus. Noch werden die Bistros meist von Marktbesuchern genutzt, in Restaurants gehen nur Männer und die Bohème, aber auch das wird sich ändern. Irgendwann werden die Leute nicht mehr kochen, sich nicht mehr von Köchinnen zu Hause bekochen lassen, sie werden essen gehen. Die heimische Küche wird verkümmern.« Sie wirkte richtig bedrückt.

»Aber nein, Maman, das wird niemals geschehen. Die französische Küche ist weltweit bekannt und berühmt, es ist doch die beste Küche der Welt. Und Köchinnen wird man immer brauchen, oder kannst du dir vorstellen, dass Madame Laurent sich selbst in die Küche stellt und eine Mahlzeit zubereitet?«

Julie musste schmunzeln. »Nein, das kann ich nicht.« Dann wurde sie wieder ernst. »Doch ich kann mir durchaus vorstellen, dass Florence, wenn sie erwachsen ist, sich selbst Mahlzeiten zubereiten wird. Du natürlich auch – eure ganze Generation.«

»Vielleicht eine kleine Mahlzeit, aber niemals so viele Speisen, wie du jetzt für das Fest zubereitest. Oder auch nur ein mehrgängiges Menü – das muss man doch gründlich lernen. Obwohl ich in der Küche oft zuschaue, könnte ich das nicht.«

»Ich könnte es dir beibringen, aber ich finde, du bist zu anderen Dinge berufen«, sagte Julie und trank ihren Milchkaffee aus, nahm den inzwischen schweren Korb. »Wir müssen zurück, es ist noch viel zu tun.«

Nachdem das Mittagessen serviert worden war und die Familie Laurent sich zu ihrer Mittagspause zurückzog, gab es endlich das Personalessen.

Abends aßen sie, bevor im Vorderhaus serviert wurde, sonst würden sie manchmal bis Mitternacht warten müssen – und das war niemandem zuzumuten, aber das Mittagessen gab es erst, nachdem die Familie fertig war.

Manchmal hatte Julie einige Dinge, wie Kartoffeln oder Gemüse, in größeren Mengen zubereitet, so dass genügend auch für das Personal zur Verfügung stand. Edlen Fisch oder teures Fleisch bekamen sie natürlich nicht. Doch manchmal blieb von den Mahlzeiten der Laurents noch etwas übrig oder ging wieder zurück in die Küche, und Julie war sehr geschickt darin, daraus noch etwas zu zaubern.

Meist aber gab es nahrhafte Suppen und Aufläufe, kräftigende, aber einfache Speisen. Heute hatte Julie nach dem Marktbesuch die vielen kleinen Sardellen ausgenommen und filetiert. Aus den Köpfen und Gräten hatte sie einen Fond gekocht, verfeinert mit zwei Gläsern der eingemachten Tomaten, die sie aus Remiremont mitgebracht hatte. Sie würzte gerne und viel mit Kräutern, und der Duft, der durch die Küche zog, war verführerisch. Dazu gab es frisches Brot und Butter.

Wie immer sprach Gaston ein Tischgebet. Diesmal aber stand Julie auf, nachdem er das Gebet beendet hatte. »Ich möchte ein paar Worte sagen.« Sie schaute in die Runde. »Wir haben noch drei sehr anstrengende Tage vor uns. Es gibt sehr viel zu tun und eigentlich dachte ich, dass jeder seine Aufgaben kennt und auch die Aufträge erfüllt, die ich euch gebe. Doch das scheint nicht so einfach zu sein. Deshalb möchte ich, dass wir zusammen überlegen, wie wir unsere Arbeit verbessern können.« Sie nickte allen zu und setzte sich wieder hin. »Darüber nachdenken können wir auch beim Essen, langt zu.«

»Ich weiß, was du meinst, Julie«, sagte Claire und tunkte das Brot in die Suppe, biss ab und seufzte glücklich auf. »Das ist köstlich.« Sie schluckte. »Also, ich weiß ja, ich hätte heute im Salon die Vorhänge ausbürsten sollen, die Spiegel müssen auch noch poliert werden und alle Kerzenständer mit neuen Kerzen bestückt werden.«

»Und dennoch hast du nichts davon erledigt.« In Julies Stimme klang kein Vorwurf mit, sie blieb sachlich.

»Das is wohl meine Schuld«, nuschelte Emilie, eins der Mädchen, das als Hilfe gekommen war. »Ich kenne mich immer noch nich aus inne Küche un weiß nich, wo ich Sachen finde.«

»Was musst du dich denn auskenne?«, fragte Estelle bissig. »Du musst ja hier keine großen Aufgaben erfüllen.«

»Aba ich weiß auch nich, wo ich was finden soll«, meldete sich nun Camille. »Un wie ich was machen soll. Claire hat nur versucht, uns das zu erklären.«

»Ihr seid schon zwei Tage hier«, sagte Julie und seufzte. »Die Küche ist ja nun nicht riesig. Wo ist denn das Problem?«

»Ich glaube«, sagte Claire nachdenklich, »es liegt vor allem daran, dass die Wirtschaftsräume nicht so groß sind. Seit zwei Wochen räumen wir immer alles von links nach rechts. Es gibt für all die Sachen zu wenig Abstellmöglichkeiten. Immer noch stehen die polierten Gläser im Spülraum – die sollten eigentlich schon längst wieder in den Vitrinen sein, damit sie nicht einstauben. Auch das Silber steht dort und in der Abstellkammer. Es ist alles inzwischen sauber und poliert, aber noch nicht wieder in den Schränken. Deshalb fehlt uns Platz für die Lebensmittel, die nun jeden Tag geliefert werden – oder für die Sachen, die wir schon vorbereiten.«

Julie runzelte die Stirn. »Damit hast du vollkommen recht«, sagte sie nachdenklich. »Das habe ich nicht bedacht.«

»Ich wollte die Gläser nach vorne bringen, gestern schon«, sagte nun Camille weinerlich, »aba er hat mich nich gelassen.« Sie zeigte auf Gaston.

Gaston zuckte mit den Schultern. »Das stimmt. Ich dachte, es macht keinen Sinn, die Gläser für zwei Tage wegzuräumen, wenn wir sie dann doch alle wieder brauchen. Ebenso die Karaffen und das Besteck.«

»Jetzt brauchen wir aber den Platz«, sagte Julie.

»Das sehe ich auch ein«, gab Gaston zu. »Dann werden wir das gleich alles einräumen. Heute Nachmittag ist die Herrschaft auch auswärts, dann passt das gut.«

»Aber wenn wir heute die Gläser und das Silber einräumen, kann ich wieder nicht die Vorhänge ausbürsten«, gab Claire zu bedenken.

»Morgen Vormittag ist die Familie auch nicht da«, sagte Marthe nun. »Da sind sie eingeladen, das weiß ich von Flo. Dann helfe ich dir mit den Vorhängen und Spiegeln. Zu zweit bekommen wir das sicher schneller hin.«

»Und heute räumen wir all das gute Geschirr wieder in die Schränke«, sagte Estelle und verzog das Gesicht, »nur um es alles übermorgen wieder rauszuholen. Das ist doch Unfug.«

»Nein, denn wir richten ja nicht auf den Tellern an. Es gibt ein Büfett, und jeder wird sich selbst nehmen, bzw. wir werden ihnen drüben auflegen.« Julie lächelte.

»Das habe ich auch gar nicht bedacht«, sagte Gaston fast schon entschuldigend. »Denn so brauchen wir die Sachen nun wirklich nicht hier hinten.«

Julie klatschte zufrieden in die Hände. »Das ist doch ein guter Plan. Dann läuft es hoffentlich von jetzt an besser.« Sie sah die beiden Aushilfen an. »Und wenn wir die Wirtschaftsräume aufgeräumt haben, zeige ich noch einmal, wo alles ist.«

»Ja, bitte. Un was ich soll machen, das weiß nich so genau«, sagte Emilie unsicher und senkte den Kopf.

»Aber das haben wir doch alles besprochen«, sagte Julie und wirkte ein wenig fassungslos. »Ihr seid doch hier, um uns zuzuarbeiten, das hatte ich doch erklärt.«

»Aber … wie denn?« Emilie schaute sie mit großen Augen an.

»Das habe ich doch gesagt, sage euch jeden Morgen, was ihr zu tun habt.« Julie schüttelte den Kopf. »Heute solltest du Kartoffeln und Möhren schälen, die Schalen sollten in den großen Potagetopf. Da sind sie aber nicht, sondern im Müll. Warum?«

»Aber, die warn doch voller Erde.« Emilie sah sie verwundert an. »Willst du Erde kochen?«

»Bist du dumm? Die wäscht man ab. Wurzelbürste, Wasser … man schält doch keine erdigen Kartoffeln. In welcher Küche hast du denn gelernt?«, schnauzte Estelle sie an.

Emilie zog den Kopf ein, wirkte ganz verschreckt.

»Ja, wo habt ihr beiden eigentlich gelernt?«, fragte nun auch Claire.

Emilie und Camille sahen sich an, sie wirkten sehr verlegen. »Wir, also, wir beide, wir haben nur in der Küche ausgeholfen bisher«, stotterte Camille.

»Ja«, schloss sich Emilie an. »Wir haben in der Küche geholfen, aber da war das ganz anders als hier.«

»In welcher Küche?«, fragte Julie. »Madame hat mir gesagt, dass ihr aus dem Haushalt eines ihrer Freunde kommt und Erfahrung hättet.«

»'türlich haben wir Erfahrung«, sagte Camille. »Aber nich in so einer Küche.«

»Aus welchem Haushalt kommt ihr denn?«, wollte nun Gaston wissen und furchte die Stirn.

»Wir komm'n aus keinem Haushalt.« Emilie schnaufte. »Wir kommen von Pater Roussel.«

»Aus seinem Privathaushalt?«

»Ne, ausm Waisenhaus. Da haben wir 'ne Küche, da haben wir gearbeitet. Meist Töpfe geschrubbt«, sagte Camille. »Nich Gläser poliert oder so.«

»Grundgütiger.« Julie stand auf und ging zur Anrichte. Sie nahm die Pastisflasche hervor und goss sich ein, trank schnell. Dann drehte sie sich um. »Möchte noch jemand?«

Gaston nickte. »Wir alle vermutlich«, murmelte er.

Julie stellte die Flasche und Gläser auf den Tisch. »Nur einen kleinen Schluck«, sagte sie ernst zu den beiden Aushilfen, deren Augen begehrlich glänzten. »Und dann erzählt ihr mir alles. Wie alt seid ihr, woher kommt ihr, was habt ihr bisher gelernt?«

Die beiden sahen sich unsicher an, dann nahm Camille zwei Gläser, füllte sie und reichte eins an Emilie. »Wir sind fünfzehn«, sagte sie und trank das Glas aus, stellte es zurück auf den Tisch. »Ich bin zwei Monate älter als Emilie. Seit vier Jahren sind wir im Waisenhaus in der Rue Jean-De-La-Fontaine. Nun sind wir aber zu alt, um dort zu bleiben und deshalb hofft der Pater, dass wir eine Anstellung als Küchenmädchen bekommen. Wir helfen in der Küche im Waisenhaus aus, aber … dort ist es ganz anders als hier.« Sie schluckte. »Sie haben gesagt, dass wir Mirepoix machen sollen«, wisperte sie, »aber was ist das?«

»Un wir sollten Gemüse putzen, das habe ich gemacht, aber dann war's nich richtig«, sagte nun Emilie.

»Du hast es nicht geputzt«, schnaufte Estelle. »Und die Schalen hast du in den Müll geschmissen.« Sie sah Julie an. »Wenn wir die Mädchen so beaufsichtigen müssen, sind sie keine Hilfe, sondern nur noch mehr Arbeit.«

»Ja, deshalb unterhalten wir uns jetzt ja auch«, sagte Julie ruhig. »Ihr habt also keine Ausbildung in der Küche gemacht?«

»Wir sind jetzt bald zu alt für das Waisenhaus«, sagte Camille beklommen. »Un der Pater meinte, wenn wir uns gut anstellen hier, würden wir vielleicht eine Stellung als Küchenhilfe bekommen.«

»Na, der ist ja lustig«, sagte Claire. »Wir können euch doch nicht in ein paar Tagen ausbilden.«

»Nun gut«, meinte Julie. »Es ist also jetzt klar, dass sie wirklich nur Aushilfen sind und keine Küchenmädchen. Es ist zu spät, um noch anderes Personal zu bekommen, fürchte ich, also müssen wir das Beste daraus machen.«

»Aber wie soll das gehen?«, jammerte Estelle.

»Ich mache gleich einen Plan, darauf steht, was alles noch gemacht werden muss – für jeden Tag, den wir noch haben. Und dann schauen wir, wer was machen kann und wie wir das am Besten bewerkstelligen.« Sie seufzte. »Gemüse putzen werdet ihr lernen müssen. Das, und abspülen, wird eure Hauptaufgabe sein.«

»Ich kann es ihnen zeigen«, bot sich Marthe an. »Dann braucht das keiner von euch zu tun.«

»Das ist eine gute Idee«, lobte Julie ihre Tochter. »Wenn wir alle zusammenhalten und zusammen anpacken, werden wir es bestimmt schaffen. Wollt ihr das, Camille und Emilie?«

Die beiden nickten, und endlich war auch wieder so etwas wie ein Lächeln auf ihren Gesichtern zu sehen.

Kapitel 8

Am Morgen des fünfundzwanzigsten Dezembers 1888 rieb sich Marthe verschlafen die Augen. Sie hatte tief und fest geschlafen, den Schlaf der Erschöpfung. Bis spät in die Nacht hatte sie in der Küche mitgeholfen, während die Laurents in die Weihnachtsmesse gegangen waren. Vor dem Kirchgang hatte Julie ein leichtes Menü serviert – natürlich gehörte Truthahn mit Maronen auf den Speiseplan, ohne dieses Gericht fing kein Weihnachten in Frankreich an. Nach der Messe hatten sie noch eine heiße Suppe serviert, dann durften Florence und Vincent die Kerzen des Weihnachtsbaumes, den sie am Vortag aufgestellt und mit mundgeblasenen Kugeln aus den Vogesen geschmückt hatten, anzünden. Monsieur Laurent spendierte der Familie eine Flasche Champagner und dem Personal eine Flasche Schaumwein und alle wünschten sich frohe Weihnachten.

Während die Familie im großen Salon noch den funkelnden Anblick des geschmückten Baumes bewunderte, ging die Arbeit in der Küche weiter. Schon am frühen Abend hatten sie die Möbel im Esszimmer an die Wände geräumt und die Teppiche aufgerollt. Sobald die Familie im Bett war, würden sie das auch im großen Salon tun. Im kleinen Salon stand nun ein Tisch mit vier Stühlen, an dem die Familie morgen frühstücken würde. Dann würden Gaston und Thierry auch dort die Möbel zur Seite rücken und den Teppich wegräumen. Zum Fest würden die großen Schiebetüren, die alle Räume miteinander verbanden, geöffnet werden, so dass genügend Platz für alle da war. In der Mitte stand dann der üppige Tannenbaum, den Monsieur aus dem Elsass hatte kommen lassen.

Marthes Blick fiel auf das blau schimmernde Kleid mit dem Samteinsatz, das sie von Florence bekommen hatte. Es passte ihr wie angegossen – wenn sie ein Korsett trug. Die Schneiderin hatte nur den Samteinsatz am Ausschnitt und die leichte Turnüre etwas verändert und andere Knöpfe angenäht. Marthe konnte immer noch nicht wirklich glauben, dass sie heute dieses wunderschöne Kleid tragen würde. Das fahle Morgenlicht fiel durch das Dachfenster, brach sich in den Eisblumen. Plötzlich setzte sich Marthe erschrocken auf. Es musste fast neun Uhr sein, wenn es schon hell war. Dabei gab es doch noch so viel zu tun. Warum hatte Maman sie nicht geweckt? Eilig zog sie sich an, schnürte ihre Schürze zu und lief nach unten. Dampf quoll ihr entgegen, es duftete, und aus der Küche kam das Klappern mehrerer Töpfe.

»Guten Morgen, mon Cœur«, begrüßte Julie ihre Tochter und lächelte. »Hast du gut geschlafen?«

»Ich habe verschlafen«, sagte Marthe bedrückt. »Warum hast du mich nicht geweckt?«

»Weil heute Weihnachten ist. Und weil heute für dich ein besonderer Tag werden wird.«

»Es gibt aber doch noch so viel zu tun …«

»Das lass mal meine Sorge sein. Heute hast du in der Küche nichts verloren.«

Julie hatte nach dem Gespräch mit den Mädchen einen genauen Ablaufplan erstellt. Sie hatte aufgeschrieben, was an den Tagen gemacht werden musste, wer es machen sollte und wann. Da ihr inzwischen klar geworden war, dass sich die beiden Hilfen gar nicht mit gehobener Küche auskannten, hatte sie ihnen detailliert aufgelistet, was sie zu tun hatten. Es stand also nicht nur ›Gemüse putzen‹ auf der Liste, sondern auch, welches Gemüse und wie es zu putzen sei. Marthe unterstützte die beiden dabei, half ihnen, wenn sie etwas nicht wussten und zeigte ihnen, wie sie etwas machen sollten. Camille und Emilie waren zwar einfache Mädchen, aber dennoch sehr bemüht. So klappte es schon am nächsten Tag viel besser, und bald hatte sich eine gewisse Routine eingestellt. Julie ließ sie vor allem einfache Dinge tun – abspülen und wegräumen, dabei konnten sie nicht viel falsch machen und die Spülküche schien in diesen Tagen immer gefüllt zu sein.

Dank des Plans arbeiteten auch Claire und Estelle effektiver, und Julie hatte sogar kleine Tätigkeiten für Thierry gefunden, die er noch ausüben und somit Gaston entlasten konnte.

»Ich kann doch noch helfen«, sagte Marthe nun. »Der Tag ist doch noch lang.«

»Es ist Weihnachten, mon Cœur. Mein Geschenk an dich ist ein freier Tag – heute. Und dort drüben liegt noch etwas für dich, dort auf der Anrichte. Es ist allerding nur eine Kleinigkeit.«

Marthe nahm das kleine Paket, das in wunderschönes Geschenkpapier eingeschlagen war. Vorsichtig öffnete sie die Schleife und packte es aus – es war ein Steckkamm mit blauen Steinen – das gleiche Blau wie das des Kleides – und ein Samtband in der selben Farbe. »Oh, Maman«, sagte sie ergriffen, »das ist wunder-wunderschön.« Sie ging zu ihrer Mutter und küsste sie auf die Wangen. »Dankeschön.«

»Gerne. Und jetzt nimm dir einen Milchkaffee. Da vorne sind frische Pain-au-Chocolat, davon darfst du zwei haben. Frühstücke in Ruhe, heute Mittag gibt es nur eine Boullion. Der Badeofen ist schon angeheizt. Du darfst baden, und danach habe ich noch eine Überraschung für dich.«

»Was denn?«

Julie schmunzelte. »Das verrate ich dir nach dem Bad.«

Marthe sah sich um. Die Küche war wie ein emsiger Bienenstock. Es summte und brummte, die Deckel auf den Töpfen klapperten im Dampf, Estelle schlug Sahne, als ging es um ihr Leben, und Claire schaute immer wieder in den großen Topf.

»Kocht es immer noch nicht?«, fragte Julie und runzelte die Stirn. »Noch nicht, doch es kann jetzt nicht mehr lange dauern«, meinte Claire und rieb sich mit dem Unterarm über die Stirn.

»Es muss richtig sprudelnd kochen«, sagte Julie nachdrücklich.

»Weiß ich ja«, murmelte Claire.

»Soll ich nicht doch noch etwas helfen? Ich kann doch auch später noch ein Bad nehmen«, meinte Marthe.

»Nein. Heute bist du Gast. Das schaffen wir schon.«

Genüsslich tunkte Marthe ihr Schokoladenbrötchen in den Milchkaffee und biss ab. Der butterige Teig zusammen mit dem Milchkaffee war eine Köstlichkeit.

Camille und Emilie kamen aus dem Vorderhaus. Camille mit dem Ascheeimer und Emilie mit Schrubber und Putzeimer.

»Gieß das Wasser aus«, sagte Julie. »Und du Camille, trag den Eimer in den Hof und leere ihn in die große Blechtonne.«

Gaston war den beiden in die Küche gefolgt, und Julie warf ihm einen fragenden Blick zu, er verdrehte nur die Augen.

Julie biss sich grinsend auf die Lippen und zuckte mit den Schultern.

»Die Zimmer sind jetzt soweit sauber«, sagte Gaston nun und versuchte seiner Stimme einen ruhigen Klang zu geben. »Thierry und ich werden gleich die Tische und Stühle zurechtrücken, dann können wir anfangen, das Büfettgeschirr aufzustellen.«

»Nimm dir erst noch einen Milchkaffee«, sagte Julie und schaute auf die große Küchenuhr, die mahnend an der Wand hing und deren Zeiger sich gnadenlos vorwärts bewegten. »Wir liegen noch ganz gut in der Zeit.«

»Was soll ich jetzt tun?«, fragte Emilie, nachdem sie das Wischwasser ausgegossen hatte.

»Was steht auf deinem Plan?«

Marthe rutschte unruhig auf ihrem Stuhl hin und her. Camille und Emilie konnten zwar lesen und schreiben, aber sehr sicher waren sie nicht. Am liebsten wäre Marthe aufgesprungen, um zu helfen, aber Julie strenger Blick hielt sie zurück.

»Spülküche«, entzifferte Emilie und nickte dann. »Das kann ich«, wisperte sie. Bald schon hörten sie das Rauschen des heißen Wassers, als das Mädchen es in die große Spülschüssel goss.

»Siehst du, es geht doch«, sagte Julie leise zu ihrer Tochter. »Sie müssen es selbst schaffen, das ist wichtig für die beiden. Wenn wir ihnen immer bei allem helfen, werden sie nie selbstständig sein.«

»Das stimmt. Aber heute …?«, seufzte Marthe. »Heute ist doch so ein besonderer Tag.«

»Für dich, mon Cœur, für dich. Für uns andere ist es ein Tag, an dem die Familie eine Feier veranstaltet – so wie sie es schon früher getan hat und in Zukunft noch tun wird. Nicht alles wird glatt laufen, nicht alles wird uns gelingen – weil das immer so ist. Aber vermutlich werden sie es vorne gar nicht bemerken.«

»Wieso bist du so ruhig? Ich könnte das nicht«

»Ach was, Kind.« Julie lachte. »Es ist ganz normal, dass an einem solchen Tag die Nerven durchgehen. Aber weil ich das weiß, mache ich mich nicht mehr verrückt. Wir tun alles, was wir können, und die Familie wird eine schöne Feier haben.« Sie drückte Marthe an sich. »Und du wirst mit dabei sein und es hoffentlich genießen.« Sie zwinkerte Marthe zu. »Aber wehe, du verrätst, was schiefgegangen ist.«

»Der Sud kochte jetzt«, rief Claire. »Es brodelt richtig.«

»Sehr gut.« Julie ging zu der Vorratskammer, die am Treppenhaus lag. Dort war es immer kühl, denn meist zog es dort. In der Kammer waren zwei Stiegen mit Eis, auf denen die Hummer lagen und sich träge bewegten. Julie trug eine der Holzstiegen in die Küche. Dann nahm sie einen Hummer, hielt ihn am Schwanz fest, mit dem Kopf nach unten. Sie blieb einen Moment so stehen. Erst zappelte er noch ein wenig, dann aber hing er schlaff herab. Auf den Tisch hatte Julie schon kleine Brettchen und Küchengarn bereitgelegt, nun band sie den Hummer auf zwei der Brettchen und ließ ihn so kopfüber in das sprudelnde Wasser gleiten. Gut fünfzehn Minuten ließ sie ihn kochen, dann holten sie den nun rot gefärbten und gekochten Hummer mit einem Schaumlöffel heraus und legte ihn in eine Schale, nahm den nächsten Hummer und verfuhr ebenso. »Und das machst du jetzt so mit allen, Claire. Einem nach dem anderen. Sollte das Wasser sich zu sehr abkühlen, musst du warten, bis es wieder kocht. Es muss richtig kochen, denn dann sind sie sofort tot und leiden nicht. Die Großen bleiben 20 Minuten im Wasser, die kleinen fünfzehn. Kurz abtropfen lassen und dann zurück auf das Eis.« Sie zeigte auf die Stiege. »Hast du das verstanden?«

»Muss ich ihn vorher wirklich kopfüber in der Luft halten?« Claire schüttelte sich ein wenig.

»Ja, das musst du. So verliert er das Bewusstsein und sträubt sich nicht. Du musst ihn auf die Brettchen binden, sonst krümmt er sich beim Kochen.«

»Na gut«, seufzte Claire und machte sich an die Arbeit.

»Ich zeige dir dann gleich, wie wir die gekochten Hummer auslösen.«

Camille war inzwischen wieder vom Hof nach oben gekommen und stellte den geleerten Ascheimer in die Abstellkammer zu dem anderen Putzzeug. Dann sah sie auf die Arbeitsliste, die Julie an die Wand unter der Küchenuhr gehängt hatte. Vorsichtig ging Camille mit ihrem Zeigefinger die Zeilen entlang, nickte dann und holte einen Korb Wurzelgemüse aus der Kammer, schrubbte es in der Spülküche.

»Sie macht das richtig gut«, flüsterte Julie Marthe zu. »Das beeindruckt mich. Ich denke darüber nach, ob ich Madame frage, sie als Aushilfe zu behalten. Sie hat das Zeug zum Küchenmädchen, vielleicht sogar zur Köchin. Ich bin mir sicher, dass ich sie anlernen könnte.«

»Das ist eine ganz wunderbare Idee. Aber was ist mit Emilie?«

Julie schüttelte den Kopf. »Emilie ist nicht dumm, aber langsam. Und ich glaube, sie hat einfach kein Gespür für eine Küche wie unsere, Camille schon. Emilie könnte in einer einfachen Küche arbeiten, als Hilfe, aber zu einer Köchin ist sie nicht geboren.«

»Ich mag sie, aber ich denke, dass du recht hast«, sagte Marthe bedrückt. »Es gibt so viele von ihresgleichen, ich wünschte, man könnte ihnen helfen, einen Weg zu finden.«

»Pater Roussel tut das doch schon, aber auch er kann keine Wunder bewirken.« Julie ging zurück zum Küchentisch, nahm sich das große, schwere Messer und den ersten Hummer, den sie gekocht hatte und der nun ausgekühlt war, Claire stellte sich neben sie. Zuerst löste Julie die großen Scheren und legte sie beiseite. »Du musst das vorsichtig machen. Manchmal kann man sie auch herausdrehen, auf keinen Fall darfst du den Kopf verletzen, Claire.«

Claire nickte. »Und nun scheiden wir den Hummer in zwei gleiche Teile.« Sie setzte die Spitze des Messers an den am Kopf zwischen den Augen an und schnitt beherzt und kräftig. Camille, die nun am Küchentisch stand und die Karotten fein schälte, hatte den Kopf gehoben und schaute Julie interessiert zu, ohne jedoch ihre Tätigkeit zu unterbrechen. »Du darfst nicht zögern«, erklärte Julie, »sonst wird es schief. Du musst die Mitte treffen, hier genau zwischen den Augen und dann bis hinunter zum Schwanz.« Sorgfältig löste sie das Fleisch aus der Schale, legte es auf den Tisch. »Nun schneiden wir es in gleichmäßige Medaillons. Nachher geben wir das Fleisch zusammen mit der Soße und den Garnituren wieder zurück in die Schale und richten die Hummer dann so an.«

»Das sieht einfach aus«, stöhnte Claire, »aber ich wette, das ist es nicht.« Sie eilte zurück zum Herd, nahm den nun gekochten Hummer heraus und tat den nächsten in den Sud.

»Nein, es ist nicht einfach. Aber schau, der hier, der ist noch recht klein. Zu klein, um ihn mit den anderen anzurichten. An ihm kannst du es ausprobieren.« Sie schaute in die Stiege. »Es sind fünfundzwanzig Hummer, ich hatte zwanzig bestellt, aber weil einige etwas kleiner sind, hat er mehr geliefert für den gleichen Preis und das ist prima. Nimm zuerst die ganz kleinen«, sagte sie nachdenklich. »In der anderen Stiege sind auch noch kleinere. Ich brauche auf jeden Fall fünfzehn große Hummer für die Platte – dann hat jeder Gast einen halben.«

»Und was machen wir mit dem restlichen Fleisch?«

Julie schmunzelte. »Daraus machen wir einen köstlichen Hummersalat, der wird uns sicherlich schmecken.«

Claire grinste zufrieden. »Das klingt nach einer guten Belohnung.«

Emilie kam aus der Spülküche, trocknete sich die Hände an ihrer Schürze ab und schaute mit gefurchter Stirn angestrengt auf die Liste. »Ich soll Gemüse putzen, wenn ich mit dem Spülen fertig bin«, sagte sie und sah zu Camille. »Zusammen mit Camille?«

»Eigentlich schon«, sagte Julie. »Kannst du Eier kochen?«

»Wer kann das denn nicht?« Emilie hob trotzig das Kinn. »'türlich kann ich Eier kochen.«

»Dann koche noch zwanzig Eier. Wir haben zwar gestern schon welche gekocht, aber für den Hummersalat werde ich noch welche brauchen. Und danach kannst du Kartoffeln schälen.«

»Is gut«, seufzte Emilie.

»Und du, mon Cœur«, sagte Julie nun entschieden, »gehst ins Bad. Nimm die Lavendelseife von Grand-mère und wasch dir auch die Haare gründlich. Ich habe dir schon Handtücher bereitgelegt. Vite, vite!«

Der Duft, der aus der Küche durch die ganze Wohnung zog, verhieß lauter Köstlichkeiten. Marthe wusste zwar zum größten Teil, was ihre Mutter geplant hatte, aber einige Dinge hatte sie noch nie im Leben gegessen. Alles klang so verlockend. Am meisten gespannt war Marthe auf die Paté de Turquie en croûte an der Maman schon seit Tagen arbeitete.

Marthe ließ das Wasser in die Wanne, der Dampf vermischte sich mit dem Duft aus der Küche und hüllte sie ein. Sie dachte an die Schokoladenküchlein, die Rotweinbirnen und die Käseauswahl, das Gebäck und die kandierten Früchte, die ihre Mutter auch schon vor einigen Tagen zubereitet hatte.

Doch als sie im heißen Wasser lag und sich gründlich einseifte, wurde sie plötzlich bange. Heute würde sie das erste Mal in ›guter Gesellschaft‹ auftreten, und sie war sich nicht sicher, ob sie dafür bereit war. Florence hatte alle ihre Bedenken mit einer Handbewegung beiseite gewischt und über ihre Sorgen gelacht. »Keiner wird sich Gedanken darüber machen, wer du bist, denn du wirst ja als meine Freundin eingeführt. Was soll schon passieren? Wie man gesittet isst, weißt du ja.«

Ja, sie wusste, wie man isst, aber sie hatte noch nie von einem Büfett gegessen. Marthe hatte zwar gehört, wie Madame Laurent mit Gaston und Julie die Anordnung der Stühle und Tische besprochen hatte, aber vorstellen konnte sie sich so eine Gesellschaft nicht wirklich.

»Man hat ein Tellerchen und entweder setzt man sich kurz, um zu essen – aber eine Tischordnung gibt es nicht«, hatte Julie versucht ihr zu erklären. »Man isst – aber es sind immer nur kleine Portionen, ein paar Häppchen. Und dann geht man wieder und nimmt sich erneut.«

»Man sucht sich also mit seinem gefüllten Teller einen Platz, isst, holt sich mehr und setzt sich dann wieder?«

»So in etwa.« Julie hatte die Stirn gerunzelt. »Aber die Leute gehen durch den Raum, unterhalten sich – man hat keinen festen Platz. Dann setzt man sich wieder irgendwo hin und geht danach weiter. Ach, du wirst schon sehen, wie es die anderen machen. Es geht mehr um das Zusammensein als um das Essen.«

»Das kann ich mir nicht vorstellen, bei den Massen, die du zubereitest.«

»Du wirst es schon sehen. Es ist wohl gar nicht so schwer, denn diese Art der Feiern ist inzwischen recht beliebt.«

Ja, sie würde es sehen, aber ein mulmiges Gefühl blieb doch. Alle unterhielten sich, das hatte sie schon verstanden, aber worüber sollte sie sich unterhalten? Auch auf diese Frage hin hatte Florence nur gelacht. »Das ergibt sich schon. Es sind meist keine tiefgreifenden Diskussionen. Man spricht über das Wetter, die Mode … über Ereignisse.«

»Was für Ereignisse?«

»Was weiß ich.« Florence Hände flatterten wie ein aufgeregter Vogel. »Über … den Eiffelturm zum Beispiel, die kommende Weltausstellung. Lass es einfach auf dich zukommen.«

Marthe hatte sich fest vorgenommen, an den Tagen vor dem Fest die Zeitungen genau zu studieren, um vielleicht Themen zu haben und mitreden zu können. Doch es war keine Zeit dazu geblieben, und so stapelten sich die Zeitungen nun ungelesen in ihrem Zimmer. Und jetzt war sie zu aufgeregt, um sich in irgendwelche Artikel zu vertiefen.

Das macht nichts, sagte sie sich und seifte sich nun die langen Haare ein, das macht gar nichts. Ich kann mich unterhalten, es werden sich Themen finden. Ansonsten befolge ich einfach den

Rat von Grand-mère und werde immer wissend lächeln und kleine, unwichtige Bemerkungen machen, das macht mich vielleicht sogar noch interessant. Der Gedanke brachte sie zum Lächeln.

»Jaja«, übte sie nun. »Ach so. Meinen Sie? Wirklich? Ach, wie spannend. Das habe ich auch gehört. Soso. Nein? Das habe ich auch gehört. Das habe ich auch gelesen. Das habe ich noch gar nicht gewusst. Jaja. Soso. Tatsächlich?« Sie kicherte.

Mit beiden Händen wrang sie ihre Haare aus, spülte sie mit frischem Wasser, wrang sie wieder aus, so kräftig es ging. Ihre Haare waren ein Problem. Sie hatte lange, schwere, dunkle Locken. Im Winter wusch sie die Haare nur alle paar Wochen, weil es ewig dauerte, bis sie getrocknet waren. Das ging auch nur an einem Samstag- oder Sonntagmorgen, wenn sie danach für ein paar Stunden vor dem Kamin sitzen und die Haare immer wieder auskämmen konnte. Ansonsten bürstete sie sie jeden Abend mit mindestens fünfzig Bürstenstrichen und flocht sie dann wieder zu einem Zopf.

Ein Zopf – so trug sie die Haare. Immer. Manchmal steckte sie den Zopf zu einem Dutt auf. Eine richtige Hochsteckfrisur hatte sie noch nie getragen.

Ein Dutt tut es auch, sagte sich Marthe. Und wie schön der Schmuckkamm darauf aussehen wird, den Maman mir geschenkt hat. Ich hoffe nur, ich bekomme das einigermaßen hin mit der Frisur. Und mit dem Kleid. Bei dem Gedanken musste sie schlucken. Sie hatte das Kleid nun dreimal kurz angehabt. Einmal, um überhaupt zu sehen, ob es ihr passt und wie sie darin aussah – bezaubernd, fand Florence. Ein weiteres Mal bei der Schneiderin, um es abzustecken, und dann, als es wieder zurückkam, um zu sehen, ob alles passte. Beim letzten Mal war sie etwas ungelenk durch den Salon gelaufen, denn das Abendkleid von Florence ging bis zum Boden und nicht nur bis zu den Fußknöcheln, wie Marthes Kleider. Es war schon schwieriger, in dem Kleid zu gehen, ungewohnter. Und es gab eine kleine Turnüre im Rücken auf dem Gesäß.

Wie soll ich mich damit überhaupt hinsetzen, fiel Marthe nun siedendheiß ein. Sie hatte es nicht ausprobiert, vorher noch keinen Gedanken daran verschwendet, so sehr war sie von der Schönheit des Kleidungsstücks entzückt gewesen. Der Stoff so glatt und seidig, die Samteinsätze weich und anschmiegsam. Überhaupt war das ganze Kleid wie ein Traum, ein Märchentraum.

Ich werde ganz langsam und voller Bedacht gehen, damit ich nicht stolpere, nahm sie sich nun vor und trocknete sich ab. Die Haare wickelte sie in ein Handtuch, rubbelte, auch wenn Marthe wusste, dass sie die Haare so nicht schnell würde trocknen können.

Wenn die Haare noch feucht sind, werden sie Flecken auf das Kleid machen, dachte sie nun. Und wer wird mir beim Ankleiden helfen? Sie musste ein Korsett anziehen, ohne konnte man ein solches Kleid nicht tragen. Aber ein Korsett konnte sie sich nicht selbst anlegen.

Die Familie hatte keine Zofen, für das Ankleiden war Claire zuständig, zusätzlich zu ihrer Arbeit in der Küche. Thierry half Monsieur und Vincent – aber die Herren brauchten viel weniger Hilfe, da ging es nur darum, die Binder zu richten oder die Manschettenknöpfe anzulegen. Sie hatten keine Korsetts, keine Hochsteckfrisuren, keinen Schmuck, der angelegt werden musste und keine Kleider, die geknöpft und geschnürt wurden.

Maman hatte die drei Stunden vor dem Fest schon so geplant,

dass Claire nicht mehr in der Küche gebraucht wurde, denn sie würde Madame und Florence zur Hand gehen müssen. Meist kam noch eine Friseurin und richtete den beiden die Haare.

Auch Florence würde jetzt im Badezimmer sein, fiel Marthe belustigt ein. Auch sie hatte sicherlich die Haare gewaschen und würde sich nun vor den Kamin setzen und sie auskämen. Madame Laurent hatte das gestern schon gemacht. Für die beiden kam heute eine Putzmacherin und würde ihnen die Frisuren stecken.

Ich schaffe das schon, sagte Marthe sich. Es muss ja nicht so aufwendig sein. Aber hoffentlich trocknen meine Haare rechtzeitig.

In ihr Kämmerlein unter dem Dach konnte sie nicht gehen, dort war es zu kalt, aber sie durfte in Mamans Zimmer. Marthe hüllte sich in Julies Morgenmantel, sie selbst besaß keinen. Doch Julie brauchte dieses Kleidungstück, falls jemand mitten in der Nacht noch etwas aus der Küche wollte – und das kam vor. Da keiner von ihr erwarten konnte, sich nachts so schnell anzuziehen, gehörte der Morgenmantel quasi zu Julies Arbeitskleidung und war von den Laurents gestellt worden. Das Wasser lief gluckernd aus der Wanne, Dampfschwaden füllten den Raum, und Marthe lief schnell über den Flur in Julies Zimmer. Dort knisterte und flackerte das Feuer in dem kleinen gusseisernen Kamin, vor dem ein Sessel stand. Auch von diesem Zimmer ging der Blick aus dem Fenster in den Hinterhof. Es war einer der Tage, an denen es morgens zwar hell wurde, dann aber die Dämmerung so schnell wieder fiel, als hätte sie sich nur um die Ecke versteckt. Die Tauben, die auch den Winter über die Stadt bevölkerten, kreisten über den Höfen. Zitternd, wie es Marthe erschien. Sie flogen vermutlich nur, um nicht an den Zinkdächern der Stadt festzufrieren. Inzwischen hatte ein

Schneenieselregen eingesetzt. Echten, dicken Schnee wie in den Vogesen schien es in der Stadt an der Seine kaum zu geben, es war eher feucht und kalt. Dennoch hatte der Blick aus dem Fenster in die blau-graue Welt der Höfe etwas Verzauberndes: Dort brannten hier und dort Lichter – kleine, warme Leuchtfeuer aus den Fenstern und Luken, wie dahingetupft. Der Blick auf die Vorderseite der Häuser würde sicher imposanter sein, auch wenn einige Wohnungen über den Winter verwaist waren, denn viele der Bewohner zogen die Wärme und Trockenheit des Südens dem feuchten Klima Paris vor.

Ich würde gleich gerne durch die Straßen gehen, dachte Marthe, und mir die Häuser anschauen, die Fenster. Sie liebte es, in der dunkleren Jahreszeit durch das achte Arrondissement zu streifen und zu den erleuchteten Fenstern zu schauen, sich vorzustellen, welche Leben dort hinter dem Glas gelebt wurden. Von außen sah alles immer so schön, warm und behaglich aus, aber Marthe wusste, dass Grand-mères Grundsatz ›Unter jedem Dach ein Ach‹ auch in der Stadt stimmte.

Sie setzte sich auf den Sessel vor den Kamin, genoss die Wärme, die von ihm ausstrahlte. Dann nahm sie das Handtuch ab, das sie sich um den Kopf geschlungen hatte, und beugte sich nach vorne, schüttelte die langen, nassen Haare aus.

Die werde niemals trocken, dachte sie bedrückt und griff nach der Bürste, begann langsam die Haare zu entwirren und breitflächig zu bürsten.

»Du bist ja schon fertig!« Julie kam in das Zimmer, stellte ein kleines Tablett auf den Tisch. »War das Wasser nicht heiß genug?«

»Oh doch«, lachte Marthe. »Ich habe aber befürchtet, dass ich mich darin auflöse und das wollte ich nun doch nicht.« Sie linste ihre Mutter mit vorgebeugtem Kopf an. »Ich fürchte, die Haare werden nicht trocken. Ich hätte sie mir gestern waschen sollen, oder vor zwei Tagen.«

»Ach, Unfug, das wird schon«, sagte Julie beschwingt. Sie ging zu Marthe und strich über die Haare. »Ich lege noch etwas Holz nach. Du hast Zeit, es ist noch nicht einmal Mittag.«

Sie legte Holzscheite nach, stocherte in der Glut, und das Feuer loderte wieder auf, tanzte und sang. Dann stellte sie eine kleine gusseiserne Kanne auf den Ofen. »Das ist Tee, davon kannst du dir nehmen. Dort drüben ist Brot, Butter und Käse – zur kleinen Stärkung.« Sie zog ein Fläschchen aus ihrer Schürzentasche. »Hier ist etwas Mandelöl. Damit kannst du dich einreiben. Von oben bis unten.« Sie schmunzelte. »Das macht die Haut schön glatt und duftet.«

»Ach, Maman«, sagte Marthe, »ich weiß gar nicht, was ich sagen soll.«

»Du musst nichts sagen, du musst den Tag nur genießen.«

»Wie läuft es in der Küche?«

»Wir liegen ganz gut in der Zeit«, sagte Julie nachdenklich. »Camille ist wirklich eine Hilfe und Emilie … nun, sie kann zumindest spülen, ohne etwas zu zerbrechen. Es wird schon alles werden. Claire ist inzwischen vorne und hilft den beiden Damen.«

Zu gerne wäre Marthe auch nach vorne geschlichen, hätte sich zu Florence gesetzt und mit ihr die steigende Aufregung geteilt. Denn auch Florence war aufgeregt, da war sich Marthe sicher. Ihre Freundin tat zwar immer so abgeklärt und unerschütterlich, aber Marthe wusste, dass das zum Teil nur Fassade war. Natürlich war

Florence geübt in gesellschaftlichen Anlässen und wusste, wie sie sich zu verhalten hatte, aber so ein Fest hatte die Familie nun schon seit Jahren nicht mehr ausgerichtet – auch weil sie keine adäquate Köchin gehabt hatten. Florence hatte bisher nie an einem solchen Fest hier zu Hause teilgenommen, bei den früheren Anlässen war sie noch zu jung gewesen. Und ganz sicher war sie auch ein wenig nervös, auch wenn sie das nie eingestehen würde.

Es hätte Marthe geholfen, nun bei ihrer Freundin zu sein, ihre lustigen und lockeren Sprüche zu hören. Florence würde sich nicht bemühen, Marthe zu beruhigen, sie würde sich milde über ihre Nervosität lustig machen und allein das würde Marthe vermutlich helfen.

Noch einmal schaute Julie nach dem Ofen. »Du musst auf das Feuer achten und regelmäßig nachlegen. Es ist genügend Holz im Korb, mäßige dich nicht, auch wenn es dir zu warm erscheint. Heute ist ein besonderer Tag, der besondere Maßnahmen erfordert.« Sie strich Marthe sanft über die Schultern. »Immer schön bürsten. In einer Stunde komme ich wieder.«

»Ja, Maman«, sagte Marthe ergeben.

Sie bürste ihre Haare kopfüber am Ofen. Doch nach einer Weile taten ihr die Schultern und der Nacken von der Stellung weh und sie richtete sich auf, strich die Haarpracht nach hinten. Sie stand auf und streckte sich. Auf dem Tischchen stand die Flasche mit dem kostbaren Mandelöl. Schnell streifte Marthe den Morgenrock ab und ölte sich ein. Es war seltsam, denn so etwas hatte sie so noch nie getan. Nackt stand sie im Zimmer ihrer Mutter und verteilte das Öl auf ihrer Haut. Es hatte etwas Sinnliches, war ein schönes Gefühl. Es hatte aber auch etwas Verbotenes und Verschwenderisches.

Das passt ja, dachte Marthe nun und grinste schief. Dieser ganze Tag war ein Sinnbild des Prunks – das Fest mit der Abendkleidung, die nur so glitzern und schimmern würde, das Essen, das allzu üppig sein würde und alles drum herum. Es würden sogar Musiker kommen und aufspielen.

Jetzt spiel bloß keinen Moralapostel, schalt sich Marthe selbst. Du sollst doch den Tag genießen. Schnell zog sie den Morgenmantel wieder an, drehte den Sessel anders herum, so dass sie nun mit dem Rücken zum Ofen saß. Die Haare breitete sie über die Lehne aus, dann nahm sie sich etwas von dem Brot und dem köstlichen Käse, trank etwas Tee.

Ich hätte, dachte sie, die Zeitungen mit nach unten holen sollen. Dann könnte ich die Zeit noch sinnvoll nutzen. Wieder bürstete sie ihre Haare, lauschte den Schlägen der Kirchenglocke. Es war schon zwei Uhr nachmittags und die Haare waren noch nicht trocken. Es war erst zwei Uhr nachmittags und die Zeit verging quälend langsam und raste zugleich.

Wieder bürstete sie die Haare, langsam, mit breiten Strichen, immer in Richtung Ofen, den sie erneut befeuert hatte. In dem kleinen Zimmer war es warm, fast heiß, Kondenswasser bildete sich an den kalten Fenstern.

Sie blickte zu dem blau schimmernden Kleid, das nun hier unten hing. Es war traumhaft schön. Aber daneben hing auch das Korsett, und Marthe seufzte auf. Schönheit hatte ihren Preis.

Wieder bürstete sie ihre Haare, allmählich waren sie nur noch feucht und nicht mehr nass. Ein Klopfen an der Tür riss sie aus ihren Gedanken.

»Mon Cœur, hier kommt die Überraschung. Ein kleines Geschenk von mir«, sagte Julie strahlend. Hinter ihr stand eine ältere Frau mit einem Köfferchen.

»Bonjour. Du bist also Marthe. Ich bin Colette und habe schon viel von dir gehört«, sagte die Frau munter und trat ein. »Heute ist also ein großer Tag für dich.« Sie sah sich um. »Oh, ist das dein Kleid?«, rief sie aus. »Wie wunderschön es ist, einfach traumhaft. So elegant. Und die Farbe.« Sie schaute wieder zu Marthe, musterte das Mädchen. »Ja, es wird dir wunderbar stehen. Deine schöne, blasse Haut und die dunklen Haare – zu dem leuchtenden Blau passt das hervorragend.«

Julie hatte das kleine Geschenkpaket aus der Küche mitgebracht – den Schmuckkamm und das Halsband aus Samt. Sie legte es nun auf den Waschtisch.

»Colette ist eine Freundin von mir. Sie wird dir mit den Haaren und beim Ankleiden helfen.« Julie zwinkerte ihrer Tochter zu. »Ich habe noch etwas, das hole ich sofort.«

Marthe war sprachlos. Verwirrt sah sie Colette an. »Sie sind … Madame …?«

»Oh, nicht so förmlich«, sagte die Frau heiter. »Du kannst mich Colette nennen, das tun alles anderen auch.« Sie kicherte, ein lustiges, perlendes Kichern, das nichts Albernes hatte. »Ich war früher Kammerzofe bei einer sehr vornehmen Familie. Aber nach Bonaparte musste die Familie das Personal drastisch verkleinern, wie so viele andere Familien auch. Also bin ich nun in der Küche gelandet. Ich bin keine formidable Köchin, wie deine Maman, aber ich habe zum Glück ein Händchen für Süßspeisen und Patisserie und so habe ich mein Auskommen, non?«

»Und Sie … du bist eine Freundin meiner Mutter?«

»Natürlich, natürlich. Wir kennen uns inzwischen gut.« Colette stellte ihr Köfferchen auf das Bett, wandte sich wieder Marthe zu. »So wunderschöne Haare.«

»Aber immer noch feucht«, seufzte Marthe.

»Ah oui, natürlich. Und das ist auch gut so. Darf ich?« Sie trat zu Marthe, fasste in die Locken, knetete ein wenig. »Das ist fast perfekt.«

»Wirklich?«, fragte Marthe erstaunt.

Wieder öffnete sich die Tür. Julie brachte ein Tablett hinein, darauf zwei Schalen mit dampfender Suppe, Brot, Butter, eingelegte Oliven, noch mehr Käse, zwei Gläser und eine Flasche Champagner. »Ihr solltet euch stärken, bevor es an die Arbeit geht.« Fragend sah sie Colette an. »Und?«

»Das bekomme ich hin. Deine Tochter hat ganz wunderbare Haare, so schön und kräftig. Dazu die natürlichen Wellen – viel besser als eine starke Krause. Sie wird alle anderen ausstechen, sie hat eine natürliche Schönheit. Bon.«

»Sehr gut. Ihr macht das hier, ich muss zurück in die Küche.« Und schon war sie wieder verschwunden.

»Champagner«, sagte Colette erfreut und öffnete gekonnt die Flasche, füllte beide Gläser.

»Muss es nicht laut ploppen?«, fragte Marthe.

»Oh, das denken immer alle. Aber wenn man es kann, dann rutscht der Korken ganz still und ruhig heraus und die Kohlensäure bleibt in der Flüssigkeit, statt sich zu entladen. Es ist doch viel schöner, wenn sie in unserem Magen kribbelt, als in der Luft zu blubbern.« Sie reichte Marthe ein Glas. »Santé!«

»Santé.« Marthe nahm zögernd das Glas, nippte dann daran. Sie hatte schon leichte Schaumweine getrunken, aber noch nie Champagner. Vorsichtig probierte sie das prickelnde Getränk, schmeckte zuerst die erfrischende Säure, dann eine leichte Süße, die aber nicht zu süß war und den Mund nicht einnahm und zum Schluss eine vollmundige Note, wie Butter oder ein gutes Brioche, die aber auch nicht überwog. »Oh«, sagte sie erstaunt. »Das ist köstlich.«

»Ja, nicht wahr?« Colette hatte ihr Glas in einem Zug geleert und schenkte sich nach, trank einen weiteren Schluck. »Sehr gut. Aber wir haben hier zu tun.« Sie schaute auf das Tablett, das Julie ihnen hingestellt hatte. »Die Suppe sollte nicht kalt werden. Nun, zuerst zu deinen Haaren. Sie sind noch etwas zu feucht. Deshalb werden wir sie noch einmal mit Tüchern trocknen.« Auf dem Bett lag ein Stapel sauberer Handtücher, davon nahm sie zwei und wickelte eines um Marthes Kopf bis zum Nacken, ein weiteres um die Haare, die Marthe über den Rücken hingen.

»Grand-mère sagt immer, man sollte die Haare nicht zu sehr mit Tüchern trocknen, weil sie dann brechen.«

»Damit hat deine Grand-mère auch völlig recht. Wir werden nicht rubbeln, sondern nur sanft die Feuchtigkeit herausdrücken.« Nachdem sie die Handtücher fest angedrückt hatte, holte sie sich den Stuhl, der am Waschtisch stand und setzte sich Marthe gegenüber. Sie reichte Marthe die eine Suppenschale, nahm die andere und begann genüsslich zu löffeln. »Ich liebe Suppen aller Art. Meine Mutter kochte die beste Potage der Welt, aber diese Brühe ist ein Gedicht.«

»Es ist Rinderconsommé«, sagte Marthe. »Doppelt geklärt, mit etwas Wermut und einem Hauch Hummerfond, um dem ganzen noch Tiefe zu geben.«

Colette sah sie erstaunt an. »Du bist eine Gourmande oder schon eine Köchin, non?«

Marthe lachte. »Gourmande? Ich weiß nicht. Meine Maman und meine Grand-mère haben mir viel mitgegeben, was Geschmack angeht. Sie tun es noch und man lernt ja auch nie aus. Eine Köchin bin ich nicht – ich weiß auch nicht, ob ich wirklich das Talent dafür hätte, so wie Maman.«

»Sie ist keine einfache Köchin, Julie, sie ist eine Künstlerin.« Mit Hingabe aß Colette die Suppe. Dann nahm sie sich Brot und Käse, aß mit sichtlichem Genuss, trank noch ein Glas Champagner. Schließlich seufzte sie zufrieden auf, stellte die Schüsseln wieder auf das Tablett und stand auf, drückte prüfend die Handtücher. Sie wickelte sie ab, nahm neue Handtücher, wiederholte das Prozedere. »Ganz trocken sollten die Haare nicht sein, etwas feucht ist gut. Wir werden sie gleich ausbürsten und dann weitersehen«, sagte sie sachlich. »Aber es wird schon.«

»Warum sollten sie noch feucht sein?«

»Dann lassen sie sich besser formen. Es mag ein wenig mühsamer sein, sie zu flechten, aber letztendlich hält es besser. Glaub mir, ich weiß, wovon ich spreche. Ich habe das von der Pike auf gelernt.«

Marthe runzelte die Stirn. »Und jetzt arbeitest du in der Küche? Das ist doch ein riesiger Unterschied.«

»Ich bin froh, dass ich in der Familie bleiben konnte. Sie kümmern sich um uns ›Leute‹, um ihr Personal. Wir gehören quasi zur Familie. Und ob ich nun Fondant, Marzipan oder Zuckermasse forme, oder Haare – das ist kein so großer Unterschied.« Sie lachte, es klang ein wenig bitter. »Doch, natürlich ist es ein Unterschied, aber ich bin froh, eine gute Stellung zu haben. Es gibt viele, die es in dieser Dritten Republik wesentlich schlechter ergeht als mir. Es gibt so viele arme Leute, die verzweifelt Arbeit suchen.«

»Das ist so seltsam«, sagte Marthe nachdenklich. »So viele Arbeitssuchende, aber auch so viele Stellen, die nicht zu besetzen sind. Maman braucht eigentlich dringend Hilfe in der Küche. Sie hat nun zwei Mädchen für ein paar Tage dazu bekommen, aber nur wegen des Festes. Und die Mädchen werden wieder gehen müssen, fürchte ich.«

»Personal kostet Geld. Und wenn man jemanden einstellt, soll er die Arbeit auch gut erledigen können. Köchinnen wie deine Mutter gibt es kaum noch.«

»Verrückt eigentlich«, sagte Marthe nachdenklich. »Es gibt eine Nachfrage, aber keinen Markt.«

Colette wickelte die Handtücher ab und begann nun vorsichtig Marthes Haare zu bürsten.

»Woher kennst du Maman eigentlich?«

»Oh, wir kennen uns vom Markt. Am Dienstag und am Freitag treffen wir uns oft dort. Wir sind alle miteinander befreundet.«

»Alle?«, fragte Marthe überrascht. »Wie viele seid ihr denn?«

»Oh, etwa zehn – die sich regelmäßig treffen. Es gibt noch eine Handvoll anderer, die nur hin und wieder zu uns stoßen.«

»Wie trifft man sich denn auf dem Markt? Jeder muss doch etwas anderes einkaufen, oder nicht?«, fragte Marthe verwirrt. Es gab offensichtlich Bereiche im Leben ihrer Mutter, von denen sie nichts wusste. Ein seltsames Gefühl.

»Der Markt schließt meist gegen elf. Und dann treffen wir uns in einem Bistro zu einer Tasse Kaffee oder einer kleinen Stärkung. Das hat sich im Laufe der Zeit so ergeben.«

»Und dann redet ihr?«, fragte Marthe verblüfft.

»Was machst du denn, wenn du dich mit deinen Freundinnen triffst?«, fragte Colette lachend. »Schweigt ihr euch an? Natürlich reden wir. Wir reden, tauschen Erfahrungen, Gedanken, Rezepte, Sorgen und manchmal auch Vergnüglichkeiten aus. Wir lachen viel, aber manchmal weinen wir auch miteinander.«

Marthe schwieg. So konnte sie sich ihre Mutter nicht vorstellen – gemeinsam mit Freundinnen in heitere oder auch ernste Gespräche vertieft. Überhaupt – ihre Mutter hatte Freundinnen? Freundinnen, die sie, Marthe, gar nicht kannte? Von denen sie noch nicht einmal gehört hatte? Ihre Mutter traf sich regelmäßig mit diesen Frauen auf dem Markt? Das Bild, das Marthe von Maman hatte, wurde plötzlich schwammig und konturenlos. Bisher war Maman eine sichere und verlässliche Größe in ihrem Leben gewesen. Ein Fixpunkt, ein Leuchtturm und ein Bollwerk gegen die Widrigkeiten des Lebens.

Das ist sie ja immer noch, sagte Marthe sich. Das hat sich doch nicht verändert. Aber … dennoch war der Gedanke seltsam, dass ihre Mutter ein eigenes Leben zu haben schien, ein Leben ganz ohne Marthe.

»Magst du noch ein Glas?«, riss Colette Marthe aus ihren Gedanken. »Eins kannst du sicher noch trinken.« Sie gluckste ihr fröhliches Glucksen. »Mehr solltest du aber nicht, damit du nicht direkt in die Gesellschaft stolperst.«

»Oh nein, das will ich nicht. Vielleicht sollte ich besser nur Tee trinken. Ich habe auch noch einen Schluck in meinem Glas«, sagte Marthe unsicher.

»Ach herrje, da ist aber jemand sehr nervös«, sagte Colette mitfühlend. »Das musst du nicht sein. Ich habe schon so viele Mademoiselles für ihr Debüt in der Gesellschaft hergerichtet und bisher ist immer alles gut gegangen. Da will dich ja niemand zerfleischen.«

»Das mag sein. Aber … ich gehöre ja gar nicht wirklich dazu und will auf keinen Fall einen Fehler machen.«

»Warum solltest du nicht dazu gehören? Wir sind eine Republik. Liberté, Egalité, Fraternité. Du bist so gut, wie jeder der affigen Pinsel, die einen adeligen Namen haben oder aus so einer Familie stammen. Wir sind alle Menschen.«

»Hättest du keine Angst, wenn du heute auf so ein Fest gehen müsstest? Angst, dich falsch zu verhalten?«

»Wer bestimmt denn, was richtig oder falsch ist?« Colette seufzte auf. »Aber ja doch, ich verstehe dich ja. Das ist eine ganz andere Welt, in die du eintauchst, non?«

Marthe nickte bedrückt.

»Du musst dir nicht den Kopf zerbrechen. Trink dein Glas aus, Champagner schmeckt nicht, wenn er schal ist. Keine Sorge, davon wirst du nicht betrunken und wir haben noch ein paar Stunden vor uns.« Sie strich durch Marthes Haar. »Du hast ganz wunderbare, dicke Haare. Darum werden dich viele Frauen beneiden. Aber sie sind immer noch ein wenig zu feucht.« Colette schob noch etwas Holz in den Ofen, der fast schon glühte. »Ich werde jetzt das Fenster öffnen.«

»Aber … es ist kalt.« Marthe schaute zu dem Fenster. Aus dem Schneeregen war ein leichter Schneefall geworden, der vom scharfen Wind durch die Häuserblöcke geweht wurde.

Colette lachte. »Deine Grand-mère hat dir sicher gesagt, dass du dir mit nassen Haaren in der Kälte den Tod holst.«

Marthe nickte.

»Aber das stimmt nicht. Du musst nicht drei Stunden draußen herumlaufen, in dünner Kleidung. Wichtig ist, dass du etwas um den Hals hast.« Colette sah sich um, nahm dann einen Schal, der an einem Haken hing und reichte ihn Marthe. »Und die Füße. Kalte Füße bringen den Tod. Solange du warme Füße hast und gesund bist, kann dir ein wenig Kälte gar nichts anhaben.« Sie schaute zu Marthes Füßen, die nur in Holzpantinen steckten und runzelte die Stirn. »Deine Maman hat doch sicherlich irgendwo dicke Socken?«

»Natürlich. Wir haben viele dicke Socken. Grand-mère strickt jeden Winter neue.« Marthe stand auf und ging zur Kommode, öffnete eine Schublade, die voller Strümpfe und Socken war. Sie suchte ein wenig und nahm sich dann ein Paar heraus. »Diese sind aus der Ziegenwolle. Sie sind nicht so kratzig, wie die aus Schafswolle.« Schnell streifte sie sie über. Colette öffnete inzwischen das Fenster. Die kalte Luft strömte beißend in den Raum, verdrängte die schwül-warme Hitze, die sich aufgestaut hatte, wie vor einem Sommergewitter.

Marthe holte tief Luft, es erfrischte sie. »Das tut gut. Aber was hat das mit meinen Haaren zu tun und wie schnell sie trocknen?«

»Die warme Luft hier im Zimmer war voller Feuchtigkeit. Draußen ist es kalt und die Kälte nimmt jetzt die Feuchtigkeit mit sich.« Colette wartete noch einen Moment, doch nun begann die Kälte an ihnen zu nagen, obwohl das Feuer im Ofen munter tanzte. Sie schloss das Fenster wieder. »Ich weiß nicht, warum das so ist, vermutlich kann dir das ein schlauer Mensch erklären, mir reicht es zu wissen, dass es funktioniert.« Colette nahm sich von dem luftigen Brot und etwas Käse, aß langsam und mit Genuss. »Deine

Maman bekommt immer den besten Käse, aber sie will uns nicht verraten, welcher Händler es ist. Dieser Ziegenkäse ist unbeschreiblich gut.« Sie zwinkerte Marthe zu. »Ich habe schon überlegt, ihr heimlich über den Markt zu folgen, um den Händler zu finden.«

»Oh, den Ziegenkäse bekommen wir nicht vom Markt«, sagte Marthe und nahm sich auch ein wenig. »Der ist von zu Hause. Von Pierre und seiner Frau, Grand-mères Nachbarn. Maman nimmt immer etwas davon mit, wenn wir sie besuchen und manchmal lässt sie sich auch etwas schicken.«

»Das hat sie uns nie verraten!«, rief Colette aus und lachte.

»Ich … hätte das nicht sagen sollen«, meinte Marthe erschrocken, »wenn es ihr Geheimnis war.«

»Unfug. Das sind so Dinge, mit denen wir uns gegenseitig aufziehen. Rosalie hat das beste Brot – den Bäcker nennt sie auch nicht, und ich weiß, warum. Ihre Mutter backt es, es gibt es nicht zu kaufen. Wir alle haben unsere kleinen Quellen und Geheimnisse – aber wir sagen uns schon, wer der beste Händler für gewisse Dinge auf dem Markt ist. Das wechselt ja auch oft. Mal hat dieser die beste Qualität, in der Woche drauf ein anderer. Deshalb ist unser Kreis für uns auch so wichtig.«

»Es geht euch also um die Produkte? Eine Nutzgemeinschaft?« Marthe setzte sich wieder vor dem Ofen. Tatsächlich war die Hitze nun eine andere, trockener, und es fühlte sich auch wärmer an, obwohl das gar nicht sein konnte.

»Nein«, sagte Colette nachdenklich. »Wir sind schon Freundinnen. Wir helfen uns gegenseitig, auch in Dingen, die nicht mit der Küche zu tun haben. Dass wir Rezepte austauschen ist ja klar, aber es geht um mehr. Es geht um Zusammengehörigkeit, um das Gefühl, jemanden zu haben, der da ist – der Freude und Leid mit einem teilt. Die meisten von uns haben keine Familie in der Stadt – und man braucht Rückhalt, immer.«

»Deshalb bist du heute hier. Um mir zu helfen und damit auch Maman«, sagte Mathe verstehend. Dann runzelte sie die Stirn. »Maman hat dich darum gebeten?«

»Nein. Sie hat von dir erzählt, das tut sie oft – voller Stolz.«

»Sie erzählt von mir?« Marthe hatte plötzlich ein komisches Gefühl in der Magengegend.

»Natürlich. Du bist ihr Augenstern. Sollte sie das etwa nicht tun? Sie ist so stolz auf dich.«

»Es ist seltsam«, gestand Marthe. »Ich wusste bis heute nicht, dass es ›euch‹ gibt – Freundinnen von Maman. Ich wusste nicht …« Marthe stockte.

»Dass deine Mutter ein eigenes Leben hat?«

Marthe nickte. »Aber natürlich hat sie das … irgendwie.«

»Du bist den größten Teil des Tages in der Schule. Du triffst dort deine Kameradinnen, vielleicht Freundinnen. Du verbringst Zeit mit ihnen. Hast du gedacht, dass deine Mutter nur hier in der Küche steht und außer mit dem Personal hier kein weiteres Leben hat?«

Marthe schluckte. »Ich fürchte, ich habe mir noch nie Gedanken um das Leben meiner Mutter gemacht. Sie ist einfach da. Sie ist immer da. Auch für mich.«

»Dann ist es ja gut, dass du nun deinen Horizont erweiterst«, sagte Colette resolut und bürstete Marthes Haare erneut. »Schau, jetzt sind sie trocken genug, damit wir sie flechten können.«

»Maman hat also von mir erzählt«, fragte Marthe wieder nach. »Und dann?«

»Sie hat erzählt, dass du auf das Fest der Herrschaft eingeladen bist. Dann, dass du ein Kleid bekommen hast. Und dann, dass sie aber den ganzen Tag in der Küche sein wird und nicht weiß, wie sie dir helfen kann. Sie hat sich darüber aufgeregt.«

»Warum?«

»Deine Freundin Florence hat dich eingeladen, hat erzwungen, dass die Familie dich auch einlädt, hat dir das Kleid geschenkt ... aber über den Rattenschwanz haben sie sich keine Gedanken gemacht, die Herrschaften. Weil sie das nie tun.« Colettes Stimme wurde lauter. Sie ereiferte sich geradezu. »Sie machen Dinge – aus Wohltätigkeit, aus Freundlichkeit, aus guter Absicht. Sie meinen das gut, denken aber nicht weiter darüber nach. Sie schenken dir ein Kleid, es ist wunderschön, aber dünn und empfindlich, man kann es nicht bei der Arbeit tragen. Aber wann dann? Haben wir etwa die Möglichkeit, auf Feste zu gehen? Nein. Sie schenken dir Schuhe, die aber bei dem ersten Gang auf dem Markt schon verdorben sind. Sie schenken gerne, ohne nachzudenken.« Colette schnaufte. »Deine Freundin Florence meint das alles gut, aber wie sollst du das geschenkte Kleid allein anziehen? Wie dir die Haare allein machen? Dass das für dich ein Problem sein könnte, hat sie nicht bedacht, weil es in ihrem Leben kein Problem ist. Sie hat uns – das Personal –, aber wir haben kein Personal.« Colette stieß die Luft aus, schenkte sich noch ein Glas ein, trank einen großen Schluck.

»Das stimmt«, sagte Marthe nachdenklich. »Aber woher soll Florence das auch wissen? Ich hätte es ihr sagen können.«

»Aber du hast es nicht. Du hättest sagen können: Vielen Dank für die Einladung, das schmeichelt mir sehr, aber ich kann nicht kommen. Ich kann nicht kommen, weil ich die Bedingungen nicht erfüllen kann.«

»Ich habe ihr ja gesagt, dass ich kein Kleid habe … dann hat sie mir eins geschenkt.«

»Aber du hast ihr nicht gesagt, dass du es gar nicht allein anziehen kannst.«

»Nein, das wäre mir peinlich gewesen«, gestand Marthe.

»Und warum? Sie weiß doch, dass du hier im Hinterhaus wohnst.«

»Weil … weil … wenn ich es gesagt hätte, wäre die Kluft zwischen uns wieder größer geworden.«

Colette nickte. »Vielleicht. Vielleicht hätte sie aber auch dafür eine Lösung gefunden. Vielleicht hätte ihr Mädchen auch dir helfen müssen.«

»Die arme Claire«, rief Marthe aus. »Sie muss ja schon Madame und Florence helfen.«

»Diese Gedanken hatte deine Maman auch. Und deshalb bin ich hier. Ich habe das angeboten. Sie hat mich nicht gefragt.« Colette überlegte kurz, fuhr dann fort. »Ich tue es für mich – weil du ein Anfang sein könntest, ein Anfang zu einer andern, einer besseren Gesellschaft.«

»Wie meinst du das?«

»Du stehst zwischen den Welten – zwischen Personal und Herrschaft. Solche wie dich muss es noch mehr geben. Wir müssen die Grenzen aufreißen. Wir alle sollten die gleichen Möglichkeiten, die gleichen Chancen haben.« Colette teilte Marthes Haare, steckte einen Teil mit Klammern fest. »Meine Generation wird das wahrscheinlich nicht mehr erleben. Aber deine kann den Schritt gehen – du gehst ihn schon. Du gehst zum Lyzeum, kannst später studieren, du kannst dir Bildung aneignen und dich für uns einsetzen. Du kannst dafür sorgen, dass es nicht mehr Personal und Herrschaft gibt, sondern dass alle wirklich gleich sind.« Sie schnaufte.

»Aber indem du mir hilfst, indem du meine Haare machst, täuschen wir das doch nur vor. Das Bedienstetenkind geht auf ein Fest der Gesellschaft – gekleidet wie sie, frisiert wie sie. Wäre es dann nicht konsequenter, ich würde in einem meiner Kleider und nur mit Zopf gehen?«

»Das wäre purer Protest, und du könntest die Grenzen nicht aufweichen. Du würdest sie vor den Kopf stoßen. Nein, nein, man muss das geschickter machen, und deine Maman ist sich sicher, dass du dafür das Zeug hast. Ich glaube das auch, sonst wäre ich heute nicht hier.«

»Heute«, sagte Marthe nachdenklich, »ist Weihnachten. Wo wärst du heute eigentlich?«

Colette stülpte die Lippe nach vorne. »Meine Herrschaft ist im Süden, sie brauchte mich dort nicht. Dort bleiben sie bis zum neuen Jahr. Ich darf das Haus hüten und die Möbel abstauben.«

»Hast du keine Familie?«, fragte Marthe leise.

»Nein. Mein Verlobter ist im Krieg gefallen und danach hat sich mein Herz nicht mehr getraut sich zu öffnen«, gab Colette zu. »Und nun bin ich zu alt.«

»Oh, das hört sich traurig an.«

»Das ist es aber gar nicht«, sagte Colette. »Es kommt doch immer auf die Perspektive an. Ich kann mir sagen: Wie schrecklich, ich bin so allein. Oder ich sage mir: Wie wundervoll, ich kann selbst entscheiden, wie ich diesen Tag verbringe. Und ich habe mich dazu entschieden, hier zu sein und zu helfen. Das macht mir Freude.«

Sie gluckste wieder. »Wir werden dich ordentlich herausputzen und du wirst einen unvergesslichen Abend haben.«

»Aber du bist dann heute Abend wieder allein.«

»Nein, das bin ich nicht. Ich bleibe nämlich hier.« Sie zeigte auf ihr Köfferchen. »Wenn wir dich aufgehübscht haben, wird es in der Küche immer noch jede Menge zu tun geben – auch da kann ich helfen. Und zum Glück wird es heute Abend ja ein Büfett geben, kein langwieriges Menü mit etlichen Gängen. Natürlich werden wir abräumen, spülen und aufräumen müssen, aber dazwischen bleibt immer etwas Zeit. Und es wird sicher lustig und fröhlich in der Küche zugehen, so wie ich Julie kenne. Außerdem gibt es viele leckere Köstlichkeiten zu probieren und zum Schlemmen.«

»Das hört sich, trotz der Arbeit, fast schon besser an, als das förmliche Fest«, sagte Marthe ein wenig neidisch.

»Falls du vorne wirklich verzweifelst, kannst du ja immer noch nach hinten flüchten.« Colette zwinkerte ihr zu. »Aber erst einmal müssen wir dich nun herrichten.«

Sie teilte Marthes Haare in drei Stränge, zwei dünnere rechts und links und einen breiteren in der Mitte. Alle drei Stränge flocht sie zu Zöpfen und band sie dann zusammen. »Wundere dich nicht, das ist nur die Vorbereitung. Die richtige Frisur kann ich erst machen, wenn du angezogen bist.« Colette schaute Marthe prüfend an, nickte dann zufrieden. »Und nun solltest du noch etwas essen. Am besten Suppe. Ich hole dir noch welche.«

»Ich habe gar keinen Hunger«, sagte Marthe, die nervös ihre Hände knetete.

»Das glaube ich dir gerne, aber du musst jetzt etwas essen. Wenn du das Korsett anhast, wirst du vielleicht nicht mehr viel herunterbekommen. Ich kenne Frauen, die sich mit Korsett noch nicht einmal setzen, geschweige denn etwas essen konnten.«

»Aber wenn ich mir den Bauch vollschlage, dann lässt es sich doch nicht mehr schnüren.«

»Deshalb auch nur Suppe, meine Liebe.« Eilig nahm Colette das Tablett und ging in die Küche, bald darauf kam sie mit gefüllten Schalen zurück, eine Wolke an würzigen Düften umhüllte sie.

»Die Küche ist wie ein Bienenstock und deine Maman ist die Königin. Sie hat alles im Griff, ich bewundere sie, denn sie ist immer noch ganz gelassen.«

Gelassen wäre ich auch gerne, dachte Marthe und zwang sich, die Suppe zu essen. Danach legten sie gemeinsam die Kleidungstücke auf dem Bett zurecht. Zuerst die Unterwäsche und die Strümpfe, dann den Unterrock, das Korsett, darüber ein Leibchen und schließlich das Kleid.

Zuerst war es Marthe peinlich, sich vor Colette anzuziehen, doch Colette half mit geübten Griffen und schien gar nichts dabei zu finden.

Es dauerte eine ganze Weile – bis schließlich das Korsett an der Reihe war. Colette begutachtete noch einmal Marthes Figur, verglich sie mit dem Kleid. »Ich denke, wir brauchen gar nicht so viel schnüren«, sagte sie, und Marthe seufzte beruhigt auf. Sie hatte schon viele schreckliche Geschichten über eng geschnürte Frauen gehört – die manchmal sogar ohnmächtig wurden, weil sie keine Luft bekamen.

»Die Mode ändert sich ja ständig«, sagte Colette und half Marthe, das Korsett anzulegen, »ich wäre sehr dafür, dass dieses Folterinstrument aus ihr verschwindet. Nur, weil Männer schmale Taillen attraktiv finden, müssen Frauen sich quälen.«

»Es liegt doch auch an uns«, meinte Marthe. »Wenn wir beschließen, dass ein anderer Kleidungsstil schöner ist, werden sich die Männer wohl fügen müssen.«

»Wenn es nur so einfach wäre«, murmelte Colette nur. Dann fädelte sie die Schnüre ein, zog. »Du musst tief ausatmen und die Luft anhalten.«

»Ich dachte, man muss einatmen?«

»Ja, damit bekommt man das Korsett enger geschnürt, aber auch keine Luft mehr. Und das wollen wir ja nicht, du sollst den Abend ja genießen.« Als sie fertig war, strich sie mit beiden Händen über Marthes Taille. »Kannst du atmen?«

Marthe holte tief Luft. Sie spürte zwar die Fischgräten, die in das Laibchen eingenäht waren und nun ihre Figur formten, aber es war nicht so unangenehm, wie sie befürchtet hatte. Vorsichtig tat sie ein paar Schritte, bewegte sich, strahlte Colette dann an. »Es sitzt gut.«

»Fein, dann ziehen wir dir jetzt das Kleid an.«

Wieder war Marthe froh über die Hilfe. Allein hätte sie sich in keinem Fall anziehen können, wurde ihr bewusst. Es gab versteckte Häkchen und Knöpfe, Schleifen, die gebunden werden mussten. Über eine Stunde dauerte es, bis endlich alles saß.

»Allein komme ich da nicht raus«, sagte Marthe betreten.

Colette gluckste wieder, ihr Lachen war ansteckend. »Musst du nicht. Ich werde ja da sein.«

»Danke«, sagte Marthe und umarmte die Freundin ihrer Mutter. »Ich danke dir so sehr.«

»Nun, nun«, sagte Colette schmunzelnd. »Wir sind ja noch gar nicht fertig. Jetzt kommt der schwierigste Teil – die Frisur.«

»Ich dachte, das wäre das Korsett«, meinte Marthe und setzte sich vorsichtig hin. Es fühlte sich seltsam an, dieses wunderschöne Abendkleid. Der Saum ging bis auf den Boden, die Samteinsätze an Dekolleté und an den Ärmeln schmeichelten weich ihrer Haut und die raschelnde Seide des Rocks klang betörend und kostbar.

Mehr als eine Stunde brauchte Colette mit der Frisur. Schließlich nahm sie den Schmuckkamm und steckte ihn in dem aufgetürmten Haar fest. Dann seufzte sie zufrieden auf, schenkte sich und Marthe den letzten Rest Champagner ein und hob das Glas. »Santé! Auf dich, du Schönheit. Komm, und schau dich im Spiegel an.«

Behutsam stand Marthe auf. Sie versuchte ihren Kopf so ruhig wie möglich zu halten, denn sie hatte Sorge, dass die filigran aufgesteckten Flechten und Bögen aus Haar verrutschen würden.

»Keine Sorge«, sagte Colette lachend. »Das hält, glaub mir. Ich habe etwa einhundert Haarnadeln verwendet – wenn du dich nicht prügelst oder sonst etwas Wildes tut, wird diese Frisur bis in die Morgenstunden halten.«

Marthe blickte verwundert in den Spiegel, fast hätte sie sich selbst nicht erkannt. Die Haare, die sie sonst höchstens im Nacken zusammensteckte, aber gewöhnlich als Zopf trug, wirkten wie ein Kunstwerk. Aber vor allem das Kleid veränderte sie.

»Wie aus einer anderen Welt«, murmelte sie überwältigt. »Wie eine Prinzessin sehe ich aus.«

»Das stimmt«, sagte Julie leise. Sie war vor einer Weile unbemerkt in das Zimmer gekommen und sah ihre Tochter nun staunend an. »Wie wunderschön du bist.«

»Das verdanke ich Colette.«

Doch Colette winkte ab. »Keine noch so begabte Putzmacherin kann ein hässliches Entlein in einen Schwan verwandeln – der Schwan muss schon vorher da sein.« Sie zupfte an einer Locke, die sich vorwitzig aus den Flechten gelöst hatte. »Hmm, das lassen wir so, es sieht gewollt aus, ganz apart.« Nun nickte sie noch einmal zufrieden. »Und nun kann die Feier kommen. Frohe Weihnachten!«

Kapitel 9

Marthes Herz hüpfte unruhig, als sie langsam den Flur entlang zum Vorderhaus ging. Sie setzte einen Fuß nach dem anderen, hielt den Kopf sehr aufrecht und atmete flach. Sie schluckte, aber es war ein trockenes Schlucken und ihre Zunge schien am Gaumen festzukleben. Es waren schon einige Gäste da, aus dem Salon konnte sie fröhliches Stimmengewirr und Lachen hören. Doch wie sollte sie sich jetzt verhalten? Einfach die Tür öffnen und hineingehen? Oder lieber erst klopfen?

Nun ging die Türglocke, und die Salontür flog auf, Vincent Laurent kam lachend in die Diele. Marthe drückte sich schnell hinter eine der beiden Palmen, die dort dekorativ in großen Kübeln standen. Der Kronleuchter im Eingangsbereich funkelte und glitzerte, alle Kerzen waren angezündet. Natürlich gab es hier auch Petroleumlampen, aber das Kerzenlicht war so viel wärmer und strahlender, deshalb hatte Madame auf Kerzen bestanden.

Vincent trug einen Frack, eine Weste darunter und eine enge Hose. Er hatte die Haare fesch zurückgekämmt und sah auf einmal so erwachsen aus, so hatte Marthe ihn noch nie gesehen. In seinem Schlepptau war ein ihr unbekannter junger Mann, der ebenfalls elegant gekleidet war. Die beiden unterhielten sich lebhaft, Vincent öffnete nun schwungvoll die Wohnungstür.

»Ah, da bist du ja!«, begrüßte er einen weiteren jungen Mann.

»Wir haben schon auf dich gewartet, Jean.« Er zog den Freund mit sich in die Wohnung.

»Die Tür kannst du gleich auflassen«, sagte Jean lachend. »Mir folgen noch weitere Gäste, oder gibt es im Haus noch ein anderes Fest?«

Vincent spähte in den Flur. »Nein, die meisten anderen Bewohner haben Paris verlassen. Louis, nimm Jean mit in den Salon, ich werde die Gäste empfangen. Nehmt euch um Gottes willen von dem Champagner. Man sollte es ausnutzen, wenn der Papa die Spendierhosen an hat.«

Es kamen gleich drei Paare, die sich wohl auch gut kannten und eifrig miteinander redeten. Alle wirkten fröhlich und entspannt, schienen sich sehr auf den Abend zu freuen. Claire und Thierry eilten hinzu, halfen den Gästen aus den Mänteln und nahmen ihnen Hüte und Schals ab. Von unten kam ein kalter Wind in die Wohnung gefegt.

Jetzt, dachte Marthe und gab sich einen Ruck, jetzt ist eine gute Gelegenheit mich unauffällig unter die Gäste zu mischen. Sie trat vor und ging langsam zum Salon. Claire lächele ihr zu, schien aber ihre Unsicherheit zu spüre und flüsterte: »Nur Mut.«

Jean war in der Tür des Salons abrupt stehen geblieben und drehte sich nun schwungvoll um. »Meinen Mantel sollte ich wohl ablegen.«

»Huch!« Marthe wich erschrocken einen Schritt zurück.

»Pardon, Mademoiselle. Ich wollte Sie nicht umrennen. Wie ungeschickt von mir.« Er schlüpfte aus seinem Mantel, reichte ihn Thierry und musterte Marthe interessiert. »Ich bin Jean Bernard und mir sicher, dass ich Sie noch nie im Leben gesehen habe, denn daran würde ich mich gewiss erinnern.«

Marthe lächelte. »Guten Abend«, sagte sie. »Und frohe Weihnachten.«

»Oh, aber natürlich, natürlich. Frohe Weihnachten auch Ihnen, Mademoiselle …?«

»Da bist du ja endlich!«, rief Florence und eilte zu ihnen in den Flur. »Ich habe schon befürchtet, dass du es nicht hierher schaffen würdest.« Sie zwinkerte Marthe zu, schaute sie dann an. »Oh!«, hauchte sie und zog die Augenbrauen hoch. »Oh, wie entzückend. Das Kleid steht dir so gut, und deine Haare, mon Dieu – das ist ja eine Pracht.« Sie nickte den beiden jungen Männern zu, hakte sich bei Marthe unter und führte sie in den Salon. »Komm, du musst unbedingt Maman und Madame Deraismes begrüßen.«

»Danke«, flüsterte Marthe ihr zu. »Du hast mich gerettet. Ich wusste nicht, was ich dem jungen Mann sagen sollte. Er hat mich nach meinem Namen gefragt.«

»Nun, ich würde vorschlagen, in so einem Fall nennst du ihm einfach deinen Namen«, sagte Florence und kicherte. »Was denn sonst?«

»Ja, aber er hätte gewiss dann gefragt, woher ich komme und zu welcher Familie ich gehöre. Was soll ich darauf antworten? Aus dem Dienstbotentrakt?«

»Du sagst einfach, dass du meine Freundin bist. Das wird reichen. Mach dir nicht immer so viele Gedanken, Marthe«, sagte Florence belustigt. Sie lenkte Marthe nach links – überall standen kleine Tischchen mit gefüllten Champagnergläsern –, nahm zwei Gläser und gab Marthe eins. »Frohe Weihnachten«, sagte sie. »Wie schön, dass du da bist. Hast du den Baum schon gesehen?«

Marthe nippte an dem Glas, der Champagner schmeckte anders,

als der, den sie vorhin mit Colette getrunken hatte. Weniger herb und viel prickelnder. »Ja, ich habe den Baum schon gesehen. Auch schon geschmückt, aber noch nicht erleuchtet.«

»Komm, komm.« Wieder nahm Florence ihre Hand, zog sie mit sich.

»Nicht so schnell«, bat Marthe. »Ich hatte noch nie ein Kleid an, das bis zum Boden ging. Und«, hauchte sie nun, »ich hatte auch noch nie ein Korsett an. Ich weiß noch gar nicht, wie ich mich bewegen soll.«

Florence verlangsamte ihren Schritt. »Dann gehen wir eben langsam, das macht sowieso einen besseren Eindruck. Wir sind ja keine kleinen Mädchen mehr, die durch die Menge laufen.« Sie lächelte nach links und nach rechts, nickte hier und da den Leuten zu, die in Grüppchen zusammenstanden und sich zuprosteten. »Wir sind junge Frauen der Gesellschaft.«

Marthe biss sich auf die Lippe. Du schon, dachte sie. Aber ich? Sie folgte ihrer Freundin durch den kleinen Salon in den großen, in dem der Weihnachtsbaum stand. Die Kerzen leuchteten, die Glaskugeln schienen fast flüssig zu sein und erstrahlten im Kerzenlicht genauso wie die dünnen, silbrig glänzenden Fäden, die über den Zweigen hingen.

Staunend blieb Florence stehen. Der Baum war wunderschön, der Raum angefüllt mit dem Duft der echten Bienenwachskerzen und dem würzigen Geruch der Tanne. Der Anblick löste ein erhabenes Gefühl in ihr aus, und für einen Moment vergaß Marthe alles um sich herum, so schön fand sie es.

»Da sind Sie ja wieder«, sagte Jean neben ihr und riss sie aus den Gedanken. »Und ich weiß immer noch nicht, wer Sie sind.«

»Das ist Marthe, meine Freundin«, antwortete Florence ein wenig schnippisch. »Du kennst sie nicht, und das ist für sie auch besser so.« Sie beugte sich zu Marthe. »Vincents Freund Jean ist ein Hansdampf in allen Gassen, du solltest dich vor ihm in Acht nehmen.«

»Also wirklich, Flo«, sagte Jean und spielte Entsetzen, dann grinste er breit. »Seit wann hast du Freundinnen? Und warum bist du überhaupt noch hier? Solltest du nicht langsam ins Bett?«

»Pfff«, machte Florence und hob das Kinn. »Ich bin ja kein kleines Kind mehr.«

»Gestern warst du es noch. Da haben wir an deinen Zöpfen gezogen und dich gekitzelt.«

»Das ist ein für alle Male vorbei, Jean«, sagte Florence. »Oh, Maman. Maman, schau, wer hier ist. Marthe ist gekommen. Sieht sie nicht entzückend aus?« Sie nahm Marthe an die Hand und ließ Jean stehen, als wäre er plötzlich unsichtbar.

Marthe spürte, wie ihre Wangen warm wurden. Sie folgte Florence, versuchte gelassen zu bleiben.

»Frohe Weihnachten«, sagte sie zu Madame Laurent und Madame Deraismes.

»Ist das etwa Marthe, die Tochter der …«, sagte Madame Deraismes, doch schnell unterbrach Florence sie, denn Jean war ihnen gefolgt.

»Ja, ist das Kleid nicht entzückend?«, sagte Florence.

Madame Deraismes erblickte den neugierigen jungen Mann und schien sofort zu verstehen. »Doch, doch. Es sieht hervorragend aus. Die Farbe steht dir viel besser, als das Grün des anderen Kleides.«

»Welches …«, wollte Marthe fragen, doch auch sie wurde von Florence unterbrochen.

»Diesmal hat sich die Putzmacherin mit ihrer Frisur förmlich übertroffen, finden Sie nicht, Madame?«

Der Blick von Madame Deraismes wurde schelmisch und sie nickte. »Tatsächlich«, sagte sie. »Ich muss mit deiner Mutter sprechen, Marthe. Sie hat immer so gute Verbindungen zum Personal.«

»Das liebe Personal«, seufzte Madame Laurent jetzt. »Es ist gar nicht so einfach damit heutzutage. Mein Gatte hatte ja sehr spontan den Einfall zu diesem Fest, und natürlich kann unser Personal das nicht alleine stemmen. Früher war es gar kein Problem, sich Hilfen für ein paar Tage zu leihen, aber nun …« Sie hob die Hände und schüttelte den Kopf.

»Aber, aber Madame«, sagte nun Pater Roussel, der zu ihnen getreten war, »ich habe Ihnen doch zwei Hilfen besorgt. Frohe Weihnachten übrigens und herzlichen Dank für die Einladung.«

»Es freut mich sehr, dass Sie kommen konnten, lieber Pater«, sagte Madame Laurent und lächelte. »Ich hatte befürchtet, dass Sie in diesen Tagen zu beschäftigt sein werden.«

»Ich habe heute zweimal die Messe gelesen, das sollte ausreichen«, sagte er und schmunzelte.

»Wird in Ihrem Waisenhaus auch Weihnachten gefeiert?«, fragte Florence neugierig.

»Aber natürlich, junge Dame. Wir haben einen Baum, der allerdings nicht so prachtvoll ist wie dieses Exemplar«, erzählte der Pater. »Für die Kinder gibt es ein Festessen, das zum Glück von großzügigen Spendern gekommen ist, und es gibt auch ein kleines Geschenk für jedes Kind.«

»Die Waisen haben es wirklich gut in Ihrer Obhut«, meinte Madame Laurent.

»Leider nur in einem gewissen Rahmen. Ich versuche ja alles, damit ich sie mit gutem Gewissen in das Leben entlassen kann, und sie sich selbst versorgen können. Wie ist es denn mit den beiden Mädchen, die ich Ihnen geschickt habe? Ich habe sie schon gesucht, konnte sie aber nicht entdecken.«

»Sie sind hinten in den Wirtschaftsräumen und helfen dort«, sagte Madame, doch ihr Lächeln war schmaler geworden. »Meine Zofe hat mir allerdings berichtet, dass es etwas schwierig war, die Mädchen einzufügen. Sie hatten kaum Küchenerfahrung.«

Zofe, dachte Marthe und unterdrückte ein Kichern. Natürlich half Claire Madame beim Ankleiden, aber ansonsten war sie doch eher eine Küchenhilfe.

»Kaum Küchenerfahrung? Das kann nicht sein, sie haben beide im letzten Jahr in der Küche des Waisenhauses gearbeitet. Ich meine wohl, dass sie dort ganz gut ausgebildet wurden.« Der Pater runzelte die Stirn.

»Küche ist nicht gleich Küche«, entfuhr es Marthe, die sich sofort verschämt auf die Lippen biss. Wie konnte sie nur so vorlaut sein und sich in das Gespräch einmischen?

Doch Madame Laurent nickte ihr ermunternd zu. »Kannst du das dem Pater erklären?«, bat sie.

Marthe warf einen schnellen Blick über die Schulter, von Jean war nichts mehr zu sehen.

»Es ist so«, begann Marthe, »dass die beiden Mädchen natürlich in der Küche gearbeitet haben. Sie haben Pfannen und Töpfe geschrubbt, Kartoffeln geschält, Erbsen gepuhlt und solche Sachen gemacht. Sie können Eier kochen und Brot rösten, Wurst und Käse aufschneiden. Von einer Küche, wie sie in diesem Haushalt geführt wird, haben sie jedoch keine Ahnung. Sie kennen die Gerichte nicht – noch nicht mal vom Namen her, geschweige denn, dass sie bei der Zubereitung helfen könnten.«

»Kochen ist doch Kochen«, meinte der Pater. »So groß werden die Unterschiede doch nicht sein, dass die beiden nicht damit klarkommen könnten.«

»Oh doch«, setzte Marthe zu weiteren Erklärungen an, doch plötzlich erklang ein Glöckchen, das Monsieur Laurent in der Hand hielt – in der anderen hatte er ein Glas Champagner.

»Meine lieben, lieben Freunde«, sagte er, nachdem sich die Gäste um ihn und den Weihnachtsbaum versammelt hatten und ein wenig Ruhe eingekehrt war. Margaux Laurent hatte sich neben ihren Gatten gestellt, natürlich hatte auch sie ein Glas Champagner in der Hand.

Aus den Augenwinkeln sah Marthe, das Gaston, Claire und Estelle mit Tabletts umhergingen, auf denen gefüllte Champagnergläser standen. Schon bald hatte jeder ein frisches Glas in der Hand.

»Meine lieben Freunde«, wiederholte Monsieur Laurent nun, »meine Frau und ich freuen uns sehr, dass Sie alle heute hierher gefunden habt, um diesen Abend mit uns zu feiern. Es ist der Geburtstag Jesus Christus, ein Tag voller Liebe und Frieden, voller Zuversicht und Hoffnung. Dass wir diesen Abend gemeinsam verbringen, macht uns sehr glücklich.« Er lächelte in die Runde und hob sein Glas. »Frohe Weihnachten!«

»Frohe Weihnachten!«, »Ein frohes Weihnachtsfest!«, »Fröhliche Weihnachten!«, scholl es von allen zurück.

»Und natürlich«, sagte er, nachdem alle einen Schluck getrunken hatten, »soll es auch am leiblichen Wohl nicht mangeln. Bitte nehmt und genießt. Guten Appetit.«

Unbemerkt von den Gästen war das Büfett bestückt worden. Die Kerzen unter den Wärmebehältern waren entzündet, die Behälter gefüllt worden. Claire, Estelle und Gaston reichten nun Tellerchen mit den Amuse-Bouche und -Gueule herum. Die Gäste verteilten sich wieder auf die drei Räume. Überall standen kleine Bistrotischchen und Stühle, an denen man sich zwanglos setzen konnte.

»Wie überaus ungewöhnlich«, sagte Pater Roussel und schaute sich etwas verwirrt um.

»Aber so modern«, schwärmte eine Frau in einem schwarzen Kleid und großem Hut neben ihm. »Das kommt wohl aus Amerika.«

»Nein, so etwas gibt es auch schon in den britischen Kolonien«, meinte eine andere Dame. »Très chic.«

»Auf jeden Fall ist es köstlich«, sagte die Dame in Schwarz und ließ sich ein weiteres Tellerchen von Claire geben.

»Russische Eier und Kaviar«, flüsterte Claire Marthe zu. »Nimm schnell, sie fallen darüber her wie Fliegen über einen Kadaver. Als ob es nichts anderes mehr geben würde.«

»Danke, aber ich habe noch keinen Hunger«, flüsterte Marthe zurück.

»Das Korsett?« Claire sah sie mitleidig an.

»Vielleicht eher die Aufregung«, überlegte Marthe.

»Ich werde hinten etwas für dich zurücklegen«, versprach Claire und ging weiter.

Auch Marthe bewegte sich nun langsam durch die Räume. Florence saß mit zwei jungen Damen an einem der Tischchen, sie hatten die Köpfe zusammengeneigt und schienen etwas Heiteres zu besprechen, denn sie kicherten immer wieder. Sie sahen sehr vertraut miteinander aus, also wollte Marthe dort nicht stören. Außerdem fand sie es sehr spannend, durch die Räume zu gehen und die Gesprächsfetzen aufzufangen.

»Nein, es wird nie wieder eine Monarchie in Frankreich geben«, empörte sich ein Mann in einem silberfarbenen, schillernden Frack. So ein Kleidungsstück hatte Marthe noch nie gesehen und versuchte, den Mann nicht anzustarren. Mit seinem gezwirbelten Schnauzbart wirkte er auf sie wie ein Silberfischchen.

»Papperlapapp, wenn die Regierung scheitert, werden sich die Pfaffen und die Adeligen durchsetzen. Irgendwer wird sich sicherlich finden, um den Thron zu besteigen«, antwortete ein anderer.

»Nie wieder. Das werden die Franzosen nicht mehr zulassen.«

»Aber es ist unklug diesen Weg zu gehen. Um uns herum sind lauter Monarchien, sie beäugen uns mit Befremden und Ablehnung. Lieber einen schwachen Monarchen auf dem Thron als feindliche Nachbarn. Wir werden es an der Weltausstellung im nächsten Jahr sehen – es werden kaum Besucher kommen, sie werden uns boykottieren.«

»Möglich. Aber nach und nach werden die anderen Völker erkennen, dass der demokratische Weg ein besserer ist …«

Marthe ging weiter. Von Politik verstand sie nicht viel, auch wenn sie immer wieder die Artikel in den Zeitungen las.

»Eiffel wird es nicht schaffen. Sein Plan ist zu überheblich. Es sind nur noch wenige Monate bis zur Weltausstellung und er hat erst eine Plattform gebaut. Nächstes Jahr wird am Eingang des Marsfeldes eine riesige Baustelle sein – ein unfertiges Ungetüm. Wir hätten es niemals so weit kommen lassen dürfen«, schimpfte nun jemand aus der anderen Ecke.

»Er wäre schon viel weiter, wenn die Arbeiter nicht immer wieder streiken würden.«

»Aber warum streiken sie denn?«, fragte nun eine Stimme, die Marthe kannte – Madame Deraismes.

»Wegen der Arbeitsbedingungen. Jetzt im Winter müssen sie neun Stunden am Stück arbeiten, im Sommer sogar zwölf. Und das in der schwindelnden Höhe – dem kalten und nassen Wetter ausgesetzt.«

»Sie werden gut entlohnt, und bisher hat es kaum Unfälle gegeben«, erklärte jemand anderes. »Eiffel verhandelt gerade wieder mit ihnen. Er hat Zuspruch von vielen bekannten Leuten und wird es schon schaffen.«

»Bis März? Undenkbar.«

»Doch, doch. Die erste Plattform war die größte Schwierigkeit – aber nun steht sie und ist stabil.«

»Ohne Arbeiter wird es nicht gehen. Sie weigern sich, zu den Bedingungen zu arbeiten.«

»Jaja. Deshalb hat sich Eiffel auch mit Escoffier beraten.«

»Mit dem Koch? Was hat ein Koch, so gut er auch sein mag, damit zu tun?« Marthe horchte auf.

»Escoffier ist nicht nur irgendein Koch«, sagte der Mann nun wieder. Marthe musterte ihn. Er trug einen schlichten Frack, war eher klein und gedrungen, aber seine Augen blitzten wachsam und aufmerksam. Um seinen Mund lag ein leicht spöttisches Lächeln – er schien sich seiner selbst sehr sicher zu sein. »Escoffier hat die Küche revolutioniert.«

»Revolutionen scheinen ja in Mode zu bleiben«, seufzte der andere Mann. »Aber mein lieber Monsieur Bernard, wie soll eine revolutionierte Küche dem Bau des Eiffelturms helfen?«

»Das interessiert mich auch«, sagte nun Pater Roussel, der zur Gruppe getreten war.

»Nun, er hat der Küche eine neue Form gegeben. So sind die Abläufe dort schneller und vor allem genormt. Es macht nicht jeder Koch sein Ding und arbeitet vor sich hin, bereitet ein Menü zu – nein, jeder Koch hat eine feste Aufgabe in einer ganzen Reihe von Aufgaben, die schließlich zu dem Menü werden. Somit ist alles genormt und gleich und deshalb auch schneller. Die Küche wird zu einer Art kleiner Fabrik.«

»Fabrik und genormtes Essen – das klingt nicht nach Genuss«, sagte Madame Deraismes abfällig.

»Haben Sie denn schon mal in einem seiner Restaurants gegessen, Madame?«

»Ich?« Madame Deraismes lachte auf. »Grundgütiger, nein. Als Dame besucht man doch keine Restaurants.«

»Das sollten Sie aber, und ich bin mir sicher, das werden Sie auch«, sagte Monsieur Bernard nun lächelnd. »Sie sind doch eine Frau des Fortschritts und der Gleichberechtigung – warum sollten Sie es den Männern nicht gleichtun und ein Restaurant besuchen? Es hat schon lange keinen anrüchigen Ruf mehr – im Gegenteil. Sein Restaurant, das ›Maison Chevet‹ im Palais Royal, wird von vielen berühmten Künstlerinnen besucht.«

»Na, ich weiß nicht«, murmelte Madame skeptisch, aber Marthe sah, dass Madames Neugierde geweckt worden war.

»Durch die genormten Abläufe ist es also möglich, sehr viel effizienter Gerichte zuzubereiten, und das wird sich Monsieur Eiffel zunutze machen. Er wird eine Kantine nach Escoffiers Vorbild auf der ersten Plattform errichten. Eine Kantine für die Arbeiter, die dort warme und nahrhafte Mahlzeiten zu sich nehmen können, um dann gestärkt weiterzuarbeiten.«

»Das klingt nach einer sehr guten Idee«, sagte der Pater nachdenklich. Sein Blick fiel auf Marthe. »Da fällt mir ein, dass diese junge Dame mir noch von den Küchenmädchen berichten wollte. Wie Sie alle ja wissen, liegen mir meine Waisenkinder sehr am Herzen, und ich versuche ihnen allen eine Ausbildung angedeihen zu lassen, damit sie ihren Lebensweg bestreiten können.« Er holte Luft. »Und ich habe Madame Laurent zwei meiner Küchenmädchen ausgeliehen, aber sie scheinen nicht passend zu sein. Also Marthe – warum nicht?«

Marthe holte Luft. »Sie haben keine Küchenausbildung – so wie Ma … die Köchin hier oder auch die Sous-Köchin Estelle. Die Mädchen wissen die einfachsten Dinge nicht – was ein Mirepoix ist, wie man einen Soßenansatz macht. Sie kennen zwar eine Schmorsoße – vermutlich, weil diese gewöhnlich im Waisenhaus gereicht wird, aber die anderen Grundsoßen kennen sie nicht. Sie schneiden das Gemüse nicht effizient, wissen nicht, wie man tourniert oder Brunoise schneidet …«

»Moment«, unterbrach Pater Roussel sie. »Diese Ausdrücke sind mir auch nicht geläufig. Muss man das wirklich wissen, um kochen zu können?«

»Aber natürlich, Pater«, sagte Marthe voller Überzeugung.

»Ja, das muss man«, stimmte nun auch Monsieur Bernard zu. »Das gehört zur modernen Küche. Escoffier wäre nicht so erfolgreich mit seinen Methoden, wenn seine Köche nicht alle diese Grundlagen beherrschen würden.«

»Hmm«, machte der Pater nachdenklich. »Meine Zöglinge sollen ja nicht in einer Restaurantküche arbeiten. Sie sollen Haushaltshilfen sein.«

»Haushaltshilfen«, sagte nun eine Frau, die zu ihnen getreten war. »Man bekommt kaum welche, die etwas taugen.«

»Aber was müssen sie können, um zu taugen?«, fragte der Pater nun wieder. »Im Waisenhaus lernen sie, wie man es sauber hält, die Wäsche macht und Essen zubereitet – das sind doch die Grundlagen, die man braucht.«

»Das Essen, das in Ihrem Waisenhaus zubereitet wird, unterscheidet sich jedoch sehr von dem, was ein gehobener Haushalt erwartet«, sagte Monsieur Bernard.

»Ich erwarte von meinen Haushaltshilfen, dass sie zum größten Teil erkennen, was regelmäßig getan werden muss«, sagte nun die Dame. »Und dass sie es ordentlich ausführen. Das ist schon mal der erste Punkt, den viele nicht erfüllen können. Oft werden die Arbeiten nur schlampig erledigt.«

»Aber kann man das nicht sagen?«, fragte der Pater. »Die Mädchen darauf hinweisen? Und haben Sie keine Mamsell, die die Hilfen anleitet? Jeder Haushalt ist doch unterschiedlich. Man kann doch nicht erwarten, dass die Hilfen alles sofort können.«

»Wenn aber – wie hier – zwei Mädchen als Hilfen kommen, kurz vor einem Fest und diese so gar keine Ahnung von der Küche und den Abläufen haben, dann ist das nicht hilfreich. Man kann nicht in ein paar Stunden erklären, wie Speisen, von denen sie noch nie etwas gehört haben, zubereitet werden«, sagte Marthe.

»Hmm«, machte der Pater nachdenklich. »Was wäre denn dann zu tun, um die Mädchen besser vorzubereiten? Ich bin mir sicher, dass unsere Köchin ihnen alles beigebracht hat, was sie weiß. Aber natürlich ist die Köchin im Heim auch nur eine einfache Frau aus dem Dritten Stand, so wie die Kinder auch. Sie erwarten nahrhaftes Essen, keine Menüs. Aber das scheint ja als Grundlage, um in der Gesellschaft zu arbeiten, nicht zu reichen.« Er klang deprimiert.

»Nein, das tut es nicht«, sagte nun Madame Deraismes. »Aber das ist wahrlich kein Grund zur Verzweiflung, mein lieber Pater. Sie müssen ihren Zöglingen nur etwas mehr Wissen und Können mit an die Hand geben.«

»Nur wie?«

»Vielleicht sollten Sie darüber mit Ma … mit der Köchin hier sprechen«, schlug Marthe vor. »Sie hat ja ihre beiden Zöglinge unter die Fittiche genommen und weiß, was sie können und was nicht. Vielleicht hat sie eine Idee, wie man den Mädchen die Grundlagen beibringen kann.«

»Das klingt vernünftig«, sagte Pater Roussel und wollte schon zur Tür gehen.

»Aber nicht doch«, hielt Madame Deraismes ihn auf. »Nicht jetzt. Was glauben Sie, was im Moment in der Küche los ist? Gleich wird die Paté en croûte serviert, das Glanzstück des Abends.«

»Ach so«, sagte der Pater. »Nun, dann werde ich das Gespräch ein anderes Mal führen.«

»Das Essen hier ist köstlich«, schwärmte Monsieur Bernard. »Die Laurents müssen einen hervorragenden Küchenchef haben.«

»Sie haben seit einiger Zeit eine Köchin aus den Vogesen«, erklärte Madame Deraismes. »Sie ist in der Tat hervorragend, wie ich schon einige Male erleben durfte.«

»Nun gut, aber ihr wird ja ein Küchenchef vorgesetzt sein.«

»Warum?«, fragte Marthe erstaunt.

»Weil die gehobene Küche eine Männerdomäne ist, meine liebe Mademoiselle«, sagte er milde lächelnd. »Frauen sind für die harte Arbeit nicht stark genug.«

»Das halte ich für eine veraltete Idee«, gab Marthe freundlich zurück. »Warum sollten Frauen dafür nicht stark genug sein? Auf den großen Gütern leiten seit Jahrhunderten die Frauen die Küchen – für viele hundert Angestellte.«

»Aber das ist die einfache Bauernküche – simple Potages, Eintöpfe und solche Sachen. Ich meine aber die Haute Cuisine, die Hochküche mit all ihren Finessen. Dazu sind nur Männer fähig.«

»Diesen Denkfehler hat schon ein König gehabt«, sagte Madame Deraismes lachend und gab die Geschichte von Louis XV. und seiner Mätresse zum Besten.

»Es mag durchaus Ausnahmen geben«, gestand Monsieur Bernard lachend, »aber es ist eine Tatsache, dass die guten und besten Restaurants in Frankreich, der Wiege des guten Geschmacks, von Männern geleitet werden.«

»Möglicherweise, weil man Frauen bisher keine Chance gibt«, meinte Marthe und lächelte.

»Oh, wir wollen uns doch an diesem Abend ganz sicher nicht streiten«, sagte Monsieur Bernard charmant, »gegen Madame Deraismes, die ja eine große Verfechterin der Gleichberechtigung ist, hätte ich ganz gewiss keine Chance.« Er deutete eine Verneigung an und wandte sich amüsiert ab.

»Du hast dich gut geschlagen, mein Mädchen«, raunte Madame Deraismes Marthe zu. »Sehr wortgewandt und mit geschickten Argumenten. Und dazu siehst du heute auch noch wirklich entzückend aus.«

»Danke.« Marthe spürte, dass ihre Wangen vor Stolz glühten.

Die Türen des großen Salons wurden geöffnet, und zusammen mit Gaston trug Julie die große Platte mit der Paté hinein. Sie stellten sie mittig auf den großen Tisch. Bewundernde ›Ahs‹ und ›Ohs‹ wurden kundgetan, die Gäste sammelten sich um den Tisch. Beherzt und mit einem sehr großen, scharfen Messer schnitt Julie nun die Pastete auf. Die Schichten aus den verschiedenen Fleisch- und Geflügelsorten, umschlossen von dem würzigen Gelee, wurden sichtbar, der herbe Duft von Trüffel füllte den Raum.

Scheibe um Scheibe schnitt Julie nun ab, legte sie auf die dargereichten Teller. »Dazu passen die Champignons, die kandierten Möhren und die Pommes Soufflé ganz hervorragend«, empfahl sie den Gästen.

Auch die Platte mit den Meeresfrüchten und den gratinierten Muscheln wurde nun auf dem Tisch platziert, dazu kamen die Hummer.

Marthe beobachtete das eifrige Treiben an den Tischen mit etwas Abstand. Obwohl es verführerisch duftete, verspürte sie noch keinen Hunger. Sie stand im Durchgang zum kleinen Salon, als sie plötzlich Stimmen hinter sich hörte.

»Wer ist denn dieses liebreizende Mädchen, die Freundin deiner Schwester, die in dem blauen Kleid?« Es war die Stimme von Jean Bernard, mit dessen Vater Marthe vorhin noch gesprochen hatte.

»Ich weiß gerade nicht, wen du meinst«, antwortete Vincent Laurent.

»Die dunkelhaarige. Sie kam etwa mit uns. Sie muss dir doch aufgefallen sein. Ich habe sie noch nie zuvor gesehen.«

»Eine Freundin meiner Schwester? Michelle Martin ist mit ihrer Familie hier. Und Isobel Durant mit ihrer Mutter. Aber Mutter und Tochter tragen noch gedeckte Farben, Monsieur Durant ist ja erst vor knapp einem Jahr verstorben.«

»Nein, die meine ich nicht. Isobel und Michelle kenne ich, das sind dumme Puten. Dieses Mädchen macht einen ganz anderen Eindruck – viel reifer und nachdenklicher. Sie trägt ein wunderschönes blaues Seidenkleid, abgesetzt mit Samt.«

Plötzlich lachte Vincent auf. »Marthe. Du musst Marthe meinen.«

»Ja, genau. Jetzt erinnere ich mich. Deine Schwester nannte sie Marthe. Wer ist es? Aus welcher Familie stammt sie? Sie sieht wirklich entzückend aus.«

»Sie ist …«, sagte Vincent, stockte dann. »Nun, die Familie ist gut mit uns bekannt. Die Mutter ist verwitwet und heute … ähm … anderweitig … also …«, stammelte er.

»Sie ist noch in Trauer?«

»Das könnte sein, so genau weiß ich das nicht. Jedenfalls haben wir Marthe eingeladen, damit sie heute nicht einsam ist.« Vincent klang erleichtert, so, als sei er froh, eine Erklärung gefunden zu haben.

Marthe wusste natürlich, dass es sich nicht schickte, dem Gespräch zu lauschen, doch nun sandte sie ein stilles Dankeschön an Flos Bruder, der ihre wirkliche Position nicht verraten hatte.

»Wie heißt die Familie? Wo wohnt sie?«

»Distel«, sagte Vincent. »Aber sie kommen nicht aus Paris, sondern aus dem Elsass oder den Vogesen. Marthe ist hier bei Verwandten.«

»Oh«, Jean klang plötzlich enttäuscht. »Sie ist nur zu Besuch? Und fährt dann wieder?«

»Ja, ich denke, so ist das«, sagte Vincent.

»Das ist aber schade. Ich mag ihre Art – sie scheint so erfrischend anders zu sein.«

»Meinst du?«, fragte Vincent nun nachdenklich. »Das ist mir gar nicht aufgefallen. Sie ist ja auch noch ein … Gänschen, genau wie meine Schwester.«

Jean räusperte sich. »Vielleicht solltest du deine Schwester heute Abend mal genauer anschauen. Sie hat nichts von einem Gänschen. Sie ist eher ein junger Schwan, mein Lieber.«

»Florence? Nie im Leben!« Doch in Vincents Stimme klangen Zweifel.

Die Stimmen schienen näherzukommen, und Marthe entschloss sich, nun doch zum Büfett zu gehen. Sie ging immer noch langsam und sehr gemessen, damit man ihre Unsicherheit nicht bemerkte. Bevor sie die Tische erreichte, wurde sie plötzlich umringt.

»Das ist meine beste Freundin Marthe!«, sagte Florence enthusiastisch. »Marthe, darf ich dir Isobel und Michelle vorstellen? Unsere Familien sind miteinander befreundet, und ich kenne sie schon ewig. Sie sind nett, wirklich.«

»Ja, das sind wir«, sagte Isobel und klang fast ein wenig verärgert. »Warum musst du das so betonen?«

»Hab dich nicht so«, sagte Florence, wie immer heiter. »Marthe ist ein wenig … besonders. Sie soll keine Angst vor euch haben.«

»Warum sollte jemand Angst vor uns haben?« Michelle musterte

Marthe und lächelte dann. »Dein Kleid ist wunderschön. Und wer hat deine Frisur gemacht? Ich muss den Namen der Putzmacherin wissen, es sieht gigantisch aus.«

»Danke«, sagte Marthe und überlegte, was sie zur Putzmacherin antworten sollte, aber die Mädchen hatten sich schon abgewandt.

»Sieh dir nur diese phantastischen Speisen an. Eure Köchin ist eine Meisterin, das sagt auch meine Mutter. Was essen wir zuerst?«, fragte Isobel.

»Ich bin noch so satt von den Hors d'oeuvre. Die waren so köstlich, ich konnte mich kaum halten«, meinte Michelle. »Und jetzt bereue ich es. So eine Pastete habe ich schon lange nicht mehr gesehen. Aber ich habe mal eine gegessen, im Elsass vor ein paar Jahren, und sie schmeckte traumhaft gut.« Sie seufzte. »Doch das blöde Korsett hindert mich daran, richtig zuzulangen.«

»Ein wenig wird sicherlich gehen«, meinte Isobel. »Ich will die Pastete auf jeden Fall probieren. Und den Hummer. Und von dem kalten Braten vielleicht auch noch.«

»Du musst Prioritäten setzten«, neckte Florence sie. »Was willst du essen, Marthe?«

»Auf jeden Fall von der Pastete.« Marthe nahm sich entschlossen einen der Teller, die am Tischrand aufgebaut waren. »Auch wenn ich platze … oder mein Korsett.«

Michelle sah sie überrascht an, kicherte dann. »Recht hast du. Warum sollen wir nicht auch essen? Ich vermute, die Männer mögen die eingeschnürten Taillen nur, weil sie dann mehr zu essen abbekommen.«

»Da magst du recht haben«, sagte Florence fast grimmig. »Zeigen wir ihnen, dass wir ihnen das Feld nicht kampflos überlassen.«

Auch sie schnappte sich einen Teller. »Zur Not ziehen wir uns kurz auf mein Zimmer zurück und lösen die Schnüre ein wenig.«

Isobel sah sie entsetzt an. »Das kannst du nicht ernst meinen?«

»Warum nicht«, sagte Marthe leichthin und ging zur Pastete. Inzwischen war sie zu zwei Dritteln aufgeschnitten, und Julie hatte den Salon wieder verlassen. Man konnte sich nun selbst nehmen. Das erleichterte Marthe, denn von ihrer Mutter hätte sie sich nicht bedienen lassen wollen. Sie nahm sich ein Stück, goss sich von der Soße, die auf einem Rechaud stand, etwas auf den Teller und nahm auch noch von den Pommes Soufflés.

»Es sieht wahrhaft köstlich aus«, seufzte Michelle und nahm sich auch. »Meine Maman sagte, dass kaum noch jemand diese Pasteten macht, weil es so viel Arbeit ist.«

»Eine ganze Woche dauert es«, murmelte Marthe und biss sich auf die Lippen, hoffte, dass keiner ihre Worte gehört hatte.

Doch Michelle schaute sie überrascht an. »Eine ganze Woche? Das ist fast unvorstellbar. So viel Arbeit.«

»Und dann ist es mit einem Happs weg«, sagte Jean nun feixend, der überraschend hinter ihnen aufgetaucht war und sie fast unsanft zur Seite drängte. Er belud seinen Teller mit einer großen Portion, goss sich ordentlich Soße dazu.

»Jetzt hast du die Paté ertränkt«, sagte Marthe missbilligend. »Der feine, butterige Teig saugt sich nun voll mit der Soße, sie wird den Geschmack des Trüffels und des Truthahns überdecken. Eine Soße ist immer nur eine Beigabe, etwas, um den Geschmack anzuheben, nicht, um ihn zu töten.«

Jean sah sie an und zog die Augenbrauen hoch. »Bist du ein Gourmet? Woher willst du wissen, was mir schmeckt?«

»Das weiß ich natürlich nicht, aber ich weiß, wie man eine solche Speise genießen sollte.« Marthe zuckte mit den Schultern. »So wie du deinen Teller mit Soße übergossen hast, hättest du auch eine Suppenschale voll davon nehmen können – das wäre ein ähnlicher Geschmack gewesen, und die Paté müsste nun nicht diesen traurigen Tod sterben.«

»Sieh an, ein scharfzüngiges Wesen. Nun, lass uns in ein paar Minuten noch einmal debattieren, jetzt muss ich erst essen.« Jean funkelte sie wütend an, denn er spürte genau all die Blicke, die sich inzwischen auf ihn und seinen überfüllten Teller gerichtet hatten. Er drehte sich um und stapfte davon.

»Du kannst deine Speise mit etwas Brot retten«, rief Marthe ihm hinterher. »Brot, für die Soße.« Sie hatte ihn, genauso wie er sie, geduzt. Plötzlich fiel ihr ein, dass das vielleicht nicht zum guten Ton gehörte. Er hat damit angefangen, dachte sie bei sich und seufzte.

»Mademoiselle, darf ich mich bei Ihnen für das ungehörige Benehmen meines Sprösslings entschuldigen?«, sagte nun ein Mann, der zu Marthe getreten war. »Sie haben vollkommen recht, diese Pastete ist so gut, man muss sie in Ruhe und mit nur ein wenig der ebenso köstlichen Soße genießen.« Es war Monsieur Bertrand. Er lächelte Marthe zu. »Sie scheinen, das ist mir vorhin schon aufgefallen, ein großes Wissen über die Küche Frankreichs zu haben.«

»Ich esse nur gerne«, sagte Marthe. Sie schaute auf ihren Teller und sah ihn dann wieder an. »Und ich freue mich auf diesen Genuss.«

»Bon Appetit! Lassen Sie es sich schmecken.«

Eilig folgte Marthe Florence, die ein freies Tischchen ausgemacht hatte. Dort ließen sich die vier Mädchen nun nieder.

»Du hast es Jean aber gegeben«, sagte Florence fast bewundernd. »Er ist einer der engen Freunde meines Bruders, seit Kindesbeinen an, und kann eine entsetzliche Nervensäge sein.«

»Aber er sieht umwerfend aus«, schwärmte Michelle. »Und die Familie ist gut gestellt. Unter der Hand murmelt man, dass er ein guter Kandidat für dich sei, Flo.«

Florence schüttelte den Kopf. »Sie können murmeln, was sie wollen, Jean wird nie jemand sein, mit dem ich viel Zeit verbringen möchte. Er ist ein ungehobelter Klotz, der meint, er könne sich herausnehmen, was er will.«

»Einen ungehobelten Klotz kann man aber hobeln und formen«, meinte Isobel. »Er ist noch jung, aber wenn er sich erst einmal die Hörner abgestoßen hat, ist er sicher formbarer.«

»Niemand kann einen anderen Menschen formen«, sagte Marthe und nahm nun endlich die erste Gabel von der Pastete, kostete und schloss kurz die Augen. Das Fleisch war perfekt – es war weich und würzig, das Gelee machte alles saftig, die Mandeln gaben den Biss und der Trüffel den besonderen Geschmack. Der Pastetenteig, der alles umhüllte, hatte das Aroma eingeschlossen und war die beste Grundlage für das Gericht. Ein wenig von der Jus war das i-Tüpfelchen. Marthe seufzte verträumt auf. »Die Aromen erinnern mich an das Weihnachtsessen bei meiner Grand-mère in den Vogesen. Dort gab es immer Truthahn, Trüffel und Brot. Es war jedes Mal ein Festmahl.«

»Das gab es früher bei uns auch«, sagte Isobel leise. »Als Papa noch lebte und wir über Weihnachten zu seiner Familie in den Süden gefahren sind. Dort kochte eine alte Frau aus den Weinbergen. Die Gerichte waren schlicht – nicht so aufwendig, wie diese hervorragende Pastete – aber es war immer köstlich. Sie machte die besten Honig-Karotten der Welt. Aber Pommes Soufflés hätte sie nie zustandebekommen.«

Florence lehnte sich zu Isobel und drückte ihre Hand. »Ach Liebes, der Schmerz wird irgendwann vergehen. Kannst du die Familie deines Vaters nicht besuchen?«

Isobel schüttelte traurig den Kopf. »Momentan nicht. Sie haben sich mit Maman über das Erbe völlig zerstritten. Nun ist Papa tot, und statt dass wir gemeinsam trauern, streiten nur alle um das Geld.«

»Der Schmerz wird nie vergehen«, sagte Marthe. »Ich spüre ihn immer noch, nur dass wir keine Familie hatten, die sich um Geld streiten konnte. Es gab nach dem Tod meines Vaters nur Maman, Grand-mère und mich.«

Isobel schaute sie an. »Vielleicht ist es so ja einfacher.«

Marthe zuckte mit den Schultern. »Es gab leider auch kaum Geld.«

»Oh«, sagte Isobel. »Das … ist natürlich tragisch. Aber du … du … hast doch einen gewissen Stand?«

»Aber ja«, sagte Florence nun. »Das siehst du doch. Es ist Weihnachten. Lasst uns nicht über so traurige Dinge sprechen. Dies ist ein Tag der Freude.«

Und als ob ihre Worte unterstrichen werden sollten, begann nun das kleine Orchester, das vor einiger Zeit in der Bibliothek Platz genommen hatte, aufzuspielen.

»Bevor wir tanzen, muss ich noch mehr probieren«, meinte Michelle. »Das Essen ist so gut. Ich hoffe, es ist noch etwas von dem Hummer da. In der letzten Zeit hatten wir keinen Hummer mehr –

unsere Köchin weiß einfach nicht, wie man ihn zubereitet, ohne dass er zäh wird.«

»Ich glaube, unsere Köchin hat noch nie Hummer gemacht«, sagte Isobel. »Ich esse ihn immer nur auf Einladungen. Aber so wirklich schmeckt er mir nicht. Ich weiß nicht, warum so ein Gewese um dieses Krustentier gemacht wird.«

»Lasst ihn uns probieren«, schlug Marthe vor. »Dazu gibt es eine Madeira-Krustentier-Soße. Oder auch einfach nur eine Mayonnaise. Beides hat ihren Reiz.«

»Du verstehst wirklich viel von der gehobenen Küche«, sagte Isobel bewundernd, als sie zusammen zurück zum Büfett gingen. Sie stellten die benutzten Teller zur Seite und nahmen sich neue. Marthe sah Camille, die – mit einer frischen und gestärkten Schürze ausgestattet – das dreckige Geschirr einsammelte.

Lieber Himmel, dachte Marthe nun erschrocken, was, wenn Camille mich jetzt anspricht? Was mache ich dann?

Camille sah sie tatsächlich an, lächelte ein sehr künstliches Lächeln, das wie aufgemalt wirkte, und drehte sich dann um, lächelte die anderen auch so an.

Sie hat mich gar nicht erkannt, dachte Marthe verblüfft. Diese Gleichgültigkeit kann sie nicht spielen, so wie Claire und Gaston. Die beiden hatten Marthe bedient, wie alle anderen auch, aber sie hatten immer ein Zwinkern in den Augen – nur ein kleines, leichtes, wie eine Sternschnuppe, die man aus den Augenwinkeln noch gerade so erhascht – ein Lächeln, das herzlich war, aber nicht persönlich. Doch Camilles Blick war unpersönlich gewesen. Wie kann das sein, dachte Marthe. Sie ist zwar erst seit ein paar Tagen in der Küche, aber wir haben uns täglich gesehen.

Doch dann schob Michelle sie nach vorne. »Nimmst du den Hummer? Es ist nicht mehr viel da. Und welche Soße nimmst du dazu?«

Marthe lächelte. »Also, wir nehmen uns jetzt alle ein Stück von dem Hummer. Dies ist der Schwanz – geteilt in Hälften, dort sind die ausgelösten Scheren. Ich würde vorschlagen, dass wir von beiden etwas nehmen, es ist ja nicht mehr viel da – und auch von beiden Soßen, und das dann teilen. Jeder kann von allem kosten. Was meint ihr?«

»Aber es sind doch noch einige Stücke da«, sagte Isobel. »Warum sollten wir sie nicht alle nehmen?«

Marthe drehte sich zu ihr um. »Du sagtest, dass du gar nicht weißt, ob du den Hummer magst, nicht wahr?«

»Geht es einem nicht immer so mit Speisen?«

Marthe schüttelte den Kopf. »Bei vielen Sachen weiß ich, dass ich sie mag. Immer. Croque Madame, Grießbrei, Apfelmus. Hähnchen, so wie es meine Maman macht. Solche Lieblingsspeisen wirst du auch kennen, wenn du nachdenkst. Sie mögen anders sein, als meine. Vielleicht magst du lieber ein Spiegelei als ein Croque Madame, magst Milchreis lieber als Grieß. Ziehst einen Schweinebraten dem Hähnchen vor – aber du weißt, was du gerne isst.«

»Ja, natürlich«, stimmte Isobel ihr zu. »Aber was hat das mit dem Büfett hier zu tun?«

»Weißt du, ob dir der Hummer munden wird?«

»Natürlich nicht. Dafür muss ich ihn ja erst probieren.«

»Hast du das Mädchen gesehen, das vorhin die dreckigen Teller abgeräumt hat?«

Isobel runzelte die Stirn. »Auf das Personal achte ich nicht. Warum auch? Sie sind hier, um zu arbeiten. Wir sind hier, um Vergnügen zu finden.«

»Ja, das mag sein«, sagte Marthe nachdenklich. »Vergnügung muss aber nicht Verschwendung sein. Die dreckigen Teller waren voller Essensreste. Das ist erst einmal normal. Aber zum Teil lagen da halbe Portionen drauf – halbe Portionen von der Pastete, von den Kartoffeln, vom Gemüse. Von Meeresfrüchten und anderen Köstlichkeiten. Jemand hat sich den Teller vollgeladen und dann noch nicht einmal die Hälfte gegessen.«

»So ist das doch immer«, sagte Michelle. »Was stört dich daran?«

»Die Verschwendung. Stört sie dich nicht?«

»Ver… nein, darüber denke ich nicht nach. Ist das nicht so gewollt bei einem Fest?« Sie schaute auf das Büfett. »Wenn wir uns nicht sputen, ist nichts mehr vom Hummer da. Und wir wollen ihn doch alle probieren, nicht wahr?«

»Aber wir können ihn doch teilen«, sagte Mathe nun leise, doch die anderen drängten sich an ihr vorbei.

»Ich verstehe deinen Gedanken«, sagte Florence, die neben ihr stehen geblieben war. »Und ich schäme mich ob der Verschwendung, die hier herrscht. Das ist, wenn man es realisiert, grauenvoll. Was passiert mit den Resten in der Küche?«

»Alles, was auf den Tellern ist, was schon angebrochen, gekostet und für nicht schmackhaft befunden wurde, wird weggeschmissen«, sagte Marthe leise. »Reste in dieser Menge gab es auf dem Hof meiner Grand-mère nie. Ansonsten hätte sie drei Schweine mästen können – allein mit den Abfällen.« Sie holte Luft, obwohl es ihr schwerfiel. »Reste, die auf den Serviertellern verbleiben, werden wieder verwendet oder das Personal bekommt sie. Aber es sieht nicht danach aus, als ob viel übrig bleiben würde.«

Michelle und Isobel hatten inzwischen vom Hummer und den Soßen genommen. »Kommt ihr?«, riefen sie. »Unser Tisch ist noch frei. Wir gehen vor.«

Florence zuckte mit den Schultern. »Es nützt nichts. In Zukunft sollten wir uns überlegen, wie wir das besser regeln können, aber jetzt …?« Sie nahm sich vom Hummer und den Soßen, tat auch noch Brot auf ihren Teller. Marthe nahm sich nur wenig, was allerdings schwer war, denn die Hummerschwänze gab es nur im Ganzen. Sie nahm einen kleinen und etwas von dem Scherenfleisch und folgte dann Florence zurück zum Tisch.

Michelle kaute schon – langsam und bedächtig, die Augen geschlossen. Dann öffnete sie die Augen, schaute in die Runde. »So etwas habe ich noch nie gegessen. Es ist … göttlich.«

»War das jetzt vom Hummerschwanz oder von den Scheren«, fragte Marthe nach. »Und welche Soße hast du genommen?«

»Es war Hummerschwanz, das ist doch das dickere, größere Teil?«, sagte Michelle und zeigte auf ihren Teller. »Das da. Ich habe nur ein Stückchen abgeschnitten, weil ich nicht sicher war, ob es mir schmecken würde. Ich habe es erst einmal ohne Soße gegessen. Das Fleisch ist butterzart. Es braucht meiner Meinung nach auch keine Soße, es hat einen intensiven, aber sehr köstlichen Eigengeschmack.«

»Wenn du ein wenig Soße dazu nimmt, vor allem von der Krustentier-Soße, wird das den Geschmack noch unterstreichen«, erklärte Marthe. »Aber nur ein bisschen, du darfst den Hummer auf keinen Fall in Soße ertränken, damit würdest du ihn ein zweites Mal töten.«

Die drei Mädchen waren Marthes Ausführungen aufmerksam gefolgt und jede schnitt nun einen Teil vom Hummer ab, tauchte ihn vorsichtig in die dunkle Soße, probierte dann. Marthe musste sich ein Grinsen verkneifen und aß nun auch von dem Krustentier. Es war lecker, sehr fein und zart, schmeckte nach Meer und nicht nach totem Fisch oder Krustentier.

»So«, sagte Florence, »habe ich Hummer noch nie kosten dürfen. Und ich habe schon oft Hummer gegessen.«

»Das geht mir auch so«, sagte Isobel. »Es ist einfach nur köstlich. Um eure Köchin werden sich die Leute nach diesem Fest reißen. Sie wird viele Angebote bekommen. Meine Familie würde sie sicherlich auch sofort mit Kusshand nehmen und alles versuchen, um sie abzuwerben.«

Florence sah Isobel erschrocken an. »Das geht nicht. Julie ist nicht nur eine hervorragende Köchin, sie ist auch die gute Seele des Haushalts. Sie ist unsere Mamsell.«

Michelle lachte. »Aber ihr Können zählt, nicht ihre Liebenswürdigkeit. Und ihr Können ist hervorragend. Wissen das deine Eltern überhaupt zu schätzen?«

Florence schluckte. »Natürlich«, sagte sie, aber ihre Stimme klang schwach.

»Ich stimme Isobel zu – diese Köchin wird nicht mehr lange bei euch bleiben, jemand wird sie abwerben.« Michelle nickte und tauchte nun ein wenig vom Hummer in die Mayonnaise. »Was ist das für eine köstliche Soße? Das ist keine normale Mayonnaise, das ist etwas anderes.«

»Das ist schon eine Mayonnaise«, sagte Marthe belustigt. »Aber mit Zitronenabrieb und etwas Knoblauch – aber es ist kein frischer Knoblauch, sondern konfierte Knoblauchzehen. Das macht es delikater. Es ist also keine klassische Aioli.«

»Woher weißt du das alles?«, fragte Michelle nun wieder.

»Ich … ich interessiere mich für das Kochen, die verschiedenen Küchen … Rezepte«, stotterte Mathe nun.

»Marthe will Journalistin werden«, erklärte Florence mit einem Lächeln. »Und sie wird eine der besten Journalistinnen des Landes werden, da bin ich mir sicher, denn sobald sie ein Thema gefunden hat, das sie interessiert, vertieft sie sich darin und recherchiert. So muss das auch sein.«

»Journalistin? Du willst also für Zeitungen schreiben?«, fragte Michelle.

»Das ist mein Traum, ja«, antwortete Marthe. »Aber erst muss ich die Schule beenden und dann würde ich gerne studieren.«

»Wenn du alles so gründlich recherchierst, wie die Kochkunst in diesem Haus, dann wirst du sicherlich erfolgreich. Mein Cousin arbeitet bei ›Le Figaro‹. Vielleicht ist dir ja der Kontakt irgendwann nützlich.« Sie zwinkerte Marthe zu.

»Im Übrigen brauchst du dir über Verschwendung bei uns keine Gedanken mehr zu machen«, meinte nun Florence und wies auf die Teller. Sie waren alle leer, und die Mädchen hatten inzwischen auch noch den letzten Rest der Soßen mit dem Brot aufgewischt und verspeist. Im Nebenraum spielte die Musik auf, dort wurde nun auch getanzt. Florence seufzte auf. »Ich bin jetzt wirklich satt. Ich weiß, es gibt noch Desserts, aber ich könnte nichts mehr herunterbekommen.«

»Lasst uns ein wenig umhergehen, dann sackt alles etwas«, schlug Isobel vor. »Und dann können wir auch einen Walzer tanzen.«

»Es ist so ein gelungenes Fest und zum Glück ist noch lange kein Ende in Sicht«, stimmte Michelle ihr vergnügt zu.

Kapitel 10

»Wie war es? Nun erzähl mal!«, sagte Claire.

»Wir wollen alles wissen«, stimmte Estelle ihr zu.

»Was haben die Leute gesagt?«, selbst der sonst so stille Gaston drängte sich nun vor.

»Ist das Fest endlich vorbei?«, fragte Camille mit müder Stimme.

»Ja, aber noch nicht für uns.« Julies Stimme klang auch müde, aber bestimmt. »Wir werden jetzt aufräumen, die letzten Reste spülen. Lüften müssen wir vorne auch gründlich und dann wenigstens das Esszimmer wieder herrichten.«

»Aber es ist fast Morgen«, sagte Emilie und schien den Tränen nahe zu sein.

»Wenn wir uns alle bemühen, sind wir ganz schnell fertig.« Julie überlegte. »Nun gut – alles dreckige Geschirr, was noch da ist, in die Spülküche. Spülen können wir morgen. Wir haben uns ja schon die ganze Zeit über rangehalten.«

»Das Esszimmer ist recht schnell wieder hergerichtet«, meinte Gaston. »Die Stühle und Tische stehen ja schon da – nur am Rand. Aber die Teppiche müssen wir zuerst ausrollen.«

»Dabei können dir Camille und Emilie helfen. Claire räumt das Geschirr ab, und Estelle und ich werden die Speisereste verpacken und verstauen. Der Eisschrank ist schon voll, aber wir haben noch die Stiegen mit dem Eis, auf dem die Hummer geliefert wurden. Da können wir noch ein paar Sachen unterbringen.«

»Ich kann auch helfen«, sagte Colette. »Was soll ich tun?«

»Du hilfst bitte Marthe aus ihrem Kleid und löst die Frisur. Damit musst du dich sputen«, sagte Julie schmunzelnd, »denn unsere Marthe schläft ja schon im Stehen ein.«

»Aber sie muss doch noch berichten«, meinte Claire fast schon ein wenig beleidigt.

»Das kann sie auch noch morgen. Und übermorgen. Ich wette, bis Silvester könnt ihr Marthes Erzählungen von dem Fest nicht mehr hören«, meinte Julie belustigt. »Und nun vite, vite, lasst uns den Rest schnell erledigen, damit wir wenigstens ein paar Stunden Schlaf bekommen. Die Herrschaften erwarten kein Frühstück vor elf Uhr, wurde mir gesagt. Das gibt uns ein paar Stunden Zeit.«

»Es sind nur noch ein paar Nadeln«, sagte Colette zu Marthe, die immer wieder in sich zusammensackte. »Gleich sind wir fertig.«

»Das sagst du schon seit Stunden«, jammerte Marthe murmelnd. Die Augen fielen ihr zu, sie hatte das Gefühl, ihren Körper verloren zu haben, denn sie spürte weder die Füße noch die Beine, bei den Händen war sie sich unsicher.

Colette hatte zuerst die Knöpfe und Haken des Kleides gelöst, das Korsett aufgeschnürt und Marthe dann in den Sessel gedrückt. Das Kleid hing nun lose um Marthe herum, wie ein Fremdkörper. Ihr war kalt und dann aber wieder warm, zumindest im Gesicht – immer dann, wenn sie an bestimmte Situationen des Abends dachte.

Ich war unmöglich, ich war peinlich, ich habe mich nicht gut geschlagen, dachte sie. Aber ihr anderes Ich hielt dagegen: Ich war grandios, ich habe mich gut gehalten bei den Diskussionen und auch beim Tanz. Tanz – oje, oje, oje – wieso habe ich das mitgemacht, fragte Marthe sich nun, doch sie konnte die Gedanken nicht mehr wirklich fassen, sie waberten durch ihren Kopf wie Dampfschwaden durch die Badestube.

»Die beiden Nadeln noch, voilà«, sagte Colette, und Marthes dichte Locken fielen ihr endlich über den Rücken.

Marthe schüttelte den Kopf, fuhr sich mit den Fingern durch die Haare. Erst jetzt merkte sie, wie angespannt ihr Nacken war, es tat so gut, den Kopf endlich wieder zu senken und zu bewegen.

»Und nun, husch, husch ins Bett«, sagte Colette lachend und zog ihr das Kleid und das Korsett aus, reichte ihr das Nachthemd und den Morgenmantel.

Sehnsüchtig schaute Marthe auf das Bett ihrer Mutter. Am liebsten hätte sie sich dort fallen gelassen, eingerollt und wäre vermutlich sofort eingeschlafen. Doch Colette würde sich das Lager mit Julie in dieser Nacht, die schon fast vorbei war, teilen. Sie suchte ihre Hausschuhe, schlüpfte hinein und ging wackelig zur Tür.

»Ich bringe dich nach oben«, sagte Colette und nahm Marthes Arm. »Du schläfst ja schon im Gehen ein. Hast du viel getrunken?«

»Eigentlich nicht«, murmelte Marthe. »Aber … es war vermutlich doch zu viel. Ich schaff das schon allein nach oben.«

»Das bezweifle ich«, seufzte Colette. »Außerdem habe ich deiner Mutter versprochen, dass ich dich ins Bett bringen werde. War es denn schön?«

Marthe zuckte mit den Achseln. »Ja, schon …«

»Ich vermute, du musst erst einmal ausschlafen und dann deine

Gedanken sortieren.« Colette lachte leise. Im hinteren Treppenhaus war es eisig und so still, wie sonst nie. Die Tritte auf den Holzstufen erschienen Marthe überlaut. Waren es schon immer so viele Treppenstufen gewesen? Der Weg erschien ihr unendlich lang. Ihr Bett lockte sie, aber es würde eisig kalt im Zimmer, selbst unter den Decken, sein. Marthe bibberte allein schon bei dem Gedanken daran. Endlich hatten sie ihre Kammer erreicht. Sie zog den Morgenmantel schnell aus, schlüpfte unter die Decke und sah Colette überrascht an.

»Wir haben das Bett mit Bettflaschen vorgewärmt«, sagte Colette. »Schlaf gut. Bald ist ein neuer Tag und dann kannst du deine Gedanken ordnen und uns hoffentlich viel Schönes über die Feier erzählen.«

Sie nahm die Lampe und ging. Noch bevor sie die Tür hinter sich geschlossen hatte, war Marthe schon eingeschlafen.

»Sie haben alle das Essen gelobt«, erzählte Marthe und nahm sich erneut ein gebuttertes Brot, dazu Speck und noch etwas von dem Hummersalat, den Julie aus den Resten gemacht hatte. Es war schon ihre zweite Portion und plötzlich stockte sie, sah sich unsicher um. Das ganze Personal hatte sich um sie am Küchentisch versammelt und lauschte ihren Worten. »Entschuldigt. Ich will euch das nicht wegessen …«

»Oh, keine Sorge«, Claire winkte lachend ab. »Wir hatten schon gestern Nacht reichlich, nachdem wir das Essen abgetragen hatten und es für die Gäste nur noch Suppe, Brot und Käse gab. Wir hatten ein Festmahl. Aber ich habe dich kaum essen sehen.«

»Ich war zu aufgeregt. Und dadurch gar nicht hungrig. Außerdem ist es entsetzlich schwer, eine ordentliche Portion hinunter zu bekommen, wenn man so eingeschnürt ist.« Marthe biss in das Brot, kaute, schluckte. »Jedenfalls haben alle die Küche gelobt, und ich habe sogar gehört, dass andere Haushalte dich abwerben wollen, Maman.« Sie schaute Julie an. »Das wird doch sicher nicht geschehen, oder?«

»Oh doch«, sagte Julie schmunzelnd. »Ich habe schon gestern das erste Angebot erhalten.«

»Du wirst es doch nicht annehmen?«, fragte Estelle erschrocken.

Julie lachte auf und schüttelte den Kopf. »I wo, warum sollte ich?«

»Michelle … oder war es Isobel? Na, jedenfalls sagte jemand, dass man dir viel mehr Gehalt bieten würde, damit du wechselst.«

»Ach ja, das liebe Geld«, sagte Julie nachdenklich. »Man kann sich nicht alles kaufen – aber manche Menschen begreifen das nicht. Wenn sie so viel Gehalt bieten, warum haben sie dann keinen ordentlichen Koch oder eine gute Köchin? Dann stimmt doch sicher etwas anderes nicht in dem Haushalt. Ja, ich weiß, gutes Personal ist rar. Dann muss man eben Anreize schaffen.«

»Was war der Grund für dich, diese Stelle anzunehmen?«, wollte nun Gaston wissen.

»Marthe. Die Laurents haben ein gutes Wort für sie eingelegt, damit sie auf das Lyzeum gehen kann. Dort sind nämlich die Plätze auch rar. Und ich habe hier die Möglichkeit, sehr viel selbst zu bestimmen, was die Haushaltsführung und die Lebensmittel angeht. Es war mir wichtig, dass ich auf Qualität und nicht nur auf die Kosten schauen kann.«

»Nun erzähl doch endlich weiter«, drängte Emilie. »Erzähl vom Tanzen. Wir haben die Musik gehört, manches klang so schön.«

»Es war … berauschend«, versuchte Marthe ihre Empfindungen zu erklären. »Das lag nicht nur am Champagner, der in Strömen floss. Hinterher wurden noch andere Getränke gereicht, ich weiß gar nicht mehr, was.« Sie runzelte die Stirn. »Ich bin mit den anderen in den Salon gegangen, wo die Kapelle aufspielte. Die Laurents haben den Abend mit einer Musette eröffnet und dann haben sich einige angeschlossen und ebenfalls getanzt. Florence und ich haben am Rand gestanden und zugesehen, und ich fand es … wunderschön. Der Baum, der im Hintergrund leuchtete, die Kleider, die schillerten und die fröhlichen Menschen. Es wurde gelacht und alles schien so leicht und heiter.« Sie stockte. »Dann gab es eine Quadrille, und Monsieur Laurent hat Florence zum Tanzen aufgefordert – hach, Vater und Tochter zusammen, mein Herz ist fast geschmolzen«, seufzte sie.

Julie kniff die Augen zusammen und drehte sich ein wenig zur Seite.

»Aber es war schön, Maman, wirklich«, beeilte sich Marthe zu sagen.

»Aber das war doch nicht alles. Du hast doch auch getanzt«, meinte nun Gaston amüsiert. »Ich habe es gesehen.«

»Ja, es wurde mehrere Quadrillen gespielt. Ich habe zugesehen und mich daran erfreut.« Marthe schluckte. »Und dann wollte ein Freund von Vincent mich unbedingt dabeihaben, aber ich habe wieder und wieder abgelehnt. Schließlich kam Vincent selbst und hat mich aufgefordert.« Sie biss sich auf die Lippen.

»Warum wolltest du denn nicht tanzen?«, fragte Camille verblüfft.

»Kannst du die Figuren einer Quadrille?«, fragte Marthe zurück.

»Ein wenig, aber wir tanzen immer Polka. Das ist ganz einfach, ja?«

»Du kanns gar nich wirklich Polka tanzen«, meinte Emilie nun kichernd. »Keiner von uns kann das. Wir hopsen doch immer nur so inne Kreis rum. Richtig tanzen geht anders.«

»Was hast du gemacht?«, fragte Julie. »Hast du schließlich zugestimmt?«

»Er hat mir keine Ruhe gelassen. Da habe ich dann auch vom Pastis getrunken, weil ich dachte, ich werde mutiger. Aber vielleicht war das nicht so schlau gewesen.« Marthe senkte den Kopf. »Jedenfalls«, sprach sie leise weiter, »habe ich mich dann doch überreden lassen. Florence hat ihren Bruder unterstützt und hat gesagt, es wäre ganz einfach, ich müsse nur das machen, was sie macht.«

»Und?«, fragte Claire. »Ist es einfach?«

Marthe schüttelte den Kopf. »Nein, gar nicht. Man geht vor und zurück – aber manchmal nur die Damen und manchmal nur die Herren und dann alle zusammen – mal nur bis zur Hälfte und dann wieder ganz bis zum Platz auf der gegenüberliegenden Seite. Es ist sehr verwirrend, auch wenn es so einfach und beschwingt aussieht.« Sie trank einen Schluck Milchkaffee. »Zu dem Zeitpunkt hatten sich aber fast alle älteren Gäste schon zurückgezogen. Manche, wie der Pater oder Madame Deraismes waren sogar schon gegangen. Nur noch die jüngeren tanzten. Und es … es war lustig. Glaube ich.« Ihre Stimme war immer leiser geworden.

»Glaubst du?«, fragte Colette besorgt nach. »Warum glaubst du das nur?«

»Ich habe natürlich Fehler gemacht. Bin zu schnell oder zu langsam gewesen, wusste nicht, in welche Richtung wir uns drehen müssen … auch wenn Vincent wirklich bezaubernd war – er hat mir immer zugeflüstert, was als Nächstes kommt –, aber ich habe trotzdem einiges falsch gemacht. Und nun … und nun weiß ich nicht, ob sie gelacht haben, weil es lustig war, weil es Spaß gemacht hat – oder ob sie mich alle ausgelacht haben …« Nun stiegen ihr Tränen in die Augen, liefen über ihre Wangen.

»Nun, nun!«, sagte Julie, kam zu ihr und nahm sie in die Arme. »Ich glaube nicht, dass sie dich ausgelacht haben. Florence doch ganz sicher nicht, non?«

»Aber die anderen«, schluchzte Marthe. »Hätte ich mich doch bloß nicht überreden lassen. Nun wissen alle, dass ich eine dumme, ungeschickte und ungebildete Pute aus der Dritten Schicht und der Provinz bin.«

»Nun hör aber mal«, sagte Gaston mit fester und ernster Stimme. »Was macht das denn für einen Unterschied? Was bedeutet es, wenn diese jungen Frechlinge sich über dich lustig machen? Nichts. Oder nein, es bedeutet doch etwas – nämlich, dass sie dumm sind. Sie sind dumm, nicht du.«

»Ich hatte nicht den Eindruck, dass sie dich ausgelacht haben«, meinte nun Claire. »Ich habe euch tanzen gesehen, und es schien mir eher so, als ob alle Spaß gehabt hätten. Konnten denn die anderen die Figuren perfekt?«

Marthe schüttelte den Kopf. »Nein, auch Vincent und Jean haben sich mal vertan, ebenso Michelle«, sagte sie nun nachdenklich.

»Na, da hast du es.« Claire nickte entschlossen und verschränkte die Arme vor der Brust. »Das wäre ja noch schöner, wenn sie über unser Küken lachen würden, diese Schnösel.«

»Habt ihr denn keine Polka getanzt?«, wollte Camille wissen. »Das ist doch viel flotter.«

»Doch auch«, sagte Marthe. »Aber daran kann ich mich fast gar nicht mehr erinnern. Jean hat mich gepackt und mich wie wild durch den Raum gewirbelt. Danach war mir schwindelig«, gab sie zu.

»Aber die Frisur hat gehalten«, meinte Colette nicht ohne Stolz.

»Du hast einfach wunderschön ausgesehen«, schwärmte nun auch Emilie.

»Ja, das hast du«, sagte auch Claire. »Und es schien mir, als ob du ganz dazu gehört hättest.«

Marthe schüttelte den Kopf. »Nein, das tue ich nicht. Das habe ich doch sehr gemerkt bei manchen Dingen – nicht nur beim Tanzen.«

»Wobei noch?«, fragte Camille.

»Bei den Gesprächen, bei der Art und Weise, wie selbstverständlich manches für sie ist, für alle aus der Zweiten Schicht. Sie wurden da hineingeboren und kennen es gar nicht anders. Und über viele Dinge machen sie sich gar keine Gedanken.«

»Beneidest du sie?«, fragte Emilie leise. »Ich ja. Ich wäre gerne eins von ihnen, wär gerne reich.«

Marthe dachte nach. »Ich bin ganz froh, dass ich nicht zu ihnen gehöre, glaube ich. Auch wenn das viele Dinge einfacher machen würde. Geld kann vieles kaufen – aber eben nicht alles, wie Maman ja schon gesagt hat.«

Es kamen noch weitere Fragen – zu den Kleidern, was zum Essen, zu den Räumen gesagt worden war, doch dann klatschte Julie in die Hände. »So, wir haben genug geredet. Marthe wird uns sicher noch das Ein oder Andere in den nächsten Tagen berichten, aber nun müssen wir unsere Arbeit erledigen, wir sind ja nicht zum Vergnügen hier.«

Gestern Nacht hatten sie schon schnell das meiste Geschirr und die vielen benutzten Gläser aus den vorderen Räumen geholt, das Esszimmer gefegt und den Teppich wieder ausgerollt, den Tisch und die Stühle hingestellt. Am heutigen Morgen hatten dann Emilie und Camille alles gespült, Julie hatte die Reste sortiert – vieles konnte noch verwendet werden, aber ein paar Dinge leider nicht. Während Gaston, Claire und Thierry weiter vorne aufräumten, sortierte Julie zusammen mit Estelle die Speisen. Zwischendurch hatte sie das Frühstück für die Familie zubereitet. Die Laurents hatten jedoch lange geschlafen und erst sehr spät gefrühstückt.

Nun kam Madame Laurent in die Küche. »Es war ganz wundervoll, Julie«, sagte sie begeistert, auch wenn sie noch etwas angeschlagen wirkte. »Du hast dich wirklich übertroffen.« Sie fächelte sich Luft zu. »Es ist immer so warm hier in der Küche. Sei's drum – alle haben dein Essen gelobt. Sehr sogar.« Sie seufzte. »Wenn diese Feste nicht immer so anstrengend wären, könnten wir so etwas öfter machen, die Freude unserer Freunde wäre uns gewiss.«

Julie biss sich auf die Lippen und verschluckte eine Antwort. Sie zwang sich zu einem Lächeln, wie Marthe an ihren Kiefermuskeln sehen konnte. Marthe wusste, was ihre Mutter dachte – für die Gastgeber war so ein Fest immer sehr schön, anstrengend war es für das Personal.

Margaux Laurent sah sich um. »Sind das alles Reste?«, fragte sie und zeigte auf den überladenen Küchentisch.

»Nur zum Teil, Madame. Ich versuche gerade, alles möglichst gut unterzubringen.«

»Ich hätte nicht gedacht, dass so viel übrig bleibt. Zumal alle gestern wieder und wieder zugelangt haben.«

»Es sieht nur nach viel aus«, meinte Julie sachlich. »Weil es zum Teil noch auf den Servierplatten angerichtet ist. Hier zum Beispiel«, sie zeigte auf eine Platte, »das ist der Hummer, beziehungsweise das, was davon übrig ist. Sehen Sie, ich habe ihn ja mit den Köpfen und in dem Panzer angerichtet – essbar ist ja aber nur das Fleisch, der Rest ist quasi Abfall. Nicht ganz – weil wir die Köpfe und die Schalen noch auskochen werden für einen Krustentierfond. Es wird nichts verschwendet, so weit es geht jedenfalls, Madame.«

»Ich denke, du weißt, was du tust, ich vertraue dir da«, sagte Madame. »Davon habe ich keine Ahnung, und ich will auch keine haben.« Wieder schaute sie sich um. »Ist viel kaputtgegangen?«

»Nur ein paar Gläser und zwei Teller – aber nichts vom guten Geschirr. Das hatte ich nur ganz am Anfang genommen, als es noch etwas ruhiger zuging.«

»Sehr gut. Ich hoffe, ihr werdet schnell fertig mit allem. Danke, dass das Esszimmer heute schon wieder benutzbar war, aber wirklich sauber ist es ja noch nicht.«

»Natürlich nicht.«

»Wir haben für Silvester eine Einladung in die Dordogne bekommen und nehmen sie an. Wir fahren schon übermorgen los und werden erst in der zweiten Januarwoche wieder hier sein«, sagte Madame. »Dann habt ihr ja reichlich Zeit, um alles sauber zu machen. Claire und Gaston begleiten uns, ich habe sie gerade informiert. Alle anderen bleiben hier.« Sie nickte nachdenklich. »Das ist eine recht spontane Entscheidung, aber dadurch habt ihr dann Zeit, alles gründlich sauber zu machen.«

»Natürlich, Madame, das kommt uns sehr zupass.« Julie zögerte kurz, gab sich dann aber einen Ruck. »Was ist mit den beiden Mädchen, den Hilfen? Heute sind sie noch hier.«

»Oh, darüber habe ich noch gar nicht nachgedacht. Was meinst du denn? Kannst du sie in den nächsten Tagen weiterhin gebrauchen? Pater Roussel erhofft sich, dass sie bald eine feste Anstellung bekommen.«

»Da wir gründlich sauber machen sollen, wären die beiden ganz sicherlich eine große Hilfe. Dann könnten wir auch alle Gläser noch einmal polieren und auch das Silber …«

»Das klingt hervorragend. Also abgemacht. Ich werde Pater Roussel eine Notiz schicken.«

»Das eine Mädchen, Camille, stellt sich sehr geschickt in der Küche an. Vielleicht könnten Sie überlegen, ob wir sie nicht ganz behalten?«, sagte Julie nun. »Ihr fehlt eine ordentliche Anleitung, aber sie lernt schnell und ist zuverlässig.«

»Brauchen wir denn noch ein Mädchen? Das kostet ja auch«, sagte Madame eher ablehnend.

»Sie wird nicht viel kosten, solange ich sie ausbilde – aber eine Hilfe wird sie sein. Und da Mademoiselle Florence ja nun quasi ihr Debüt hatte, wird sie bestimmt öfter eingeladen werden, wird ihre Garderobe auch aufwendiger sein, non? Dann kann sich Claire wieder voll und ganz darauf konzentrieren – als Zofe für Sie, Madame, und Mademoiselle.«

»Das ist ein sehr guter Gedanke, Julie. Wirklich. Warum bin ich nicht darauf gekommen?«, sagte Madame Laurent. »Und wenn du Camille ausgebildet hast, wird sie sicherlich eine andere Stelle finden. Gutes Personal wird ja gesucht.« Margaux Laurent runzelte nachdenklich die Stirn. »Und wenn sie dann weg ist, könnten wir ein neues Mädchen nehmen, dass du ausbildest. So hätten wir immer eine Hilfe, die uns nicht zu teuer käme.«

Julie nickte, doch Marthe wusste, dass sie innerlich die Augen verdrehte. Es war viel aufwendiger als Madame dachte, eine Hilfe auszubilden.

»Kommen wir nun zu dem Essen in den nächsten Tagen«, sagte Julie. »Wäre es Ihnen recht, wenn es heute noch etwas von der Pastete gäbe? Ich habe auch noch eine Jus dazu und natürlich frisch gekochtes Gemüse. Als Suppe hätte ich eine Bisque vom Hummer.«

»Das klingt gut. Die Pastete war wirklich hervorragend. Heute noch, aber morgen möchte ich dann etwas anderes.«

»Aber natürlich, Madame.«

»Nun gut. Ich werde noch genau mitteilen, wann wir abreisen und auch die weiteren nötigen Dinge mit dir besprechen. Jetzt werde ich mich wieder zurückziehen – es war ein wirklich anstrengendes Fest.«

»Es war wirklich ein anstrengendes Fest«, sagte Estelle und schüttelte den Kopf, sobald Madame außer Hörweite war.

»Das war es auch für sie«, sagte Julie, »nur anders anstrengend als für uns.«

Camille kam aus der Spülküche zu ihnen, trocknete sich die seifigen Hände an einem Geschirrtuch ab. »Hab ich das richtig gehört?«, fragte sie und knetete das Geschirrtuch.

Julie lächelte. »Ja, du darfst bleiben. Du wirst Lohn bekommen und darfst oben in dem Zimmer schlafen. Du wirst eine richtige Küchenhilfe sein und irgendwann dann ein Küchenmädchen. Dann wirst du sicher eine gute Anstellung erhalten.«

»Un ich?«, fragte Emilie, die Camille gefolgt war. »Was is mit mir?«

»Es tut mir sehr leid, Emilie, aber ich glaube nicht, dass die Arbeit in einer Küche wie diese für dich geeignet ist«, sagte Julie. »Doch ich habe schon eine Idee – eigentlich hat Colette den Vorschlag gemacht.«

»Was denn?«, fragte Emilie argwöhnisch.

»Du bist nicht für die feine Küche gemacht, mein Kind«, sagte Colette und ging zu ihr, legte ihr den Arm um die Schultern. »Das weißt du ja sicherlich selbst.«

Emilie nickte, doch in ihren Augen stand die Angst vor der Zukunft. »Was soll ich dann machen? Ich muss bald das Waisenhaus verlassen, hat der Pater gesagt.«

»Du bist fleißig. Du kannst auch Dinge gut lernen, wenn auch anders als Camille«, erklärte Colette. »Aber ich habe gesehen, dass du flinke Finger hast. Du bist sauber und schnell bei den Sachen, die du kannst.«

»Das is wahr«, meinte Emilie.

»Nun, eine Freundin von mir hat ein Bistro auf dem Großmarkt,. Ein kleines Bistro mit einfachen Speisen. Aber es ist an den Markttagen gut besucht, und sie sucht immer wieder jemanden, der flink ist und die grundsätzlichen Dinge der Küche versteht – Kartoffeln schälen, Gemüse putzen und so etwas.«

»Ja, das is kein Problem, das kann ich. Un was ich nich kann, lerne ich.«

»Das stimmt. Du hast inzwischen gelernt, wie man Gemüse putzt – so dass nicht zu viel in den Abfall kommt«, sagte Julie nun. »Ganz sicher kannst du noch mehr Dinge lernen, und ich glaube, in dem Bistro wärst du gut aufgehoben.«

Emilie schaute von Julie zu Colette und schließlich zu ihrer Freundin Camille. »Was meinst du?«

»Das finde ich gar nicht schlecht, Emmi«, sagte Camille und nahm die Hände ihrer Freundin, sah ihr in die Augen. »Du hättest eine Arbeit.« Sie sah zu Colette. »Aber ein Zimmer hätte sie nicht?«

Colette seufzte. »Das weiß ich nicht, aber ich werde mich erkundigen.«

»Oben in den Mansardenzimmern ist es groß genug für zwei«, meinte Camille. »Wir haben uns die letzten Nächte, als wir hier geblieben sind, auch das Zimmer geteilt. Und von hier aus ist es nicht weit bis zu den Hallen. Kann sie nicht erst mal hier schlafen? Bitte?«

Julie und Colette sahen sich an. »Ich weiß nicht«, sagte Julie zögerlich.

»Ich aber«, sagte Marthe nun entschieden. »Ich weiß es. Wir werden Madame dazu überreden, und das wird gar nicht schwer sein. Ich m ache das, vertraut mir.«

»Ach, Marthe, mon Cœur, das ist so lieb gemeint von dir, aber …«, begann Julie.

»Non, Maman, ich weiß schon genau, was ich tue. Madame Laurent ist Pater Roussel sehr verbunden. Und sie möchte wohltätig sein. Wohltätig, solange es ihr nicht zu sehr im Portemonnaie zwickt. Ob in dem Zimmer jetzt ein oder zwei Mädchen schlafen, kostet sie nicht einen Centime mehr. Wir werden Emilie ja nicht verköstigen müssen. Jedenfalls nicht offiziell.«

»Das ist, wenn ich so darüber nachdenke, eine sehr gute Idee«, sagte Julie nun und verschränkte die Arme vor der Brust. »Im Bistro muss sie von wann bis wann arbeiten, Colette?«

»Das weiß ich nicht genau, aber meine Freundin schließt meist am Nachmittag. Und an den Wochenenden, wenn der Markt geschlossen ist, hat auch sie nicht geöffnet. Was Emilie für Aufgaben haben wird, kann ich noch nicht sagen. Ich muss erst mit meiner Freundin sprechen.«

»Aber vermutlich hätte Emilie an den Wochenenden frei – dann könnte sie hier mithelfen. Und somit ihre Logis erarbeiten.« Sie sah das Mädchen an. »Würdest du das machen?«

»Arbeiten? Ja sicher. Das muss ich doch.«

Julie lachte nun und nahm Emilie in die Arme. »Das weiß ich, mein Kind, das weiß ich doch. Und du bist fleißig. Wir werde also auch für dich eine Lösung finden.«

»Das wär großartig«, sagte Emilie immer noch beklommen. »Wenn es denn tät gehen.«

»Bis nächste Woche bist du ja erst einmal hier. Und bis dahin haben wir alles geklärt«, sagte Julie nun zuversichtlich. »Aber nun, vite, vite, an die Arbeit. Nicht, dass es sich Madame noch anders überlegt.«

»Was kann ich tun?«, fragte Marthe, nachdem die Mädchen eilig wieder in der Spülküche verschwunden waren.

»Du solltest dich erst einmal richtig anziehen. Ich hätte meinen Morgenmantel gerne zurück«, sagte Julie schmunzelnd.

Marthe schaute an sich herunter. Sie war erst spät aufgewacht – niemand hatte sie geweckt. Und dann war sie schnell nach unten gelaufen, froh über den frischen, heißen Milchkaffee, den ihre Mutter ihr zusammen mit den anderen Leckereien kredenzte. An ihr Aussehen hatte sie keinen Gedanken verloren. Marthe kicherte leise und ein wenig verlegen, ging dann nach oben, um sich richtig anzukleiden.

Wie viel einfacher es war, wollene Unterhosen, ein Unterkleid, ein Hemdchen, ein Kleid und eine Schürze anzuziehen. Vor allem, da das Kleid gerade so bis an die Knöchel reichte und nicht bis zum Boden. Es war nicht nur leichter anzuziehen – so ganz ohne Korsett, es ließ sich darin auch viel einfacher gehen.

Und dennoch, dachte Marthe nun und flocht ihre Haare zu einem dicken Zopf, war der gestrige Abend, die gestrige Weihnachtsnacht, etwas ganz Besonderes gewesen. Voller Zauber und voller neuer Eindrücke. Ich hatte Angst vor Michelle und Isobel gehabt – und das ganz ohne Grund. Nun, vielleicht nicht ganz ohne Grund. Eventuell haben sie sich hinter meinem Rücken über mich lustig gemacht, fanden mich spröde und ein wenig steif – aber ich konnte mich behaupten. Doch dann fiel ihr wieder der Tanz ein. Erst die Quadrille – es war mehr als eine gewesen, und dann die Polka. Dieser Jean hatte immer wieder versucht, ihr nahe zu kommen. Schon bei der Quadrille. Er war zusammen mit Florence das Paar gegenüber gewesen. Und jedes Mal, wenn sie sich die Hände hatten reichen müssen, die Arme verschränken oder so etwas, hatte er fest zugedrückt, gezwinkert oder hatte sie an sich gedrückt. Ähnliche Figuren hatte sie ja auch mit Vincent getanzt, aber das war ganz anders gewesen. Vincent, der natürlich von ihrer Unsicherheit wusste, hatte sie behutsam geführt, ihr meist mit kleinen Gesten gezeigt, was sie machen musste.

Mit Vincent hatte sie auch die erste Polka getanzt. »Keine Angst«, hatte er ihr zugeflüstert. »Ich führe. Wenn du mir aus Versehen auf die Füße trittst, werde ich nicht schreien«, hatte er schmunzelnd gesagt.

Jean hatte danach übernommen. Und mit ihm war es ganz anders gewesen. Er hatte sie so umhergewirbelt, dass sie gar nicht wusste, wo unten und oben war. Dabei hatte er immer laut gelacht und irgendwelche Dinge gesagt, auf die sie gar nicht reagieren konnte. Nach der Polka war Marthe in das Nebenzimmer gewankt und hatte sich setzen müssen. Zum Glück erkannte Florence die Not ihrer Freundin und nahm Jean bei den Händen, brachte ihn zurück in den großen Salon und tanzte mit ihm.

Wahrscheinlich habe ich mich sehr ungeschickt verhalten, dachte Marthe nun beschämt. Ich hätte ihn nicht so dicht an mich heranlassen dürfen, hätte mich nicht so vorführen lassen dürfen. Er hat sich vermutlich ganz göttlich über mich amüsiert. Sie schlug beschämt die Hände vor das Gesicht. Ich werde mich nie wieder sehen lassen können, dachte sie entsetzt. Und das ist auch besser so. Sie setzte sich auf ihr Bett, ihre Knie zitterten, ihre Hände waren eisig und dennoch lief ihr der Schweiß über den Rücken. Niemals, niemals, niemals hätte ich an diesem Fest teilnehmen dürfen. Um in dieser Gesellschaftsschicht mitspielen zu können, muss man darin geboren sein oder zumindest einige Jahre mit diesen Leuten verbracht haben. Es ist wie mit Emilie und der gehobenen Küche – von selbst kommt das nicht, egal, wie fleißig man ist. Man braucht eine Art Ausbildung, man muss angelernt werden und ein paar Tage reichen dafür nicht aus. Ich habe mich bestimmt ganz furchtbar blamiert. Wie soll ich denn jemals Florence und Vincent wieder in die Augen sehen können? Vielleicht wäre es doch besser, wenn Maman eine andere Stellung antritt.

Nur langsam beruhigte sie sich, dann stand sie endlich auf, ging langsam nach unten. Noch immer zitterten ihre Hände, und sie fühlte sich unwohl.

Schuster, bleib bei deinen Leisten, sagte sie sich. Ich kann mit Florence zur Schule gehen, aber mich bei einem Fest lächerlich machen, das muss ich nicht mehr. Der Gedanke bestärkte sie. Marthe war froh, als sie in den warmen Flur des Wirtschaftsteils trat, die Umtriebigkeit in der Küche hörte, die Stimmen und das leise Gelächter.

Mit neuem Mut betrat sie die Küche. »So, Maman«, sagte sie. »Ich bin bereit für alle Aufgaben, die du für mich hast.«

Julie sah sie an, ihr Blick war durchdringend, und kurz kniff sie die Augen zusammen. »Du kannst wirklich helfen«, sagte sie. »Bitte geh in den Salon. Die Familie möchte heute Abend noch einmal alle Kerzen am Weihnachtsbaum anzünden, aber es sind natürlich alle niedergebrannt. Ich habe jetzt Thierry beauftragt, sie auszutauschen, aber er kann unmöglich auf die Leiter steigen. Kannst du das bitte machen?«

»Aber sicher, Maman.« Marthe eilte nach vorne. An der Flügeltür, die den Wirtschaftsteil von der Hauptwohnung trennt, blieb sie kurz stehen und holte Luft. Diesmal ging sie als Personal durch die Tür, nicht als Gast. Es fühlte sich sehr viel einfacher an.

Schon am gestrigen Abend – eigentlich eher in der frühen Nacht, hatten Claire und Gaston einige der Kerzen ausgetauscht, denn mehr als vier Stunden brannten sie nicht. Sie hatten allerdings nur hier und da neue Kerzen stecken können und nur bis etwa zur Mitte. Vermutlich war das niemanden besonders aufgefallen, es funkelte und glitzerte ja immer noch ein wenig und der Fokus der Gäste hatte, nachdem sie am Anfang den Baum in seiner vollen Pracht bewundert hatten, ja auf anderen Dingen gelegen.

Nun betrat Marthe den Salon. Thierry saß auf einem der Stühle, schnaufend, und drückte die Hand an die Brust.

»Geht es dir nicht gut?«, fragte Marthe besorgt. »Brauchst du etwas zu trinken?« Auf der Anrichte stand immer eine Kristallkaraffe mit frischem Wasser und natürlich auch saubere Gläser. Schnell schenkte sie ihm ein, reichte ihm ein Glas.

»Danke, mein gutes Kind. Hab Dank«, sagte er mit schwacher Stimme. »Ich fürchte, ich werde langsam zu alt für diese Feste.«

Ja, dachte Marthe, aber was wird dann aus dir? Auf den Gutshöfen, bei den großen Familienbesitzen, wurden die in die Jahre gekommenen treuen Bediensteten aufs Altenteil geschickt. Aber was passierte mit denen in der Stadt? Schon oft hatte sich Marthe über die vielen alten Menschen in den Straßen gewundert, die um Geld baten und die sehr heruntergekommen aussahen. Manche der neureichen Familien, oder solche, die einfach keine andere Möglichkeit hatten, setzten das Personal auf die Straße, sobald es ausgedient hatte. Zu den vielen Waisen, die Krankheiten und Kriege schufen, gab es nun auch die armen Alten. Auch für sie gab es Armenhäuser, doch wie bei den Waisen, hatten diese nur begrenzt Plätze.

Familien, die von größeren Geschlechtern, aus dem Adelsstand oder aus alten Gutsfamilien kamen und die noch Güter auf dem Land hatten, schickten ihr altes Personal auch manchmal dorthin. Doch verpflanzt man einen alten Baum, fragte sie sich und dachte an Grand-mère, die auch nicht mehr umziehen wollte, so schwer ihr das Leben auf dem Hof auch fiel.

Thierry würde hoffentlich nicht abgeschoben werden, dachte Marthe.

»Du solltest auf dein Zimmer gehen und dich ausruhen«, sagte sie. »Ich mach das hier schon. Und nachher wird dir Maman eine kräftigende Suppe bringen lassen. Komm, ich helfe dir.« Sie nahm seinen Arm, zog ihn sanft hoch.

»Das geht aber doch nicht. Ich sollte wenigstens die Leiter halten. Was, wenn du stürzt?«, fragte er verzagt.

»Ich werde einfach nicht stürzen«, meinte Marthe und versuchte so zuversichtlich und fröhlich zu klingen, wie sie es vermochte.

»Ach Kind, ich kann dich doch mit der Arbeit nicht allein lassen.« Doch er ließ sich von ihr zu seiner Kammer führen, die hinter dem großen Badezimmer am Ende des Flügels lag – nicht weit vom Schlafzimmer des Monsieurs. Thierry setzte sich auf sein Bett, holte mehrfach tief Luft. »Danke«, sagte er leise.

»Ich komme gleich noch einmal und schau nach dir«, meinte Marthe, die kein gutes Gefühl hatte, ihn allein zu lassen.

Vielleicht, dachte sie, als sie die Kammer verließ, sollte Maman direkt nach ihm sehen.

»Guten Morgen«, rief Florence vergnügt, als Marthe den Flur des Flügels entlang ging. »Was machst du denn hier?«

»Ich habe Thierry in sein Zimmer gebracht, es geht ihm nicht gut.« Marthe sah ihrer Freundin mit gemischten Gefühlen entgegen. Wie würde sie sich verhalten? Was dachte sie nach gestern über Marthe?

»Der Arme. Hoffentlich geht es ihm bald besser.« Florence musterte ihre Freundin schmunzelnd. »Ausgeschlafen?«, fragte sie zwinkernd. »Es war ein wunderbarer Abend, nicht wahr? Meine Eltern sind ganz begeistert, alle haben unsere Küche gelobt.«

Marthe nickte, sie wusste nicht, was sie sagen sollte.

»Und meine Maman fand dich wirklich entzückend. Wir fahren über Silvester in den Süden«, sagte Florence nun und verzog das Gesicht. »Ich wünschte, du könntest mitkommen und dort mit uns den Jahresübergang feiern.«

»Oh«, sagte Marthe überrascht. »Du würdest mich auf eine Einladung mitnehmen?«

»Aber natürlich, warum denn nicht?«

»Weil … weil … ich doch nicht tanzen kann und mich wie der letzte Dorftrottel benommen habe.« Marthe flüsterte die Worte nur.

»Unfug«, lachte Florence und nahm die Hände ihrer Freundin, drehte sich mit ihr im Kreis. »Du warst bezaubernd. Nicht jeder kann tanzen – auch ich vergesse manchmal die Reihenfolge der Schritte.«

»Aber … die Polka«, hauchte Marthe. »Und … dieser Jean … was denkt er jetzt von mir?«

Florence blieb stehen und kniff die Augen zusammen. »Du wirst dir doch wohl keine Gedanken um diesen Rüpel machen«, sagte sie empört. »Er ist derjenige, der sich Gedanken um seine Reputation machen sollte. Wie er dich gepackt hat, wie unsensibel er war. Das ist doch kein Anstand. Was kannst du denn dafür?« Sie seufzte und hake sich bei Marthe unter, ging weiter mit ihr zum Salon. »Aber wenn es dich beruhigt – die letzten Stunden auf einem Fest, wenn sich die Älteren schon meist zurückgezogen haben und der Alkohol etwas großzügiger fließt, werden nie wirklich ernst genommen. Die vergisst man am besten. Niemand wird sich morgen noch daran erinnern, dass du ein paar falsche Tanzschritte gemacht hat. Wirklich niemand.« Sie grinste. »Aber an dich wird man sich erinnern, da bin ich mir gewiss.«

»Oh, warum?«

»Weil du so schön bist. Und weil du so geheimnisvoll warst. Keiner kannte dich, keiner kennt deine Familie, woher du kommst. Und du hast so sehr mit Bedacht gesprochen, aber auch mit Expertise. Ich weiß genau, dass sich die Martins, die Durants und die Bertrands heute den Kopf zermartern, wer du wohl sein könntest.«

»Ist das … gut?« Marthe war immer noch unsicher.

»Aber natürlich. Jemand, der ein wenig mysteriös ist und dabei so natürlich und gleichzeitig auch reizend, der bleibt positiv im Gedächtnis, da bin ich mir sicher.« Florence sah sich im Salon um. »Was machen wir hier?«

Nun grinste Marthe. »Was du hier machst, weiß ich nicht. Ich soll die Kerzen am Baum austauschen, damit er heute Abend wieder leuchtet und strahlt.«

»Oh ja, er ist so schön«, sagte Florence und trat zum Baum. »Wie tauscht man die Kerzen?«

Jetzt lachte Marthe laut. »Das weißt du nicht?«

Florence errötete beschämt. »Ich habe es noch nie gemacht.«

»Schau, es gibt zwei Arten von Kerzenhaltern. Einmal diese hier aus Blech, die werden an die Zweige geklemmt. Und einmal die schönen Pendelhalter, die man über die kräftigeren Zweige hängt. Man muss zuerst die Kerzenstummel entfernen.«

Florence hatte einen der Pendelkerzenhalter vom Ast genommen und schaute ihn an. Das Pendel – der untere Teil, war eine vergoldete Kugel. »Ich habe sie noch nie so genau betrachtet, die sind ja so schön – sie schmücken den Baum auch.«

»Das stimmt«, sagte Marthe und trat neben sie. »Wo hast du ihn denn weggenommen?«

»Von einem der Äste natürlich«, sagte Florence.

»Ja, aber von welchem? Es ist eine große Kunst, die richtigen Stellen zu finden. Und es dauert lange. Die Kerzen müssen gerade stehen, sie dürfen nicht unter einem anderen Ast sein, jedenfalls nicht zu nahe – sonst fängt der ganze Baum Feuer – und die Lichter sollten gleichmäßig verteilt sein. Deshalb lassen wir die Halter am Baum, wenn erst einmal die beste Position für ihn gefunden ist.«

»Kerzentauschen scheint eine eigene Wissenschaft für sich zu sein«, ertönte es plötzlich hinter ihnen, und die beiden Mädchen drehten sich erschrocken um.

»Grundgütiger, Vincent«, sagte Florence empört. »Wieso schleichst du dich so an?«

»Ich kann doch nichts dafür, wenn ihr mich nicht hört. Ich war nicht leiser als sonst auch«, sagte er lachend. »Oh, unsere Prinzessin hat sich wieder zur Magd verwandelt, wie bedauerlich.« Er nickte Marthe zu.

»Ist es nicht schade, dass wir Silvester ohne Marthe feiern müssen?«, fragte Florence. »Es wäre so schön, wenn sie wieder dabei wäre.«

»Warum nehmen wir sie nicht einfach mit?«, fragte Vincent. »Das dürfte doch kein Problem sein.« Er musterte Marthe. »Ja«, sagte er dann langsam, und seine Stimme klang plötzlich anders, »ja, es wäre wirklich schön, wenn du mitkommen würdest.«

Marthe hob die Hände. »Nein«, sagte sie entsetzt. »Nein, auf keinen Fall. Das geht nicht.«

»Warum denn nicht? Ein Gast mehr oder weniger wird unsere Verwandtschaft nicht stören.«

»Weil … weil …«, stotterte Marthe und überlegte hektisch nach einer gute Ausrede, »weil ich meine Maman nicht alleine lassen kann. An den Jahresübergängen denkt sie oft sehr viel an meinen Vater …« Sie war froh, diese Erklärung gefunden zu haben, die tatsächlich stimmte.

»Oh«, sagte Vincent betroffen, »das kann ich dann verstehen. Aber du wirst sicher demnächst auf andere Feste mit uns gehen. Meine Freunde waren jedenfalls alle sehr entzückt von dir.«

»Vor allem Jean«, meinte Florence abfällig.

»Jean, ach, Jean. Du kennst ihn doch. Wenn er zu viel getrunken hat, und das hatte er ohne Zweifel, vergisst er seine guten Manieren. Das nächste Mal hältst du dich einfach von ihm fern, Marthe. Ich werde dann auch ein Auge auf dich haben, sei dir dessen gewiss.« Er zwinkerte ihr zu. »Und nun weise uns mal in die Kunst des Kerzentauschens ein.«

Es wurde eine lustige Stunde, in der sie alle Kerzen vorsichtig austauschten und noch einmal über das vergangene Fest sprachen. Als Marthe die Kerzenreste in die Küche brachte, fiel ihr Thierry ein, und das schlechte Gewissen bereitete ihr Bauchschmerzen. Julie ging sofort nach vorne, um nach ihm zu sehen, schickte dann Estelle mit heißer, kräftiger Brühe und etwas Wein zu ihm.

»Er ist schwach«, beruhigte sie Marthe, »aber das ist nicht ungewöhnlich für jemanden in seinem Alter nach so einer anstrengenden Nacht. Denn obwohl er nicht viel machen musste, ist er bis zuletzt aufgeblieben und hat geholfen. Der Wein und die Brühe werden ihn kräftigen, und die Ruhe wird ihm guttun. Vor allem, wo die Herrschaften in den nächsten Tagen nicht hier sind, und er sich nicht genötigt fühlt, Monsieur zu helfen.«

»Ich wollte dir viel eher Bescheid sagen, aber dann …«

»Mach dir keine Gedanken, mon Cœur. Es ist nicht deine Verantwortung.«

Am Abend, nachdem die Familie gegessen hatte, traf sich das Personal in der Küche. Julie tischte ordentlich auf – es gab allerlei Reste vom Fest, die die Familie nicht mehr wollte, die aber zu schade waren, um weggeschmissen zu werden.

»Von der Pastete können wir auch morgen noch essen«, sagte Julie zufrieden. »Aber die russischen Eier, den Hummersalat und auch die Suppe, das Brot und noch ein paar weitere Dinge werden wir wohl leider wegschmeißen müssen.«

»Oh ne«, meinte Emilie, »wirklich? Kann ich das nich mitnehmen ins Heim? Die haben so was noch nie gegessen. Ich bring's gleich hin.«

»Aber natürlich«, sagte Julie erfreut. »Das ist eine sehr gute Idee.« Dann sah sie zum Fenster. »Aber es ist schon dunkel, und der Weg ist weit.«

»Ich geh mit«, meinte Camille. »Dann schlafen wir da und sind morgen ganz früh wieder hier.«

Julie war etwas unschlüssig.

»Wir sind schon öfter nachts in der Stadt unterwegs gewesen«, meinte Emilie nun und streckte das Kinn vor. »Das schreckt mich nich.«

»Mich auch nich«, stimmte Camille ihr bei.

»Na gut«, sagte Julie. »Aber gebt auf euch Acht und nehmt auf jeden Fall eine Laterne mit.«

Auch am nächsten Tag blieb Thierry im Bett. Er fühlte sich schwach, aber nicht krank. Mehrfach ging Marthe nach vorne, um nach ihm zu sehen, oder ihm eine Kleinigkeit zu essen oder zu trinken zu bringen.

In der Küche und im restlichen Haushalt herrschte große Aufregung. Sie mussten noch die Reste vom Fest verräumen und sauber machen, und gleichzeitig wurde gepackt.

Kleidung musste gereinigt und ausgebessert werden, Schuhe wurden noch schnell zum Schuster gebracht und anschließend gewienert. Die großen Koffer wurden vom Dachboden geholt und entstaubt.

Die Wäschefrau kam, holte Wäsche ab – einiges wurde noch zur Weißnäherin gebracht, anderes zur Schneiderin.

»Fast stündlich«, seufzte Julie, »fällt Madame noch etwas ein, was getan oder erledigt werden muss. Ich mache drei Kreuze, wenn sie in die Droschke gestiegen und auf dem Weg zum Bahnhof sind.«

Endlich war es so weit. Die Droschken kamen – eine für die Herrschaften und eine weitere für Claire und Gaston und das ganze Gepäck –, und dann fuhren sie los.

»Ich will gar nicht wissen, was sie alles für den langen Sommerurlaub einpacken«, sagte Julie erleichtert. »Wir haben zwar in den nächsten Tagen einiges zu tun, aber wir können es uns selbst einteilen. Und nun ab in die Küche, ich mache uns etwas Leckeres zu essen.«

Warme Vorspeise

Potage

Kapitel 11

Paris, Februar 1889

Es war ein kalter Tag mit einem spülwassergrauen Himmel, der mit noch mehr Schneeregen drohte. In den letzten Wochen schien es ständig geregnet zu haben, die feuchte Kälte hatte sich in alle Ritzen und Ecken geschlichen, machte alles klamm.

Marthe sehnte sich nach der knackig-kalten Luft der Berge, nach Schnee und der Klarheit, die für sie Winter bedeutete. Doch in Paris hing der Qualm der vielen Kamine wie eine dichte Decke über den Häusern und zog durch die Straßen.

Untergehakt gingen Florence und Marthe mit schnellen Schritten durch die Straße, beide wünschten sich in die Wärme der Küche und erhofften eine heiße Suppe nach diesem Schultag.

»Hallo, hallo, ihr beiden Schönen«, rief jemand hinter ihnen. Florence blieb so abrupt stehen, dass Marthe stolperte und beinahe hingefallen wäre.

»Jean Baptiste Bernard«, sagte Florence und stemmte die Hände in die Hüften. »Das ist jetzt das dritte Mal, dass du uns auf dem Heimweg triffst. Sag, lauerst du uns auf?«

Jean blieb verdattert stehen und sah sie an, Vincent bog nun um die Ecke, er wirkte etwas abgehetzt. »Grundgütiger, Jean«, schimpfte er. »Du musst doch nicht so rennen.«

»Rennen? Auch das noch.« Florence grinste. »Bist du auf der Flucht oder verfolgst du uns?«

»Ich … ähm«, stotterte Jean, fasste sich dann aber schnell und schmunzelte. »Ich freue mich sehr, dass wir uns heute wieder so zufällig treffen, Mademoiselles.«

»Zufällig, soso«, sagte Marthe. Sie schaute Vincent an, der seinen Schal zurechtzog. Seine Augen funkelten vergnügt.

»Natürlich nicht zufällig«, sagte er und lächelte. »Wir wollten euch erwischen, bevor ihr zu Hause seid.«

»Warum?«, fragte Florence.

»Wir dachten, ihr wolltet mit uns vielleicht zum Marsfeld gehen. Im Mai wird die Weltausstellung eröffnet, und wir wollten schauen, wie weit sie dort sind.«

Marthe zog die Schultern hoch und schüttelte den Kopf. »Warum sollen wir uns eine Baustelle anschauen? Und noch dazu bei diesem ekeligen Wetter? Ich möchte nach Hause, möchte meinen Mantel vor dem Kamin aufhängen und erhoffe mir eine warme Suppe. Und vielleicht eine heiße Schokolade.«

»Und die Eclairs, die deine Mutter gestern gebacken hat«, fügte Florence hinzu.

Nach dem Weihnachtsfest war die Familie Laurent an die Dordogne zu Verwandten gefahren und hatte dort den Jahreswechsel verbracht. So blieb Marthe genügend Zeit, sich über das Fest ausreichend Gedanken zu machen.

Nachdem die Laurents zurückgekommen waren, waren Florence und Marthe von Michelle zu ihrem Geburtstag eingeladen worden. Zuerst hatte sich Marthe gesträubt mitzugehen, doch dann hatte sie sich von Florence überreden lassen.

Es war ein lustiger Abend gewesen, auch Jean, Luis und Vincent nahmen teil. Diesmal achtete Marthe darauf, nicht zu viel zu trinken und vor allem keinen harten Alkohol. Sie hielt sich von Jean fern, aber auch Vincent hatte ein Auge auf sie. Im Grunde genommen wich er fast gar nicht von ihrer Seite. Erst fand sie es nett, dann war sie doch ein wenig irritiert.

»Es ist sein Beschützerinstinkt«, erklärte Florence später. »Ich glaube, er sieht in dir so etwas wie eine weitere kleine Schwester.«

»Um dich macht er aber nicht so ein Gewese.«

»Er weiß ja auch, dass ich mich behaupten kann. Er meint es nur gut, Marthe. Und er mag dich.«

Zum Glück war die Geburtstagseinladung nicht so förmlich gewesen wie das Weihnachtsfest. Colette kam und richtete Marthe die Haare, aber es wurde nur eine simple Aufsteckfrisur, die Marthe anschließend allein lösen konnte. Das blaue Kleid bekam ein anderes Unterkleid – sehr viel anders sah Marthe nicht aus, aber auch nicht genauso wie zum Weihnachtsfest.

»Ich habe noch mehr Kleider, die ich nicht mehr tragen kann, du aber schon«, erklärte Florence, und so erbte Marthe drei weitere Kleider von ihr, die Colette änderte und anpasste.

Und jetzt, nach Michelles Geburtstag, zeigte Jean ein vermehrtes Interesse an den beiden Mädchen, immer mit Vincent im Schlepptau. Marthe wusste nicht so recht, was sie davon halten sollte. Florence fühlte sich einerseits geschmeichelt, dass ihr Bruder sie nun hin und wieder zu Veranstaltungen und Einladungen mitnehmen wollte, andererseits war sie auch ein wenig enerviert.

Die Geschwister fanden es lustig, um Marthes Herkunft ein Geheimnis zu machen, aber Marthe war es unangenehm. Ständig musste sie aufpassen, nichts Falsches zu sagen oder sonstwie in ein

Fettnäpfchen zu treten. Als Jean und Vincent sie zum ersten Mal auf dem Schulweg trafen, da mochte es noch ein Zufall gewesen sein, fasste sie deshalb einen Entschluss.

»Ich werde es nicht mehr leugnen«, sagte sie zu Florence. »Jedenfalls nicht mehr gegenüber Jean und Luis, Michelle und Isobel. Wenn wir sie weiterhin treffen, werde ich zu meiner Herkunft stehen.« Sie spürte die Hitze, die ihr bei ihren Worten in die Wangen stieg. »Dieses: ›Oh, Marthe kommt nach der Schule noch mit zu mir‹, das können wir uns dann sparen.« Für einen Moment hielt sie inne, fuhr dann leiser fort: »Und wenn mich deine Freundinnen dann nicht mehr einladen, dann ist das eben so. Davon geht meine Welt nicht unter.«

Florence hatte sie mit großen Augen angesehen und dann heftig genickt. »Du hast so recht und du bist so mutig. Oh, Marthe, meine Marthe«, hatte sie gesagt und war ihrer Freundin um den Hals gefallen. »Wir werden es nicht an die große Glocke hängen, aber natürlich gibt es nichts, ganz und gar nichts, wessen du dich schämen musst. Ich sehe das genau wie du.«

»Wirklich«, sagte Marthe überrascht. »Das meinst du auch so?«

»Aber natürlich! Warum solltest du dich schämen? Du kommst aus einer rechtschaffenen Familie. Wir leben in der Dritten Republik, in einer Demokratie. Du gehst mit mir zur Schule, bist intelligent – du bist klüger und zielstrebiger als ich. Da gibt es nichts, was man verleugnen müsste.« Sie biss sich auf die Lippen. »Es war nur so lustig. Ich glaube, Vincent fand das auch, unsere Freunde auf den Arm zu nehmen und ihnen etwas vorzugaukeln. Aber damit ist jetzt Schluss.« Sie hob den Kopf und lächelte. »Und wer etwas gegen dich sagt, bekommt es mit mir zu tun.«

Marthe war so erleichtert, sie hatte das Gefühl, ein ganzer Berg an Last und Geheimnissen würde von ihr abfallen. Wie Florences Freunde dann mit ihr umgehen würden, würde die Zukunft zeigen. Die Wahrheit, da war sie sich gewiss, war leichter zu leben, als dieses Versteckspiel voller Angst und Sorgen, entdeckt und lächerlich gemacht zu werden.

Ein paar Tage später trafen sie Jean und Vincent wieder auf dem Nachhauseweg. Diesmal war sich Marthe sicher, dass es kein Zufall war. Sie war aber auch sehr erleichtert, dass sich Jean ganz auf Florence konzentrierte, auch wenn er auch immer charmant zu Marthe war. Die jungen Männer begleiteten sie nach Hause.

»Gehst du noch weiter?«, fragte Jean, als sie vor dem Haus der Laurents standen. »Sollen wir dich begleiten?«

Vincent wollte etwas sagen, aber Marthe kam ihm zuvor. »Nein, ich gehe nicht weiter. Ich wohne auch hier.«

»Wirklich? Mon Dieu, das wusste ich gar nicht! Seit Kurzem erst? Oben in einer der Wohnungen?«

»Um korrekt zu sein, schlafe ich in der Mansarde«, sagte Marthe. Für einen kleinen Moment zweifelte sie an ihrem Mut und ihrer Entscheidung, doch dann gab sie sich einen Ruck. »Da ist mein Zimmer.«

»In der … du scherzt?« Jean sah sie verblüfft an.

»Nein, ich scherze nicht. Ich habe mein Zimmer ganz oben – mit dem besten Blick über Paris.«

»Weißt du«, sagte Vincent nun ein wenig verlegen, »Marthe, sie ist …«

»Marthe ist meine Freundin«, fiel ihm Florence ins Wort. »Wir gehen zusammen zur Schule, in eine Klasse. Und sie ist meine Freundin. Mir liegt viel an ihr.«

»Ja, sicher …«, sagte Jean verwirrt, »aber … in der Mansarde?«

»Ich wohne hier mit meiner Mutter in diesem Haus, denn meine Mutter ist die Mamsell und Köchin der Familie Laurent.« Marthe atmete tief aus. Nun hatte sie es gesagt. Gespannt und auch ein wenig nervös sah sie Jean an. Vor Verblüffung konnte er kein Wort herausbringen, sah von Marthe zu Vincent und dann zu Florence.

»Ihr … ihr nehmt mich auf den Arm, non?«

»Nein«, sagte Vincent nun, der auch sehr überrascht wirkte, sich aber schnell zu fangen schien. »Es ist so, wie Marthe es gesagt hat. Ihre Mutter, Madame Distel, ist unsere Mamsell.«

»Das ist … überraschend«, meinte Jean.

»Nun, wir leben in der modernen Zeit«, meinte Florence ein wenig schnippisch und öffnete die Tür zum Haus, nickte dem Concierge zu, der unten im Eingang fegte. »Wir leben in einer Demokratie und schon lange sollten ja Einheit, Gleichheit und Brüderlichkeit in Frankreich herrschen – aber dem ist nicht so. Ich fand, es ist Zeit, das zu ändern.«

Gemeinsam gingen sie alle nach oben, doch Vincent und Jean verschwanden in Vincents Zimmer.

Später war Vincent in die Küche gekommen, er hatte Marthe bewundernd angeschaut. »Welch einen Mut du hast«, sagte er zu ihr. »Ich finde dich großartig.«

»Jean wird nun vermutlich nichts mehr mit mir zu tun haben wollen. Ich hoffe nur, es schmälert eure Freundschaft nicht«, sagte Marthe.

»Es wäre sein Problem, nicht meins – wenn er es überhaupt hat. Er war eher wortkarg und nachdenklich, etwas beleidigt, dass wir ihn so hinters Licht geführt haben.« Vincent zuckte mit den Schultern. »Er wird sich schon wieder einkriegen.«

»Es wird die Runde machen, fürchte ich. Und nicht jeder wird es so gelassen sehen.«

»Darüber musst du dir keine Gedanken machen. Ich finde, du bist in jeder Runde eine Bereicherung.« Der Blick, mit dem er sie ansah, war anders als früher. Weicher, aber auch voller Anerkennung. Marthe hatte die Augen abgewendet, ein Kribbeln lief über ihre Haut, dabei war es in der Küche alles andere als kalt.

Das war vor ein paar Wochen gewesen.

»Eclairs«, sagte Jean jetzt fröhlich. »Und heiße Schokolade.« Er stieß Vincent in die Seite. »Das klingt tatsächlich besser, als das Marsfeld zu besichtigen, auf das wir vermutlich noch gar nicht kommen. Zumal das Wetter keine Besserung verspricht. Was meinst du, sollen wir die beiden Mes·demoi·selles begleiten? Vielleicht legen sie ja bei eurer Mamsell ein gutes Wort für uns ein, und wir bekommen auch etwas von den Köstlichkeiten.«

»Ich wollte dir den Eiffelturm zeigen«, sagte Vincent nun zu Marthe. »Sie sind fast fertig. Und ich kenne jemanden, der uns auf die erste Plattform lassen würde.«

Marthe biss sich auf die Lippe. »Das klingt … verlockend«, sagte sie langsam. Dann zog sie wieder die Schultern hoch. »Geht das wirklich nur heute? Mir ist so kalt …«

»Dir ist kalt? Dann gehen wir natürlich nach Hause«, sagte Vincent und klang plötzlich besorgt. Er trat zu Marthe und nahm ihren Arm. »Nicht, dass du krank wirst.«

Florence kicherte. »Mir ist auch kalt«, sagte sie dann gespielt wehleidig.

»Dann müssen wir auch dich schnell nach Hause bringen.« Jean grinste und legte ihr den Arm um die Schultern. »Es geht natürlich nicht, dass diese zarten Mesdemoiselles frieren und leiden.«

»Wie läuft es in der Schule?«, fragte Vincent, der mit Marthe voranging. »Bald habt ihr Prüfungen, non?«

»Noch mache ich mir keine Sorgen«, sagte Marthe, die sich nicht sicher war, wie sie die Nähe zu ihm fand. Er hielt ihren Arm eng an sich gedrückt, beugte sich immer wieder vertrauensvoll zu ihr.

»Du musst dir vermutlich auch keine Sorgen machen, aber wenn du Fragen hast, dann kannst du ruhig zu mir kommen. Ich helfe dir gerne«, sagte er mit sanfter Stimme.

»Danke, das schätze ich sehr. Flo und ich wollten in den nächsten Tagen die Prüfungsunterlagen durchgehen. Es ist gut zu wissen, dass wir uns an dich wenden können.«

Vincent verzog das Gesicht zu einem schiefen Lächeln. »Ach Flo, um sie mache ich mir keine Gedanken. Für sie ist das doch nur ein Spiel. Sie will nur zur Universität gehen, weil es sie interessant macht.«

»Du täuschst dich in deiner Schwester«, sagte Marthe empört. »Natürlich will sie lernen. Natürlich will sie studieren.«

»Und dann? Was will sie dann machen?«

»Dann … dann will sie schreiben.«

»Und du?«

»Ich auch, das weißt du doch. Ich will Journalistin werden. Ich will Artikel schreiben und recherchieren und … so. Deshalb würde ich auch sehr gerne mit dir zum Marsfeld gehen. Nur … vielleicht heute nicht«, fügte sie mit leiser Stimme hinzu.

Vincent lachte. »Ich weiß. Du meinst es ernst. Und wenn es nur heute die Möglichkeit gäbe, würdest du gehen, non?«

Marthe zögerte nicht. »Natürlich. Aber es gibt doch noch weitere Tage, an denen wir das machen können?«

»Nicht mehr viele. Im Mai schon wird die Ausstellung eröffnet. Wir können zur Eröffnung gehen. Ich bin mir sicher, dass wir auch dann auf die Plattform kommen.«

Marthe überlegte. »Doch dann sind da noch ganz viele andere Menschen, die auch auf das Gelände strömen. Hmmm. Vielleicht sollten wir doch jetzt gleich gehen?«

»Es wird langsam dunkel. Was hältst du denn von Samstagvormittag? Da könnten wir schon früher los, und mit ein bisschen Glück hat sich dann auch das fiese Wetter verzogen.«

»Ich sehne mich so nach dem Frühjahr, aber bis dahin dauert es noch. Auf dem Land, in den Vogesen bei meiner Grand-mère, konnte man die Jahreszeiten besser unterscheiden. Dort ist der Winter ein richtiger Winter. Und dort kann man im März schon nach Anzeichen des Frühlings Ausschau halten. Hier in der Stadt scheint mir das nicht möglich zu sein.«

»Wie ist denn ein richtiger Winter?«

»Kalt.«

Vincent lachte auf. »Sagtest du nicht, dir wäre kalt?«, neckte er sie.

»Ja, ich friere. Aber es ist die Nässe, die mich frösteln lässt. In den Bergen ist es jetzt viel kälter, und dort liegt nun Schnee. Deshalb ist die Kälte anders – sie ist trockener und somit besser zu ertragen.«

»Darüber habe ich noch nie Gedanken verloren. Wir sind im Winter entweder hier oder im Süden. Dort ist es zwar auch nicht immer warm und angenehm um diese Zeit, aber auch nicht so klamm.«

»In Paris ist der Herbst und der Winter schrecklich bis jetzt«, sagte Marthe. »Das Wetter, ich meine nur das Wetter. Ansonsten hat Paris natürlich sehr viele Vorzüge vor dem Dorf in den Vogesen, in dem wir früher lebten.«

»Aber du vermisst es?«

»Manchmal«, gestand Marthe. »Ich verbinde sehr viel mit dem Leben dort. Mit meiner Grand-mère, Erinnerungen an meinen Vater, die Natur. Hier gibt es ja noch nicht einmal Schneeglöckchen, die leise das Frühjahr einläuten.«

»Oh doch, die gibt es wohl. Und Winterlinge. Es gibt in dieser Stadt sehr schöne und grüne Ecken. Es gibt Parks und die Alleen.« Er sah sie von der Seite an. »Ich kann dir das zeigen, wenn du willst.«

»Das wäre eine Seite von Paris, die ich noch nicht kenne. Und ja, ich würde das gerne sehen.«

Vincent lächelte beglückt. »Es gibt noch so viel mehr in der Stadt, was du bestimmt noch nicht kennst. Ich werde dir die Stadt näherbringen, du wirst sie irgendwann genauso lieben wie den Hof deiner Grand-mère.«

»Genauso?« Marthe schmunzelte. »Das glaube ich kaum. Aber anders vielleicht.«

Sie hatten das Haus im achten Arrondissement erreicht und gingen nun alle vier nach oben. Claire öffnete ihnen die Tür, und Marthe wusste sofort, dass etwas passiert war.

»Was?«, fragte sie Claire bange. »Was ist los?«

Claire senkte den Kopf, aber Marthe hatte gesehen, dass Tränen ihre Augen füllten. »Thierry«, sagte sie. »Er ist verstorben.«

»Oh nein!«, rief Vincent aus. »Das kann doch nicht sein.«

Sie sahen sich alle betroffen an. Marthe biss sich auf die Lippen. Ohne auf ihre Freunde zu achten, eilte sie den Gang entlang nach hinten, in die Wirtschaftsräume.

In der Küche, in der sonst immer hektische und fröhliche Betriebsamkeit herrschte, war die Stimmung gedämpft. Selbst die Topfdeckel, die sonst immer lustig im Dampf tanzten, schienen nun verstummt zu sein.

»Maman?«

Julie kam zu Marthe und nahm sie in die Arme. »Er ist friedlich eingeschlafen.«

Marthe konnte die Tränen nicht zurückhalten. »Er hatte mich noch am Wochenende gebeten, ihm aus der Zeitung vorzulesen. Aber ich habe die Zeit nicht gefunden«, schluchzte Marthe. »Ich schäme mich so.«

»Das musst du nicht«, versuchte Julie ihre Tochter zu trösten. »Ich wollte ihm noch sein Lieblingsessen, eine Bouillabaisse, kochen – aber auch ich bin nicht dazu gekommen.«

»Ich dachte«, sagte Vincent nun, der, wie die anderen auch, Marthe gefolgt war, mit belegter Stimme, »wir hätten noch Zeit miteinander. Ich wollte noch Zeit mit ihm verbringen. Er wusste so viel von früher, von unserer Familie.«

»Ich habe noch ganz viele Fragen, die ich ihm stellen wollte«, sagte nun Florence und putzte sich geräuschvoll die Nase.

»Das wird uns allen so gehen«, sagte nun Julie. »Wir alle denken im Moment: Hätte ich doch nur, wäre ich doch nur … Aber wenn ihr die Fragen gestellt hättet, wenn ihr ihm vorgelesen hättet, dann gäbe es sicherlich noch andere Dinge, die euch nun einfallen würden, die ihr auch nicht oder nicht mehr gemacht habt. Nach der Bouillabaisse hätte ich ihm eine Zwiebelsuppe kochen wollen, mit viel Käse überbacken, so wie er es liebte. Und danach wahrscheinlich einen Coq au Vin oder, oder, oder. Das ist immer so, wenn man einen geliebten Menschen verliert. Ihr müsst euch nicht grämen. Thierry hatte ein gutes Leben und einen friedlichen Tod.«

»Er war schon immer bei uns, solange ich denken kann«, sagte Vincent traurig. »Er war ein Teil unseres Lebens, unserer Familie.«

»Ja, das war er.« Florence wischte sich über die Augen, doch die Tränen flossen weiter.

»Nun zieht erst einmal eure feuchten Mäntel aus und hängt sie vor den Kamin. Und dann setzt euch, ich habe eine schöne, heiße Hühnersuppe hier«, sagte Julie sanft.

Jean war unschlüssig in der Tür stehen geblieben. Er schien sich ausgeschlossen zu fühlen.

»Du auch, junger Mann«, ermunterte Julie ihn.

»Was passiert denn nun?«, fragte Marthe, nachdem sie alle eine Schüssel der tröstenden Hühnersuppe gegessen hatten. Inzwischen waren die Tränen getrocknet, auch wenn die Stimmung immer noch bedrückt blieb.

»Mit Thierry? Das weiß ich nicht. Er hatte keine Familie mehr. Jedenfalls keine, zu der er noch Kontakt hatte«, sagte Julie. »Vermutlich wird er hier in Paris beerdigt werden.«

»Er sollte bei uns im Familiengrab liegen«, meinte Florence, und ihre Augen schwammen wieder.

»Das wird Papa niemals zulassen«, meinte Vincent.

»Wenn jemand von unserem Personal stirbt und es keine Familie gibt, dann bekommt derjenige ein Grab auf dem Armenfriedhof«, sagte Jean.

»Das ist ja schrecklich«, meinte Florence und schluchzte auf.

»Aber nein, warum denn? Es ist ein ordentliches Begräbnis. Ein schlichtes zwar, aber anständig ist es dennoch. Warum sollte deine Familie viel Geld für einen toten Diener ausgeben?«, fragte Jean.

»Weil … weil er nicht einfach nur ein Diener war. Thierry gehörte zur Familie. Er war schon immer bei uns, schon, als mein Papa ein kleiner Junge war«, empörte sich Florence.

»Früher«, erzählte Julie nun mit ruhiger Stimme, »gab es auf den großen Gütern eigene Friedhöfe mit großen Grabstätten für die Herrschaft, aber auch mit einem Bereich für die Bediensteten. Auf den meisten Gütern ist das heute auch noch so, oder es gibt den Dorffriedhof. Das alles gibt es hier in der Stadt so nicht.« Sie seufzte. »Armenfriedhof – das klingt abwertend, aber im Grund hat Jean ja recht. Und Thierry wird es egal sein, er ist nun bei Gott. Er wird wissen, dass ihr sein Gedenken in Ehren haltet.«

»Das hast du schön gesagt«, meinte Vincent, der immer noch ganz traurig wirkte. »Danke für die Suppe.« Er stand auf. »Komm«, sagte er zu Jean, »wir gehen nach vorne. Wir wollen den Betrieb nicht noch mehr aufhalten, als wir es schon getan haben.«

»Geht ihr in die Bibliothek?«, fragte Julie. »Dann sollte Camille schnell vorgehen, das Feuer schüren und Kohlen nachlegen.«

Marthe schaute zum Fenster, an das inzwischen der kalte Regen prasselte. »Wie gut, dass wir nicht zum Marsfeld gegangen sind«, meinte sie.

»Wir haben noch etwas über einen Monat Zeit«, sagte Vincent. »Wir sollten das tun.« Dann nickte er Julie zu, nahm seinen und Jeans Mantel und ging.

Camille war schon nach vorne geeilt, Julie hatte ihr aufgetragen, nach allen Kaminen und Öfen zu schauen.

»Sie macht sich wirklich gut«, sagte Julie zufrieden. »Ich bin froh, dass ich sie behalten konnte.«

»Was ist eigentlich aus der anderen Kleinen geworden?«, wollte Florence wissen. »Die Kleine, die mit Camille in der Weihnachtszeit hier war.«

»Emilie«, sagte Marthe. »Ihr geht es gut. Sie hat jetzt eine Stellung in einem kleinen Bistro in den Les Halles. Und an den Wochenenden ist sie ja hier.« Marthe warf ihrer Mutter einen fragenden Blick zu, sie wusste nicht, ob Emilie tatsächlich offiziell hier sein durfte. Doch Julie nickte und lächelte.

»Hast du sie denn nicht mehr gesehen? Sie schläft hier – mit Camille in der Mansarde. Morgens ganz früh geht sie zu den Markthallen und kommt am späten Nachmittag zurück. Sie lernt dort ordentlich und gut. Deine Mutter hat erlaubt, dass sie sich das Zimmer mit Camille teilt, wenn sie am Wochenende hier mithilft.«

»Wirklich?«, sagte Florence erstaunt. »Nein, ich habe sie nicht bewusst gesehen. Aber ich habe natürlich auch nicht darauf geachtet.«

»Ich bin sehr froh, dass sie hier schlafen darf. Und ihre Hilfe an den Wochenenden schätze ich auch sehr. Emilie ist nicht für die gehobene Küche geeignet, aber sie kann gut anpacken und scheut keine Arbeit«, sagte Julie. »Und jetzt muss ich zusehen, dass ich das Essen für heute Abend fertig bekomme. Ihr bekommt Besuch.«

»Wer denn?«, fragte Florence, aber Julie zuckte nur mit den Schultern.

Nachdem auch Florence nach vorne gegangen war, und Marthe ihre Schuluniform mit den normalen Sachen gewechselt hatte, setzte sie sich in die Küche. »Was kann ich tun?«

Julie schob ihr einen Korb mit gewaschenen Karotten hin. »Schälen«, sagte sie.

»Die willst du noch verwerten?« Marthe nahm eine der Karotten hoch, sie hing schlaff in ihrer Hand.

»Es ist eine Möhre, es ist eine alte Möhre, sie hat ein paar Monate im Sand im Keller gesteckt, aber es ist immer noch eine Möhre. Und wenn sie ordentlich gekocht wird, ist sie sogar süßer als die frischen Karotten, die es im Moment einfach noch nicht gibt. Der späte Winter ist eine sehr undankbare Zeit für uns Köche. Es gibt noch kein frisches Gemüse, noch nicht einmal aus Spanien, und die überwinterten Sachen werden langsam faul oder zumindest sind sie welk.« Sie seufzte.

»Ich sehne mich auch nach dem Frühjahr«, gestand Marthe. »Und Thierrys Tod macht diese trüben Tage noch trauriger.«

»Für ihn war es ein gnädiger Tod und eine Erlösung. Es war abzusehen«, sagte Julie leise. »Er war nicht krank, er wurde nur einfach immer weniger und weniger. Zuletzt war er so schwach, dass er ja kaum noch aufstehen konnte und das quälte ihn. Sein ganzes Leben lang hat er gearbeitet und es auch gerne gemacht. Es hat ihn erfüllt. Er war froh, immer noch hierbleiben zu dürfen und wenigstens kleine Aufgaben zu bekommen. Ich weiß, dass Monsieur schon länger mit der Situation gehadert hat.«

»Gehadert? Weil Thierry nicht mehr so konnte?« Marthe zog die Stirn kraus.

»Nein, nein. Weil er wusste, dass Thierry eigentlich nicht mehr fähig war zu arbeiten, sich aber auf keinen Fall auf das Altenteil schicken lassen wollte.«

»Altenteil«, murrte Camille, die ebenfalls Möhren schälte – es war mühsam, das Gemüse dünn zu schälen, weil es schon so welk war. »Das sagen die Reichen immer so, als wär's für die Bediensteten ein ›Ruhestand‹, ist es aber nich. Ist 'n Heim, wie das Waisenhaus, nur für Alte. Un schlimmer, weil sie nichts mehr tun können. Löcher sind das, wo sie sie hin abschieben, die Herrschaften. Muss du nur schaun, ist schrecklich.« Sie schüttelte sich.

»So ist das hier aber nicht«, sagte Julie sanft. »Monsieur wollte Thierry zu seiner Familie auf das Land schicken, dort haben sie Besitztümer. Da hätten sie ihn versorgt. Er hätte dort in Ruhe seine letzten Tage verbringen können, umsorgt vom Personal.«

»Wirklich?«, fragte Camille erstaunt.

»Ja. Ich weiß, dass die Familie sehr an ihm gehangen hat. Vielleicht wird er auch dort beerdigt.«

»Hach, das wäre schön«, sagte Marthe. »Nicht auf dem Armenfriedhof hier.«

»Ob nun hier oder da – für Thierry spielt das keine Rolle mehr«, sagte Julie sachlich.

Sie bereiteten das Essen zu, waren froh, als sie es auftragen konnten und abzusehen war, dass dieser traurige Tag zu Ende ging. Doch als Claire den Nachtisch serviert hatte, kam sie aufgeregt zurück. »Julie, die Herrschaft möchte, dass du ins Speisezimmer kommst.«

»Jetzt?«

Claire nickte.

»War etwas mit dem Essen nicht in Ordnung?« Julie stand auf, nahm ihre Schürze ab und zog eine frische an. Dann ging sie zum Spiegel, richtete ihre Haube.

»Ich glaube, es geht nicht um das Essen. Pater Roussel ist einer der Gäste und er möchte mit dir sprechen.« Sie sah zu Camille. »Vielleicht hat es was mit ihr zu tun?«

Julie streckte das Kinn nach vorne und ging ohne ein weiteres Wort zu sagen.

Die anderen in der Küche sahen sich überrascht und auch besorgt an.

»Worum wird es wohl gehen?«, fragte Gaston.

»Sicher um mir«, sagte Camille nun jämmerlich. »Was für ein schlechter Tag. Erst stirbt Thierry und jetzt … jetzt muss ich bestimmt gehen. Dabei bin ich doch so gerne hier.«

»Unfug. Meine Maman wird dich nicht einfach so gehen lassen«, sagte Marthe entschieden. »Und es macht keinen Sinn, sich den Kopf über ungelegte Eier zu zerbrechen.«

»Marthe hat recht«, sagte Claire und legte Camille beruhigend eine Hand auf die Schulter. »Es wird schon alles gut werden.«

»Aber was, wenn nicht?« Camille schlug die Hände vor das Gesicht.

Plötzlich waren Schritte vor der Küchentür zu hören, und sie wurde geöffnet. Gespannt sahen alle zur Tür, doch es war nur Emilie, die von der Arbeit im Bistro nach Hause kam.

»Was schaut ihr so miesepetrig?«, fragte das Mädchen überrascht. »Ist was passiert?«

»Ich glaube, wir werden rausgeschmissen«, sagte Camille klagend.

»Was?«, rief Emilie entsetzt, und ihre Unterlippe begann zu zittern. »Oh nein.«

»Beruhigt euch!«, donnerte Gaston. »Julie ist nach vorne gerufen worden, und ihr spinnt direkt eine Geschichte daraus. Das ist ja unerträglich, vor allem an diesem Tag.«

»Was ist denn fürn Tag?«, fragte Emilie unsicher.

»Thierry ist gestorben«, sagte Marthe.

Jetzt schluchzte Emilie doch auf. Marthe klappte ihr Schulbuch zu, stand auf und ging zu dem Mädchen, tröstete es. »Es ist traurig, aber er war schon alt«, sagte sie. »Er ist friedlich eingeschlafen.«

»Er war meistens so nett«, meinte Emilie schniefend.

»Komm, setz dich. Hast du schon etwas gegessen?«

Emilie nickte. »Hungrig ist man im Bistro nie. Gibt immer was von den Sachen, die übrig bleiben.« Sie setzte sich und senkte den Kopf. »Bin so glücklich inne Bistro und mit allem«, sagte sie leise. »Ich hoffe, das bleibt so.«

»Du machst da doch gute Arbeit«, sagte Marthe. »Warum sollte es nicht so bleiben?«

»Weil immer, wenn etwas gut war, war's ganz schnell vorbei in mein Leben. Immer.«

Camille nickte. »Ja, das Gefühl kenn ich. Un dedhalb hab ich auch sonne Angst.« Sie schluckte. »Der Tod von Thierry – ist wie'n schlechtes Omen.«

Gaston seufzte auf. Dann setzte er sich neben Camille und sah sie an. »Jetzt hör mir mal zu, Camille. Ich weiß, ihr beide hattet kein einfaches Leben bisher. Aber jetzt – jetzt läuft es in guten Bahnen, und wenn ihr euch gut anstellt, wird es auch so weiter laufen. Selbst wenn es irgendwelche Probleme geben sollte, wir sind da und werden euch helfen. Madame Distel hat sich sehr für euch beide eingesetzt und wird es auch weiter tun. Und Thierrys Tod – das war doch absehbar. Er war schon sehr alt und schwach. Alte, schwache Leute sterben. Das hat nichts mit einem Omen zu tun, es ist der Lauf der Dinge.«

Camille sah ihn an und nickte dann dankbar. »Ja, weiß ich ja eigentlich.«

»Und nun warten wir einfach, was Maman gleich zu erzählen hat«, sagte Marthe.

»Genau. Und in der Zwischenzeit koche ich den Kaffee und du, Gaston, solltest schon einmal das Kaffeeservice richten und das Tablett bestücken. Sicher werden wir gleich gerufen«, meinte Claire und ging zum Herd.

Es dauerte noch ein bisschen, bis Julie wiederkam. Die Zeit schien sich schmerzhaft in die Länge zu ziehen, und Marthe erwischte sich dabei, dass sie immer wieder auf die große Küchenuhr schaute. Zu ihrer Überraschung bewegte sich der Zeiger ganz langsam, dabei kam es ihr vor, als seien schon Stunden vergangen, seit Maman nach vorne gegangen war.

Endlich kam sie wieder, trat in die Küche, lächelte ihr kleines Lächeln. »Sie möchten nun den Kaffee, Gaston. Claire, bitte nimm die Macarons mit, die ich gebacken habe.«

»Aber … aber was wollten sie? Was haben sie gesagt?«, fragte Claire aufgeregt.

»Das erzähle ich gleich«, sagte Julie ruhig.

»Du musst dann warten, denn wir wollen es auch hören«, meinte Gaston und nahm das Tablett.

»Ja, bitte warte«, sagte Claire, die den Teller mit den Macarons geholt hatte und folgte Gaston nach vorne.

»Kannst du nicht jetzt schon was sagen?«, bettelte Camille.

»Oh bitte. Ich platze sonst«, sagte Emilie. »Müssen wir gehen?«

Julie sah Emilie erstaunt an. »Wie kommst du denn darauf, dass ihr gehen müsst?«

»Weil, ja, weil Thierry gestorben ist«, stotterte Emilie. »Un weil Claire gesagt hat, dass es vielleicht was mit uns zu tun hat, dass Sie nach vorne gehen musstet.«

»Grundgütiger, was hat Thierrys Tod damit zu tun?« Julie ging zum Herd und schaute in die Töpfe. »Macht euch mal keine Sorgen. Das Gespräch hatte mit euch zu tun, aber es war nicht negativ«, sagte sie.

»Aber es hatte was mit uns zu tun?«, hauchte Camille. »Ohjeh, ohjeh, ohjeh.«

»Nein. Nicht wirklich«, sagte Julie entnervt. »Und wenn ihr jetzt noch mal fragt, müsst ihr sofort das Geschirr abwaschen und dürft nicht zuhören.«

Zum Glück kamen Gaston und Claire schnell zurück. Julie stellte Kaffee und auch eine Flasche Pastis auf den Tisch, ein Baguette und den Käse, der vom Essen der Herrschaften übrig geblieben war. Alle setzten sich, nur Julie blieb stehen.

»Es war gar nichts Schlimmes«, sagte sie. »Das Essen war hervorragend, sie haben es gelobt.« Julie schmunzelte, doch dann wurde ihr Gesicht wieder ernst, sie furchte sogar die Stirn, stellte Marthe fest. »Pater Roussel wollte mich sprechen und tatsächlich hat er nach euch gefragt, Emilie und Camille. Er hat gefragt, wie ihr euch macht und ob ich zufrieden mit euch bin. Anscheinend hat er nicht mitbekommen, dass du nun im Bistro bist, Emilie. Das hat ihn ein wenig verwundert.« Sie sah das Mädchen an, das ihren Blick ängstlich erwiderte.

»Bekomme ich jetzt Ärger?«, fragte sie leise.

Julie schüttelte den Kopf. »Ich habe es ihm so erklärt, wie damals Madame, dass du nämlich für diese Küche nicht geeignet bist, für die Bistroküche aber schon. Und dann wollte er wissen, woran ich das erkannt habe.« Sie verdrehte die Augen. »Aber wie soll man das den Herrschaften erklären? Sie wissen ja nicht, was in den Wirtschaftsräumen vor sich geht und welche Fähigkeiten erforderlich sind. Nun ja. Darüber haben wir gesprochen. Er findet es wunderbar, dass du eine Aufgabe gefunden hast, die zu dir passt, Emilie«, fügte sie noch hinzu. Dann setzte sie sich, schenkte sich einen Kaffee und ein Glas Pastis ein.

»Das war alles?«, fragte Claire ungläubig.

»Nicht ganz«, gab Julie zu. Sie sah in die Runde. »Ihr wisst, der Pater hat vor vielen Jahren das Haus gekauft, in dem die Waisen leben. Ein Teil seiner Schützlinge, der Lehrlinge von Auteuil wie er sie nennt, arbeitet auch in den Gärtnereien von Auteuil. Sie züchten Pflanzen für die Friedhöfe und Parks der Stadt, kümmern sich um die Grünanlagen. Sie kümmern sich auch um den Friedhof, der der Kirche von Auteuil angegliedert ist.« Julie sah auf, sie hatte Tränen in den Augen. »Pater Roussel hat zugestimmt, dass Thierry dort beerdigt wird. Ich finde das sehr schön.«

»Oh«, sagte Gaston und zückte sein Taschentuch. »Das ist es wirklich.«

»Der Pater wird am Samstag eine Messe für ihn lesen.«

»Hach«, seufzte Claire.

»Das würde Thierry freuen«, meinte Estelle.

Julie nickte. »Und jetzt denken wir noch einmal alle an Thierry und dann … dann räumen wir die Küche auf. Es ist schon spät.«

Marthe half, das gespülte Geschirr wieder in den Anrichten zu verstauen. Sie hatte das Gefühl, dass ihre Mutter nicht alles erzählt hatte. Als die Küche sauber und alles weggeräumt war, die Mädchen nach oben und Gaston in sein Zimmer verschwunden waren und Julie noch schnell die Suppe für den nächsten Tag angesetzt hatte, wandte sie sich ihrer Mutter zu.

»Was hast du nicht erzählt?«

Julie sah sie an, biss sich dann auf die Lippen. »Ich habe eigentlich alles berichtet, was es zu berichten gab.«

»Ich weiß, dass da noch etwas ist …«

»Es wird Zeit für dich zu Bett zu gehen, mon Cœur.«

»Nicht bevor du mir nicht alles erzählt hast.«

Julie musterte ihre Tochter, nickte dann schließlich. »Ja, es gibt noch etwas. Der Pater möchte, dass ich ihm helfe. Er sagte, seine Küchenchefin, nun ja, sie habe nicht das Gespür dafür zu erkennen, wer für was geeignet ist, so wie ich. Ich fürchte, seine Küchenchefin hat auch wenig Gespür für eine gute Küche – aber das ist ein anderes Thema.«

»Du kannst das aber und du hast einen Blick dafür, das hast du ja bei Emilie und Camille bewiesen.«

»Sie waren ja auch ein paar Tage hier bei mir. Ich kann ja nicht zwanzig Mädchen beurteilen, wenn ich ihre Art zu arbeiten nicht kenne. Das habe ich dem Pater auch gesagt.«

»Und was hat er dazu gemeint?«

»Er möchte, dass ich mir erst einmal die Küche im Waisenhaus ansehe und seine Küchenchefin kennenlerne. Und dann … sehen wir weiter.« Sie seufzte wieder. »Am liebsten wäre es ihm, wenn ich einmal in der Woche dort ein paar Stunden verbringen würde, aber wie soll das gehen?« Sie schüttelte den Kopf. »Mich dauern die armen Mädchen. Und ich wünsche ihnen nur das Beste, ich würde mir wünschen, dass alle so eine Chance bekämen wie Camille und Emilie. Aber das ist schwer. Der Pater hat zwei weitere Mädchen in einen anderen Haushalt vermittelt – sie sind nur drei Tage dort gewesen, dann hat man sie zurückgeschickt. Verständlich, weil sie ja noch nicht mal die einfachsten Grundlagen der gehobenen Küche kennen. Aber was soll man tun?«

»Dann«, sagte Marthe nachdenklich, »muss man es ihnen eben beibringen.«

»Dafür müsste eine ausgebildete Köchin dorthin, aber die kann der Pater sich nicht leisten und wer möchte das schon machen? Die Mittel, die das Waisenhaus hat, sind begrenzt.«

»Es müsste eine Art Schule für sie geben. Eine Kochschule.«

»Das habe ich mir auch überlegt, aber wie soll das gehen? Ich habe dafür keine Zeit und meinen freien halben Tag kann ich nicht dafür opfern.«

»Nein, das geht natürlich nicht.« Marthe gähnte. »Lass uns darüber nachdenken, vielleicht finden wir ja eine Lösung.«

»Aber jetzt gehst du erst einmal zu Bett«, sagte Julie und gab ihrer Tochter einen Kuss. »Schlaf gut. Hier ist eine Wärmflasche für dein Bett.«

»Gute Nacht, Maman und danke – danke, für alles, was du für mich und alle anderen tust.«

Marthe nahm die Bettflasche und lief damit schnell das eisige Treppenhaus hinauf zu ihrem Zimmer. Immer noch prasselte der Regen auf das Fenster, vermischt mit kleinen Eiskörnern. Es klang, als würde jemand Sand auf ihr Fenster werfen. Schnell zog Marthe sich aus und kuschelte sich mit der flachen Flasche aus Kupfer, die mit heißem Wasser gefüllt war, in ihr Bett.

Was für ein Tag, dachte sie. In der Schule ist es gerade ganz schön anstrengend und eigentlich hätte ich noch mehr lernen müssen, aber dann kamen ja Jean und Vincent. Vincent, der Name und der Gedanke an ihn brachte etwas in ihr zum Schwingen. Es war wie eine Saite im Wind, die leise hin und her surrte.

Sie freute sich, dass er so aufmerksam geworden war, dass er sich für sie interessierte. Wie ein großer Bruder, den ich nie hatte, dachte sie, aber das stimmte nicht ganz. Am Anfang, nach dem Weihnachtsfest, war es vielleicht so gewesen. Doch nun hatte sich das Gefühl verändert, auch seine Blicke und die Art, wie er mit ihr sprach, war anders geworden. Am Anfang hatte er sie aufgezogen und geneckt, so wie er es auch mit Florence tat. Sie waren in seinen Augen kleine Mädchen, über die man sich amüsieren konnte, so hatte es sich jedenfalls angefühlt. Doch nun war sein Interesse an ihr und an ihre Gedanken anders, ehrlicher und nicht mehr so neckisch.

Er nimmt mich als Mensch wahr, dachte Marthe. Das hoffe ich zumindest.

Sie sah sein Gesicht vor sich, wie es ausgesehen hatte, als er heute über Thierry sprach – voll echter Trauer. Voller Bedauern und voller Schmerz. In dem Moment hätte sie ihn am liebsten tröstend in die Arme genommen, wollte ihn an sich ziehen und ihn festhalten – aber das ziemte sich natürlich nicht.

Ich hoffe, wir können am Wochenende auf das Marsfeld und zum Eiffelturm gehen, dachte sie nun. Dazu muss nur das Wetter besser werden. Sie blies die Kerze aus und lauschte dem Eisregen, der sie in den Schlaf begleitete.

Kapitel 12

Am Samstag wurde Thierry auf dem Friedhof in Auteuil beerdigt. Sogar Monsieur Laurent war gekommen, und Marthe meinte, dass er sich verstohlen über die Augen wischte. Natürlich waren auch Vincent und Florence da. Der Eisregen, der in den letzten Tagen durch die Straßen von Paris gefegt war, hatte sich verzogen. Es war immer noch ungemütlich kalt, aber der Himmel leuchtete in einem hellen Blau.

Nach der Messe kam Vincent zu Marthe. »Sollen wir heute zum Marsfeld gehen?«, fragte er lächelnd.

»Jetzt sofort?«, fragte Marthe und schaute sich nach Julie um.

»Ja, warum nicht?«

»Weil ich Maman versprochen habe, mit ihr das Waisenhaus zu besichtigen«, erklärte Marthe.

»Dann komme ich mit euch und anschließend gehen wir zum Eiffelturm, non?« Vincent lächelte gewinnend. »Im Waisenhaus wird es ja sicherlich nicht lange dauern, was gibt es denn dort schon großartig zu besichtigen?«

»Die Küche«, sagte Marthe schmunzelnd. »Der Pater sucht nach Möglichkeiten, seine Schützlinge besser auszubilden und hat nach Mamans Hilfe gefragt.«

»Bitte folgen Sie mir, Madame«, sagte Pater Roussel.

»Darf ich mitkommen?«, fragte Vincent.

Der Pater sah ihn überrascht an. »Interessierst du dich für Wohltätigkeit?«

»Sollte man das nicht immer?« Vincent setzte ein gewinnendes Lächeln auf.

»Natürlich. Und deine Mutter ist auch eine große Unterstützerin unserer Projekte. Ohne die Mesdames, die sich für die Waisen und Armen einsetzen, wäre es sehr, sehr schwer für uns.«

Er führte sie die dörflich wirkende Straße entlang zum Waisenhaus. »Auteuil gehört noch nicht lange zu Paris, vorher war es, wie so viele Randgebiete, ein kleines Dörfchen. Das Waisenhaus habe ich vor dreißig Jahren für wenig Geld gekauft. Das Haus war heruntergekommen und stand schon lange leer. Nun gehören auch die beiden Wirtschaftshäuser daneben und das kleine Haus auf der anderen Seite dazu«, erklärte der Pater. »Dort hinten in dem Wirtschaftshaus haben wir die Druckerei eingerichtet. Wir drucken eine Wochenzeitschrift, die über christliche, aber auch weltliche Themen berichtet. Schon seit Jahren unterstützt uns zum Glück ›Le Figaro‹, denn ansonsten hätte ich den Druck inzwischen einstellen lassen müssen.«

»Das ist ja interessant«, sagte Vincent überrascht. »Ihre Lehrlinge stellen diese Zeitschrift selbst her?«

»Nun ja, sie lernen so das Setzen der Drucktafel und das Drucken, auch wie man die Seiten heftet oder bindet. Am Ende sind sie ausgebildete Drucker und Setzer und haben gute Chancen auf dem Arbeitsmarkt. Ebenso habe ich Lehrlinge bei der Gärtnerei, die die Blumen für die Parks der Stadt zieht. Im Moment haben sie dort doppelt so viel zu tun, denn sie ziehen auch all die Blumen, Sträucher und Pflanzen vor, die die Weltausstellung schmücken sollen. Das werden dann Gärtner – auch wenn der Bedarf an Gärtnern in privaten Haushalten hier in der Stadt nicht besonders groß ist. Sie haben jedoch einen guten Ruf, und ich kann viele vermitteln. Einige übernimmt auch die Stadt.« Er seufzte. »Nur bei den Mädchen ist es schwerer. Es gibt eine Wäscherei dort hinten. Leider sind wir nicht sehr effektiv, sonst könnten wir Aufträge von außen annehmen. Daran muss noch gearbeitet werden.« Er seufzte wieder, diesmal noch lauter. »Und natürlich die Küche, die Küche.« Nun schüttelte er traurig den Kopf. »Mir war nicht bewusst, dass die gehobene Küche so schwer zu erlernen ist. Aber ich lag wohl falsch darin, dass man nur Wasser zum Kochen bringen müsse, und der Rest sich dann ergebe.«

»Wasser zum Kochen bringen, tzz«, sagte Julie und schüttelte den Kopf. »Kochen ist eine Kunst.«

»Das weiß ich ja inzwischen auch. Hier geht es entlang zu unserer Küche.« Er führte sie weiter zu einem anderen Nebengebäude. »Im Haupthaus ist natürlich auch eine Küche, doch die wurde zu klein, deshalb haben wir hier eine weitere eingerichtet. Ich dachte, dass so mehr der Mädchen etwas lernen könnten.«

»Oh«, sagte Julie und klang etwas schockiert, als er die Tür öffnete und sie eintraten. Dampfschwaden kamen ihnen entgegen, doch es duftete nicht, sondern roch verbrannt und streng nach altem Kohl.

Selbst der Pater rümpfte die Nase. »Wo ist Madame Dubois?«, rief er.

Ein Mädchen kam auf ihn zu. »Ist heute nicht da«, sagte sie und zuckte mit den Schultern. »War gestern auch nicht da.«

»Was macht ihr denn hier?«

»Kohlsuppe kochen, das sollen wir machen. Schmeckt aber nicht.« Sie hob entschuldigend die Hände.

»Nein, das kann nicht schmecken, wenn es so riecht.« Julie öffnete die Fenster, dann ging sie zum Herd. Darauf standen zwei große Töpfe. In einem brodelte das Wasser, aus dem anderen kamen zischende Geräusche. »Grundgütiger«, rief Julie. Sie griff schnell nach zwei Trockentüchern, die am Herd lagen und zog den einen Topf vom Feuer. Dann sah sie sich um. »Wer ist hierfür zuständig?«

»Ich«, sagte das Mädchen. »Und die Inés.« Ein zweites Mädchen kam aus der Ecke hervor.

»Bringt die Töpfe nach draußen. Ihr könnt das wegschütten, das ist noch nicht mal mehr für die Schweine geeignet«, meinte Julie.

»Aber … das ist das Essen heute«, meinte Inés empört.

»Ihr werdet doch sicher keine angebrannten Kartoffeln und verdorbenen Kohl essen wollen? Das ist ja nicht zu fassen, wie kann man so etwas zubereiten und dann auch noch servieren? Wo ist die Köchin? Warum ist sie nicht hier?«

»Madame Dubois ist oft nicht hier«, sagte Inés schüchtern. »Meist zeigt uns Zoe, was zu machen ist, aber Zoe ist heute krank un hat gesagt, wir solln es machen, wie immer. Ham wir gemacht. Hat nich geklappt.« Sie zuckte wieder mit den Achseln.

Julie sah den Pater entsetzt an. »Nein, so kann das nichts werden. Wie sollen die Mädchen etwas lernen, wenn es ihnen keiner zeigt?« Sie wandte sich wieder Inés zu. »Was esst ihr denn meistens?«

»Brot, Butter, Räucherfisch und Käse meist. Gemüsesuppen oder Eintöpfe, wenn Madame da ist oder Zoe. Aber lieber Brot, das schmeckt wenigstens.«

»Wo ist denn diese Madame Dubois?«

»Na, bei sich zu Hause, hat 'ne kleine Pension. Hat viele Gäste im Moment, sind die Arbeiter voner Weltausstellung. Deshalb hat sie kaum Zeit für uns.«

Julie nickte. »Hier müssen wir zuerst ansetzen, mein lieber Pater. Ich höre mich um und finde vielleicht jemanden, der die Leitung der Küche übernehmen könnte.«

»Ja, das sollte allerdings schnell gehen«, meinte Pater Roussel betrübt. »Ich muss das ganze Vorhaben vermutlich überdenken und neu organisieren.«

»Das ist gewiss«, sagte Julie und schaute sich nun, da sich die Qualm- und Dampfschwaden verzogen hatten, in der Küche um. Sie inspizierte die Töpfe und die Messer, sah sich die Pfannen an und ging schließlich in den Vorratsraum. »Was soll das hier sein? Eine Art Müllhalde? Woher kommen die Waren und warum wird das verdorbene Zeug nicht aussortiert?«

»Das macht Madame. Sie bringt die Sachen und kocht sie dann.«

»Wieso haben Ihre Schützlinge keine ordentlichen Lebensmittel zur Verfügung?«, fragte Julie und stemmte die Hände in die Hüften.

»Aber das haben sie doch. Madame Dubois ist für den Einkauf verantwortlich. Zudem bekommen wir auch regelmäßig generöse Spenden von einigen Restaurants – Dinge, die dort nicht mehr gebraucht werden, aber keinesfalls verdorben sind.«

»'ne, die tut se mitnehmen in ihre Pension«, sagte Inés. »Das ist nich für uns.«

Das Gesicht des Paters hatte eine ungesunde Farbe angenommen, seine Hände waren zu Fäusten geballt. »Das werde ich umgehend ändern. Diese Dame wird mein Grundstück nie wieder betreten.«

»Aber was essen wir denn heute nun?«, fragte Marguerite, das andere Mädchen, und schaute zu den beiden Kesseln.

»Wie viele seid ihr denn?«, fragte Julie.

Inés und Marguerite sahen sich an. »Ich glaub fünfundzwanzig sind wir heute.« Sie senkte den Kopf, murmelte leise vor sich hin und zählte etwas an ihren Fingern ab, nickte dann. »Mit Zoe sind wir fünfundzwanzig wohl.«

Julie stapfte wieder in die Vorratskammer. »Bringt endlich das verdorbene Zeugs nach draußen«, sagte sie. Marthe folgte ihr. Es lagen einige Brotlaibe in den Regalen, aber entweder waren sie knochentrocken oder angeschimmelt.

Marthe rümpfte die Nase. Julie sah sich um, nahm einen großen Blecheimer und schmiss die angeschimmelten Brote hinein. Marthe ergriff einen weiteren Eimer, nahm eine Schütte mit Kartoffeln, die schon gekeimt hatten, aber nun verschrumpelt und so vertrocknet waren, dass man rein gar nichts mehr mit ihnen machen konnte, und schmiss sie weg. Nach und nach landete fast alles in den Eimern. Mehrfach mussten sie sie draußen ausleeren. In der Küche standen die beiden Mädchen und der Pfarrer und schauten dem Treiben voller Bestürzung zu. Vincent war wieder zurück zur Druckerei gegangen und unterhielt sich dort angeregt mit dem Vorarbeiter.

Schließlich trug Julie das, was sie übrig behalten hatte, in die Küche. Trockenes Brot, ein paar Gläser, in denen Gemüse sauer eingelegt war, etwas schrumpeliges Wurzelgemüse und einige Zwiebeln und einige Knoblauchzehen. Dazu ein kleiner Sack Reis und getrocknete Bohnen und Schälerbsen.

»Daraus kann selbst ich keine schnelle Mahlzeit zaubern«, sagte sie. Es gab einen Eisschrank, aber die Milch, die darin gestanden hatte, mussten sie auch wegschütten. Etwas Butter war noch da, die Julie durchgehen ließ.

»Was machen wir denn nun?«, fragte der Pater besorgt.

»Ich werde zu Les Halles fahren, ich nehme eine Droschke, das geht schneller. Dort werde ich ein paar Lebensmittel besorgen und komme dann zurück. Bis dahin werdet ihr«, sie sah die Mädchen streng an, »alles aufräumen, fegen und schrubben. Alle Töpfe werden ausgescheuert, der Herd wird geschrubbt, das Geschirr wird gespült. Wenn ich wiederkomme, hat es hier zu blitzen. Dort vorne sind noch einige Zitronen, sie sind hart wie Stein, aber zum Scheuern kann man sie aufgeschnitten noch nehmen. Habt ihr mich verstanden?«

Die beiden Mädchen nickten.

»Ich bleibe hier und helfe ihnen«, beschloss Marthe und krempelte sich die Ärmel hoch.

»Und ich komme mit Ihnen«, sagte der Pater. »Ich hole nur schnell meine Börse. Ich schäme mich sehr, dass ich diese Missstände nicht mitbekommen habe.«

»Eigentlich kann das nicht lange so sein«, meinte Julie. »Camille und Emilie haben mir zwar berichtet, dass hier nur einfache Gerichte zubereitet werden, aber von verdorbenen Lebensmitteln haben sie nichts erzählt. Die Köchin, das sagten sie wohl – oder ich habe es aus ihren Erzählungen herausgehört – hat die Arbeit nicht erfunden. Deshalb konnten sie ja auch so wenig.«

»Deshalb brauche ich ganz schnell eine neue Köchin, eine, die den Mädchen auch etwas beibringt und ihnen vernünftiges Essen serviert.«

»Sie haben fünfundzwanzig Mädchen hier im Heim?«

»Nein, nein. Nur zehn. Die Jungs von der Druckerei und der Gärtnerei werden natürlich auch verköstigt.«

»Es wundert mich, dass die sich noch nicht beschwert haben, schließlich müssen sie tagtäglich körperlich arbeiten.« Sie sah den Pater an. »Wie alt sind die jüngsten Kinder hier?«

»Wir haben im Haupthaus noch ganz Kleine – von Säuglingen bis zu zehn Jahren. Ab zehn müssen sie eine Tätigkeit übernehmen. Helfen müssen sie natürlich schon früher. Aber diese Kinder essen nicht hier, sie essen im Haupthaus. Dort gibt es noch eine kleine Küche, und die Mamsell kümmert sich um das Essen.«

»Wirklich?« Julie lächelte. »Dann hat sie auch Vorräte, und wir können uns heute vielleicht die Fahrt zum Markt sparen, zumal dort am Samstag nur ganz früh gehandelt wird und nicht alle Hallen geöffnet haben. Es ist schon spät – wir könnten dort allenfalls Reste bekommen. Am Montag sieht das schon anders aus.« Sie nahm den Arm des Paters. »Wie heißt die Mamsell?«, fragte sie und zog ihn mit sich.

Marthe grinste. Ihre Mutter schien ganz in ihrem Element zu sein. Sie plante jetzt schon, wie sie in Zukunft die Küche des Heimes organisieren könnte, und ganz bestimmt würde sie am Montag die anderen Köchinnen und Mamsells aus ihrer Runde dazu befragen. Gemeinsam würden sie sicherlich eine gute Lösung finden. Aber bis dahin war noch einiges zu tun.

Inés und Marguerite hatten inzwischen die beiden Töpfe im Hof ausgeleert.

»Haben wir einen großen Kessel, der halbwegs sauber ist? Dann füllt ihn mit Wasser und stellt ihn auf den Herd«, sagte Marthe. »In den Kessel, in dem die angebrannten Kartoffeln waren, gibst du auch etwas Wasser, Inés, und Soda. Dann setzt du ihn ebenfalls auf. Marguerite, du kannst Holz holen, um das Feuer anzufachen. Und während wir warten, bis das Wasser kocht, könnt ihr alle Oberflächen schon einmal abwischen und dann die Küche gründlich ausfegen.«

Die beiden Mädchen zögerten.

»Vite, vite!«, rief Marthe, so wie es ihre Mutter immer in der Küche tat. »Wir haben nicht alle Zeit der Welt.«

Schon bald war das Feuer geschürt, das Wasser im Kessel erhitzte sich langsam und im angekokelten Topf kochte das Soda schaumig auf. »Zieh den Topf von der Flamme, so dass das Wasser nur noch simmert«, erklärte Marthe Inés.

»Sim … was?«

»Simmert – leicht köchelt. Das Soda und das köchelnde Wasser werden die angekochten und verbrannten Reste der Kartoffeln allmählich lösen. Es dauert eine Weile, und du musst immer darauf achten, dass es nicht ganz verkocht. Dennoch sollte auch nicht zu viel Wasser im Topf sein. Also habe ein Auge darauf.«

»Woher weißt'n das? Und wer seid ihr überhaupt?«, fragte Marguerite.

»Meine Mutter ist eine Mamsell. Unsere Herrschaft ist Pater Roussel freundschaftlich verbunden, und deshalb hatte er sie gebeten, dass sie sich einmal eure Küche anschaut. Keinen Tag zu spät, würde ich sagen.«

»Seid ihr die, wo Camille ist?«, fragte Inés.

Marthe nickte.

»Oh, sie hat's gut«, seufzte Inés. »Manchmal kommt sie uns besuchen und bringt immer leckere Sachen mit. Und sie hat ein eigenes Zimmer, sacht se.«

»Sie hat eine Kammer in der Mansarde. Das teilt sie sich mit Emilie.«

»Emilie hat's auch gut. Hat 'ne Arbeit aufm Markt und immer Essen«, schwärmte Inés. »Das würd ich auch gerne machen.«

Inés eilte zum Herd und goss schnell etwas Wasser in den angebrannten Topf, bald schon kochte auch das Wasser in dem großen Kessel. Marthe zeigte den Mädchen, wie sie alle Oberflächen mit Sand und Soda scheuern sollten. Bei hartnäckigen Flächen nahmen sie die durchgeschnittenen Zitronen noch dazu. Bald stank es nicht mehr, sondern roch sauber. Dann sammelten sie alle Töpfe und andere Küchengeräte zusammen und spülten sie gemeinsam, trockneten alles sorgfältig ab und räumten es ordentlich und sortiert in die Regale.

»Die schweren Sachen, die Pfannen und großen Kessel kommen nach unten«, erklärte Marthe, die sich wunderte, dass die Mädchen das nicht wussten. »Alles, was man oft braucht, in die Mitte. Die Kellen und Suppenlöffel, die großen Pfannenwender und Spatel hängen wir hier oben an die Haken.« Sie zeigte zu dem Gestell, das über dem Herd angebracht war. »Dann haben wir es immer griffbereit. Die Messer müsst ihr vorsichtig reinigen, sie müssen auch immer geschliffen werden. Habt ihr einen Wetzstein oder einen Wetzstab?«

Marguerite sah sie mit großen Augen an. »'nen was?«

»Etwas, um die Messer zu schärfen.« Marthe sah sich um. »Da ist er ja. Ein Wetzstahl.« Sie hob eine Eisenstange hoch. Dann nahm sie ein Messer, führte es mit schnellen Strichen links und rechts an der Stange vorbei, bis die Funken flogen.

»Wofür ist das?«

Marthe nahm ein anderes Messer und eine Zwiebel. Sie versuchte mit dem stumpfen Messer die Zwiebel zu schneiden, aber sie rutsche immer wieder ab, nur mit großem Druck konnte sie die Schale durchdringen. Dann nahm sie den Stahl und wetzte das Messer, versuchte es ein weiters Mal – das Messer schnitt durch die Schale und das Gemüse, als wäre es Butter. »Ein scharfes Messer schneidet. Und zwar sehr genau. Es rutscht nicht ab, und die Gefahr, sich zu verletzen ist geringer«, erklärte Marthe. »Allerdings nur, wenn man auch aufpasst und nicht die eigenen Finger erwischt.«

»Das ist nu so scharf, da hab ich Angst vor«, gestand Inés.

»Deshalb muss man auch lernen, wie man richtig damit umgeht.« Sie ging nun zum Regal, wo eine große Flasche mit Olivenöl stand, träufelte etwas auf ein Tuch und rieb damit die Schneide des Messers ein. »Und man sollte es auch immer einölen.«

»Dann wird's ja glitschig«, sagte Marguerite.

»Nein, es braucht nur ein paar Tropfen – dann rostet die Klinge nicht und bleibt länger scharf. Schau, diese Messer sind alle rostig.« Marthe schob Marguerite den Kasten mit den Messern hin. »Die müssen wir alle schärfen und den Rost entfernen. Es geht auch darum, sauber zu arbeiten.«

»Da muss man sich aber viel merken«, murmelte Inés.

»Ja, ansonsten hat man nichts in einer guten Küche verloren«, gab Marthe zurück. »Am Anfang mag das alles unverständlich und viel erscheinen, aber eigentlich sind das Dinge, die man ganz schnell wie von selbst macht. Es sind immer dieselben Abläufe. Sauber machen, Ordnung und so weiter.« Marthe schaute sich um. Die Oberflächen in der Küche waren nun alle sauber, auch wenn das alte Holz sicher nie mehr strahlen würde. Die Regale waren aufgeräumt. Nun war nur noch der Boden zu machen, doch bevor sie die Mädchen anweisen konnte, Eimer und Schrubber zu holen, kam Julie zusammen mit einer anderen Frau zurück. Beide trugen bis zum Rand gefüllte Körbe.

»Na, sieh mal einer an«, sagte die Frau, die alt und gebeugt war, doch ihre Augen funkelten wach und lebendig. »So habe ich diese Küche schon lange nicht mehr gesehen. Und es riecht sogar sauber.« Sie nickte Julie zu.

»Wir haben den Boden noch nicht gewischt«, gestand Marthe. »Das wollten wir gerade machen.«

Die Frau kniff die Augen zusammen. »Du bist keine von uns.«

»Das ist meine Tochter Marthe«, erklärte Julie und lächelte ihrer Tochter anerkennend zu. »Sie ist hiergeblieben, um den Mädchen zu zeigen, wie sie sauber machen sollen.«

»Hat sie fein gemacht. Bonjour, Marthe«, sagte die Frau und streckte Marthe die Hand entgegen. »Ich bin Madame Petit und leite die kleine Küche im Haupthaus.«

»Es gibt zwei Küchen?«, fragte Marthe überrascht.

»Drüben gibt es das Essen für die kleinen Kinder. Früher für alle, aber der liebe Pater meinte, dass die Mädchen hier kochen und hauswirtschaften lernen sollten. Das war mir aber zu viel, deshalb hat er vor einiger Zeit hier die Lehrküche eingerichtet. Das schien auch erst zu laufen, ich habe mich nicht weiter darum gekümmert. Aber in der letzten Zeit kamen die Großen immer wieder an und haben nach Essen gefragt …«

»Warum haben Sie nichts gemacht?«, fragte Marthe. »Hier sah es aus wie im Schweinestall.«

»Ich kann mich nicht um alles kümmern«, sagte Madame Petit und zuckte mit den Schultern. Sie sah über die Schulter, aber der Pater war ihnen nicht gefolgt.

»Es ist wie es ist«, sagte Julie. »Aber nun werden wir erst einmal für die Kinder Essen kochen. Sind hier noch mehr, die eigentlich in der Küche lernen sollten?«

»Heloise, Amelie, Jeanne, Benedikte, Denise, Dominique …«, zählte Marguerite auf.

»Eigentlich sollen wir alle hier lernen«, sagte Inés nun. »Aber gibt halt nicht viel zu tun, und die meisten sind in der Wäscherei.«

»Die, die nicht dort sind, sollen herkommen«, sagte Julie. »Und zwar sofort.« Sie hatte ihren Korb auf den Arbeitstisch gestellt und hob nun den anderen Korb auch hoch. »Ich danke Ihnen sehr, Madame Petit. Vielen Dank für Ihre Hilfe und die guten Gaben.«

»Na, wir können die Kinder ja nicht verhungern lassen«, sagte Madame Petit, klang aber skeptisch. »Doch es täte mich wundern, wenn dieses Projekt des Paters erfolgreich werden würde.« Sie hob die Hände. »Ich muss jetzt wieder zu meinen Schützlingen. Wenn Sie noch etwas brauchen, Madame Distel, dann kommen Sie ohne Scheu. Und natürlich werde ich den Verlauf hier auch mit Interesse verfolgen.« Langsam und bedächtig ging sie zurück. Plötzlich wirkte sie ganz klein und zerbrechlich.

»Sie hat nie viel von der Köchin hier gehalten«, erklärte Julie Marthe, »aber der Pater wollte nicht hören.«

»Das hätte er aber tun sollen.«

»Ja. Aber ich glaube, der Pater will so viel erreichen, dass er einfach manche Ziele aus den Augen verliert. Und deshalb müssen wir jetzt helfen.«

»Du kannst aber nicht noch diese Küche übernehmen, Maman.«

»Nein, das kann ich nicht«, sagte Julie und packte die Dinge aus, die sie von nebenan mitgebracht hatte. »Aber ich kann jetzt Essen kochen. Was köchelt denn da schon auf dem Herd?«

»Oje«, rief Marthe erschrocken auf und lief zur Herdstelle. Zum Glück war das Wasser in dem angebrannten Topf noch nicht ganz verkocht. Schnell rührte sie mit einem großen Holzlöffel um, die angebrannten Stücke hatten sich zum größten Teil schon gelöst. Marthe schüttete noch etwas heißes Wasser nach.

Julie schaute in den Topf, nahm Marthe den Löffel ab und rührte damit kräftig über den Topfboden. »Das sieht ja schon gut aus. Noch ein wenig länger und dann kann man den Rest mit Sand ausscheuern und der Topf ist wie neu. Nun ja – nicht ganz wie neu«, fügte sie schmunzelnd hinzu.

»Was hast du denn mitgebracht?«, fragte Marthe neugierig.

»Es wird für heute, vielleicht auch für morgen noch reichen, aber spätestens am Montag brauchen wir eine andere Lösung. Der Pater hat Spender, die Lebensmittel an das Haus abgeben und natürlich auch Geld geben, mit dem man Sachen kaufen kann. Nun muss er nur ganz schnell sicherstellen, dass nicht Madame Dubois weiterhin alles abschöpft.«

Inés und Marguerite kamen mit vier anderen Mädchen wieder zurück in die Küche. Julie schaute sich um. »Habt ihr keine sauberen Schürzen?«

»In der Wäscherei.«

»Vite, vite, ich habe nicht ewig Zeit.« Sie scheuchte die Mädchen wieder hinaus, als wären es Hühner. Marthe konnte sich ein Grinsen nicht verkneifen. Sie spähte in die Körbe und holte drei Flaschen Milch heraus, etwas Butter, die süß und frisch roch, Kartoffeln und Wurzelgemüse – zwar schon alt, aber wohl in Sand gelagert und noch halbwegs brauchbar. Es gab mehrere Handvoll getrockneter Kräuter und tatsächlich eine Seite geräucherten Speck.

»Oh«, sagte Marthe begeistert. »Daraus kann man ja etwas machen. Aber«, sie sah ihre Mutter an, »alles ist besser als das, was wir hier vorgefunden haben.«

»Das stimmt.« Julie holte aus ihren Korb noch mehr Kartoffeln hervor, etwas Brot, zwei Kohlköpfe, die auch schon älter, aber noch nicht verdorben waren, und ein ganzes Dutzend Eier. »Und?«, fragte sie Marthe. »Was würdest du daraus machen?«

»Einen Eintopf auf jeden Fall. Auch wenn wir nicht viel Zeit haben und er nicht durchziehen kann. Kartoffeln, Kohl, Speck, Wurzeln – Eintopf«, sagte Marthe nachdenklich.

»Ja, den setze ich auf für morgen«, meinte Julie und nahm noch zwei große Stücke Hartkäse aus ihrem Korb. »Dann kann er in der Nacht durchziehen und morgen schmeckt er richtig gut. Was kann man sonst noch aus den Sachen machen?«

Marthe sah die Vorräte an. »Aus dem alten Brot mit der Milch und den Eiern kann man Klöße machen.«

»Gut!«, lobte Julie. »Und was noch?«

Marthe schüttelte den Kopf. »Ich weiß es nicht.«

»Nun, wir werden sehen«, sagte Julie nachdenklich. »Zuerst brauche ich aber fleißige Helfer. Die Küche hast du gut hinbekommen.«

»Sie wissen nichts, Maman. Sie wussten noch nicht mal, womit man Messer schleift.«

»Das wussten Camille und Emilie auch nicht«, seufzte Julie. »Diese Madame Dubois muss sich hüten, mir unter die Augen zu kommen, ansonsten wird sie ihr blaues Wunder erleben. Eine Frechheit, wie sie den Pater ausgenommen hat – und das auf dem Rücken dieser Kinder.« Julie schnaufte wütend. Dann beugte sie sich wieder über ihren Korb. »Ich habe noch etwas – ein großes Stück Rindfleisch – aus dem Nacken. Es ist nicht mehr ganz frisch.« Sie schnupperte daran. »Aber man kann es noch auskochen. Und je länger es abhängt, um so mürber wird es ja, wenn man es kalt lagert.«

»Das sieht aus wie ein Schmorbraten.«

»Ja, Marthe, das kann man gut schmoren. Aber beim Schmoren schrumpft das Fleisch und für so viele Esser wird es nicht reichen.« Julie überlegte. »Wir tun es in den Eintopf – ganz fein gewürfelt. Und den Speck lassen wir aus und braten darin die Serviettenknödel.«

»Wir können noch Käse in die Knödelmasse reiben«, schlug Marthe vor, »das macht sie gehaltvoller.«

»Stimmt. Und wir können die Zwiebeln anschwitzen und eine Soße daraus machen.« Julie überlegte weiter. »Mit den Gemüseschalen setzen wir eine Brühe an, die kann hier simmern, wenn jemand danach schaut.«

»Ob das gelingt? Sie haben die Kartoffeln anbrennen lassen.«

»Sie müssen es lernen, ob sie wollen oder nicht.«

Nun kamen die Mädchen zurück, alle hatten eine saubere Schürze umgebunden. Inés hatte zwei weitere Schürzen mitgebracht – eine für Julie und die andere für Marthe.

»Hände waschen, und zwar gründlich«, befahl Julie und ging mit gutem Beispiel voran. Nachdem alle Mädchen sich die Hände geschrubbt hatten, ließ sie sie vor dem Arbeitstisch Aufstellung nehmen.

»Dies sind die Zutaten, die wir für heute und morgen zur Verfügung haben. Was würdet ihr daraus machen?«

»Machen?«

»Was würdet ihr daraus kochen«, sagte Julie langsam und freundlich. »Fällt euch etwas ein?«

Die Mädchen besahen sich die Lebensmittel.

»'nen Eintopf«, sagte dann eine. »Speck, Kartoffeln, Möhren, Bete, Kohl.«

»Wie heißt du?«, fragte Julie.

»Dominique.

»Sehr gut. Hast du schon mal einen Eintopf gekocht?«

Das Mädchen schüttelte den Kopf. »Hab zugesehn.«

»Hat noch jemand einen Vorschlag?«

Ein anderes Mädchen trat vor, sie hielt die Hände auf dem Rücken verschränkt, so, als wolle sie sichergehen, dass sie nicht schmutzig würden. Langsam ging sie am Arbeitstisch vorbei. »Zwiebelsuppe mit Brot und mit Käse überbacken«, sagte sie dann. »Oder überbackene Brotscheiben. Arme Ritter – aber dafür sind die Eier zu schade. Eine Brühe kann man ansetzen. Das Fleisch ist Schmorfleisch – zusammen mit dem Gemüse langsam im Ofen gegart. Dazu … vielleicht Semmelknödel.«

Julie nickte anerkennend. »Wie heißt du?«

»Amelie.«

»Du hast schon mal in der Küche gearbeitet?«

»Meine Mutter, Gott habe sie selig, war Köchin. Keine große Köchin, aber sie konnte ganz gut kochen.«

»War sie angestellt irgendwo?«

Amelie nickte und senkte dann den Kopf.

»Würdest du das Fleisch eher als Braten schmoren oder einen Eintopf daraus kochen? Wir haben viele hungrige Mäuler zu stopfen.« Fragend sah Julie das Mädchen an.

»Ich würde das Fleisch immer schmoren, das gibt mehr Geschmack, als wenn man es auskocht. Wenn man es lange schmort und darauf achtet, dann zerfällt es und auch viele Münder bekommen ein Häppchen davon, das mehr sättigt als ausgelaugtes Fleisch.«

»In dir steckt eine Köchin«, sagte Julie zustimmend. »Gut, jetzt müssen wir aber erst den Mise en Place vorbereiten.«

»Den was?«, fragte Inés und stöhnte auf. »Ich wusste nicht, dass es so schwer ist, 'ne warme Mahlzeit inne Bauch zu bekommen.«

»Den Arbeitsplatz«, erklärte Julie geduldig. »Wir müssen Gemüse schälen und schneiden. Dort vorne sind Schneidebretter. Hier sind die Messer. Sind die Messer alle geschärft?«

Marthe schüttelte den Kopf. »Nur zwei«, sagte sie.

»Dann müssen wir die anderen Arbeitsmesser auch noch schärfen.«

»Ich weiß, wie et geht!« Inés trat vor.

»Ich auch.« Marguerite stellte sich neben sie.

»Sehr gut. Dann könnt ihr die Messer schärfen«, bestimmte Julie. »Du«, sie zeigte auf eins der Mädchen, »und du auch – ihr holt Wasser. Wir brauchen zwei Töpfe mit Wasser. Ihr beiden«, sie zeigte auf zwei weitere Mädchen, »nehmt die Messer, die schon geschärft sind und schneidet das alte, trockene Brot in Würfel.« Dann wandte sie sich an Amelie. »Ich möchte sehen, was du kannst. Was würdest du als Mise au Place vorbereiten?«

Amelie überlegte. »Es kommt ja darauf an, was gekocht werden soll.«

»Wir machen den Schmorbraten«, sagte Julie. »Das dauert zwar länger, aber mit dem Geschmack hast du recht. Außerdem Semmelknödel.«

»Dann brauchen wir Mirepoix – also gewürfeltes Wurzelgemüse.« Sie schaute auf den Tisch. »Lauch haben wir nicht, aber Möhren und Sellerie, Zwiebeln und Knoblauch. Dort liegt noch eine Steckrübe – die kann in das Mirepoix oder in den Eintopf zusammen mit dem Kohl, denn der wird ja auch verwertet, non?«

»Sehr gut. Steckrübe und Kohl kochen wir nicht zusammen, die Rübe kommt in das Mirepoix«, lobte Julie.

»Die Kartoffeln müssen auch geschält werden, aber zuvor muss man sie gut abschrubben, dann kann man die Schalen auskochen.«

»Richtig.« Julie zeigte auf das Mädchen, das noch keine Aufgabe hatte. »Du nimmst die Wurzelbürste und schrubbst die Kartoffeln gründlich ab. Sie müssen recht sauber sein.«

»Und was mache ich?«, fragte Amelie und sah sich um. Inzwischen herrschte eine rege Betriebsamkeit in der Küche. Die Mädchen tuschelten nur, traute sich nicht, laut zu reden. Aber sie versuchten ihre Aufgaben so gut und schnell sie konnten zu erledigen. Inés hatte ein Messer gewetzt und nahm nun das nächste. Julie griff nach dem Messer, das Inés geschliffen hatte, gab es Amelie.

»Du kannst schon mal mit dem Mirepoix anfangen.«

Das Mädchen nahm das Messer sicher in die Hand, begann eine Karotte zu schälen. Sie wusste, was sie tat, auch wenn die Bewegungen nicht routiniert waren. Das eine oder andere Mal machte sie einen Schnitzer, aber ihre Arbeit war nicht zu vergleichen mit dem, wie Camille und Emilie zu Anfang Gemüse geschält hatten.

Nachdem sie fertig geschält hatte, schnitt Amelie einen kleinen Streifen an einer Seite ab, so dass die Karotte sicher auf dem Brett lag und nicht wegrollen konnte. Sie schnitte die Karotte in Längsstreifen, wobei die Schnitte nicht ganz bis zur Wurzel gingen, dann würfelte sie die Möhre.

Julie nickte anerkennend, schob ihr eine Zwiebel zu. Amelie schälte die Zwiebel, zerteilte sie mittig, so dass jede Seite ein Stück vom Wurzelende behielt, würfelte die Zwiebel.

»Das machst du sehr gut. Man sieht, dass du weißt, worauf es ankommt. Seit wann bist du hier?«

Amelie wich ihrem Blick aus. »Seit zwei Jahren«, sagte sie dann.

»Und wie alt bist du?«

»Ich bin zwölf, werde bald dreizehn.«

»Deine Eltern waren keine einfachen Leute der Dritten Schicht, nicht wahr? Hast du keine Verwandten mehr, die sich aufnehmen können?«

»Ich bin … ein Bastard. Meine Mutter wurde von der Familie verstoßen. Als sie starb, kam ich hierher«, sagte das Mädchen fast tonlos.

»Hat niemand versucht, Kontakt zu deiner Familie aufzunehmen?« Marthe war entsetzt.

»Der Pater hat ihnen geschrieben, aber es kam nie eine Antwort.« Nun wischte Amelie sich über die Augen und lächelte schief. »Die Zwiebeln«, sagte sie und zuckte mit den Schultern.

»Marthe, du kannst zusammen mit Amelie das Mirepoix schneiden. Sobald die Mädchen mit den Messern fertig sind, zeigt ihr ihnen, wie es geht. Ganz sicher werden sie nicht so fein und gut arbeiten, wie ihr beiden – aber sie müssen es ja auch erst lernen«, sagte Julie.

Marthe und Amelie sahen sich an, grinsten und griffen gleichzeitig nach Messer und Zwiebel. Der kleine Wettbewerb war unausgesprochen, aber jede linste immer wieder auf das Schneidebrett der anderen. Amelie war schneller, aber Marthes Zwiebelwürfel waren sehr viel feiner und gleichmäßiger.

»Das ist hier kein Konkurrenzkampf«, sagte Julie amüsiert mit einem Blick auf die beiden Schneidebretter. »Und wir kochen auch nicht für das englische Königshaus. Passt lieber auf eure Finger auf.« Dann tippte sie Marthe auf die Schulter und zeigte mit dem Kopf zur Tür. Dort stand Vincent und schaute ein wenig verloren in die Küche.

Marthe legte ihr Messer zur Seite, wischte sich die Hände an einem Tuch ab und ging zu ihm.

»Das … sieht ja nach richtig Arbeit aus«, sagte Vincent und lächelte. Es war ein trauriges Lächeln. »Was ist mit diesem Raum passiert? Eben noch war es das Tor zur Küchenhölle und nun …?«

»Wir haben aufgeräumt und sauber gemacht. Maman hat ein paar Lebensmittel organisiert, und nun zeigen wir ihnen, wie sie für das Wochenende Essen zubereiten können. Ab Montag muss eine andere Lösung her. Die Köchin, die der Pater eingestellt hatte, hat sich als Reinfall erwiesen.« Marthe biss sich auf die Lippen.

»Das habe ich schon gehört. Hmm.« Vincent sah sie nachdenklich an. »Und du hilfst?«

»Sie können nichts. Bis auf Amelie. Die Kleine da vorne. Ihre

Mutter war wohl Köchin und sie weiß, wie es in einer Küche zugeht. Die anderen haben gar keine Ahnung. Sie würden vermutlich vor gefüllten Regalen verhungern, nur dass es hier gar keine gefüllten Regale gibt.«

»Ich schätze«, sagte Vincent und konnte nun seine Enttäuschung nicht mehr verbergen, »das Marsfeld muss noch auf uns warten?«

Marthe senkte den Kopf und nickte. »Es tut mir leid, aber ich kann Maman und die Mädchen doch nicht einfach im Stich lassen.«

»Nein, das kannst du vermutlich nicht. Nun denn. Es gibt noch etwas, worüber ich gerne mit dir in Ruhe sprechen würde.« Er sah sich um. »In Ruhe und das geht hier nicht. Wir machen es später. Ich werde nun gehen. Au revoir, Marthe.« Er drehte sich um und ging.

Marthe blickte ihm sprachlos hinterher, spürte den Stich der Enttäuschung. Natürlich wäre sie gerne mit ihm zum Marsfeld und zum Eiffelturm gegangen, aber verstand er denn nicht, worum es hier ging? Sie waren doch nicht zum Vergnügen hier. Kopfschüttelnd kehrte sie zurück in die Küche, bemerkte den fragenden Blick ihrer Mutter, wich ihm aber aus. Sie fühlte sich verwirrt und verletzt, konnte die Stiche, die ihr Magen aussendete, nicht deuten. Also verdrängte sie den Gedanken an Vincent.

»Sie macht das richtig gut«, sagte Marthe leise zu Julie. »Diese Amelie.«

»Ja, ich bin beeindruckt. Aber wir haben nicht die Zeit, damit die Damen die Zwiebeln klein schneiden und sich gegenseitig zusehen.« Sie seufzte auf. »Zumindest heute haben wir die Zeit nicht. Schau mal nach den Mädchen, die das Brot würfeln sollen. Das alte Brot wollen wir in Milch einweichen.«

Marthe nickte und ging zu der Seite des Tisches, an dem die Mädchen standen. Das alte Brot war sehr trocken und hart, und nur mit Mühe hatten es die Mädchen in grobe Stücke zerteilt.

»Warum soll'n wir das machen?«, nörgelte die eine. »Aus'm Brot kann man ja Mauern bauen, so hart is das.«

»Ich ess das sicherlich nicht«, sagte die andere und verzog das Gesicht.

»Das ist noch nicht fein genug«, sagte Marthe und lächelte freundlich. »Ja, das alte Brot ist hart und schwer zu schneiden, aber es geht, wenn man es richtig macht. Es ist Brot – und es ist nicht verdorben, also werden wir es weiterverwenden.«

»Das kann man doch nicht ess'n.« meinte die eine. »Da beißt man sich ja die Zähne aus.«

Marthe lachte leise. »Ihr werdet es ja auch so nicht essen. Nun müssen wir es aber kleiner schneiden. Je schneller wir das machen, um so eher können wir kochen. Habt ihr schon mal in dieser Küche gekocht?«

Beide schüttelten den Kopf. »Madame Dubois wollte uns nicht. Sie sagte, wir können das nicht. Da sind wir in die Wäscherei.«

»Jeder kann Brot schneiden«, meinte Marthe und nahm das Messer, setzte es hoch an und schnitt durch das harte, trockene Brot. »Jetzt haben wir einen Anfang«, sagte sie. »Hier sind Bruchkanten, denn es ist so trocken, dass es eher bricht, als man es sauber schneiden kann. Das macht aber nichts. Wir brauchen Stücke in dieser Größe.« Sie nahm einen Brotwürfel hoch. »Wie die Stücke aussehen, ist egal. Geht mit der Spitze des Messers hinein und brecht es auseinander, die kleineren Stücke können wir dann hacken.«

»Und dann?«

»Dann machen wir daraus Serviettenknödel.«

»Was'n das?«

»Das werdet ihr dann sehen.«

Es waren einige Brote da, und sie hatten alle Mühe, die harten Laibe zu zerteilen, aber schließlich war alles aufgeschnitten und klein gehackt. Marthe hatte eine große Schüssel besorgt, in die sie einen Teil der Brotreste gaben. Nun schüttete Marthe Milch darüber, würzte mutig mit Salz und Pfeffer, rührte um. Dann reichte sie den Löffel dem einen Mädchen. »Es muss sich gut vermischen, bis es eine Art Brei ist. Ich komme gleich wieder – du rührst solange.« Das Mädchen nickte ergeben.

»Maman, wir haben nun den Kloßteig angesetzt, oder sind dabei. Ich würde da Zwiebeln reingeben.«

Julie nickte. »Aber keine rohen«, sagte sie. »Kannst du jemanden zeigen, wie man Zwiebeln anschwitzt? Wir haben jetzt alle Zwiebeln, die da waren, geschnitten. Nimm die feineren Würfel.«

Marthe schnappte sich eins der Mädchen und stellte eine große Pfanne auf den Herd. Dort stand nun schon ein Topf mit simmerndem Wasser, in den alle Gemüsereste kamen, selbst die Zwiebelschalen. Julie zeigte Amelie gerade, wie man das Fleisch parierte. Auch die Parüren kamen natürlich in die Brühe. Inzwischen duftete es in der Küche.

Am Tisch würfelten die Mädchen emsig, mit mehr oder manchmal auch weniger Erfolg, das Wurzelgemüse.

Marthe gab etwas Olivenöl in die Pfanne und stellte sie auf die Kochstelle. »Jetzt wird das Öl heiß. Aber es darf nicht zu heiß werden, dann verbrennen die Zwiebeln und schmecken bitter. Wir wollen sie weich und köstlich, non?«

»Aber der Herd ist doch heiß – was mach ich, wenn es zu heiß wird? Ich kann ja nicht das Feuer rausholen«, sagte Marguerite verwirrt.

»Dann ziehst du die Pfanne an die Seite. Siehst du – hier, wo die Ringe eingelassen sind, da ist es am heißesten. Am Rand ist es kühler. Man muss die Pfanne gut im Auge behalten. Und natürlich immer wieder umrühren.« Marthe warf ein Stückchen Zwiebel in das Fett, es zischte noch nicht. »Noch ist es nicht heiß genug, siehst du? Jetzt kocht die Zwiebel eher, als dass sie schmort. Wir wollen sie aber weich und süß.«

»Zwiebeln sin nicht süß«, lachte Marguerite sie aus. »Die sin scharf und beißen.«

»Ja. Und manchmal braucht man sie scharf, aber wir brauchen sie weich – und dann werden sie süß.«

»Niemals.«

Marthe grinste. »Warte es ab«, murmelte sie nur.

Das Fett war nun heiß geug, und Marthe gab zwei große Handvoll hinein, es zischte und brutzelte, schnell wendete sie die Zwiebeln, rührte in der Pfanne, gab dann ein großes Stück Butter hinzu und zog die Pfanne an den Rand des großen Herdes.

Währenddessen hatte ihre Mutter den Bräter auf den Herd gestellt und auch etwas Fett hineingegeben. Nun gab sie das Fleisch hinzu und briet es von allen Seiten scharf an. Dann löschte sie den Braten mit etwas Rotwein, den der Pater ihr gegeben hatte, ab. Inzwischen duftete es in der Küche. Julie wartete, bis der Rotwein verkocht war und das Geräusch aus dem Topf sich wieder veränderte – von kochend zu brutzelnd und bratend. Dann gab sie einen großen Teil des Wurzelgemüses hinzu, das zischend anbriet. Sie rührte um, wieder und wieder, bis alles angebräunt war und löschte dann erneut mit Rotwein ab. Als der Wein erneut verkocht war, goss Julie mit Brühe auf. Die hatte zwar noch wenig Geschmack, aber immerhin schon mehr als pures Wasser. Sie schob den Bräter in den Ofen, ganz an die Seite. »Du bist dafür verantwortlich«, sagte sie zu Amelie. »Du musst immer schauen, ob noch Flüssigkeit im Bräter ist, gegebenenfalls musst du etwas nachfüllen. Gute zwei Stunden wird das Stück brauchen, damit es zerkocht. Eher mehr.«

Inzwischen waren die Zwiebeln weich geworden, und Marthe nahm einen kleinen Löffel, ließ Marguerite kosten.

»Haste Zucker dran gemacht?«, fragte das Mädchen skeptisch.

Marthe verneinte. »Das ist so, wenn man Zwiebeln langsam schmort, werden sie süßlich.«

»Und nun? Was machen wir jetzt damit?«

Marthe ging zu den Mädchen, die den Brotteig gerührt hatten. Immer wieder war sie zu ihnen gegangen, während Marguerite auf die Zwiebeln hatte achten müssen. Nach und nach hatten sie alles klein geschnittene Brot in die Masse eingerührt. Aus dem anfänglichen Brei war ein fester Teig geworden. Nun gab Marthe die Zwiebeln hinzu, würzte kräftig nach. Sie ließ sie ein paar Eier verschlagen und unter die Masse heben. Dann hieß sie Marguerite zwei saubere Küchentücher holen.

»Müssen wir spülen?«, fragte sie.

»Natürlich. Aber jetzt machen wir erst die Knödel.« Marthe zeigte den Mädchen, wie sie aus dem Teig eine Rolle formen konnten und schlug diese in eins der sauberen Tücher ein, rollte sie zu einer länglichen Rolle und verschloss die Enden mit Bindfäden.

»Sieht aus wie ’ne Wurst«, stellte Marguerite erstaunt fest.

»Die hängen wir nun in den Dampf eines Kochtopfs«, sagte Marthe nun.

Während die Knödelmasse im Dampf hing, ließ Julie die Mädchen den Kohl fein schneiden und den Speck würfeln. Den Speck ließ sie in einer großen Pfanne aus und gab nach und nach die Kohlstreifen hinzu. Sie würzte kräftig, gab schließlich etwas Brühe hinzu und stellte die Pfanne an den Rand des Herds.

Julie gab den Mädchen noch den ein oder anderen Rat, überprüfte mit ihnen Geschirr und Besteck, zeigte ihnen, wie sie am besten die Töpfe schrubbten und hielt sie dazu an, alles, was in Gebrauch gewesen war, sofort zu spülen und wieder wegzuräumen.

»Es ist wichtig, dass alles sauber und ordentlich ist. Alles geht schneller, wenn man nicht erst noch abspülen oder Dinge suchen muss«, erklärte sie. »Ein reibungsloser Ablauf in der Küche ist wichtig. Ihr solltet also immer zuerst überlegen, was an Lebensmitteln da ist, was noch gebraucht wird und wie man es zubereitet. Am besten schreibt ihr euch das dann auf – was es geben soll. Dann bereitet ihr euren Arbeitsplatz vor – holt die Geräte, die ihr braucht: Messer, Schöpflöffel, Kartoffelpresse, Reibe.« Sie zeigte auf die verschiedenen Utensilien.

»Aber wofür brauch man das denn?«, fragte eins der Mädchen. »Diese Kartoffelpresse?«

»Das zeige ich euch ein anderes Mal«, sagte Julie. »Jetzt geht es erst einmal um den grundsätzlichen Ablauf. Wenn ihr euren Arbeitsplatz eingerichtet habt, bereitet ihr das Essen vor. Zuerst wird alles gewaschen, geschält und geschnitten. Es gibt so gut wie keine Abfälle, außer etwas ist verschimmelt. Alles andere an Schalen und

Resten kommt in den Gemüsebrühetopf, der immer auf dem Herd stehen sollte.« Sie schaute in die Runde, die Mädchen sahen sie an und manche nickte auch.

Marthe wurde klar, dass einige der Mädchen jedoch Julies Worten nicht folgen konnten. Sie wussten nicht, wofür die Gemüsebrühe gut war und wie man sich den Arbeitsplatz einrichtete. Auch hatten sie keine Ahnung, wie sie sich einen Plan aufschreiben sollten. Das macht sicher die Übung, sagte sich Marthe. Man muss es ihnen immer wieder zeigen. Und sie haben ja auch keine Vorstellung von Rezepten, wie sollen sie da wissen, was in eine Speise kommt? Es war eben nicht so einfach, das Küchenhandwerk zu lernen, wenn man sich noch nie damit beschäftigt hatte. Vielleicht, dachte sie, sollte ich es ihnen aufschreiben.

Sie deckten die Tische, die im Nebenraum standen. Julie kontrollierte immer wieder das Essen, zeigte den Mädchen, worauf sie achten sollten. »Ihr müsst lauschen. Wenn es anfängt zu zischen oder zu brutzeln, dann brennt es bald an, dann fehlt Flüssigkeit und die Hitze ist zu groß. Wenn sich nichts rührt, keine Bläschen aufsteigen und es auch nicht blubbert, dann kocht es nicht und die Hitze ist zu niedrig.«

Inés verdrehte die Augen. »Wie soll man sich denn alles merken?«

»Das kommt mit der Zeit«, beruhigte Julie sie. »Man lernt es, und die Übung macht den Meister.«

Endlich war das Essen fertig. »Den Eintopf ziehen wir jetzt vom Feuer und stellen ihn abgedeckt nach draußen, damit er schnell abkühlt. Danach stellt ihr ihn über Nacht in die Vorratskammer. Morgen wärmt ihr ihn vorsichtig auf – schaut, wie viel Flüssigkeit noch da ist, vielleicht müsst ihr noch etwas dazugeben. Und immer gut rühren, damit nichts ansetzt.« Sie sah Amelie an. »Traust du dir das zu?«

Amelie nickte.

»Gut. Dann habt ihr für heute und morgen Essen. Am Montag komme ich wieder. Seht zu, dass ihr nach dem Essen alles spült und aufräumt. Die Küche muss sauber sein. Habt ihr das verstanden?«

Die Mädchen nickten, aber Marthe war sich nicht sicher, wie ernst sie die Worte nahmen. Auch Julie hatte ihre Zweifel.

»Es nützt ja nichts«, seufzte sie, als sie sich auf den Heimweg machten. »Wir können nicht die ganze Zeit dabei bleiben. Sie müssen es begreifen und lernen.«

»Aber wir müssen sie unterstützen«, sagte Marthe.

»Und das werden wir auch. Ein Anfang ist gemacht.«

Kapitel 13

Paris, Mai 1889

Wie ein Nebelschleier bedeckte der leichte Regen die Stadt, hüllte sie ein wie ein dünnes Tuch. Es war eher Feuchtigkeit als Regen, die sich auf die Haut und die Kleidung legte. Doch in der Ferne schien der Himmel schon wieder heller zu werden.

»Es hört sicherlich gleich auf«, sagte Marthe. »Und dann kommt die Sonne raus.«

»Das muss auch so sein«, meinte Florence, »denn heute ist ein großer Tag für Frankreich, für Paris.«

»Meinst du die hundert Jahre seit der Revolution?«, zog sie Vincent auf.

»Nein, ich meine den ersten Tag der Weltausstellung«, gab Florence zurück.

»Die aber wegen des Jahrestages der Revolution abgehalten wird«, sagte Monsieur Laurent. »Und deswegen wird die Weltausstellung auch von den Monarchien gemieden.«

»Die Monarchen mögen nicht kommen, aber Besucher aus aller Welt scheinen da zu sein. Grundgütiger, sind viele Menschen unterwegs.« Madame Laurent sah sich besorgt um. »Bitte bleibt schön beieinander. Nicht, dass jemand verloren geht.«

»Wir sind doch nicht in Timbuktu«, sagte Vincent, »sondern in Paris. Die Ausstellung ist auf dem Marsfeld, wie soll da jemand verloren gehen? Ich hoffe, du erwartest nicht, dass wir alle die ganze Zeit zusammenbleiben? Euch interessieren doch sicher andere Sachen als uns.«

»Aber … es sind so viele Menschen«, sagte Madame Laurent. »Da kann doch etwas passieren. Florence und Marthe, ihr bleibt immer an meiner Seite.«

»Maman, ich bitte dich.« Florence verdrehte die Augen. »Das kann doch nicht dein Ernst sein?«

»Die Kinder sind groß genug, sie können auf sich selbst aufpassen«, meinte nun Monsieur Laurent. »Aber ihr Mädchen solltet vielleicht doch zusammenbleiben.«

»Wir passen auf sie auf«, versprach Jean und zwinkerte Florence zu.

»Ich vertraue den Jungs«, sagte Monsieur Bernard. »Florence hat recht, unsere Interessen sind wahrscheinlich schon sehr unterschiedlich. Ich möchte auf jeden Fall auf den Eiffelturm.«

»Ich auch, aber ganz sicher nicht bis nach ganz oben«, sagte Madame Bernard und schüttelte sich.

»Auf der ersten Plattform ist heute die Redaktion vom ›Figaro‹«, sagte Marthe. »Und die Jungs aus der Druckerei. Sie drucken eine Sonderausgabe vom Eiffelturm aus. Da möchte ich natürlich hin. Bis ganz nach oben muss ich nicht noch einmal. Aber es ist spannend von dort oben über die Stadt zu schauen.«

»Ich kann ja immer noch nicht fassen, dass ihr euch das getraut habt«, sagte Madame Laurent. »Ist dir nicht schwindelig geworden? Hattest du keine Angst?«

»Maman, das hast du uns bestimmt schon zehnmal gefragt und die Antwort lautet immer noch: Nein, wir hatten keine Angst. Aber es ist windig dort oben.«

»Ihr hattet Glück, dass ihr schon kurz nach der Eröffnung des Turms hinauf durftet. Aber ich habe schon von einigen gehört, dass sie seit dem 31. März, als Eiffel den Turm eröffnet hat, oben waren. Selbst in den Wochen, als der Aufzug noch nicht funktionierte.«

»All die Stufen zu erklimmen, das muss doch anstrengend sein«, sagte Madame Bernard. »Wer das nur auf sich genommen hat? Und runter muss man ja auch wieder.«

»Ich bin froh, dass der Aufzug funktionierte, als wir da waren«, sagte Marthe, »auch wenn es aufregend und ein wenig beängstigend war.« Sie sah Vincent an, ihre Augen funkelten. »Und du es noch schlimmer gemacht hast, weil du die ganze Zeit davon gesprochen hast, was passiert, wenn die Seile reißen und wir abstürzen.«

»Ja, du boshaftes Ekel«, sagte nun auch Florence. »Du wolltest uns Angst und Bange machen.«

»Aber es hat nicht funktioniert, ihr bliebt ruhig und gelassen«, sagte Jean.

»Nur äußerlich«, wisperte Florence Marthe zu und beide kicherten. »Aber das dürfen sie auf keinen Fall erfahren.«

»Was ist denn eigentlich mit deinem Artikel zum Eiffelturm?«, fragte Madame Laurent Marthe. »Wird er im ›Figaro‹ gedruckt werden?«

Marthe schüttelte den Kopf. »Nein. Am heutigen Tag werden nur die Artikel der bekannten Journalisten gedruckt. Es ist eine kurze Sonderausgabe und nicht die Tageszeitung. Mein Artikel wird aber im ›La France Illustrée‹ erscheinen«, sagte sie voller Stolz. »Das ist dann schon der zweite Artikel von mir, der gedruckt wird.«

»Du wirst einmal ganz berühmt werden«, meinte Vincent und lächelte ihr zu.

»Wer weiß«, sagte Marthe. »Aber ohne dich hätte ich die Möglichkeit vermutlich nicht bekommen. Du hast mit dem Redakteur der ›Illustrée‹ gesprochen und mich empfohlen. Und das, obwohl du nicht wusstest, ob ich überhaupt dazu geeignet bin.«

»Doch, das wusste ich, Marthe«, sagte Vincent sanft. »Ich wusste schon immer, wie begabt du bist. Irgendwann wirst du deine eigene Zeitung leiten, davon bin ich überzeugt.«

»Eine eigene Zeitung?« Marthe schüttelte den Kopf. »Ich glaube kaum, dass das möglich sein wird.«

Sie näherten sich dem Eiffelturm, der die Stadt imposant überragte. Vor dem Eingang hatte sich schon eine lange Schlange gebildet.

»Was machen eigentlich die Mädchen im Waisenhaus?«, fragte nun Madame Bernard. »Deine Mutter hat sie unter ihre Fittiche genommen, habe ich gehört.«

»Man mag sich gar nicht vorstellen, wie schlimm es da gewesen sein musste«, sagte nun Madame Laurent. »Unsere gute Julie hat zum Glück schnell Lösungen gefunden. Aber diese Madame Dubois sollte bestraft werden – sie hat die gespendeten Lebensmittel und das Geld unterschlagen und für sich genutzt – und die armen Kinder mussten hungern. Doch Pater Roussel wollte sie nicht anzeigen.«

»Madame Dubois hat seitdem keinen Fuß mehr in das Waisenhaus gesetzt«, erklärte Marthe. »Durch Mamans Kontakte zu anderen Köchinnen in der Stadt haben wir zum Glück sehr schnell einen Ersatz gefunden. Madame Leclerc führt nun die Küche mit strenger Hand, doch mit großem Herz für die Mädchen. Endlich haben sie nun auch die Chance, dort etwas zu lernen.«

»Lernen, ja«, sagte Madame Laurent nachdenklich. »Deine Mutter hat ja diese Idee, dort in der Küche Kochkurse zu geben.«

»Das ist eine wunderbare Idee«, meinte Madame Bernard begeistert. »Sie will die Kinder unterrichten?«

Madame Laurent nickte, doch das Nicken kam nur zögerlich. »An sich ist es eine gute Idee, zumal ja gut ausgebildetes Personal Mangelware ist. Aber ich müsste Julie dann mindestens einen weiteren Tag freigeben, und das gestaltet sich doch schwierig«, meinte sie.

»Deshalb will Maman ja auch Aurelie aufnehmen. Sie ist sehr talentiert, und zusammen mit Claire und Estelle wird sie schon bald in der Lage sein, in der Küche als vollwertige Kraft zu arbeiten. Maman würde das Essen planen und schon vorbereiten, es würde bestimmt kaum auffallen, dass sie nicht da ist«, verteidigte Marthe die Pläne.

»Ein weiteres Mädchen bedeutet weitere Kosten, Marthe. Ich weiß, du verstehst das nicht – ich helfe auch gerne, vor allem Pater Roussel, aber …« Sie zuckte mit den Schultern und hob die Hände.

»Bis zum Herbst ist Camille so gut, dass sie ohne weiteres in einen anderen Haushalt wechseln kann. Sogar als Sousköchin. Und über den Sommer könnte Maman schon Aurelie anlernen. Schon jetzt ist sie die Beste in der Schulküche von Auteuil.«

»Warum kann denn die neue Köchin nicht den Unterricht übernehmen?«, wollte Madame Bernard wissen. »Ich dachte, sie bringt ihnen das Kochen bei.«

»Ja, das tut sie ja auch. Aber es ist eine … Großküche, eine Art

Kantine. Sie lernen die Grundlagen, aber nicht, wie man ein Menü plant. Dort gibt es meist eine Potage als Vorspeise, dann einen Eintopf oder ein anderes, einfaches und sättigendes Gericht und manchmal einen süßen Nachtisch. Aber kein Menü, so wie Sie es kennen«, erklärte Marthe. »Und eine Beiköchin oder gar eine Mamsell muss mehr können, als nur das. Für einfache Stellungen sind die Mädchen vielleicht geeignet. Oder auch da, wo ihnen jemand etwas beibringen kann, so wie es meine Maman bei den Laurents tut. Doch das ist nicht immer gegeben, und so können die Mädchen kaum eine gute Stellung annehmen.«

»Ach, das stimmt natürlich«, sagte Madame Bernard. »Aber kann deine Mutter denn dieses Wissen vermitteln? Ich meine, reicht da ein Tag pro Woche? Das dauert dann ja ziemlich lange, bis sie die Grundlagen eines Menüs erfasst haben. Die Mädchen kommen ja aus sehr schlichten Verhältnissen.«

»Ja, sie kommen meist aus ganz einfachen Verhältnissen«, sagte Marthe. »Doch das bedeutet ja nicht, dass sie dumm sind. Nicht jede ist … sagen wir, küchentauglich. Aber meine Maman erkennt das meist schnell und gut.« Sie sah Madame Laurent an. »So wie bei Camille und Emilie. Emilie arbeitet nun in einem Bistro in Les Halles, dort ist sie gut angekommen und blüht förmlich auf. Für die gehobene Küche hatte sie jedoch kein Händchen, anders als Camille.«

»Das ist richtig. Camille ist ein echter Gewinn für unseren Haushalt, deshalb würde ich sie auch ungerne wieder gehen lassen«, meinte Madame Laurent.

Camille war sicherlich eine gute Küchenhilfe, dachte Marthe, aber Amelie ist besser. Doch sie sagte nichts weiter dazu. Das war etwas, was ihre Mutter besprechen und vereinbaren musste. Bisher hatte Maman meist ihren freien Tag für die Mädchen von Auteuil geopfert, manchmal hatte Madame ihr auch einen halben Tag extra frei gegeben. Aber es brauchte eine dauerhafte Lösung, denn so ging es nur schrittchenweise voran.

Marthe hatte begonnen, gewisse Dinge aufzuschreiben. Angefangen hatte sie mit einer Erklärung der Küchenutensilien, die sie auch mit Zeichnungen versehen hatte. Nun war sie dabei, die gängigen Küchenbegriffe aufzulisten und zu erklären. Ihr Ziel war es, später auch einfache Menüfolgen zu erstellen, aber davor würde sie wohl auch Rezepte notieren müssen. Doch die Dinge, die in der Küche in Auteuil gekocht wurden, taugten für einen feinen Haushalt nicht. Und mit gehobenen Rezepten konnten die Mädchen wenig anfangen, wenn sie noch nicht einmal die Möglichkeit hatten, diese auszuprobieren. Beim Kochen ging es auch immer um das Schmecken. Viele Lebensmittel kannten die Mädchen aber nicht – kaum eine von ihnen hatte jemals eine Artischocke gegessen oder feinen Fisch wie die Seezunge. Sie kannten günstiges Fleisch und Speck, hatten aber noch nie ein Rinderfilet gekostet und wussten auch sicher nichts mit einer Portweinsoße anzufangen. Dafür musste es eine Lösung geben, und Marthe war sich sicher, dass sie sie finden würden.

Endlich hatten sie den Eiffelturm erreicht, der gigantisch über ihnen aufragte.

»Dreihundertzwölf Meter hoch«, murmelte Marthe. »Über achtzehntausend Metallteile, zweieinhalb Millionen Nieten. Und es hat nicht ganz zwei Jahre gedauert, ihn zu bauen.«

»Deine Detailbesessenheit beeindruckt mich immer wieder«, sagte Vincent und nahm ihre Hand, drückte sie.

»Kommt ihr nun mit nach oben?«, fragte Monsieur Laurent und drehte sich zu ihnen um. Schnell ließ Vincent Marthes Hand wieder los.

Überrascht sah Marthe ihn an, doch Vincent sah fragend zu Jean. »Wollt ihr? Was ist mit dir, Marthe?«

»Ich muss jetzt nicht nach oben«, sagte sie und schaute auf die nächste Schlange, die sich vor dem Aufzug gebildet hatte. »Lieber würde ich durch die Ausstellung gehen.«

»Es gibt so viel zu sehen, das werden wir sowieso nicht an einem Tag schaffen. Wir werden bestimmt noch mal wiederkommen«, meinte Florence. »Und dann können wir immer noch einmal auf den Turm. Hoffentlich mit weniger Andrang.«

»Zwanzig Jahre soll er stehen bleiben«, sagte Marthe. »So lange läuft auf jeden Fall der Vertrag mit der Stadt.«

»Nun gut«, meinte Jean. »Dann gehen wir erst einmal in die Ausstellung.«

Messieurs und Mesdames Laurent und Bernard kauften Eintrittskarten für den Turm und reihten sich bei den Wartenden ein.

»Passt gut auf die Mädchen auf«, ermahnte Madame Laurent Vincent noch einmal. »Wir sehen uns später – entweder wir treffen uns auf dem Gelände oder aber zu Hause.«

Die vier jungen Leute gingen gemeinsam unter dem Eiffelturm hindurch auf das riesige Gelände der Ausstellung. Obwohl Massen an Menschen zusammen mit ihnen hineinströmten, verlief sich doch bald die Menge. Die meisten zog es zu der großen ›Maschinenhalle‹ und auch sie gingen langsam dorthin. Vor der vierhundert Meter langen Halle war ein großer Springbrunnen aufgebaut worden.

»Sobald es dämmert, wird der Brunnen elektrisch beleuchtet«, sagte Marthe. »Ich kann mir das so gar nicht vorstellen. Ich dachte, das sei gefährlich – Wasser und Elektrizität.«

»Das stimmt einerseits – Wasser leitet den Strom und somit kann man einen Schlag bekommen«, erklärte Jean. »Aber die Lampen und Leitungen sind ja nicht im Wasser, sondern außen. Und sie wurden isoliert – mit Kautschuk und Gummi, meine ich.«

»Dennoch«, sagte Florence und wich vor dem Brunnen zurück, »es nieselt doch. Auch Regen ist Wasser.«

Vincent lachte auf. »Keine Sorge, du Angsthase. Dir wird nichts passieren. Die Elektrizität ist unsere Zukunft. Und sie wird auch mit Wasserkraft hergestellt.«

»Strom wird doch nicht durch Wasser hergestellt«, sagte Florence empört, »sondern durch Dampf.«

Vincent und Jean schüttelten sich vor Lachen.

»Hört auf!«, rief Florence. »Das weiß ich genau. Und gleich werdet ihr es sehen. In der Maschinenhalle gibt es ganz neue Dampfmaschinen.«

»Oh, Flo«, wisperte Marthe ihr zu. »Was ist denn Dampf? Dampf ist verkochtes Wasser.« Sie wandte sich an Jean. »Aber wie ist das mit der Wasserkraft? Ich habe davon gehört, kann es mir aber nicht vorstellen.«

»Weißt du, wie eine Dampfmaschine funktioniert?«

»Wasser wird zum Kochen gebracht und der Dampf … der bringt etwas in Bewegung und damit wird dann Strom erzeugt.«

»Vom Prinzip her ist das schon mal gar nicht schlecht erklärt«, sagte Vincent.

»Ich stell mir das so vor wie bei uns in der Küche«, sagte Marthe.

»Setzt man einen Topf mit Wasser auf den Herd und legt den Deckel darauf, passiert erst einmal gar nichts. Wenn dann aber das Wasser anfängt zu kochen, beginnt der Deckel zu tanzen und wird vom Dampf angehoben. Dampf hat also Kraft.«

»In einer Dampfmaschine ist das ähnlich – nur wird der Dampf in einen Behälter geleitet, der nur einen kleinen Ausgang hat – wie ein Röhrchen. Und dadurch strömt dann der Dampf mit aller Macht auf eine Turbine, das ist so etwas wie ein Propeller.«

Florence sah ihn fragend an.

»Die Räder einer Windmühle – das ist so etwas wie ein Propeller. Der dreht sich dann. Und durch das Drehen entsteht Energie.«

»Nicht ganz«, fiel ihm Vincent ins Wort. »Energie haben wir die ganze Zeit schon, sie wird nur umgeleitet.«

»Das wird mir jetzt zu kompliziert«, gestand Florence. Sie blieb stehen und schaute zu der kleinen Eisenbahn, die an ihnen vorbeifuhr. »Oh, seht doch nur …«

»Mit der Bahn kann man in zehn Minuten über das Gelände fahren«, erklärte Marthe. »Und da auf dem Gelände Pavillons aus aller Welt stehen, kann man somit in zehn Minuten die Welt umrunden. Ich finde den Gedanken faszinierend.«

»Das stimmt«, sagte Vincent und nahm wieder ihre Hand. »Möchtest du das machen?«

»Später. Lasst uns erst in die Maschinenhalle gehen. Ich habe so viel von den technischen Meisterwerken gehört, die es dort geben soll. Ich kann mir das gar nicht vorstellen. Es soll Wege geben, die sich wie von selbst fortbewegen. Man muss nicht mehr laufen.«

»Die Halle selbst ist schon ein Meisterwerk«, meinte Vincent.

»Das ist die moderne Architektur. So etwas möchte ich auch einmal entwerfen und bauen.«

»Wirklich?«, fragte Jean erstaunt. »Ja, es ist eine Meisterleistung – aber es ist auch … hässlich. Stahl und Glas. Und dazu noch riesig. Werden so die Bauten der Zukunft sein? Die Maschinenhalle ist wie der Eiffelturm – nur, dass der in die Höhe geht und die Halle in die Länge. Ein einziges Gebäude, das vierhundert Meter lang ist. Das ist beeindruckend, aber nicht schön.«

»Es ist praktisch und pragmatisch. Und so wird die Zukunft auch sein. Maschinen werden ein Teil unserer Welt werden«, sagte Vincent. »So wie es die Eisenbahnen schon sind und die Trams. Technik ist die Zukunft und das wird sich auch in der Architektur widerspiegeln.«

»Aber würdest du in so einer technischen Halle wohnen wollen? In Stahl und Glas?«

Vincent runzelte die Stirn. »Ich denke nicht, dass sich das bis in den Wohnbereich hinein ausdehnen wird. Fabriken werden so gebaut werden. Du siehst das doch schon an den Pavillons und an Les Halles – den Markthallen. Die sind auch aus Glas und Metall, funktional. Die Industrie wird unser Leben bestimmen – Technik und Maschinen in der Arbeitswelt.«

»Und was wird aus den Menschen?«, fragte Marthe.

»Es wird immer Menschen geben, die die Maschinen bedienen. Einiges wird sich sicher verändern, so ist nun mal die Zukunft. Wer hätte vor hundert Jahren gedacht, dass wir heute so schnell mit Eisenbahnen durch das Land reisen würden und nicht mehr mit Postkutschen? Und wer weiß, wie es in weiteren hundert Jahren aussieht.«

Sie hatten die Maschinenhalle erreicht, gingen durch das große Tor. Marthe blieb stehen, hob den Kopf. Die schiere Größe der Halle schien sie zu erschlagen. Und dann noch der Lärm. Für einen Moment wollte sie auf dem Absatz kehrtmachen und die Halle wieder verlassen, doch Vincent hielt sie fest und zog sie mit sich.

»Schau«, rief er, um gegen den Lärm anzukommen, »die Treppen führen zu den Galerien dort oben. Von da können wir auf die Maschinen gucken.«

Auf den Galerien waren elektrisch betriebene Rollbänder angebracht, die die Menschen langsam am Geländer entlang durch die Halle bewegte.

»Ist das nicht gefährlich?«, fragte Florence unsicher.

Jean lachte laut auf. »Das ist langsamer, als du gehst. Was soll passieren?«

»Stell dir vor, es ist so etwas wie eine Tram, nur dass du stehst. Jede Kutsche ist schneller. Du hast doch weder Angst vor einer Kutsch- noch vor einer Eisenbahnfahrt«, rief Vincent und machte einen großen Schritt auf das Band. Marthe folgte ihm, und nun gingen auch Florence und Jean mit. Von hier oben hatten sie einen wunderbaren Blick auf die Halle unter ihnen. Dort dampfte, keuchte und stampfte es. Räder drehten sich, die die Bänder bewegten, die wieder andere Räder in Bewegung setzten. Wie auf einer großen Chaussee standen in Abständen an den Seiten Straßenlampen aus Guss, nur, dass diese Lampen elektrisch beleuchtet waren und nicht mit Gas.

Marthe schaute fasziniert nach unten. »Was bauen die Männer da?«, fragte sie.

»Das … das scheint eine weitere Maschine zu sein«, meinte Vincent.

»Und dort drüben wird noch gemalert«, sagte Florence.

Nun sahen sie überall Arbeiter, die noch dies oder jenes fertigstellten.

Eine Stunde brauchten sie, bis sie einmal durch die Halle gefahren oder gegangen waren.

Inzwischen hatte der Regen aufgehört, und die Sonne kam vorsichtig zum Vorschein.

Die vier liefen an den Pavillons vorbei, die jeder Staat hatte aufbauen lassen, der an der Ausstellung teilnahm. Und auch hier zeigte sich, dass noch lange nicht alles fertiggestellt war. Dennoch beeindruckten sie die Bauten in den verschiedenen Stilen des jeweiligen Landes. Mal war es eine Pagode, dann ein kleiner Tempel, ein Haus mit unglaublich vielen Verzierungen, die wie Zuckerguss aussahen oder der Pavillon aus Mexiko, der an eine eckige Pyramide erinnerte.

Auch in den Häusern standen noch nicht alle Exponate, die das jeweilige Land repräsentieren sollten, doch das tat der Begeisterung der jungen Leute keinen Abbruch. Oft blieben sie stehen, bewunderten Details, wiesen sich gegenseitig auf Dinge hin, die sie noch nie zuvor gesehen hatten. Immer wieder fuhr die kleine Schmalspurbahn an ihnen vorbei und schließlich entschlossen sie sich, auch damit zu fahren. Jeder der Bahnhöfe war imposant anzusehen und wurde von Markisen überdacht. Die kleinen Dampflokomotiven zogen die extra für die Ausstellung hergestellten Waggons. An den Seiten waren bodentiefe Fensteröffnungen, die nur durch Ketten abgeteilt waren. An manchen Stellen warnten große Schilder davor,

Kopf, Hände oder Füße hinauszustrecken, oder auch vor einer Kurve, obwohl die Bahn langsam fuhr. Sie kamen an den landwirtschaftlichen Ausstellungsflächen vorbei, auf denen eifrig gearbeitet wurde. Im Sommer und Herbst sollten die Gärten und kleinen Felder geerntet und die Erzeugnisse verkauft werden. Schließlich hielt die Bahn an der Endstation, wo die Kolonialausstellung begann. Wie in jedem der Bahnhöfe, war auch hier ein Büfett errichtet, an dem es erfrischende Getränke und kleine Häppchen für die Bahnfahrenden gab. Jean eilte zu den Tischen, nahm sich von den kleinen Pasteten.

»Oh, sehr gut«, lobte er und nahm sich direkt ein weiteres.

»Wir sind doch nicht hier, um uns den Bauch vollzuschlagen«, lachte Vincent, der nun natürlich auch probieren musste. »Es gibt doch an jeder Ecke hier Restaurants und Bistros.«

»Aber dies ist im Fahrpreis inbegriffen«, meinte Jean und nahm sich noch eine Pastete.

Auch Marthe kostete. »Sie sind nicht schlecht«, sagte sie dann. »Aber der Teig ist zu trocken und es ist zu wenig Gelee in der Füllung.«

Jean lachte. »Aus dir wird noch einmal eine Meisterköchin.«

»Ich werde keine Köchin.« Marthe hob das Kinn. »Ich werde Journalistin.«

»Du wirst eine eigene Zeitung führen«, sagte Vincent enthusiastisch.

Marthe lachte. »Wollen wir nicht weitergehen?«

»Ja, ich bin ganz gespannt auf diesen Teil der Ausstellung«, meinte Florence und mopste sich auch noch ein Pastetchen.

»Kommen wir denn mit dem Zug auch zurück?«, fragte Marthe, als sie das Bahnhofsgebäude verließen.

»Aber gewiss.«

»Schau, dort fängt es an. Pavillons aus unseren Kolonien. Wie gerne würde ich einmal in die Südsee reisen«, sagte Florence.

»Das könnte uns durchaus blühen«, sagte Jean und verzog das Gesicht. »Denn wir werden ja unseren Wehrdienst ableisten müssen.«

»Ich habe mich in die juristische Fakultät eingeschrieben«, sagte Vincent und zwinkerte ihm zu.

»Aber du willst doch Architekt werden?« Marthe sah ihn verblüfft an.

»Nein, eher Bauingenieur. Aber damit komme ich nicht aus der Wehrpflicht heraus. Mit Jura schon.«

»Du willst deinen Wehrdienst nicht leisten?«

»Wer will das schon?«, sagte nun Jean. »Ich jedenfalls nicht. Immerhin sollen wir jetzt nur noch drei Jahre dienen müssen, statt fünf, wie es mal zur Debatte stand. Aber drei Jahre – das ist eine lange Zeit.«

»Jeder muss diese Zeit für sein Land aufbringen«, sagte Florence. »Es ist der Dienst am Land, an der Nation, an Frankreich.«

»Schaut doch nur«, rief Florence begeistert. »Diese Häuser – wie anders alles aussieht. Die großen Veranden …«

»In der Südsee und in der Karibik herrscht ein ganz anderes Klima als hier. Schon in Okzitanien lebt man ganz anders als in Nordfrankreich«, sagte Vincent. »In der Mittagshitze verzieht man sich am besten nach drinnen oder eben auf eine schattige Veranda.«

»Ich liebe die warmen Sommer in Okzitanien«, schwärmte Florence. »Ich kann es kaum erwarten, dass wir wieder hinfahren. Dort ist alles so anders als hier – die Luft, das Licht, alles.«

»Du kannst den ganzen Sommer mit Mutter dort verbringen«, seufzte Vincent. »Ich kann leider nur ein paar Wochen kommen. So wie Papa auch. Aber ich freue mich schon sehr darauf.« Er sah Marthe an. »Warst du schon mal im Süden?«

Sie schüttelte den Kopf.

»Noch nie?«, fragte Florence erstaunt. »Aber warum denn nicht? Im Sommer muss man in den Süden.«

»Manchmal bist du eine dumme Gans, Flo«, lachte Vincent. »Wohin fahren wir?«

»Auf das Familiengut an der Dordogne, wie immer«, sagte Florence. »Warum bin ich eine dumme Gans?«

»Hast du Familie im Süden, Marthe?«, fragte Vincent, obwohl er die Antwort schon kannte und Florence ebenso.

»Nein, ich habe nur noch meine Grand-mère in den Vogesen.«

»Siehst du, Florence? Wohin sollte sie also fahren? In ein Hotel wie das Ritz in Monte Carlo?« Vincent schüttelte den Kopf. »Sommerreisen, wenn man keine Familie hat, die man besuchen kann, können sich nur die berühmten und reichen Leute leisten, auch wenn es immer beliebter wird.«

»Irgendwann werden alle so etwas machen können«, meinte Florence.

»Nein«, sagte Marthe, »das glaube ich nicht. Selbst wenn es günstigere Hotels geben würde – niemand kann es sich leisten, einfach so die Arbeit zu unterbrechen. Wir fahren im Sommer zu meiner Grand-mère, wenn euer Vater zu euch in den Süden reist. Aber auch nicht die ganze Zeit. Man kann doch einen Haushalt nicht einfach zumachen, es gibt doch immer etwas zu tun.«

»Aber was macht ihr denn, wenn die Herrschaften in der Sommerfrische sind?«, fragte Jean erstaunt nach.

»Oh, es gibt doch immer etwas zu tun.« Marthe grinste über die Naivität ihrer Freunde, die alle Annehmlichkeiten gerne nahmen, sich aber keine Gedanken über die Mühen machten. »Silvester zum Beispiel, als ihr bei eurer Familie wart, haben wir die Wohnung gründlich gereinigt. Die Teppiche wurden im Hof ausgeklopft, alle Böden gründlich gewischt und gebohnert, die Vorhänge abgehängt und gewaschen, alles abgestaubt, wo man sonst nicht so schnell drankommt. Und im Sommer ist das genau so – da wird das Silber geputzt, die Bücher werden aus den Schränken geholt und abgestaubt – es gibt immer etwas zu tun.«

»Habt ihr denn niemals frei?«, fragte Florence verblüfft. »Selbst dann nicht, wenn wir nicht da sind? Das ist ja furchtbar.«

»Doch schon – ein paar Tage. Da fahren wir ja dann zu meiner Grand-mère. Es ist auch nicht so schlimm – eigentlich im Gegenteil. Es ist viel einfacher, gründlich sauber zu machen, wenn niemand von euch da ist. Da muss man keine Rücksicht nehmen, es ist nicht so hektisch und das Tagesgeschäft muss ja auch nicht erledigt werden.«

»Hilfst du mit?«, fragte Vincent ein wenig schmallippig.

Marthe nickte. »Ja. Ich mache es gerne. Je mehr mithelfen, um so schneller ist man fertig, und dann haben wir doch noch etwas freie Zeit. Im Sommer möchte ich mit Maman hierherkommen.«

»Ich möchte auch noch mal hierhin, später«, sagte Florence und blieb stehen. »Oh«, machte sie. Sie hatten das Gelände der Völkerschau erreicht. Hier war auf einem großen, umzäunten Gelände ein Dorf aus Afrika aufgebaut worden. Runde Hütten aus Stroh standen in einem Halbkreis um eine Feuerstelle, an der die Afrikaner, bekleidet nur mit farbenfrohen Umhängen und kurzen Röcken aus Stroh oder Gras, sich aufhielten. Über dem Feuer hing ein Topf, in dem eine ältere Frau immer wieder rührte. Andere Frauen stampften etwas mit einem Holzstock in einer großen Holzschüssel, so dass es staubte. Manche Männer schnitzten, Frauen flochten Körbe und es gab allerlei Betriebsamkeit zu sehen. Selbst Kinder und Säuglinge waren mit dabei.

»Das sieht so aus, als würden sie Butter machen«, sagte Marthe und zeigte auf die stampfenden Frauen, die sich immer wieder abwechselten. »Nur staubt Butter nicht.«

»So wird Butter gemacht?«, fragte Jean.

»Na, man nimmt den Rahm und schlägt ihn so lange, bis er fest wird«, erklärte Marthe. »Früher hat man das mit einem Butterstößel gemacht, heute hat man das Butterfass, da muss man nur die Kurbel drehen. Es dauert zwar immer noch eine ganze Weile, ist aber nicht mehr so anstrengend.«

»Wie muss das hier für sie sein? Ich meine – all die Technik um sie herum, das elektrische Licht. Abends, wenn der Eiffelturm beleuchtet wird – das sehen sie doch von hier aus. Ob ihnen das Angst macht?«, fragte Florence.

»Bestimmt«, meinte Marthe.

Noch eine Weile beobachteten sie die Afrikaner, dann gingen sie weiter.

»Indochina«, sagte Jean und musterte die zierlichen Frauen mit den großen, flachen Hüten. »Sie sind sehr hübsch. Und schau, sie lächeln immerzu.«

»Ob sie uns verstehen?«, fragte Marthe nervös.

»Dort vorne ist ein Pavillon aus Südamerika. Schau dir die Kleidung an. Und das Haus, sieh nur, die Fratzen, mit denen es verziert ist. Das ist ja unheimlich.«

»Es sieht ein wenig so aus, wie das Haus aus Mexiko«, meinte Vincent. »Aber hier werden keine Produkte aus dem Land gezeigt, sondern die Ureinwohner.««

»Mir gefällt das nicht«, sagte Marthe unbehaglich. »Lasst uns wieder gehen. Das ist ja wie ein Zoo, nur dass Menschen angestarrt werden und keine Tiere.«

»Aber dafür ist es doch da«, sagte Jean lachend. »Ihnen passiert ja nichts. Soweit ich weiß, machen sie das freiwillig und werden dafür auch entlohnt. Nächsten Monat kommt Buffalo Bill mit seiner Wild-West-Show auf die Weltausstellung. Er bleibt zwei Monate, habe ich gelesen. Das möchte ich auf jeden Fall auch sehen.«

»Ob sie gewusst haben, was sie hier machen sollen?« Marthe war immer noch skeptisch. »Wer weiß, was ihnen versprochen wurde. Ich finde es unwürdig.«

»Ich glaube nicht, dass sie es schlimm finden«, meinte Florence.

»Würdest du dich irgendwo – sagen wir in Deutschland oder in Amerika – in ein französisches Haus setzen und anstarren lassen, um unser Land zu repräsentieren?«, fragte Marthe. »Ich nicht.«

Florence lachte auf. »Nein, natürlich nicht. Aber wir sind ja auch zivilisiert. Es würde doch keinen interessieren, wenn wir vor unsrem Haus sitzen.«

»Diese Völker – diese Naturvölker, vielleicht haben sie ihre eigene Art der Zivilisation«, meinte Marthe nun unsicher.

Jean, Vincent und Florence brachen in lautes Gelächter aus.

»Ich weiß ja, dass du sehr emphatisch bist, aber das kannst du doch nicht ernst meinen«, sagte Vincent. »Es sind, wie du schon richtig sagtest: Naturvölker. Selbst die kleinen, hübschen und lustigen Mädchen aus Siam sind der Natur noch immer näher als der Zivilisation. Das kannst du doch schon daran sehen, wie sie leben.«

»Ich habe nichts gesehen, was so viel anders oder einfacher war als bei uns.«

»Sie lächeln, Marthe, sie lächeln die ganze Zeit«, versuchte nun Jean zu erklären. »Aber es ist doch eher ein debiles Lächeln, als das von Freundlichkeit. Da fehlt doch die ganze Mimik.«

»Vielleicht ist das bei denen anders?«

»Nein, bestimmt nicht. Sie sind noch nicht so weit entwickelt wie wir. Dafür gibt es doch diese Völkerschauen, damit wir das sehen und verstehen.«

»Und deshalb ist es auch gut, dass wir Kolonien haben – wir bringen ihnen die Zivilisation und den Fortschritt.« Vincent war ganz enthusiastisch.

»Und was, wenn sie das gar wollen?«, murmelte Marthe, jedoch so leise, dass es keiner mitbekam. Auf eine Diskussion wollte sie sich nicht einlassen, denn sie merkte sehr wohl, dass die drei anderen sich ihre Meinung schon gebildet hatten und nicht davon abzubringen waren.

Warum sehe ich das kritischer als sie, überlegte Marthe, während sie alle zusammen wieder in Richtung Bahnhof schlenderten. Vielleicht weil sie als Privilegierte in einer geteilten Welt aufwachsen. Zivilisation und Fortschritt, das ist für sie etwas anderes als für mich. Sie müssen und mussten noch nie um oder für etwas kämpfen oder etwas erarbeiten. Ihnen wurde alles in den Schoß gelegt. Das, was für uns Zivilisation bedeutet, ist für sie selbstverständlich.

Ein warmes Bett in einem Haus mit einem dichten Dach über dem Kopf. Heizung im Winter. Jederzeit Nahrung, gut zubereitet und schmackhaft. Sie wüssten nicht, wie man diese Nahrung zubereitet, sie wissen wahrscheinlich noch nicht mal, wie sie angebaut und hergestellt wird. Sie kennen nur das fertige Produkt. Sie wissen nicht, dass man es vorher waschen, schälen, kochen, braten muss – na gut, das wissen sie wohl schon, aber nicht, wie es geht, dachte Marthe und schmunzelte. Aber ihnen ist nicht klar, welche Arbeit das ganze Leben, das sie leben, bedeutet.

Die Afrikaner in ihrem Dorf, das vielleicht auch gar nicht wirklich echt wahr, weil es hier solche Dörfer nicht gab, hatten viele Dinge nicht. Aber die meisten brauchten sie vielleicht auch gar nicht – Heizungen, Kamine, Badewannen, Wasserklosetts. In ihrem Heimatland würden sie mit einem französischen Haus, auch wenn es einfach wäre wie das Bauernhaus von Grand-mère, wahrscheinlich gar nichts anfangen können. Teppiche, Vorhänge, Spiegel und eine Küchenhexe wären dort vermutlich fehl am Platz, selbst wenn sie sie hätten. Und auch ohne diese Dinge schienen die Menschen doch glücklich zu sein. Sie hatten ihr Leben in ihrer Heimat, schon seit Hunderten von Jahren. Natürlich, dachte Marthe, hat die Zivilisation auch unleugbare Vorteile: Hygiene und Medizin, Annehmlichkeiten, die es vorher nicht gab. Ich bade lieber in einer Wanne mit heißem Seifenwasser als in einem kalten Fluss, und vielleicht ginge es den Afrikaner auch so. Doch als Menschen, auch wenn sie diese Dinge nicht hatten, waren sie nicht weniger wert als wir es sind, dachte sie empört. Viele der Kinder im Waisenhaus von Auteuil kanten keine Schaumbäder oder Teppiche. Sie kamen aus sehr armen und unhygienischen Verhältnissen, waren schlecht ernährt und gebildet, aber dennoch waren sie Franzosen und gehörten somit einer zivilisierten Gesellschaft an. Ihr Kopf brummte von diesen Gedanken.

»Was ist los mit dir?«, fragte Vincent sie besorgt und fasste nach ihrem Arm. »Du wirkst so blass.«

»Ich bin nur ein wenig erschöpft«, gestand Marthe.

»So geht es mir auch«, sagte Florence. »Es sind aber auch so viele Eindrücke. Davon wird einem ja ganz schwindelig.«

»Dort vorne ist ein Restaurant. Wir können uns dort setzen und stärken«, schlug Jean vor.

»Das ist eine gute Idee«, stimmte Vincent ihm zu.

»Ein Restaurant?«, sagte Florence gespielt entsetzt. »Damen gehen nicht in ein Restaurant. Das darf Maman nie erfahren.«

»Wir sind auf der Weltausstellung. Hier beginnt die Zukunft und das moderne Leben. Schau doch mal, da sitzen etliche Damen an den Tischen«, sagte Vincent.

»Es war auch nur Spaß. Ich würde fast sterben für einen Sitzplatz und etwas zu trinken«, gab Florence zurück.

Sie fanden einen freien Tisch und setzten sich. Der Kellner brachte die Speisekarten.

Marthe sah sich neugierig um. Natürlich entsprach dieses Restaurant nicht den noblen Häusern, in denen die Spitzenköche des Landes kochten, aber es war auch nicht wie ein Bistro. Es gab Tischdecken und die Tische waren für ein dreigängiges Menü eingedeckt. Die Keller trugen schwarze Fracks mit kurzen Stößen und keine Schürzen – so wie es in den Bistros in Les Halles üblich war.

Auf der Speisekarte standen einfache Menüs – Suppe, Hauptgang und Nachspeise. Es gab vor allem Schmorgerichte, alles sehr deftig und nichts davon sprach Marthe an.

Jean und Vincent hatten schnell gewählt – Boeuf Bourguignon und Florence nahm Coq au Vin, doch Marthe konnte sich nicht entscheiden.

»Ich habe gar keinen Appetit«, sagte sie entschuldigend. »Ich möchte nur etwas trinken.«

»Nimm wenigstens eine Suppe«, sagte Vincent besorgt. »Du siehst immer noch so blass aus.«

Das Essen wurde schnell gebracht. Die Vorsuppe war einfach und etwas versalzen. Kaum waren die Teller abgeräumt, kam auch schon der Hauptgang. Die meisten Tische waren besetzt und blieben auch nicht lange leer, sobald sie frei geworden waren. Marthe bemerkte, dass die Tische zwei Decken hatten. Eine größere und darauf eine kleinere, die nur knapp bis über den Rand ging. Sollte es nötig sein, wechselten die Kellner die Überdecke aus und deckten wieder neu ein. Das kostete Zeit und noch waren die Abläufe etwas holprig, doch jemand hatte sich offensichtlich Gedanken darüber gemacht, wie man die Menge an Besucher schnell und effizient bedienen konnte.

»Wie schmeckt es?«, fragte Marthe die anderen. »Das Boeuf sieht etwas fettig aus.«

»Ja, das ist es auch«, meinte Vincent und ließ Marthe probieren.

»Es ist billiges Fleisch und etwas zäh«, meinte sie. »Wahrscheinlich hat es nicht lange genug geschmort.«

»Essbar ist es«, meine Jean. »Und es sättigt auch.«

Florence sah sich um. »Die meisten Leute wirken aber zufrieden.«

Zum Essen gab es einen Tafelwein und eine Karaffe mit Wasser. Marthe trank nur ein Schlückchen Wein, hielt sich lieber an das Wasser.

»Die erste Flasche Wein«, sagte Vincent, »ist im Menüpreis inbegriffen. Für die zweite zahlt man einen Aufschlag.«

»Das ist sicherlich kein schlechtes Geschäft für den Betreiber«, überlegte Marthe, »wenn die Ausstellung sich über die Monate gut verkauft und sie immer so regen Besuch haben werden.«

»Es gibt einige Restaurants«, sagte Jean, »aber auch Bistros und einfache Imbissbuden. Dort bekommt man eine Wurst oder ein belegtes Brot für weniger.«

»Aber Geld lassen kannst du hier auf der Ausstellung«, meinte Florence ein wenig amüsiert. »Wenn man nur an die Verkaufshallen denkt.«

»Wenn eine einfache Familie hierher kommt, kann das schon fast einen Wochenlohn kosten«, mutmaßte Jean.

»Ich glaube nicht, dass sich das einfache Familien leisten können«, meinte Marthe. »Vielleicht den Eintritt. Aber dann eine Fahrt mit der Bahn? Und noch essen?«

»Arbeiterfamilien werden die Ausstellung sicher nicht besuchen«, sagte Florence. »Sieh dich doch um, das sind alles Bürger, die hier sitzen.«

»Was möchtest du noch sehen?«, fragte Vincent Marthe.

»Eigentlich habe ich für heute genug«, meinte sie leise. »Aber ich gehe natürlich noch mit euch mit, wo immer ihr hinwollt.«

»Ich schließe mich Marthe an«, sagte Florence. »Wir müssen noch zum Ausgang, und bis dorthin werden wir sicher noch das eine oder andere sehen.«

Nach dem Essen gingen sie zurück zum Bahnhof, und bald fuhr schon der nächste Zug zurück zum Ausgang.

»Wolltest du nicht noch zur Redaktion des ›Figaro‹ im Eiffelturm?«, fragte Vincent.

»Ja, schon, aber ich glaube, sie haben nun schon geschlossen. Die Auflage muss ja rechtzeitig fertig sein, um in den Druck zu gehen.«

Inzwischen war es später Nachmittag geworden. Am Eingang standen immer noch Leute an. Zum Einbruch der Dunkelheit erhöhte sich der Eintrittspreis, weil dann die elektrische Beleuchtung eingeschaltet wurde. Kurz überlegten sie, noch so lange auszuharren, entschieden sich aber dann dagegen.

»Wir werden wiederkommen«, sagte Vincent. »Wir haben bestimmt noch nicht einmal die Hälfte der Ausstellung gesehen.«

Auf dem Rückweg waren sie wortkarg, jeder hing seinen Eindrücken und Gedanken nach.

Als Marthe in die Küche kam, sahen ihr alle gespannt entgegen, und die Fragen prasselten auf sie ein.

»Warst du auf dem Eiffelturm?«

»Was hast du gesehen?«

»War es voll?«

»Erzähl doch mal, wie ist das mit der Elektrizität? Ist das nicht gefährlich?«

»Gibt es dort Essen?«

Nur Julie sagte nichts, sondern musterte ihre Tochter genau. »Setz dich«, sagte sie. »Hier ist etwas zu essen. Ihr lasst sie jetzt erst einmal ankommen. Seht ihr nicht, wie erschöpft sie ist?«

Marthe aß den leichten Gemüseeintopf und etwas von dem frischen Brot, das ihre Mutter ihr hingestellt hatte. Dann trank sie ein Glas Rotwein und fühlte sich sogleich etwas gestärkt.

»Ich war nicht auf dem Eiffelturm«, sagte sie dann. »Aber viele andere Leute schon. Die Herrschaften wollten auch nach oben. Sind sie schon zurück?«

»Bist du etwa allein durch die Ausstellung gegangen?«, fragte Julie und kniff die Augen zusammen. »Nein, die Herrschaften sind noch nicht da. Sie haben eine Nachricht geschickt, dass sie heute bei den Bernards speisen.«

»Wir haben uns getrennt – ich bin mit Florence, Vincent und Jean gegangen. Wir waren in der Maschinenhalle, das war sehr beeindruckend. Stellt euch eine Halle vor – wie der Fleischpavillon auf dem Markt, nur um etliches höher und viel, viel größer. So lang, dass man kaum von einem Ende zum anderen sehen konnte. Und ein Höllenlärm herrschte in der Halle, es war ohrenbetäubend.« Und dann sprudelte es aus ihr heraus, und sie erzählte.

Ich habe meine Eindrücke geschildert, dachte sie, als sie abends im Bett lag. Sie fühlte sich ausgelaugt und erschöpft, aber ihr ging zu viel durch den Kopf, so dass sie nicht wirklich zur Ruhe fand. Aber meine Empfindungen, die habe ich nicht mitgeteilt. Es war aufregend, all das Neue zu sehen. Aber auch erschreckend. Wie werden sich all diese Erfindungen und Maschine auf unsere Welt auswirken? Wie diese Elektrizität? Alle waren davon begeistert, aber ist das nicht auch gefährlich, fragte Marthe sich. Von ihrem Dachfenster aus konnte sie den beleuchteten Eiffelturm sehen. Die Nacht war viel heller über dem Marsfeld. Wird jetzt die Nacht zum Tag gemacht?

Und dann war da noch die Völkerausstellung, die in ihr ein seltsam beunruhigendes Gefühl hinterlassen hatte. Sie mochte die Gedanken daran nicht zulassen, drängte sie weg. Die Völkerschau hatte sie verstört, aber nicht wegen der Menschen, die sie dort gesehen hatte, sondern wegen der Art, wie mit ihnen umgegangen wurde.

Es werden die hundert Jahre seit der Revolution gefeiert, aber die Grundsätze – Freiheit, Gleichheit und Brüderlichkeit gelten nicht für alle. Ob sie das jemals werden? Ich hoffe, ich erlebe das noch.

Kapitel 14

Paris, Sommer 1889

Nein, das geht so nicht«, sagte Monsieur Girona, einer der Redakteure der »France Illustrée«. »Mademoiselle Distel, Sie haben sehr wohl das Talent zu schreiben und gerne möchten wir etwas von Ihnen abdrucken, aber … nun ja, wir sind eine katholische Zeitschrift und wollen keine revolutionären Themen.«

»Revolutionär?«, empörte Marthe sich. »Das ist doch nicht revolutionär. Es sind meine Ansichten und Bedenken, die auch von anderen Journalisten geteilt werden. In den letzten drei Monaten, seit die Weltausstellung eröffnet wurde, hat es eine Menge kontroverser Artikel zur Ausstellung gegeben. Meine Zweifel, Gedanken und Gefühle, was die Ausstellung und vor allem die mechanischen Exponate sowie die Völkerschau angeht, haben viele andere Besucher auch. Warum darf so etwas nicht zur Sprache gebracht werden? Der Artikel soll zum Nachdenken anregen.«

»Das mag alles stimmen, nur sind wir nicht die richtige Plattform für diese Zweifel und Gedanken, Mademoiselle. Sie sind eine intelligente, aufgeweckte junge Dame und werden das ganz sicher verstehen.«

»Nein, Monsieur Girona, das tue ich nicht.« Marthe schnaufte.

»Wie außerordentlich schade. Natürlich steh es Ihnen frei, Ihren Artikel anderen Zeitungen anzubieten.« Er reichte ihr die sorgsam geschriebenen Blätter zurück.

Marthe hatte wochenlang an dem Artikel geschrieben, ihn umgeschrieben, alles verworfen, neu formuliert. Sie hatte sich um eine neutrale, aber auch aufrüttelnde Stimme bemüht, wollte einen Kontrapunkt zur allgemeinen Euphorie setzen. Aber das war nicht gewünscht.

»Sehen Sie, Mademoiselle Distel«, sagte Monsieur Girona nun versöhnlich, »ich erkenne ihr Talent durchaus. Ihre Sätze sind klar formuliert, pointiert und klug. Ich kann mir gut vorstellen, dass Sie eine Zukunft bei der schreibenden Zunft haben werden, und deshalb mein Vorschlag zur Güte: Schreiben Sie etwas anderes, etwas, was ein wenig gefälliger ist. Etwas, das die Leute interessiert, aber nicht aufbringt.«

»Und was wäre das, Ihrer Meinung nach?«, fragte Marthe ein wenig patzig. Und schämte sich sogleich. Monsieur Girona war ja durchaus gewillt, ihr zu helfen. »Entschuldigung«, murmelte sie.

Er lächelte nur, nickte, dann sah er sie nachdenklich an. »Ihr Artikel neulich über die Schulküche, die Ihre Frau Mutter einrichtet, hat mir gut gefallen. So ein Thema scheint Ihnen zu liegen. Warum schreiben Sie nicht über die verschiedenen Restaurants auf der Ausstellung. Ein Vergleich meinetwegen – allerdings bitte unkritisch. Es gibt doch die verschiedensten Küchen auf der Ausstellung.«

»Ja«, sagte Marthe nachdenklich. »Aber ... wäre das im Interesse der Leser?«

»Das kann ich mir gut vorstellen.« Wieder sah er sie lächelnd an. »Natürlich weiß ich, dass Ihre finanziellen Möglichkeiten ...« Er hüstelte. »Ein großes Honorar vorab kann ich Ihnen nicht zahlen, wir haben, wie Sie ja wissen, kein umfangreiches Budget. Dennoch könnte ich Ihnen ein paar Freikarten für die Ausstellung geben, die wir gespendet bekommen haben und etwas Handgeld, denn Sie müssten ja wenigstens etwas probieren, um darüber schreiben zu können, non?«

»Das ist sehr großzügig.«

»Dann machen Sie es?«, fragte er erfreut und zog eine kleine Börse aus seiner Schreibtischschublade. »Wir haben etliche Abonnenten, die natürlich einerseits sehr gläubig, andererseits aber auch sehr interessiert an den Vorgängen in unserem Land sind. Obwohl es so scheint, als ob ganz Frankreich sich aufmache, die Weltausstellung zu besuchen, kann doch nur ein gewisser Teil tatsächlich vor Ort sein. Essen ist essenziell in Frankreich, es ist ein Teil unserer Nation. Wir haben die beste Küche, die besten Köche. Natürlich wird es die Leser interessieren, was denn dort Leckeres auf der Ausstellung angeboten wird, non?«

»Ich verstehe«, sagte Marthe. In ihrem Kopf tauchten schon die ersten Ideen auf. »Ja, das scheint mir machbar zu sein.«

»Formidable! Dann freue ich mich auf Ihren Artikel, Mademoiselle.«

»Willst du über die Länderküchen schreiben?«, fragte Julie, als Marthe und sie später zusammensaßen.

»Ja, vielleicht. Die verschiedenen Länder bieten zum Teil auch für sie typische Speisen an. Das könnte doch interessant sein.«

»Aber wie willst du wissen, ob so etwas gut ist, wenn du gar nicht weißt, wie es schmecken soll?«

»Ob etwas schmeckt oder nicht, werde ich doch wohl erkennen, Maman«, sagte Marthe belustigt. Doch dann wurde sie nachdenklich. Andere Länder hatten andere Sitten und vielleicht auch andere Gaumen. Möglicherweise gab es dort etwas, was für den französischen Gaumen unverträglich war. Aber würde jemand so etwas hier anbieten? Vielleicht unwissend. Mit der Gastronomie ließ sich Geld verdienen, denn Hunger hatte jeder irgendwann. Und Durst. Marthe versuchte sich daran zu erinnern, welche Ausschanke es gegeben hatte. Bier auf jeden Fall und natürlich Wein. Aber hatte es auch landestypischen Ausschank gegeben und was war das dann gewesen? Schnell nahm sie sich ihr Notizbuch, das sie immer in ihrer Rocktasche mitführte, hervor und machte sich Notizen.

»Hast du dazu schon eine Entscheidung getroffen?«, hörte sie nun Julie sagen und begriff, dass ihre Maman mit ihr gesprochen hatte, während sie in Gedanken versunken gewesen war.

»Entschuldige, Maman. Was hast du gesagt?«

Julie seufzte auf und schüttelte den Kopf. »Hörst du mir denn gar nicht mehr zu?« Sie wischte sich die Hände an einem Tuch ab, schenkte sich und Marthe Kaffee ein. »Es geht um die nächsten Wochen. Das Angebot der Laurents steht immer noch – du könntest mit Vincent und Monsieur Laurent für zwei Wochen in die Dordogne fahren. Oder du fährst mit mir zu Grand-mère. Ich kann allerdings nur eine Woche dort bleiben, doch du könntest mehr Zeit verbringen, wenn du wolltest, vielleicht sogar bis Ende September.«

»Darüber habe ich noch nicht nachgedacht«, sagte Marthe betreten.

»Das solltest du aber schleunigst tun.«

»Vincent möchte so gerne, dass ich mitkomme.« Marthe rührte nachdenklich in ihrer Tasse. »Ich war noch nie im Süden, und er malt es mir in leuchtenden Farben aus.«

»Ja«, meinte Julie knapp. »Das kann ich mir vorstellen.«

»Du möchtest das nicht, non? Dass ich mit ihnen fahre?«

Julie seufzte auf und sah sich dann um. Sie waren allein in der Küche. Sie nahm Marthes Hände in ihre, schaute ihre Tochter an. »Es ist ein großzügiges Angebot der Familie. Und ja, der Süden ist wirklich schön. Die Luft und die Farben – allein, wie es dort duftet. Ich würde dir das sehr gönnen.«

»Da ist ein ›aber‹«, sagte Marthe leise.

Julie nickte. »Vincent ist ein netter junger Mann. Ich mag ihn sehr. In den letzten Monaten ist er dir mit viel Aufmerksamkeit entgegengekommen. Ist dir das bewusst?«

Marthe nickte.

»Ich bin mir sicher, dass er keine üblen oder arglistigen Absichten hat.«

»Bitte?«, fragte Marthe bestürzt. »Arglistig?«

»Nein, er ist eben nicht arglistig, aber er ist ein wenig unbekümmert. Verstehst du?«

Marthe schüttelte den Kopf.

»Nun, ich habe den Eindruck, er hat sich ein wenig in dich verguckt.«

Das Blut schoss Marthe in die Wangen und sie senkte den Kopf, biss sich auf die Lippen. »Meinst du wirklich?«, fragte sie leise.

»Ja. Und du hast dein Herz auch ein wenig an ihn verloren, non?«

»Ich … weiß nicht. Ich mag ihn gerne.«

»Das darfst du ja auch. Aber du solltest dir keine Illusionen machen. Es ist eine Schwärmerei unter jungen Leuten. Etwas, was keine Zukunft hat«, fügte sie leise hinzu.

»Was … wieso … aber …«, stammelte Marthe.

»Wenn du darüber nachdenkst, weißt du es doch selbst. Vincent Laurent studiert gerade, danach wird er den Militärdienst ableisten müssen. Und anschließend wird er bestimmt in die Firma seines Vaters einsteigen. Bis dahin ist er Ende zwanzig. Von ihm wird erwartet werden, dass er sich standesgemäß vermählt.« Sie sah Marthe ernst an. »Dessen bist du dir doch bewusst?«

»Maman!«, rief Marthe aus. »Ich denke doch nicht an eine Ehe!«

»Nein, vielleicht jetzt nicht. Aber wenn du dein Herz an ihn verlierst, was ist dann? Ihr habt keine gemeinsame Zukunft. In zwei Wochen – im Süden mit den lauen Abenden am Wasser, dem Gesang der Zikaden in den Pinien, dem Lachen der Möwen über dem Wasser und den verführerischen, süße Düften der Felder – da öffnet sich das Herz schneller als in der pulsierenden Großstadt mit ihrer Hektik, dem Qualm und dem Lärm.« Sie drückte Marthes Hände. »Ich möchte dich zu nichts überreden und dich noch viel weniger davon abhalten zu fahren, mon Cœur. Ich möchte nur, dass du darüber nachdenkst, dass du diese Dinge mit in deine Überlegungen einbeziehst.«

Sprachlos sah Marthe ihre Mutter an. Julie ließ ihre Hände los und stand auf, ging zum Herd.

Marthe wusste, dass ihre Mutter nicht ganz unrecht hatte. Vincents Interesse an ihr und seine Bemühungen hatten sich in den letzten Wochen verändert. Er war nicht mehr der beschützende, etwas amüsierte große Bruder. Tatsächlich hatte er, das fühlte Marthe, ein echtes Interesse an ihren Gedanken und Meinungen, war achtsam, was sie anging. Florence zog er immer noch auf seine flapsige Art auf, Marthe nicht mehr. Oft nahm er ihre Hand, wenn sie zusammen unterwegs waren, und dann spürte sie ein Kribbeln, ein Blubbern in ihrem Bauch, das nicht unangenehm war. Und ja, sie dachte oft an ihn, überlegte, was er wohl sagen oder tun würde. Und dann sein Lächeln, das schien etwas in ihr zum Schmelzen zu bringen – ein warmes Gefühl.

Bin ich in Vincent verliebt, fragte sie sich nun. Und er in mich? Wir sind uns, da bin ich mir gewiss, einander zugetan. Aber war es nicht nur eine tiefe, ehrliche Freundschaft? Hatte ihre Mutter recht? Waren das romantische Gefühle, die sie füreinander hatten, oder nur Zuneigung? Marthe wusste es nicht.

»Ich werde darüber nachdenken«, versprach sie ihrer Mutter.

Am nächsten Tag traf sie Vincent an der Haustür.

»Wo gehst du hin?«, fragte er.

»Zur Weltausstellung«, erklärte sie. »Ich soll einen Artikel über die verschiedenen Restaurants schreiben.«

»Noch einen Artikel«, sagte er erfreut. »Du hattest doch schon einen geschrieben.«

»Nun ja«, gestand Marthe, »der erste Artikel wurde vom Redakteur nicht angenommen. Er fand meine Ansichten zu … zu … radikal für eine katholische Zeitung.«

»Wirklich? Worüber hast du denn geschrieben? Du hast mir den Artikel nie gezeigt.«

»Es war nur etwas über die Ausstellung, über den Fortschritt«, sagte Marthe vage. »Es war eben nicht gut genug.«

»Das kann ich mir nicht vorstellen. Du kannst sehr gut formulieren.«

»Es passte aber inhaltlich nicht.«

»Magst du ihn mir dennoch zeigen? Es interessiert mich, warum er nicht passen sollte.«

»Ja«, sagte Marthe, obwohl sie sich nicht sicher war, ob sie das wirklich wollte. Ihre Meinung zum Fortschritt und was das alles mit sich bringen könnte, war kritisch, kritischer als Vincents Begeisterung für alle Erfindungen und Neuheiten. »Aber nun muss ich es besser machen, und der Redakteur hat vorgeschlagen, dass ich über die verschiedenen Restaurants schreibe. Er hat mir Freikarten gegeben und auch etwas Geld, damit ich testen kann.«

»Das klingt interessant. Darf ich dich begleiten?«

»Hast du … nichts anderes zu tun? Ich möchte dich nicht unnötig von deinen Aufgaben abhalten.«

Vincent winkte ab. »Ich soll etwas für Papa erledigen, aber das kann ich auch noch später machen.« Er nahm ihren Arm. »Und ich wollte sowieso noch mal zur Ausstellung.«

»Wir gehen aber nicht noch mal in die Maschinenhalle«, meinte Marthe. »Dort ist es laut, heiß und unheimlich.«

»Unheimlich? Was ist daran unheimlich?«

»Die Elektrizität«, gestand Marthe, »ist mir unheimlich. Ja, ich weiß, das wird unsere Zukunft sein – aber noch ist das alles neu, und ich weiß nicht, ob wir das wirklich beherrschen.«

»Der Mensch hat das doch erfunden und natürlich beherrscht er es auch. Diese Maschinen werden uns viele Dinge erleichtern. Ich bin mir sicher, dass wir da erst am Anfang stehen, dass da noch viel mehr kommen wird.«

»Das glaube ich«, sagte Marthe, aber ohne seine Begeisterung. »Und bestimmt werden wir dadurch auch Vorteile haben. Aber unser Leben wird sich verändern. Es geht so schnell, siehst du das denn nicht? Nun gibt es elektrisches Licht – sogar am Springbrunnen. Werden wir es bald auch in allen Straßen haben? Werden sie das Gaslicht ersetzen? Ich habe gehört, dass diese Elektrizität auch gefährlich sein kann, sogar tödlich. Vielleicht wissen wir noch nicht einmal alles, was das angeht.«

»Ich hätte dich nicht für so ängstlich gehalten«, sagte Vincent verblüfft. »Du bist doch eigentlich neuen Dingen gegenüber aufgeschlossen.«

»Ja, schon. Aber das hier ist für mich nicht überschaubar. Und es ist so … so gewaltig, verstehst du, wie ich das meine? Diese riesigen Maschinen und Motoren – was, wenn man sie nicht kontrollieren kann?«

»Dann schaltet man sie aus, es ist wirklich ganz simpel, Marthe. Ohne Elektrizität laufen sie nicht. Man kann den Stromkreis einfach unterbrechen.«

»Ich denke, ich muss mich noch intensiver damit beschäftigen. Solche Dinge will ich wirklich verstehen, ich will genau wissen, wie es funktioniert. Denn ich glaube, dass diese Entwicklung Auswirkungen auf unser Leben haben wird. Aber ich bin mir nicht sicher, ob es nur gute Auswirkungen sein werden.«

»Das wird die Zeit sicherlich zeigen«, meinte Vincent versöhnlich. »Aber ich sehe das ganz zuversichtlich. Unser Leben wird sich bestimmt verändern, aber zum Besseren, da bin ich mir gewiss.«

Marthe sah ihn skeptisch an.

»Schau doch mal«, sagte Vincent, »die Eisenbahn. Vor etlichen Jahren gab es sie noch nicht. Am Anfang haben sich die Leute zum Teil auch vor ihr gefürchtet – vor dem Lärm und dem Dampf.

Doch sie ist aus unserem Leben nicht mehr wegzudenken. Ohne die Eisenbahn wären wir drei Tage in einer Kutsche unterwegs, wenn wir in den Süden fahren wollen, mit der Eisenbahn ist es nur eine Tagesreise.«

»Das stimmt«, gab Marthe zu.

»Freust du dich denn schon darauf? Du kommst doch mit, non?«

»Das weiß ich noch nicht.«

Verblüfft blieb Vincent stehen. »Wieso? Ich dachte, das wäre ausgemacht. Wir haben das doch besprochen.«

»Ja, aber ich hatte nicht endgültig zugesagt. Es gibt dabei doch einiges abzuwägen.«

»Was denn?« Er runzelte die Stirn. »Meine Eltern haben dich eingeladen. Flo freut sich schon sehr darauf, dich zu sehen. Hat sie dir nicht geschrieben?«

»Doch, das hat sie. Ich überlege doch noch, Vincent«, meinte Marthe versöhnlich. »Meine Mutter fährt in der Zeit zu Grand-mère und ich könnte auch dort mitfahren. Meine Großmutter habe ich nun schon lange nicht mehr gesehen. Sie wird immer älter und … und … nun ja …«

»Hmm«, brummte Vincent und ging langsam weiter. Ihre Hand hatte er losgelassen.

»Kannst du dich noch an den Tod von Thierry erinnern?«, fragte Marthe sanft. »Daran, dass wir alle gesagt haben: Hätte ich doch nur noch …?«

Vincent nickte.

»Ich möchte nicht, dass es mir so mit meiner Grand-mère ergeht. Ich meine, viel Zeit kann ich auch jetzt nicht mit ihr verbringen, aber eben noch ein paar Tage.«

»Das verstehe ich, Marthe. Das hatte ich auch nicht bedacht. Warum hast du nicht früher mit mir darüber gesprochen?«

»Weil ich mir nicht sicher war. So wirklich bin ich es immer noch nicht.« Sie lächelte ihn gewinnend an. »Mit euch – mit dir – zu fahren, ist sehr verlockend. Zumal ich noch nie in der Méditerranée war und immer nur traumhaft schöne Beschreibungen höre. Ja, es würde mir gefallen, mit dir in den Süden zu fahren und das Gut deiner Familie zu sehen.«

»Das Gut bleibt in der Familie«, sagte Vincent nun schmunzelnd. »Es wird sicher noch mehr Möglichkeiten geben, es zu besuchen.«

»Darf ich mir noch ein wenig Zeit nehmen, um mich endgültig zu entscheiden?«, bat Marthe. »Ich würde so gerne mit dir in den Süden fahren, aber ich muss das noch mit meinem Gewissen ausmachen.«

»Gut, aber ich glaube, die Entscheidung ist schon gefallen. Ich jedenfalls wüsste, was ich zu tun hätte.« Er lächelte sie an. »Auch wenn ich das sehr bedauerlich finde.«

»Ich danke dir sehr«, sagte Marthe leise. »Ich bin sehr froh, dass du mir so ehrlich und freundschaftlich zugetan bist.«

»Freundschaftlich, hmm. Ach, Marthe«, sagte Vincent leise, sprach aber nicht weiter.

Marthe wusste nicht so recht, wie sie diesen Halbsatz einordnen sollte, aber gewiss würde es dazu später noch eine Erklärung geben. Eine Weile gingen sie schweigend nebeneinander her. Der Eiffelturm ragte riesig über ihnen empor. Am ersten Tag waren viele Besucher zur Ausstellung gekommen, doch in den folgenden Wochen hatte sich der Strom der Menschen etwas abgeschwächt. Doch die begeisterten und zum Teil auch reißerischen Artikel in den Zeitungen machten die Menschen neugierig. Beschreibungen von den mechanischen Neuheiten, der Wachswalze, auf der man seine eigene Stimme aufzeichnen und später wieder abspielen und hören konnte, der Schmalspurbahn und dem Ballon, der mehrmals täglich über dem Marsfeld in die Luft stieg, machten die Menschen neugierig. Und so nahmen die Besucherzahlen stetig zu. Auch aus dem Ausland reiste man an, um die Ausstellung zu sehen. Vor allem abends, wenn die Beleuchtungen eingeschaltet wurden, kamen die staunenden Besucher.

»Wie hast du dir denn den Artikel vorgestellt?«, unterbrach Vincent endlich das Schweigen.

»So ganz genau weiß ich es noch nicht. Vielleicht inspiriert mich ja dieser Besuch. Als wir das erste Mal hier waren, war ich von all den Eindrücken völlig erschlagen. Ich weiß noch, dass wir in einem Restaurant eingekehrt sind, aber das Essen hatte keinen nachhaltigen Eindruck bei mir hinterlassen. Ich war eher davon fasziniert, wie schnell die Besucher bedient wurden und wie die Abläufe funktionierten.«

»Es war noch ein wenig holprig, daran meine ich mich zu erinnern.«

»Ja, aber es war ja auch der erste Tag. In der Presse werden die Restaurants nun gelobt – mal mehr, mal weniger. Mir geht es aber nicht um eine Kritik an den Köchen, sondern um die Länderküche. Darüber möchte ich schreiben.« Sie überlegte. »Zum Beispiel: Was serviert Österreich auf der Weltausstellung? Und vielleicht auch ein: Wie schmeckt es, wobei das ja eine sehr subjektive Beurteilung sein würde.«

»Was ist denn für dich ein typisches Gericht aus Österreich?«

Marthe sah ihn an und zuckte mit den Schultern. »Ich habe keine Ahnung«, gestand sie lachend. »Lassen wir uns überraschen.«

»Das könnte durchaus spannend werden.« Vincent zwinkerte ihr zu.

»Weißt du, ich dachte, wir fangen mit dem Eiffelturm an. Auf der ersten Plattform gibt es vier verschiedene Restaurants. Eins aus dem Elsass, eins aus Russland, eine amerikanische Bar und ein französisches Restaurant.«

»Das klingt interessant. Was ist typisch für Russland?«

»Kaviar, würde ich sagen. Und Blinis – das sind so kleine Pfannkuchen aus Buchweizen. Aber ansonsten bin ich überfragt.«

»Wir werden es sehen.«

Sie kauften Billetts für die erste Plattform und fuhren mit dem Aufzug nach oben. Obwohl Marthe schon einmal in einem Aufzug gefahren war, klopfte ihr Herz dennoch deutlich. Rasant ging es nach oben, und schon bald standen sie auf der ersten Plattform des Turms und schauten sich um. In jeder der vier Ecken stand ein großer, aufwendig verzierter Pavillon.

»Womit fangen wir an?«, fragte Marthe.

»Ich weiß nicht – Kaviar klingt nach einem guten Einstieg. Willst du denn überall Essen bestellen?« Er hob die Augenbrauen.

»Nein«, Marthe lachte auf. »Dann würde ich ja platzen, bevor ich nur die Hälfte probiert hätte.« Sie runzelte die Stirn. »Ich dachte, ich sehe mir die Speisekarte an, vielleicht kann ich ja auch mit jemand aus der Küche sprechen. Monsieur Girona hat mir ein Schreiben ausgestellt, auf dem steht, dass ich für die Zeitung arbeite. Das ein oder andere würde ich natürlich gerne probieren – aber in jedem Restaurant etwas essen? Damit wäre ich wochenlang beschäftigt und anschließend könntest du mich vermutlich vom Platz rollen.«

Vincent schmunzelte. »Jetzt bin ich erleichtert. Ich hatte schon befürchtet, dass wir in den nächsten Tagen ständig hier essen müssten und ich nicht mehr in den Genuss der Speisen deiner Mutter käme.«

»Wenn du in den Süden fährst, wird sie dich auch nicht verköstigen.« Marthe schmunzelte.

»Das stimmt. Aber im Süden isst man anders und die Köchin auf dem Gut meiner Familie ist großartig. Sie kocht anders als deine Mutter, das ist gewiss – aber es ist nicht schlechter.«

»Was kocht sie denn?«, fragte Marthe neugierig.

»Es geht gar nicht so sehr darum, was sie kocht«, meinte Vincent nun nachdenklich, »sondern um das ›wie‹ – auch wie gemeinsam gegessen wird. Das hängt natürlich alles zusammen. Mittags gibt es nur eine Kleinigkeit, weil es zu heiß ist, um eine große Mahlzeit einzunehmen. Oft gibt es das typische Brot, das sich vom Pariser Baguette und Pain unterscheidet – es sind mehr dunkle Getreidearten, das Brot ist breiter.« Er hob die Hände. »Du siehst, ich kann es essen und davon schwärmen, was es aber genau ist, kann ich dir nicht sagen.«

»Es gibt nur Brot?« Marthe kicherte.

»Nein, es gibt viel vom Grill – von einer Feuerstelle im Hof. Dort wird dann ein Schwein, manchmal sogar ein Ochse über dem offenen Feuer geröstet. Das dauert Stunden oder sogar Tage. Das Feuer darf nicht zu heiß sein, denn sonst verbrennt das Fleisch – das zumindest weiß ich. Und der Spieß muss gedreht werden – immerzu. Die Männer wechseln sich ab. Es ist eine schweißtreibende Tätigkeit, aber das Fleisch ist rauchig, zart und köstlich«, schwärmte er. »Es gibt keine Gänge oder nur wenige. Eigentlich kommt alles in großen Schüsseln und auf große Platten auf den Tisch und man bedient sich – wie ein riesiges Büfett. Es ist lustig, lecker und viel zwangloser als hier in der Stadt.«

»Noch ein Punkt, weshalb ich eigentlich mitreisen müsste«, seufzte Marthe leise.

Sie hatten das russische Restaurant erreicht und blieben vor dem Eingang stehen, sahen sich an.

»Wir wagen das jetzt, Marthe«, meinte Vincent. »Das ist ein weiterer Schritt deiner schriftstellerischen Zukunft. Ich möchte diesen Artikel veröffentlich sehen.«

»Das möchte ich auch«, murmelte Marthe und trat ein.

Auf den ersten Blick unterschied sich das Restaurant nicht von anderen. Es gab Tische und Stühle, ein hinterer Bereich war abgetrennt. War dort die Küche?, fragte Marthe sich.

Ein Kellner kam auf sie zu. »Tisch für zwei Personen?«

Das Restaurant war gut gefüllt, wie die Plattform überhaupt. Es war ein ständiges Kommen und Gehen. Der Kellner führte sie zu einem Platz ganz an der Außenwand. »Wenn Sie Glück haben«, sagte er, »können Sie gleich die Lichter sehen, wenn der Park illuminiert wird.« Er reichte ihnen die Speisekarte.

Vincent bestellte Wasser und Wein. »Hier dürfen wir das«, meinte er. »Wenn wir noch weitergehen, sollten wir uns zurückhalten.«

»Ich habe nur etwas Handgeld von der Zeitschrift bekommen«, gestand Marthe. »Ich könnte gar nicht überall Getränke bestellen.«

Vincent sah sie an, nahm dann ihre Hände. Erst wollte Marthe zurückzucken, aber dann war die Berührung so innig, so vertraut und gleichzeitig auch so aufregend neu, dass sie sich nicht bewegte.

Vincent schaute sie an, sah ihr in die Augen. Sein Daumen strich über ihren Handrücken, ganz sanft und zärtlich. »Liebe Marthe, wenn du mit mir unterwegs bist, möchte ich nicht, dass du dir Gedanken um Geld machst.«

»Ach Vincent«, sagte sie nur, weil ihr nichts anderes einfiel.

»Du weißt«, sagte er nun mit rauer Stimme, »dass du mir sehr am Herzen liegst, non?«

Marthe nickte. »Ja, das weiß ich.«

»Haben die Herrschaften schon eine Wahl getroffen?«, unterbrach der Kellner sie und stellte die Getränke auf den Tisch. Der Tag schritt voran, es war Mittagszeit und die Plattform füllte sich.

Vincent schlug die Speisekarte auf. »Noch nicht«, sagte er ruhig. »Wir werden noch etwas brauchen.«

»Lassen Sie sich ruhig Zeit«, meinte der Kellner, aber seine Miene sprach eine andere Sprache.

Vincent lächelte nur nonchalant und öffnete nun die Karte, Marthe tat es ihm gleich.

»Schau an, tatsächlich gibt es Blinis mit Sauerrahm und Kaviar«, sagte er und lachte auf.

»Es gibt auch Aal und anderen Fisch in Gelee, als kalte Vorspeise. Die Hauptspeisen haben seltsame Namen. Wie bestellt man denn hier, wenn man gar nicht weiß, was es ist?«, fragte Marthe und runzelte die Stirn. »Immerhin haben sie es nicht in kyrillischer Schrift gedruckt.« Sie zog ihr Notizheft hervor und begann die Speisenfolge abzuschreiben.

»Darf ich Ihnen helfen?«, fragte nun den Kellner, der wieder an den Tisch getreten war. »Die meisten Leute möchten eine Erklärung zu den Speisen.

»Das wäre wundervoll.« Marthe zog das Schreiben vom »France Illustrée« hervor. »Ich schreibe einen Artikel über die unterschiedlichen Länderküchen der Weltausstellung und ...«

»Oh«, sagte der Kellner, »ich hole lieber den Maître.«

Marthe sah Vincent fragend an. »Hätte ich das nicht sagen sollen?«

»Doch, unbedingt. Vielleicht sogar schon früher. Du willst doch Informationen, also musst du danach fragen.«

»Werden sie ehrlich antworten?«

»Das weiß man doch nie, Marthe«, sagte Vincent amüsiert. »Wolltest du dir erst alles genau anschauen und dann fragen? Um eventuelle Widersprüche aufzudecken? So wie ein Detektiv, von denen es jetzt überall in der Literatur wimmelt?«

»Die Idee ist doch verlockend«, gab Marthe zurück. »Nur, dass ich gar nicht wüsste, worauf ich zu achten hätte.«

»Von Kochen und Küchen hast du immerhin schon Ahnung.«

»Bonjour«, sagte ein kleiner, nervös wirkender Mann mit einem gezwirbelten Schnurbart, so wie es nun Mode zu werden schien. »Sie sind von der Zeitung?« Er sah Vincent an.

»Ich bin von der ›France Illustrée‹«, sagte Marthe und schob ihm das Schreiben hin.

»Mein Name ist Francois Martin«, sagte er und setzte sich zu ihnen an den Tisch. »Wie kann ich Ihnen helfen?«

»Wie gesagt, ich bin von der ›France Illustrée‹, und wir wollen über die verschiedenen Länderküchen der Weltausstellung schreiben«, erklärte Marthe. »Angefangen hier. Sie ... Sie sind aber Franzose, Monsieur Martin und kein Russe.«

Martin sah Marthe nur kurz an, blickte dann wieder zu Vincent. »Das stimmt. Ich bin der Maître de Cousine des russischen Restaurants.« Er hüstelte. »Worum geht es genau?«

»Ein Franzose, der die russische Küche leitet?«, fragte Vincent verblüfft. »Ist das denn dann authentisch?«

Der Maître verzog das Gesicht. »Wir haben zwei russische Köche, die Rezepte sind authentisch – nun ja, soweit ich das weiß.« Er nahm die Speisekarte. »Es gibt Blinis mit Kaviar, russische Eier, solche Dinge, die einfach von einem russischem, Restaurant erwartet werden auf so einer Ausstellung. Es gibt Borschtsch – das ist ein Rindereintopf mit Kohl und roter Bete, eine Art Nationalgericht. Es gibt Soljanka mit Fisch oder Fleisch – auch das ist eine Art saurer Eintopf. Außerdem haben wir Gerichte, die … sagen wir, russisch inspiriert sind.« Er lehnte sich zurück, verschränkte die Arme vor der Brust. »Die gehobene russische Küche hat ihre Ursprünge sowieso in der französischen Küche.«

»Oh, das ist interessant«, meinte Marthe, die eifrig mitschrieb. »Ist das bei anderen Länderküchen ähnlich? Fußen sie auch auf der französischen Cuisine?«

»Das würde ich so sagen, wobei die Italiener widersprechen würden. Sie sind der Meinung, dass die Haute Cuisine aus Italien kommt.« Er verzog das Gesicht. »Und dass die Medici sie damals mit hierher gebracht hat, als sie unseren König heiratete. Aber da scheiden sich die Geister. Möglicherweise gab es einige italienische Rezepte, die aber nur in Frankreich zur Perfektion weiterentwickelt wurden.« Er winkte dem Kellner. »Bring Blinis mit Kaviar, Flusskrebse und drei Gläser Champagner, s'il vous plaît.«

»Dort hinten ist die Küche?«, fragte Marthe weiter und zeigte auf den abgetrennten Bereich.

»Oh, non.« Der Maître lachte auf. »Um Gottes willen, nein. Die Küche ist unter uns. Dort ist eine Zwischenplattform, eine Betriebsplattform. Dort sind die Maschinen für den Aufzug, etwas für die Beleuchtung, was einen entsetzlichen Lärm macht, und die Küchen der Restaurants. Wir haben Speiseaufzüge und können so zeitnah servieren. Dort hinten wird nur angerichtet.«

»Darf ich mir das ansehen?«, fragte Marthe.

Nun endlich musterte er sie, zuvor hatte er sich immer Vincent zugewandt. »Ansehen, wie meinen Sie das, Mademoiselle?«

»Darf ich auf die Plattform?«

»Non, non, das ist absolut unvorstellbar. Wie kommen Sie denn auf so einen Gedanken?« Er lachte nervös auf. »Und was würden Sie dort wollen?«

»Ich will es mir ansehen«, sagte Marthe lapidar. »Denn schließlich soll ich ja darüber schreiben. Ich kann mir ja Dinge nicht einfach ausdenken.«

»Sie schreiben über die Länderküchen, die Rezepte, die Gerichte, non?« Er holte tief Luft. »Die sind hier alle von hervorragender Qualität.« In diesem Moment brachte der Kellner Tellerchen mit Blinis, Sauerrahm und Kaviar, Flusskrebse in einer Dillsoße, zwei Tassen mit etwas, was nach einer roten Suppe aussah und drei Gläser Champagner.

»Eine kleine Kostprobe der russischen Küche. Dill und saure Milchprodukte werden oft benutzt. Dazu sauer eingelegtes Gemüse – etwas anders, als wir es hier tun, mehr Essig und sehr viel mehr Senfkörner, Pfeffer – und immer Dill. Es gibt den

Borschtsch – eine Art Rindereintopf, lange geschmorrt. Man könnte es mit einem Boeuf Bourguignon vergleichen – aber geschmacklich natürlich nicht so fein wie die französische Speise. Nahrhaft und durchaus auch genießbar, aber viel gröber als unsere Küche.« Er wiegte den Kopf von einer Seite zur anderen, nahm dann das Champagnerglas und prostete ihnen zu. »Ich hatte überlegt, die Gerichte milder zu machen – weniger Essigwasser, mehr Wein und so weiter.« Er zuckte mit den Achseln. »Aber die Leute mögen es. Also habe ich die Rezepturen so gelassen.«

»Sie mögen es?«, fragte Vincent und kostete von dem roten Eintopf, verzog das Gesicht.

»Ja, sie kommen sogar extra wegen der … Säure, des Geschmacks hierher. Manche kommen ein weiteres Mal, anderen wurde das Lokal empfohlen. Mir soll es recht sein.«

»Ich nehme an, es ist gerade der für unseren Gaumen ungewöhnliche Geschmack«, sagte Marthe nachdenklich, die auch von den Speisen gekostet hatte. »Sie erwarten etwas, was ganz anders schmeckt als das, was sie kennen. Und das gibt es hier – anders, aber doch nicht völlig exotisch und ungewöhnlich.« Schnell machte sie sich ein paar Notizen.

»Ja, das könnte sein.« Der Maître sah erst Vincent, dann Marthe an. »Haben Sie noch weitere Fragen?«

»Ich glaube nicht. Falls doch, darf ich mich dann noch einmal an Sie wenden?«

Er stand auf. »Natürlich. Die Speisen und die Getränke gehen auf das Haus. Ich gehe davon aus, dass Sie wohlwollend über uns berichten.« Er nickte ihnen zu und ging in die Anrichteküche.

»Mal sehen, ob wir überall so zuvorkommend behandelt werden«, meinte Marthe schmunzelnd.

»Wenn wir überall Champagner bekommen, wird deine Recherche nicht sehr lange dauern.« Vincent grinste. »Wohin gehen wir jetzt?«

»Ich schlage vor, dass wir in das elsässische Restaurant auf der anderen Seite der Plattform gehen. Danach in die amerikanische Bar und schließlich zum französischen Restaurant.«

»Gehört das Elsass eigentlich nicht zu Frankreich?«, fragte Vincent, als sie sich auf den Weg machten. »Die Deutschen haben es 1871 doch nur annektiert.«

»Es ist eine Grenzregion, die immer mal wieder zu der einen – also der französischen, oder der anderen – der deutschen Seite gehörte. Kulinarisch unterschiedet sich die Küche jedoch von der Haute Cuisine Frankreichs«, erklärte Marthe.

»Wodurch?«

»Kennst du den elsässischen Flammkuchen? Eine Art Brotfladen mit Zwiebeln und Speck. Oder den Baeckeoffe? Das ist eine Art Eintopf mit Fleisch, Lauch und Kartoffeln. Es wird mehr mit Sahne gekocht als mit Butter, und Kohl spielt eine große Rolle bei vielen Gerichten. So etwas wie die Artischocke wirst du im Elsass nicht finden.«

»Woher weißt du das?«

Marthe lachte. »Meine Familie kommt aus den Vogesen – am Rande des Elsass. Man ist schneller in Straßburg als in Paris.« Sie blieb vor dem Restaurant stehen. »Mal schauen, was sie zu bieten haben.«

Wieder brachte ein Kellner sie zu einem kleinen Tisch, auch

dieses Restaurant war gut besucht. Marthe versuchte herauszufinden, ob ein anderes Publikum diese Küche gewählt hatte, aber optisch waren die Besucher nicht zu unterscheiden.

»Ich könnte mir vorstellen, dass die Besucher des russischen Restaurants reiselustiger und somit auch experimentierfreudiger sind als die Gäste hier«, sagte sie. »Vielleicht stimmt das aber gar nicht. Vielleicht möchten Leute, die nie die Möglichkeit haben werden zu reisen, wenigstens kulinarisch in die Ferne schweifen.«

»Beide Möglichkeiten könnten zutreffen«, sagte Vincent. »Ich war schon in England, Italien und in der Schweiz, werde vermutlich auch noch nach Nordafrika reisen können. Im Elsass war ich allerdings noch nie. Doch weder das Essen hier noch im russischen Restaurant halte ich für ein Wagnis. Das wären in meinen Augen ganz andere Länderküchen – aus dem Orient zum Beispiel, oder aus Indochina. In Russland verwenden sie im Grunde doch die gleichen Zutaten wie wir – es wird nur etwas anders gekocht und gewürzt. Aber im Orient? Wer weiß, was da alles als essbar oder gar als Delikatesse angesehen wird – wollmöglich Tiere, die wir gar nicht kennen, oder Pflanzen, die hier nicht wachsen. Ja, durch die Dampfschiffe und die Eisenbahnlinien bekommen wir inzwischen weitaus mehr Ware aus anderen Ländern als früher, aber alles sicherlich nicht.«

»Würdest du etwas essen, von dem du nicht weißt, was es ist?«, fragte Marthe interessiert.

Vincent überlegte. »Was könnte das sein?«, fragte er zurück.

»Ein Tier oder ein Gemüse?«

»Wenn es eine typische Länderspeise ist, ja, warum nicht? Wenn andere Menschen das essen, warum sollte ich es nicht auch probieren. Ob es mir dann auch schmeckt, steht vermutlich auf einem anderen Blatt.«

»Ich habe Reiseberichte gelesen – Abenteurer, die durch die Dschungel Südamerikas gewandert sind oder durch Indochina. Sie berichteten davon, dass dort auch Insekten gegessen werden.«

»Das hast du dir ausgedacht«, sagte Vincent und verzog das Gesicht.

»Nein, habe ich nicht. In Südamerika gibt es Spinnen, die handtellergroß sein sollen. Man grillt sie über offenem Feuer, so wie wir Spanferkel – allerdings nicht so lange. In einigen Ländern isst man Ameisen. Und natürlich Heuschrecken.«

Vincent schüttelte sich. »Ich denke, dass meine Abenteuerlust auch Grenzen hat. Nein, so etwas würde ich nicht probieren. Du etwa?«

Marthe zuckte mit den Schultern. »Giftig kann es ja nicht sein, wenn es als Leckerbissen gilt. Vielleicht würde ich mal ein Stück probieren – vielleicht wäre mein Ekel aber auch zu groß. Ich glaube nicht, dass so etwas hier auf der Weltausstellung angeboten wird.«

»Nein, hier gibt es jetzt Elsässer Küche.«

Der Kellner brachte ihnen die Speisekarte und wieder holte Marthe ihr Schreiben hervor und erklärte ihr Anliegen.

»Sie schreiben über dieses Restaurant?«, fragte er verwirrt.

»Über die unterschiedlichen Küchen der Welt, die hier präsentiert werden – so auch das Elsass.«

»Was wollen Sie denn darüber schreiben? So sehr unterscheidet sich das ja nicht von der französischen Küche.«

»Dann wäre doch dieses Restaurant gar nicht nötig«, meinte nun Vincent.

Der Kellner zuckte nur mit den Schultern. »Die Leute kommen. Die Leute essen und trinken. Die Leute gehen. Ich glaube, es ist ihnen egal, was sie auf den Teller bekommen.« Er legte ihnen die Speisekarte hin. »Möchten Sie etwas zu trinken bestellen?«

»Wir überlegen noch«, sagte Vincent.

»Hätte ich nach dem Maître fragen sollen?«

»Ich weiß nicht, ob das Sinn macht.« Vincent hob die Augenbrauen. Marthe hatte inzwischen nach der Speisekarte gegriffen und notierte sich nun, was angeboten wurde.

»Die meisten Sache kenne ich, und da ich keine Restaurantkritik schreibe, reicht mir das schon«, sagte sie und stand wieder auf. »Lass uns weitergehen.«

Unschlüssig standen sie auf der Plattform. Es gab noch die amerikanische Bar und das französische Lokal. »Ob es sich lohnt, das Restaurant aufzusuchen?« Marthe war ein wenig enttäuscht. Nach dem aufschlussreichen Besuch des russischen Restaurants hatte sie sich vom nächsten mehr erwartet.

»Ich würde schon gehen«, meinte Vincent. »Und sei es nur, um einen Blick auf deren Speisekarte zu werfen. Wir haben ja nichts zu verlieren.«

»Nur Zeit«, seufzte Marthe. »Aber du hast natürlich recht.« Entschieden betrat sie das Lokal. Es schien ihr, als sei hier alles ein wenig feiner als im elsässischen Restaurant. Die Tischdecken wirkten dicker und schienen gestärkt worden zu sein. Die Tische waren eingedeckt, die Servietten sorgfältig gefaltet und die Gläser funkelten. Auch in den anderen Restaurants waren die Gläser sauber gewesen, doch hier schien man sie auch noch zu polieren.

Der Kellner kam ihnen entgegen, lächelte freundlich. »Bonjour.

Sie wünschen einen Tisch für zwei Personen? Am Außenfenster vielleicht? Dann können Sie über das Marsfeld schauen, eine wirklich sehenswerte Aussicht. Dort drüben ist gerade ein Tisch frei geworden.«

Diesmal mache ich es anders, sagte sich Marthe. »Ich bin von der ›France Illustrée‹ und schreibe einen Artikel über die unterschiedlichen Restaurants. Können Sie mir darüber ein wenig Auskunft geben?«

»Natürlich«, sagte er freundlich. »Aber vielleicht sollten Sie besser mit unserem Maître oder dem Chef de Cuisine sprechen. Aber nehmen Sie doch erst einmal Platz.«

»Ich bin mir nicht sicher, ob wir etwas bestellen werden«, gab Marthe zu.

»Sie haben ja auch die Speisekarte noch nicht gesehen.« Wieder lächelte er gewinnend. »Danach werden Sie sicher etwas kosten wollen.«

Sie folgten ihm zum Tisch, setzten sich. »Ich werde schauen, ob der Maître Zeit für Sie hat. Möchten Sie erst einmal die Karte und vielleicht einen Kaffee?«

»Das klingt sehr gut. Und natürlich möchten wir uns die Speisekarte ansehen und uns vielleicht davon verführen lassen«, meinte Vincent.

Schnell wurde das Gewünschte gebracht. Marthe schaute sich um. Auch dieser Pavillon war aus Holz gebaut, doch die Ausstattung schien etwas gediegener zu sein als in den anderen Pavillons, die sie bisher gesehen hatte. Die Holzvertäfelung war aus dunklem Holz, in Kassettenform angebracht. Es gab mehrarmige silberne Leuchter auf den Tischen, statt einfach nur einer Gas- oder Petroleumlampe oder eines einzelnen Kerzenhalters. Über ihnen funkelten die Prismen der Kronleuchter und auf dem Boden lagen dicke Teppiche.

»Wie können sie hier Teppiche auslegen«, wunderte Marthe sich.

»Wieso sollten sie nicht?«, fragte Vincent verblüfft.

»Hast du in den anderen Restaurant Teppiche gesehen?«

Vincent dachte nach, schüttelte dann den Kopf. »Diele, Holz, Parkett, aber keinen Teppich.«

»Teppich ist schön, aber reichlich unpraktisch. Schau doch nur, wie viele Leute hier ein und aus gehen. Und das jeden Tag. Auch bei schlechtem Wetter. Abends werden die Teppiche dreckig sein, selbst an trockenen Tagen. Es sind kleine Teppiche, siehst du? Sie haben sie geschickt aneinander gelegt, so dass es keine Stolperfallen gibt. Dennoch – wie halten sie sie sauber?«

»Indem wir sie jeden Abend reinigen. Bonjour«, sagte ein Mann, der leise und unauffällig neben ihnen aufgetaucht war. Er trug eine weiße Kochjacke und man sah auf seiner Stirn einen deutlichen Abdruck – also hatte er bis gerade auch noch eine Kochmütze getragen. »Ich bin Charles Poulain, der Maître. Darf ich mich zu Ihnen setzen?« Er wartete höflich.

»Natürlich«, sagte Marthe und reichte ihm die Hand. »Marthe Distel vom ›France Illustrée‹.«

Auch Vincent stellte sich vor und schüttelte Poulains Hand.

»Sind Sie auch von der Zeitung?«, fragte Poulain.

»Nein, ich bin nur Begleitung.«

»Haben Sie schon in die Speisekarte geschaut?«

»Dazu hatten wir noch keine Zeit«, gab Marthe zu. »Ich habe erst einmal das Interieur bewundert – und die Teppiche.«

»Die Teppiche werden jeden Abend tatsächlich getauscht. Wir haben drei oder vier ganze Sätze an Teppichen, die wir auch individuell austauschen können, sollte ein Malheur passieren – was bei diesem Betrieb immer mal vorkommt. Wir haben uns aber für diese Lösung entschieden, weil unser Maître dem Pavillon ein gewisses Flair geben wollte.«

»Sind Sie nicht der Maître?«, fraget Vincent verblüfft.

»Nun ja, schon. Von diesem Pavillon. Aber die Küche gehört eigentlich zum ›Maison Chevet‹ im Palast Royal und dort ist Monsieur Escoffier der Maître und ich nur Chef de Cuisine.«

»Auguste Escoffier«, hauchte Marthe. »Wirklich? Ist er manchmal auch hier?« Sie sah sich um.

»Heute leider nicht.« Monsieur Poulain schmunzelte. »Aber das allererste Essen hier, zu dem Monsieur Eiffel geladen hatte, hat er selbst gekocht und natürlich stammen alle Rezepte aus seiner Feder, wie im ›Maison Chevet‹ auch. Maître Escoffier ist viel unterwegs, im Moment weilt er in London und richtet dort die Küche eines neuen Nobelhotels ein.«

»Ich habe schon so viel über ihn gehört«, schwärmte nun Marthe und griff nach der Speisekarte. Es gab zwei viergängige Menüs mit einer kleinen Auswahl im Hauptgang und bei den Desserts. »Und das klingt so köstlich.« Sie zückte ihr Notizbuch.

»Was genau schreiben Sie denn?« Nun klang der Chefkoch ein wenig angespannt.

»Es geht um die Länderküchen. Wie sich die Länder kulinarisch präsentieren und die jeweilige Küche auch das Land widerspiegelt. Hier habe ich keine Zweifel.«

»Wir haben oben auf der zweiten Plattform noch ein weiteres, kleineres und exklusiveres Restaurant unter Monsieur Escoffiers Federführung. Hier unten ist die Küche etwas einfacher.« Er hob entschuldigend die Hände.

»Ach«, sagte Marthe erstaunt. »Ist denn dann da oben auch noch eine Zubereitungsküche unter der Plattform? Also auch noch eine Betriebsplattform?«

»Nein, alle Küchen sind hier unten, unter dieser Plattform. Auch die von den beiden Restaurants oben. Wir haben Speiseaufzüge. Und natürlich gibt es oben auch eine Anrichteküche mit einem kleinen Ofen, auf dem wir Dinge erwärmen können. Ich bin allerdings nur für hier unten zuständig.«

»Das ist faszinierend. Aber sicherlich sind die Speisen ja schnell oben. Ich bin noch nicht so oft Aufzug gefahren, die Schnelligkeit ist beeindruckend.«

»Man gewöhnt sich tatsächlich daran – das hätte ich auch erst nicht gedacht.« Er räusperte sich. »Wir versuchen hier die typische französische Haute Cuisine zu präsentieren. Gehoben, aber nicht zu edel und auch nicht zu … teuer. Die Menschen, die in Massen auf den Turm strömen, müssen sich das ja auch leisten können. Oben ist es natürlich teuer, dafür aber auch noch exquisiter. Dennoch glaube ich, dass wir für die Kunst des Kochens in Frankreich einstehen können.«

»Das Restaurant ist gut besucht, non? Sind hier mehr ausländische Gäste? Oder doch auch Franzosen?«

»Beides. Natürlich kommen hier die ausländischen Besucher her, um die vielgepriesene französische Kochkunst zu probieren. Aber es kommen auch Leute, die sonst nie in ein gehobenes Restaurant gehen. Sie gönnen sich den Besuch der Weltausstellung und krönen das Ganze mit einem guten Essen.« Er sah Marthe an. »Zumal ja nun auch Damen durchaus essen gehen, was ich sehr begrüße. Viele Damen waren noch nie in einem Restaurant, da es ja bisher nicht üblich war. Sie sind oft aufgeregt und möchten diese Novität auskosten.«

»Ich begrüße diese Entwicklung«, sagte Vincent. »Es hat doch nichts Anrüchiges, Essen zu gehen. Und dann auch noch in einer so noblen Umgebung.«

Es hatte ja Gründe, dachte Marthe bei sich, warum bisher verheiratete Frauen nicht in Restaurants gehen durften. Die Ehemänner nahmen ihre Mätressen mit und wollten natürlich nicht von den Freundinnen der Ehefrauen gesehen werden. Aber das war ein offenes Geheimnis. Doch nun im Zuge der Emanzipation pochten die Ehefrauen darauf, auch diese Domänen der Männer aufzubrechen. Eigentlich, dachte Marthe, ist das doch ein großer Gewinn, vor allem für die Restaurants.

»Kann ich Ihnen noch weitere Fragen beantworten?«, fragte der Maître.

»Wie sieht die Küche unten aus? Wie kann ich mir das vorstellen? Wie werden die Waren angeliefert? Gibt es dort Öfen?«

»Die Küche ist ähnlich aufgebaut wie auch unsere Restaurantküche.« Er überlegte kurz. »Möchten Sie die Betriebsplattform sehen?«

Marthe nickte eifrig. »Natürlich.«

Er führte sie in den Anrichteraum. Dort stand ein Sous-Chef und drei Kellner, nahmen die Teller aus dem Speiseaufzug. Die Teller, stellte Marthe fest, waren schon angerichtet. Es wurde noch hier und da ein Soßenfleck entfernt oder etwas gerade gerückt.

Die Gerichte glichen Gemälde, dachte sie. Maman müsste so etwas sehen, sie wäre verzückt.

»Es gibt einen elektrischen Aufzug bis zur Betriebsplattform und auch nach ganz unten, aber der ist im anderen Pfeiler und der Weg ist uns zu umständlich. Deshalb benutzen wir die Treppe«, erklärte Poulain und nahm seine Kochmütze, die auf einem Stuhl lag, setzte sie auf und drückte sie fest. Er musterte Marthe. »Das macht Ihnen doch nichts aus?«

Die Treppe war aus Eisen und so breit, dass zwei Personen nebeneinander gehen oder sich problemlos begegnen konnten. Sie führte in einen großen Raum. Die Seiten waren verglast und boten einen wunderbaren Blick auf Paris und das Marsfeld, nur schien das niemand zu interessieren. An der einen Seite waren zwei große Öfen aufgestellt, es gab eine Feuerstelle, über der der Rotisseur Hähnchen und Wachteln an einem Spieß drehte. Überall waren Köche in ihren weißen Kochjacken und mit ihren hohen und steifen Kochmützen.

Die Mützen, stellte Marthe fest, waren unterschiedlich hoch. Charles Poulains Mütze war am höchsten, aber er war ja auch der Küchenchef hier unten.

Obwohl große Betriebsamkeit herrschte, war es nicht laut. Niemand brüllte oder fluchte. Alle arbeiteten konzentriert an ihren Positionen. Nur die Apprentis, die Auszubildenden und Praktikanten, eilten durch den Raum, brachte dies hierhin, das dorthin. Gemüse wurde in großen Stiegen hereingebracht, gewaschen und geputzt, kam dann zum Légumier, dem Gemüsekoch. Es gab natürlich auch einen Gardemanager, der sich um die kalte Küche kümmerte. An der Wand gegenüber den Öfen befanden sich große

Spülbecken. Dort wurde das Gemüse gewaschen, die Fische geschuppt und ausgenommen.

Marthe drehte sich zweimal langsam im Kreis.

»Wir haben die Küche hier nach Monsieurs Vorstellungen einrichten lassen. Er legt Wert darauf, dass die Abläufe reibungslos und schnell sind. Auch hat er die einzelnen Posten optimiert. Jeder unserer Mitarbeiter weiß genau, was er zu tu hat.«

»Und woher wissen sie, was sie zubereiten müssen?«, fragte Marthe.

»Da wir immer zwei feste Menüs haben, mit nur etwas Auswahl, können wir viele Dinge schon vorbereiten. Das ist für oben, einem À-la-carte-Restaurant etwa schwieriger. Unsere Grandmanager lassen viele Dinge – wie Salate oder Gemüse auch für das kleine Restaurant schon vorbereiten. Sie haben ihre Küche nebenan, dort werden die Gerichte finalisiert. Doch oben gibt es nur zwanzig Plätze und nicht zweihundert wie bei uns. Und man muss die Plätze vorher reservieren. Maître Escoffier ist es sehr wichtig, dass wir nichts verschwenden, oder zumindest nur wenig.«

»Ist das die Küche für alle Restaurants auf der ersten Plattform?«, fragte Vincent. »Auch für die Russen und die Elsässer?«

Poulain lachte auf. »Um Gottes willen, nein. Das würde nicht funktionieren. Jedes Restaurant hat einen eigenen Bereich hier auf der Betriebsplattform zugeteilt bekommen. In der Mitte der Plattform sind die Maschinen, die die Aufzüge regeln – dort ist es laut und heiß, aber von ihrer Funktion habe ich keine Ahnung.« Er ging zu einer Tür, öffnete sie, führte Marthe und Vincent auf die Plattform. Hier war es plötzlich windig, und Marthe wurden wieder einmal die Ausmaße des Eiffelturms bewusst. Sie schaute nach oben zur ersten Plattform. Es war nur ein Stockwerk höher – ein hohes Stockwerk, aber mehr nicht. Die Wände der Betriebsplattform waren verkleidet, alle paar Meter war eine vergitterte Öffnung.

»Dort vorne ist die Elsässer Küche, die Russen sind auf der anderen Seite.«

»Ob ich wohl einmal schauen dürfte?«, fragte Marthe und zeigte zur Elsässischen Küche.

Poulain zuckte mit den Schultern. »Wir können es versuchen.«

Die Tür der anderen Küche stand weit offen. Schon aus einiger Entfernung hörte man lautes Rufen und ärgerliche Schreie.

»Sie sind sehr temperamentvoll«, sagte Poulain entschuldigend.

»Meine Mutter sagte, dass es in den meisten größeren Küchen sehr laut zugeht. Auch mit einem harschen Ton.«

»Ihre Mutter?«

»Sie ist Köchin. Früher hat sie die Küche eines großen Weinguts geleitet, heute arbeitet sie hier in Frankreich für eine Familie.«

»Es ist ein anstrengender Beruf für eine Frau«, meinte Poulain.

»Madame Distel geht darin auf«, sagte Vincent. »Und sie ist hervorragend, eine exzellente Köchin.«

Marthe schaute in die Nachbarküche. Auch dort gab es Arbeitstische, Öfen und Waschbecken. Die Luft war rauchgeschwängert, aber es duftete auch nach den deftigen Speisen, die dort zubereitet wurden.

»Sauerkraut«, sagte Marthe. »Vermutlich in Schaumwein gekocht, dadurch bekommt es eine milde Säure und eine gewisse Tiefe. Es riecht nach geschmortem Schweinefleisch – vermutlich Schäufele.«

»Sie haben eine feine Nase, Mademoiselle.«

Wieder schaute Marthe sich um. Hier ging es viel hektischer und aufgeregter zu als nebenan. Der Chef de Cuisine lief laut schimpfend durch den Raum, schlug mit einem langen Kochlöffel nach einem der Apprentis, der sich schon die Hände schützend vor den Kopf hielt und die Schultern hochgezogen hatte.

In der anderen Ecke fiel ein Topf scheppernd zu Boden, und weitere Flüche wurden ausgestoßen.

»Wollen wir nicht lieber wieder zurückgehen?«, fragte Maître Poulain, dem die Situation unangenehm zu sein schien.

»Warum ist es in Ihrer Küche so anders?«, wollte Vincent wissen, als sie zurückgingen.

»Das verdanken wir Monsieur Escoffier«, sagte Poulain. »Wissen Sie, er ist schon früh Koch geworden – ich glaube, bei seinem Onkel hat er gelernt. Und als junger Mann kam er nach Paris in das ›Petit Moulin Rouge‹ und obwohl er ausgelernter Koch war, hat er dort wieder mit den niederen Arbeiten anfangen müssen. Ihn hat es immer gestört, dass es heiß und laut und unflätig in der Küche zuging. Dass es zwar Apprentis und Praktikanten gab, die die Vorarbeit machten, dann aber ein Koch meist für ein ganzes Gericht zuständig war. So dauerte es oft lange, bis das Gericht am Tisch war. In den Küchen ist es oft hektisch und ungeordnet, jeder kocht sein Süppchen – wenn ich das mal so sagen darf.«

»Ja, das erzählt meine Mutter auch so. Sie hat einige Artikel von Maître Escoffier gelesen und die Küche daraufhin umgestellt. Natürlich gibt es dort nicht mehrere Köche – aber die Arbeiten teilt sie ein und auf.«

»Sehr gut. Das würde den Maître freuen zu hören. Wir können mit diesem System sehr viel effektiver arbeiten. Bei uns wird nicht gebrüllt und schon gar nicht geschlagen. Escoffier sieht die Gerichte als Kunststücke an und die Köche als Künstler und er möchte, dass sie so auch wertgeschätzt werden.«

»Ich finde immer, dass man es schmeckt, wenn jemand ein Gericht mit Leidenschaft und Hingabe zubereitet hat«, sagte Marthe. »Vielleicht kann ich ja irgendwann einen Artikel über Monsieur Escoffier schreiben und wie bei ihm gekocht wird.«

»Ich könnte mir Ihren Namen aufschreiben und die Frage an ihn weiterleiten.«

Sie gingen zurück und stiegen die Treppe nach oben. »Warum«, fragte Marthe den Chef de Cuisine, »sind hier die Fenster zum Teil geöffnet und drüben nicht?«

»In den meisten Küchen bleiben die Fenster geschlossen, damit die Speisen heiß bleiben. Dann ist es allerdings auch sehr heiß und stickig – was dazu führt, dass die Köche sehr durstig sind. Und dann trinken sie verdünnten Wein oder Bier – aber davon ziemlich viel. Escoffier hält die Speisen lieber auf Rechauds warm. Außerdem wärmen wir auch die Teller an – dafür gibt es extra ein Fach am Rande des Ofens. Und es gibt hier nur Wasser zu trinken, keinen Alkohol.«

»Wie interessant«, sagte Vincent.

»Darf ich mir noch mal die Speisekarte anschauen und einige Gerichte notieren?«

»Aber natürlich Mademoiselle. Bitte – Ihr Tisch ist noch frei. Ich lassen Ihnen etwas zu trinken bringen.«

Sie setzten sich wieder, und Marthe machte sich schnell weitere Notizen, kopierte die Speisekarte. Bald schon kam Monsieur Poulain zurück an den Tisch, ihm folgten zwei Kellner. Sie brachten

Wein und Wasser, und außerdem eine Auswahl an Speisen auf kleinen Tellerchen und in Schüsselchen.

»Wir haben hier eine Mock Turtle Suppe, Wachtel in Pastete mit Weintrauben, etwas Kalbsrücken Prinz Orloff, zweierlei Hummer – einmal auf Pariser und einmal nach amerikanischer Art, gebackenen Chicorée und Morcheln in einer Trüffelsoße. Bon Appetit. Sollten Sie noch weitere Fragen haben, wenden Sie sich gerne an mich oder meine Mitarbeiter.«

»Ganz herzlichen Dank«, sagte Marthe.

»Danke«, sagte auch Vincent. »Wenn das so schmeckt, wie es aussieht, muss ich meine Familie und meine Freunde hierherschicken.«

»Gerne. Und natürlich empfangen wir Sie auch nach der Ausstellung im ›Maison Checet‹.«

Schweigend aßen sie. Es waren zwar immer nur kleine Häppchen, die aber köstlich waren.

»Ich könnte einen ganzen Artikel nur über dieses Restaurant schreiben«, sagte Marthe seufzend. »Aber das ist ja nicht Sinn der Sache.«

»Dann lass uns weitergehen. Jetzt zur amerikanischen Bar?«

Marthe spähte in den Pavillon. In der Mitte des Raums war ein langer Tresen, an dem hohe Hocker standen. Hier hielten sich fast nur Männer auf und rauchten.

»Kannst du … magst du … ich meine, würdest du hineingehen und sehen, was sie anbieten?«, stotterte Marthe und biss sich auf die Lippen. »ich weiß nicht, ob das ein Ort ist, den ich aufsuchen würde.«

Vincent lachte auf. »Natürlich, Chérie«, sagte er und zwinkerte ihr zu.

Chérie, er hatte Chérie zu ihr gesagt. Marthes Herz schlug einen schnelleren Takt ein. Überhaupt war der ganze Tag schon so unglaublich. Die ganzen Eindrücke, die Geschmäcker und auch die Gespräche. Sie konnte es gar nicht erwarten, ihrer Mutter davon zu erzählen. Sie holte tief Luft, dies war einer der perfektesten Tage ihres Lebens.

»Hier ist die Karte«, sagte Vincent ein wenig atemlos und zog sie mit sich zu einem der Aufzüge.

»Was … warum …?«

»Steck sie ein, schnell.« Er schaute sich um, aber niemand folgte ihnen.

»Hast du sie … geklaut?« Marthe blieb stehen, sah ihn entgeistert an.

»Ja, und nun komm.« Wieder zog er sie mit sich, kicherte.

»Du kannst doch nicht die Karte klauen.«

»Ach?« Er lachte laut auf. »Doch. Offensichtlich geht das.«

»Aber … Vincent!«

Nun drehte er sich zu ihr um, sah sie an. Dann nahm er ihr Gesicht in beide Hände und gab ihr einen Kuss. »Nun komm!«, rief er dann und stürmte mit ihr in den Aufzug nach unten.

Kapitel 15

Er hat mich geküsst, dachte Marthe und spürte ihr Herz klopfen. Sie lag in ihrem Bett und schaute durch das Dachfenster in den Himmel über Paris. Zweimal hat er mich geküsst. Das erste Mal auf dem Eiffelturm und dann, als sie vor der Haustür standen.

Sie hatten noch drei weitere Lokale auf dem Marsfeld aufgesucht. Es war ein aufregender Tag gewesen, voller neuer Eindrücke und Erkenntnisse. Ganz aufgeregt hatte sie ihrer Mutter von allem berichtet, vor allem von Auguste Escoffier und seiner fortschrittlichen Küche hatte sie erzählt.

»Das musst du in deiner Lehrküche in Auteuil auch so machen, Maman. Vielleicht … vielleicht können wir ihn ja mal treffen.«

»Maître Escoffier?« Julie hatte aufgelacht. »Der Mann ist so gefragt und berühmt, er wird doch für eine einfache Köchin und eine Handvoll Waisen keine Zeit haben.«

»Vielleicht ja doch. Und selbst wenn nicht – seine Ideen sind zukunftsweisend. Dieser Unterschied zwischen seiner aufgeräumten, ruhigen Küche und den anderen – das ist gewaltig. Mit wundert es, dass sie ihm nicht nacheifern, wo sie es doch direkt vor Augen haben.«

»Mich wundert es, dass es in einer Küche ruhig zugeht – das ist ja noch nicht mal hier so, wenn ein großes Essen ansteht.«

»Oh, es ist schon hektisch«, erklärte Marthe. »Die Apprentis eilen durch den Raum und es ist auch unrastig – aber eben nicht laut. Es wird schon mal nach etwas gerufen, aber es wird nicht gebrüllt und geflucht. Wenn einer der Köche eine Anweisung gibt, antwortet sein Lehrling oder der Sous-Chef mit: ›Ja, Chef.‹ – in einem ruhigen Ton. Die Betriebsamkeit zeugt von fleißiger Arbeit und nicht von Hektik.«

»Das klingt interessant, aber werden sie das auch durchhalten? Ich weiß ja, wie es in einer Großküche zugeht, wenn es hektisch ist, wird es auch laut.«

»Man kann rufen, ohne zu beschimpfen oder zu fluchen«, sagte Marthe. »Respekt wird bei Escoffier groß geschrieben.«

»Das ist tatsächlich etwas, was ich in Auteuil einführen sollte«, sagte Julie nachdenklich.

»Wie geht es denn jetzt da weiter? Wird dir Madame mehr freie Zeit bewilligen, damit du die Lehrküche betreuen kannst?«

»Das glaube ich nicht«, seufzte Julie. »Ich suche händeringend jemanden, der die Leitung übernehmen könnte, finde aber niemanden. Der Pater würde ein kleines Gehalt zahlen, aber das lockt nicht wirklich.«

»Das Gehalt würde für uns nicht reichen?«, fragte Marthe leise.

»Nein. Wir bräuchten dann ja auch eine Unterkunft und einiges mehr.«

»Und wenn … ich arbeiten gehe?«

»Marthe, darüber brauchst du keinen weiteren Gedanken verlieren. Ja, ich habe mein Herz ein wenig an diese Schule, die es zu gründen gilt, verloren. Es ist wichtig, dass es so etwas gibt – für die Waisen, aber auch für die Zukunft meines Standes. Und natürlich auch für die Stellung der Frau in der Gesellschaft.« Sie sah Marthe an. »Aber deine Ausbildung steht über allem anderen. Deshalb sind wir hier in Paris. Ich helfe ja in Auteuil und es ist dort schon sehr viel besser geworden. Nur ein wirklich schulischer Teil und auch die erweiterte Haushaltsführung – Dinge, die man wissen und können muss, wenn man Mamsell werden will – das fehlt noch. Dann fehlt es eben noch ein paar Monate und Jahre länger. Wichtig ist deine Ausbildung und dass ich mein Ziel nicht aus den Augen verliere.«

»Man müsste eine weitere Geldquelle auftun«, murmelte Marthe. »Einen großzügigen Spender oder eine Art Stiftung.«

»Auteuil wird schon von vielen Leuten unterstützt, sonst wäre der Pater gar nicht erst so weit gekommen. Wir wollen aber die Spender nicht überstrapazieren.« Wieder musterte sie ihre Tochter. »Und dich auch nicht. Du bist ganz blass und hast Ränder unter den Augen. Der Tag war lang, und du solltest bald zu Bett gehen. Hast du noch Hunger?«

»Hunger?« Marthe schmunzelte. »Nein. Ich habe so viele Dinge probiert – Speisen, die ich nicht kannte und noch nie gegessen habe, das reicht sicher bis übermorgen. Ich muss mir noch weitere Notizen machen, damit ich nichts vergesse. Es waren so viele unterschiedliche Eindrücke, es war einfach wunderbar.« Sie lächelte beglückt.

Julie runzelte die Stirn. »Vincent hat dich begleitet«, sagte sie nachdenklich. »Hast du über meine Worte nachgedacht?«

Marthe senkte den Kopf und hoffte, dass ihre Mutter nicht bemerkte, wie ihr das Blut in die Wangen schoss. »Ja, Maman«, sagte sie. »Ich fahre mit dir nach Remiremont zu Grand-mère.«

»Hoffentlich«, murmelte Julie, »ist es nicht schon zu spät.«

Und nun lag Marthe in ihrem Bett und alles, woran sie denken konnte, war Vincent. Wie er den Kopf neigte, wenn er ihr zuhörte. Das kleine Grübchen in seiner rechten Wange, wenn er lachte. Die zarten Fältchen um seine Augen, wenn er fröhlich war. Wie er mit beiden Händen durch sein Haar strich. Es gab so viele Kleinigkeiten, an die sie nun dachte, kleine Puzzlestücke, die ihn ausmachten. Und jedes Puzzlestück ließ ihren Bauch kribbeln und ihr Herz klopfen.

Er hat mich geküsst, sang sie in Gedanken. Er hat mich geküsst. Der erste Kuss war schnell und hitzig, ein wenig flüchtig gewesen. Aber als sie vor der Haustür standen, hatten sie sich bei den Händen gefasst und stumm angesehen, erfühlt von den vielen Eindrücken des Tages. Dann hatte sich Vincent zu ihr gebeugt, hatte erst gezögert, doch dann … dann trafen ihre warmen und weichen Lippen aufeinander. Es war unbeschreiblich gewesen, ein wenig so, wie sie sich gefühlt hatte, als sie das erste Mal Aufzug gefahren war – aufgeregt, ein wenig ängstlich und dann löste sich die Anspannung und wurde zu einem Glücksgefühl – nur dass das Glücksgefühl sehr viel größer gewesen war als alles, was sie jemals erlebt hatte. Ihre Haut hatte gekribbelt, ihr Herz getanzt, und in ihrem Bauch hatten viele kleine Vögel aufgeregt geflattert.

Ist das Verliebtheit?, fragte sie sich. Fühlt es sich so an? Dann finde ich es wunder-wunderschön, aber auch beängstigend. Wie kann ein Gefühl so ganz und gar von mir Besitz nehmen, mich überrollen, meinen Kopf ausschalten und nur mein Herz zulassen?

Er hat mich geküsst. Ich bedeute ihm etwas. Ich bedeute ihm mehr, als nur eine ›Freundin‹ zu sein. Ob er jetzt auch an mich denkt? Und was mag er über mich denken? Findet er mich hübsch?

Oder … plötzlich wurde ihr kalt, obwohl es eine laue Nacht war und die Sonne über den Tag das Mansardenzimmer ordentlich aufgeheizt hatte – oder bin ich nur ein Spaß für ihn? Ein naives Mädchen, das dazu noch im Stand unter ihm steht, das er leicht beeindrucken und verführen kann.

Maman hat mich gewarnt. Sie hat mir gesagt, dass wir keine gemeinsame Zukunft haben. Ist ihm das auch bewusst? Warum hat er mich dann geküsst?

Wie eins der dampfbetriebenen Karussells auf der Weltausstellung drehten sich ihre Gedanken im Kreis, wieder und wieder. Es war ein wenig so, als würde sie die Blätter eines Gänseblümchens abzupfen: ›er liebt mich, er liebt mich nicht‹. Eine Antwort gab es nicht. Irgendwann schlief sie ein, doch ihr Schlaf blieb unruhig.

Am nächsten Tag stand sie müde und gerädert auf, ging unsicher nach unten. Wie soll ich Vincent gegenübertreten, fragte sie sich unsicher. Wie wird er sich mir gegenüber verhalten? Hat sich nun alles zwischen uns geändert oder nichts? War es nur ein impulsiver Moment gewesen, der ihn dazu gebracht hatte, sie zu küssen – eine Folge dieses Tages voller aufregender Eindrücke? Oder hatte er wirklich Gefühle für sie? Und was, wenn nicht? Wenn sie wie ein kopfloser Backfisch in ihn verliebt war und er sich insgeheim über sie vor Lachen ausschüttelte? Sie blieb auf dem Absatz vor der Tür stehen. Am liebsten wäre sie umgedreht und wieder nach oben gerannt, doch das ging natürlich nicht.

Sie holte tief Luft. Ich erwarte gar nichts. Ich erhoffe mir nichts. Und ich werde mir auch keine Blöße geben. Nachdem sie das Kinn nach oben gestreckt und die Schultern gestrafft hatte, öffnete sie die Tür.

In zwei Tagen würden Monsieur Laurent und sein Sohn für ein paar Wochen in den Süden fahren. Bis dahin gab es noch einiges zu erledigen – die Wäsche, die Koffer. Madame und Florence hatten Listen geschickt mit Dingen, die ihnen fehlten, die sie meinten zu brauchen, und die Vater und Bruder jetzt mitbringen sollten. Die Koffer und Kisten sollten schon am nächsten Tag verschickt werden. Außerdem gab es jetzt schon, da die Hälfte der Herrschaft schon eine Weile nicht mehr hier weilte, eine Menge zu tun. Die Zimmer von Madame und Mademoiselle waren inzwischen gründlich gereinigt worden – allerdings unter Rücksichtnahme auf Monsieur. Geräumt, geklopft, poliert und gewienert wurde nur, wenn er außer Haus war. Nun stapelten sich die Koffer und Kisten auf der einen Seites des Flurs, die eingerollten Teppiche und Kleinmöbel auf der anderen Seite. Das Personal wartete ungeduldig darauf, die Wohnung zur freien Verfügung zu haben, um alle weiteren notwendigen Arbeiten zu verrichten. Es gab einen festen Plan, den Julie angefertigt hatte, wann wer was machen sollte.

»Wenn wir mit den groben Arbeiten gut durchkommen, haben wir alle in vier Tagen für eine Woche frei«, sagte sie, als Marthe die Küche betrat. Sie schaute wieder auf ihren Plan. »Es darf nur nichts dazwischenkommen.« Sie stand auf, gab Marthe ein Bisou rechts und links. »Milchkaffee?«

Marthe nickte und setzte sich auf ihren Platz am Küchentisch. Alle waren da – Estelle, Claire, Gaston und Camille. Alle warteten darauf, dass Julie die Pläne weiter erläuterte.

Julie stellte die Kaffeekanne auf den Tisch, die Milchkanne stand schon dort. Sie schenkte Marthe und sich ein, forderte die anderen mit einer Geste auf, es ihnen gleich zu tun. Dann beugte sie sich wieder über ihre Liste, um gleich danach in die Runde zu schauen. »Ich könnte euch also, wenn alles so läuft, wie geplant, ab dem nächsten Mittwoch frei geben für ein paar Tage.« Sie kniff die Augen zusammen. »Was würdet ihr dann machen?«

Die anderen sahen sie verblüfft an.

»Wie meinst du das?«, fragte Estelle.

»Wenn wir bis Dienstag alles Notwendige erledigt haben, könntet ihr alle frei haben – etwa eine Woche. Dann müssten wir aber in den Tagen danach alles Weitere mit sehr viel Fleiß erledigen, bevor Monsieur wiederkommt. Bis dahin sollten wir die Wohnung nämlich grundgereinigt haben.« Wieder sah Julie auf. »Ich würde dann mit Marthe für eine Woche zu meiner Schwiegermutter in die Vogesen fahren. Versteht ihr, was ich sage?«

»Ja, das bist du letzte Jahr auch«, sagte Estelle. »Sogar länger als eine Woche.«

»Da gab es aber auch noch die alte Mamsell, die in der Zeit hier war«, erinnerte Julie die anderen. »Jetzt bin ich Mamsell und ich würde diesen Haushalt – nun, ich würde ihn am liebsten für eine ganze Woche schließen.«

»Schließen?« Gaston sah sie verwirrt an.

Julie seufzte auf. »Gaston, was machst du, wenn du eine Woche frei hast? Hast du Familie, zu der du fahren kannst?«

Sie sahen sich an, dann erhellten sich die Gesichter.

»Du meinst«, sagte Estelle, »wir alle können eine Woche frei nehmen? Eine ganze Woche?«

»Das überlege ich«, sagte Julie langsam und voller Bedacht. »Es ist aber nicht so einfach. Ich würde hier alles … abschließen. Und alle Händler abbestellen, die Wäschefrau und so weiter. Ich weiß nicht, ob das schon mal so gehandhabt wurde.«

»Muss nicht jemand auf die Wohnung aufpassen?«, fragte Claire ein wenig unsicher.

»Dazu haben wir doch den Concierge«, meinte Gaston.

»Wohin würdest du gehen, Gaston«, wiederholte Julie ihre Frage.

»Zu meiner Familie in der Nähe von Rouen.« Er verzog schnaufend das Gesicht, wischte sich über die Augen. »Ich war schon Jahre nicht mehr länger als einen halben Tag dort. Es wäre famos, wenn das klappen würde, zumal meine Maman alt wird und krank ist.« Seine Stimme war fast tonlos geworden. Julie drückte wortlos seine Hand.

»Estelle?«, fragte sie dann.

»Meine Familie kommt aus der Nähe von Lyon. Meine Mutter kam nach dem Krieg nach Paris und starb hier. Ich war, seit ich ein Kind war, nicht mehr in Lyon. Damals war es mehr als eine Tagesreise – eigentlich zwei Tage – nur eine Strecke, mit der Postkutsche. Nun gibt es die Eisenbahn und es dauert nur noch einen Tag bis dahin, aber mehr als zwei Tage am Stück hatte ich nie frei …« Sie schüttelte den Kopf. »Ich schreibe viel mit ihnen. Habe aber nie gedacht, dass ich noch mal dorthin komme …« Nun standen auch ihr Tränen in den Augen.

Marthe stand auf und umarmte sie. »Meinst du, du kannst sie besuchen? Wäre das in Ordnung für sie?«

Estelle nickte. »Das schreiben sie immer. Ich solle kommen, und wenn es nur kurz wäre …«

»Claire? Du bist echte Pariserin, non?«, fraget Julie nun.

Claire nickte. »Wie leben hier seit Generationen.« Sie lächelte.

»Mein Vater hat ein Lastenschiff auf der Seine. Früher ist er die weiten Strecken gefahren, als Kind durfte ich ihn manchmal begleiten – es war immer so ein Abenteuer. Heute hat mein Bruder das Boot, aber er meist nur nach Norden, bis Le Havre.« Plötzlich glitzerten ihre Augen. »Vielleicht könnte ich ja ein Stück weit mit ihm mitfahren?«

»Und wenn er nun schon unterwegs ist?«, fragte Marthe. »Wir können doch erst in vier Tagen los.«

»Ach, Täubchen«, lachte Estelle. »Man ist mit der Eisenbahn heutzutage in einem halben Tag in Le Havre. Sie kann jederzeit auf das Boot zusteigen und wieder absteigen und mit der Bahn nach Hause fahren.«

Claire nickte. »Ja, das ist sicher möglich.« Sie sah Julie an. »Darf ich heute noch schnell zu meinen Eltern, um herauszufinden, wo das Boot ist?«

Julie überlegte kurz. »Ja, wenn du einige Aufträge auf dem Weg erledigst und dich nicht unnötig lange aufhältst.«

»Ich werde meiner Familie gleich eine Nachricht schicken«, sagte Gaston.

»Ich meiner auch«, meinte Estelle. »Sie wird vermutlich erst zwei Tage vor mir ankommen.«

»Und wenn … ich meine, wenn es nicht passt …?«, fragte Marthe bestürzt. »Die Antwort käme vielleicht hier erst an, wenn du schon unterwegs wärst.«

Estelle lachte. »Es wird passen, da mache ich mir keine Gedanken. Meine Familie ist groß, irgendwo werde ich schon unterkommen.«

Und plötzlich redeten sie alle durcheinander. Nur Julie sagte nichts, sondern schaute nur die ebenso schweigsame Camille an.

»Du hast keine Familie, non?«

Camille schüttelte den Kopf. »Ich könnte in der Zeit hierbleiben und auf die Wohnung aufpassen.«

»Nein, das kannst du nicht. Der Plan ist ja, dass wir hier alles schließen, Die Fensterläden vorlegen, den Ofen löschen. Die Speisekammer habe ich schon zum Großteil geleert und hatte vor, ab morgen nur noch Reste zu verwerten und den Eisschrank zu leeren. Wenn du hierbleibst, geht das nicht. Da kann ich weder das Gas abdrehen noch den Ofen löschen – du hättest kein heißes Wasser. Und so schnell ist der Ofen nicht angeheizt.«

Camille senkte den Kopf. »Ich kann sicherlich für die paar Tage zurück nach Auteuil.«

»Ja, das wäre gewiss möglich«, sagte Julie leise. »Aber du würdest nicht gerne gehen?«

Camille sah sie an und schüttelte den Kopf. »Was habe ich denn für eine Wahl?«

»Hmm«, machte Julie nun. Sie ließ alle noch eine kurze Zeit aufgeregt Pläne schmieden und durcheinanderreden, dann klatschte sie in die Hände. »Es ist also abgemacht. Ab Mittwoch schließen wir den Haushalt für eine gute Woche. Aber ...«, sie sah in die Runde, »das geht nur, wenn wir viel vorher erledigen und alles vorbereiten, so dass wir, nach unserer Rückkehr, sofort alle Aufgaben meistern können. Vielleicht wisst ihr gerade noch nicht, was ich von euch verlange, aber seid euch gewiss: Es wird nicht leicht. Dennoch ... Ich habe mich dazu entschieden, weil ich Zeit mit meiner Schwiegermutter verbringen will. Das könnte ich auch, ohne den Haushalt zu schließen. Dann würden Estelle oder Claire hier die Führung übernehmen. Jeder bekäme ein paar frei Tage, aber nicht eine

Woche am Stück.« Wieder schaute sie alle an. »Doch einige von euch – wie viele andere Bedienstete hier in der Großstadt, haben keine Möglichkeit, ihre Familien zu sehen, weil sie so weit weg wohnen.« Sie schwieg für einen Augenblick. »Wir sind für uns gegenseitig so etwas wie Familie. So empfinde ich das zumindest.«

»Ja«, sagte Gaston.

»Das stimmt«, meinte auch Estelle.

»Aber«, unterbrach Julie sie, »ich wusste zum Beispiel nicht, dass Claires Familie ein Lastenschiff hat. Dass Estelles Mutter aus Lyon kommt. Ich wusste, dass ihrer Mutter tot ist, aber viel mehr auch nicht. Vielleicht«, sagte sie leise, »sollten wir uns mehr öffnen, mehr erzählen. Aber bevor das so weit ist, werdet ihr alle eure Familien sehen können.«

Camille senkte wieder den Kopf. Marthe musste betroffen schlucken, sie sah ihre Mutter an. Auch Julie hatte Camilles Reaktion bemerkt und lächelte zuversichtlich.

Maman hat eine Lösung, dachte Marthe erleichtert.

»Nun aber werden wir unsere Aufgaben erledigen«, sagte Julie. »Gaston, du kümmerst dich darum, dass das Gepäck rechtzeitig zur Bahn gebracht wird. Ich denke, du solltest mitfahren und es eigenhändig aufgeben, nicht, dass da etwas schiefgeht. Im Moment haben wir ja sehr viel mehr Reisende und Gepäck durch die Weltausstellung.«

Gaston nickte und stand auf. »Ich werde noch einmal die Listen überprüfen, ob wir auch alles beisammenhaben. Der Zug fährt um zwölf heute Mittag.«

»Claire, hast du alles gepackt, was Madame und Florence verlangt haben?«

Claire nickte. »Ich habe die Liste zweimal abgehakt. Der Koffer und die Kiste stehen schon im Flur und sind bereit für den Transport.«

»Sehr gut. Dann kannst du nun erst mal im kleinen Salon abstauben und anschließend den Tisch für die Herrschaft decken. Es gibt nur einen kleinen Imbiss, erst heute Abend ein größeres Mahl. Heute Nachmittag kannst du zusammen mit Camille anfangen, die Vorhänge abzunehmen. Wir bringen sie noch diese Woche in die Wäscherei.«

»Sehr gut«, sagte Claire. »ich hoffe, sie kommen wieder, bevor wir ›zumachen‹.« Sie kickste vergnügt. »›Zumachen‹, wie das klingt. Es ist ein herrlicher Gedanke.« Dann räusperte sie sich. »Ich würde nämlich die Vorhänge gerne schon aufhängen, bevor wir fahren. Dann können sie sich glatt hängen.«

Julie nickte. »Das stimmt. Aber dann müssen wirklich alle Vorhänge schon morgen in die Wäscherei.« Sie sah Marthe an. »Ich schreibe gleich eine Nachricht an Madame Bries, die die Wäscherei leitet. Du bringst ihn bitte hin. Wenn sie es nicht schafft, müssen wir uns etwas anderes überlegen – dann geben wir alles vielleicht lieber später dorthin.«

»Ist es nicht egal, wann die Sachen gewaschen werden?«, fragte Marthe. »Wichtig ist doch nur, dass sie sauber werden.«

Claire lachte auf. »Aber nein, Herzchen. Es ist auch wichtig, dass man sie schnell – am besten noch ein wenig feucht – wieder aufhängt. Sonst bekommen sie Falten und womöglich auch Stockflecken. Die Vorhänge zu plätten, ist fast unmöglich. Deshalb müssen wir sie nach dem Waschen und Bleichen schnell wiederbekommen.«

»Ich verstehe«, sagte Marthe. »Und ich begreife auch immer mehr, dass so einiges dazugehört, so einen Haushalt ordentlich zu führen.«

»Richtig«, sagte Julie. »Umso wichtiger ist es, dass wir den Unterricht in Auteuil ausdehnen. Über das Schälen und Schneiden von Gemüse hinaus.«

»Aber dort gibt es doch auch eine Wäscherei, lernen sie das nicht dort?«

»Ein Teil der Mädchen ist in der Wäscherei, ein anderer Teil in der Küche«, sagte Camille. »Wir wechseln sehr selten. Und somit lernen wir auch nur einen Teil der Haushaltsführung kennen. Für jemanden wie Emilie, die eine Stellung in einem Café oder Bistro gefunden hat, sind große Vorhänge nicht von Belang. Aber jemand wie ich, die irgendwann mal Hausmädchen oder Mamsell werden will, schon.« Sie biss sich auf die Lippe. »Und in der Wäscherei werden auch nur die einfachen Handhabungen gelehrt. Im Grunde wird dort nur Weißwäsche und Leinen gewaschen.«

Julie nickte. »Ja, ich weiß. Und das ist schade, denn sonst würde ich einen Teil der Wäsche dorthin schicken und nicht zu der Wäscherei hier in der Stadt.« Sie seufzte. »Noch ein Punkt, über den ich mit Pater Roussel reden muss. Aber nicht jetzt. Jetzt haben wir andere Dinge zu tun.« Sie winkte mit den Händen, so, als wären Claire und Camille Hühner, die sie aus der Küche verjagen wollte. »Vite, vite, die Zeit rennt.«

Sie schrieb eine Notiz und drückte sie Marthe in die Hand. »Du weißt, wo die Wäscherei ist? Unten an der Seine.«

»Aber natürlich, Maman.«

»Gut, dann beeile dich. Und wir, Estelle, gehen jetzt in die Speisekammer und sehen alles durch. Heute Abend möchte Monsieur ein kleines Abschiedsfestmahl. Er bringt auch Freunde mit. Es werden acht Personen sein. Lass uns schauen, was wir noch dahaben und was wir daraus machen können.«

Marte kam mit guten Nachrichten zurück, wenn sie die Vorhänge übermorgen in der Früh brächten, könnten sie sie am nächsten Tag gegen Abend zurückbekommen. Dann hätten sie noch den letzten Tag, um alle ordentlich aufzuhängen.

»Das ist machbar«, sagte Julie zufrieden. »Sobald Monsieur und sein Sohn morgen gefahren sind, werden wir uns alle gemeinsam an die Arbeit machen.«

»Florences Zimmer und die Hälfte von Madames Vorhängen haben wir schon abgenommen«, sagte Claire. »Heute Nachmittag könnten wir noch den Rest in Madames Zimmer schaffen und in der Bibliothek anfangen.«

»Mal schauen«, sagte Julie nachdenklich. »Ich brauche auf jeden Fall Hilfe in der Küche. Und der Tisch muss für acht Personen eingedeckt werden. Sorgfältig, denn es soll hier ja nicht wie bei den Hottentotten aussehen, solange Monsieur noch da ist.«

»Ich kann in der Küche helfen«, bot sich Marthe an. »Oder auch bei den Vorhängen. Wo du mich brauchst.«

»Die Vorhänge abzunehmen ist nicht ganz einfach. Man muss auf die hohe Leiter steigen und die schwere Stange von den Halterungen nehmen. Das geht nur zu zweit. Camille stellt sich wirklich sehr geschickt an«, sagte Claire. »Sie ist mir eine große Hilfe.«

»Dann ist es entschieden: Marthe hilft in der Küche.«

Insgeheim war Marthe erleichtert, dass sie im Hinterhaus bleiben konnte, denn so lief sie nicht Gefahr, Vincent über den Weg zu laufen. Der Gedanke an ihn brachte ihr Herz immer noch zum Hüpfen – oder war es inzwischen eher ein Stolpern? Ihr wurde dann auch abwechselnd heiß oder kalt und manchmal hatte sie Schwierigkeiten zu schlucken, so trocken war ihr Mund plötzlich.

Julie musterte sie immer wieder nachdenklich, sagte aber nichts.

»Wir haben noch Crevetten, die habe ich gestern gekauft. Dazu machen wir eine Cocktailsoße und servieren das als kalte Vorspeise«, sagte Julie zu Estelle.

»Das klingt gut. Die Schalen nehmen wir dann für den Krustentierfond?«

»Wir könnten nach dem Salat eine Krebssuppe servieren, denn wir haben noch die gekochten Taschenkrebse auf Eis liegen, die ich Monsieur vorgestern Mittag kredenzen wollte – und dann hat er woanders gegessen. Es sind vier Taschenkrebse, das sollte für eine ordentliche Suppe reichen, wenn wir die Schalen der Crevetten auch auskochen.«

»Wir haben noch Kartoffeln, aber wirklich schön sehen die nicht mehr aus«, meinte Estelle nun. »Und es sind noch viele Kartoffeln.«

»Daraus machen wir einen Stampf, mit etwas Meerrettich, das passt wunderbar zu dem falschen Filet. Die nächsten Tage, wenn sie weg sind, werden wir eben viele Kartoffelgerichte essen.« Julie schmunzelte. »Dann kann ich mit Camille einige Variationen üben – Soufflé-Kartoffeln zum Beispiel. Oder ausgebackene Kartoffelstifte.«

»Ich liebe Kartoffeln«, gestand Estelle. »In jeder Form. Bei uns zu Hause gab es daraus auch Schnaps.«

»Bei uns auch«, sagte Julie schmunzelnd. »Wie steht es um den Käse? Ist noch genügend da für einen Käsegang?«

Estelle nickte. »Und wir haben auch noch dieses köstliche Feigenkompott, das passt gut dazu.«

»Wunderbar. In der Speisekammer war auch noch Kuvertüre. Die schmelze ich und koche ein Schokoladenmousse. Das muss ich aber jetzt ganz schnell machen, sonst wird es nicht mehr kalt.«

»Wenn wir die Krebse aus dem Eisschrank nehmen, haben wir Platz für das Mousse«, sagte Estelle.

»Dann musst du die Krebse auslösen. Marthe, kannst du bitte die Crevetten schälen und den Darm ziehen?«

Sie machten sich an die Arbeit, doch es fiel Marthe schwer, sich darauf zu konzentrieren.

»So geht das doch nicht«, schimpfte Julie. »Du zerschneidest ja das Fleisch der Crevetten – ich möchte sie nicht zerfleddert servieren, Marthe. Soll ich dir gleich noch einmal zeigen, wie es geht?«

Marthe wischte sich mit dem Unterarm über die Stirn. »Verzeih, Maman, ich bin mit meinen Gedanken nicht ganz dabei.«

»Das merkt man.« Julie schlug die Eier mit Zucker über dem Wasserbad schaumig, sie konnte ihre Arbeit jetzt nicht unterbrechen. »Was beschäftigt dich denn so sehr? Das, was du gestern erlebt hast?«

Marthe war froh über die sehr vage Formulierung ihrer Mutter, so konnte sie zustimmen, ohne zu schwindeln. »Ja.«

»Es war bestimmt ein einschneidender Tag für dich. Wir schaffen das hier auch alleine, falls du lieber auf dein Zimmer gehen und deine Gedanken ordnen willst«, sagte Julie mit einem ungeduldigen Unterton in ihrer Stimme.

»Es tut mir leid, Maman. Ich werde mich jetzt mehr auf die Arbeit konzentrieren.« Marthe versuchte, alle Gedanken und Gefühle für Vincent aus ihrem Kopf zu verbannen. Ganz gelang es ihr nicht, aber von nun an führte sie die Arbeiten sauberer aus. Julie nahm das erleichtert zur Kenntnis.

Gegen Abend, als die Gäste eintrafen, hatten sie nicht nur das Essen zubereitet, sondern auch zwei weitere Wäschekörbe mit abgehängten Vorhängen gefüllt. Die Körbe standen gut verstaut im Wirtschaftsflügel, die Koffer und Kisten waren schon längst zur Bahn gebracht und der Eingangsbereich aufgeräumt und geputzt worden. Nichts deutete auf den morgigen Aufbruch hin.

Marthe war Vincent noch nicht wieder begegnet. Sie hoffte inständig, dass ihre Mutter sie nicht bitten würde, beim Servieren zu helfen und war froh, als nur Claire und Gaston eingeteilt wurden.

Nun saß sie am Küchentisch und sortierte ihre Notizen, allerdings schweiften ihre Gedanken immer wieder ab. Sie schaute die Speisekarte an, die Vincent stibitzt hatte, und ihr Kopf schien zu glühen, als sie an den ersten Kuss dachte.

Nach und nach wurden die Gänge serviert, das gebrauchte Geschirr abgetragen. Camille stand in der Spülküche und sang leise ein Lied, Estelle half ihr mit dem Geschirr.

Nachdem Claire den Käsegang in das Esszimmer gebracht hatte, kam sie aufgeregt zurück. »Oh, oh«, sagte sie. »Ich glaube, die Sommerfrische der Familie wird nicht so entspannt verlaufen, wie sie es sich vorgestellt hatten.«

»Wieso?« Marthe sah sie an.

»Weil sie streiten. Vincent und Monsieur streiten sich – lauthals und vor den Gästen. Hat man so etwas schon gesehen?« Claire wedelte aufgeregt mit den Händen. »Am liebsten würde ich jetzt Mäuschen spielen.«

»Das tust du nicht«, sagte Julie streng. »Sieh lieber zu, dass du das Kaffeeservice bereitstellst, so dass du es gleich nach vorne bringen kannst.«

»Worüber streiten sie denn?«, fragte Marthe nach. Ihr Herz pochte so laut, dass es eigentlich jeder hätte hören müssen.

»Oh, es geht um den Militärdienst. Vincent will sich wohl davor drücken und Monsieur ist richtig wütend geworden. Er hält den Dienst für eine Pflicht, die sein Sohn für das Vaterland ableisten muss.«

»So ist es ja auch«, sagte Julie sachlich und stellte die Schüsselchen mit der Mousse au Chocolat auf ein Tablett. »Man kann sich davor nicht drücken, und das ist auch gut so.«

»Doch«, sagte Marthe. »Wenn man Jura studiert, ist man vom Dienst befreit.«

»Aber der junge Herr studiert doch gar nicht Jura«, sagte Claire verblüfft.

»Er will sich aber in der juristischen Fakultät einschreiben«, erklärte Marthe.

»Um Jurist zu werden?«

»Um nicht zum Militär eingezogen zu werden.«

»Das wird sein Vater niemals zulassen«, meinte Julie. »Monsieur Laurent ist ein Mann mit Prinzipien und Anstand. Eigentlich hätte ich das von Vincent auch erwartet. Dass er solche betrügerischen Pläne hat, enttäuscht mich.«

»Ich kann ihn verstehen«, sagte Marthe. »Die drei Jahre sind doch nutzlos – Lebenszeit, die er verschwendet.«

»Verschwendet? Also wirklich, Marthe, er verschwendet sie doch nicht. Es sind drei Jahre seines Lebens, die er dem Staat gibt – und dafür bekommt er eine lebenslange Sicherheit, dass sich der Staat um ihn – um uns alle kümmert. Ein wenig Verantwortung sollten wir alle tragen.«

»Wir? Das gilt doch nur für die Männer«, sagte Marthe.

»Nun, wir bleiben im Hintergrund. Aber ohne uns und unsere Tätigkeiten würde das alltägliche Leben doch sowieso zusammenbrechen.« Sie schaute zu Claire. »Hast du alles? Dann kannst du jetzt den Kaffee nach vorne bringen. Schau, ob sie schon bereit für das Dessert sind, non?«

Claire nahm das Tablett und eilte nach vorne. Marthe ging zur Küchentür, lauschte den Gang hinunter. Doch es war nichts zu hören. Angespannt wartete sie auf Claires Rückkehr. Ob sich die Gemüter wieder beruhigt hatten? Marthe konnte sich gar nicht vorstellen, dass sich Vincent gegen seinen Vater stellte und noch dazu vor Gästen. So etwas tat man doch nicht. Sie setzte sich wieder an den Küchentisch und starrte auf ihre Notizen, aber sie konnte keinen vernünftigen Gedanken einfangen.

Endlich kamen Gaston und Claire zurück in die Küche. »Sie möchten kein Dessert«, sagte Claire.

»Nein«, sagte nun Gaston. »Sie wollten Whisky und die Aschenbecher. Ich soll die Flasche auf den Tisch stellen.« Er schnaufte.

»Sie rauchen im Esszimmer und nicht im Salon?«, fragte Julie und rümpfte die Nase. »Nur gut, dass Madame nicht da ist.«

»Und?«, fragte Marthe angespannt. »Streiten sie noch?«

»Aber nein«, sagte Gaston. »Monsieur hat Vincent fast mit seinem Blick getötet, und da hat der junge Herr ganz schnell beigegeben.«

Gaston schmunzelte. »Was für eine Schnapsidee aber auch – sich in der juristischen Fakultät einzuschreiben, nur um ein paar Jahren Wehrdienst zu entgehen.«

»Er wird also den Dienst ableisten?«

»Er hat doch keine Wahl, und ich denke, eigentlich ist ihm das auch klar gewesen.« Gaston lachte leise auf. »Und seien wir doch mal ehrlich: Den meisten jungen Herren tut es durchaus mal gut, sich ein paar Jahre unterzuordnen, Disziplin zu lernen und dem Staat zu dienen. Vincent und seinesgleichen werden ja nicht als stumpfe Fußsoldaten eingesetzt, sie bekommen per se einen höheren Rang als unsereins.«

»Ich habe nichts anderes erwartet«, sagte Julie. »Der liebe Vincent hat manche lustige Idee, aber letztendlich muss er sich fügen, so wie jeder andere auch.« Sie lächelte. »Und da die Herrschaften kein Dessert wollen, können wir es nun essen.« Sie schob das Tablett mit den Schälchen in die Mitte des Tisches. »Greift zu.«

Als Marthe später in ihrem Bett lag, bereute sie es, Vincent nicht getroffen zu haben. Das war sehr dumm von mir, stellte sie fest. Morgen fährt er, und ich werde ihn ein paar Wochen nicht sehen. Jetzt weiß ich immer noch nicht, was er für mich empfindet, ob er nur mit mir spielt, oder ob seine Gefühle aufrichtig sind. Wie soll ich das nur aushalten?

Sie drehte sich von links nach rechts und wieder zurück, schüttelte ihr Kissen auf, öffnete das Fenstre weiter, zog es wieder zu. In den Schlaf konnte sie nicht finden.

Ich werde mir eine heiße Milch machen, beschloss sie. Das hat mir, als ich noch klein war, auch immer geholfen. Sie stand auf, zog sich etwas über, nahm die Kerze und ging nach unten. Im hinteren Treppenhaus war es angenehm kühl. Einen Moment zögerte sie vor der Tür zur Wohnung, doch dann trat sie ein. Es war still im Hinterhaus, alle schienen zu schlafen. Langsam ging sie durch den Gang zur Küche. Dort brannte immer eine Petroleumlampe auf dem Tisch, damit man in der Nacht nicht noch erst Licht anzünden musste, wenn die Herrschaft einen Wunsch haben sollte.

Als Marthe die Küche betrat, erschrak sie. Jemand saß am Tisch, das Gesicht in den Händen verborgen.

»Grundgütiger«, flüsterte sie. »Camille, was machst du denn hier?«

Verstört sah das Mädchen auf, ihr Gesicht war verquollen, die Augen gerötet. »Ich wär beinahe tot vom Stuhl gefallen«, sagte sie entsetzt. »Mit dir hab ich ja nicht gerechnet.«

»Ich mit dir auch nicht. Was machst du hier?«

»Konnte nicht schlafen.« Camille zuckte mit den Schultern, nahm ihr Taschentuch und schnäuzte sich die Nase.

Marthe ging zum Eisschrank, nahm die Flasche mit Milch heraus. Etwas davon goss sie in einen kleinen Topf. Das Feuer im Herd war schon ziemlich heruntergebrannt, schnell legte Marthe etwas Holz nach und schürte es. »Ich kann auch nicht schlafen. Dagegen hilft ein wenig warme Milch«, sagte sie. »Ich mach uns welche warm.«

»Darfst du das?«, flüsterte Camille und sah sich ängstlich um. »Will keinen Ärger.«

»Mach dir darum keine Sorgen und sag mir lieber, warum du so bekümmert bist?«

»Ach«, sagte Camille leise. »Is nichts.«

»Das stimmt ja nicht. Komm, wasch dir das Gesicht und dann erzählst du mir, was dich bedrückt.« Marthe rührte in der Milch, damit sie nicht anbrannte und zog den Topf vom Feuer. Dann schüttete sie die warme Milch in zwei Schalen und stellte sie auf den Tisch.

Nachdem Camille sich das Gesicht gewaschen hatte, sah sie schon besser aus. Sie holte tief Luft. »Ist 'nen bisschen albern«, gab sie zu. »Ist nur wegen der freien Tage.«

Marthe nickte. »Das habe ich mir schon gedacht. Du hast niemanden, zu dem du hinkannst, non?«

Camille biss sich auf die Lippe, nickte und schlürfte dann an der warmen Milch.

»Ich bin mir sicher, dass meine Maman eine Lösung weiß«, sagte Marthe.

»Ja, weiß sie. Ich geh eben zurück nach Auteuil für die Zeit.« Camille seufzte. »Ist nicht schlimm. Nur …« Und nun kamen ihr wieder die Tränen, »… ich hätt doch auch so gern was, wo ich hin könnt.«

Marthe legte die Arme um das Mädchen, drückte es an sich. »Morgen früh, das verspreche ich dir, finden wir eine Lösung.«

»Meinste?«, fragte Camille und sah sie zweifelnd an.

Marthe nickte. »Ganz sicher. Meine Maman hat immer eine Lösung. Vielleicht weiß sie es nur noch nicht.«

»Hmmm.« Wieder trank Camille einen Schluck, dann hob sie den Kopf. »Oje«, flüstere sie. »Da kommt jemand. Oh nein, jetzt gibt es auch noch Ärger.« Sie zog den Kopf zwischen die Schultern.

»Schnell«, sagte Marthe, die nun auch die Schritte hörte, die vom Vorderhaus kamen. »Schnell, husch nach oben. Ich sage niemanden, dass du hier warst. Ich darf hier unten sei – ich sag einfach, ich wäre noch bei Maman gewesen.«

Camille nickte, sprang auf und huschte, flink wie eine Maus, schnell nach hinten.

Marthe brachte die beiden Milchschalen und den Topf in die Spülküche. Zuerst dachte sie, dass nur jemand den Abort aufsuchte, doch die Schritte kamen näher. Und dann schaute Vincent in die Küche, sah sie überrascht an.

»Was machst du denn hier?«

»Dasselbe könnte ich dich fragen.« Marthe versuchte zu lächeln. Ihr Herz machte kleine Sprünge, mal hoch, dann schien es bis auf den Bauchnabel abzusacken. Sie schluckte, aber ihr Mund war ganz trocken.

Für einen Moment sahen sie sich an, ihre Blicke trafen sich, blieben aneinander hängen. Die Zeit schien sich zu ziehen wie Sirup und gleichzeitig zu rasen.

»Ich … du … also«, stotterte Marthe.

»Wo warst du den ganzen Tag? Hast du dich vor mir versteckt?«, fragte Vincent, seine Stimme klang unsicher. Dann ging er langsam auf sie zu, blieb zögernd vor ihr stehen. »Gestern … ich meine … gestern. Du weißt schon … Ich …«

»Ja?« Marthe sah ihn an, suchte wieder seinen Blick. Was war das in seinen Augen? Bedauern? Zweifel? Scham?

Er machte noch einen Schritt, stand nun direkt vor ihr. »Du …« Dann nahm er sie in die Arme, hielt sie umfangen, wie ein warmer, schützender Mantel. Marthe hob den Kopf, und ihre Lippen suchten und fanden sich. Es war ein zögernder Kuss, der immer inniger wurde, weich, warm und zärtlich.

Schließlich löste sich Vincent von ihr, holte tief Luft. »Oh, Marthe«, flüsterte er. »Ich hatte so Angst, dich nicht mehr zu sehen. Ich hatte so Angst, dass du mich verachtest, dass du wütend auf mich bist …«

»Aber warum?«

»Weil … weil … nun weiß ich es«, sagte er, und sein Gesicht verzog sich zu einem glücklichen Lächeln. »Du bist mir nicht gram Und du … du magst mich auch.« Er zog die Augenbrauen hoch. »Das tust du doch, non?«

Marthe lachte leise, hob die Hände und legte sie an seine Wangen, zog ihn wieder zu sich. Sie küssten sich erneut, forschender, hungriger.

»Ja«, sagte sie. »Ich mag dich … ich mag dich sehr.« Dann trat sie einen Schritt zurück, versuchte sich zu sammeln. »Aber … es darf nicht sein.« Ihr fiel wieder ein, was ihre Mutter ihr gesagt hatte.

»Was darf nicht sein?« Verwirrt schaute er sie an.

»Das … du, ich, wir beide … uns trennt mehr, als uns verbindet.« Marthe senkte den Kopf und fühlte plötzlich einen schweren Druck auf ihrer Brust und auf den Schultern.

»Nein. Das meinst du nur.«

»Es sind Welten, die zwischen uns stehen, Vincent. Ich bin die Tochter der Mamsell und du der Sohn der Herrschaft.«

»Wir leben nicht mehr im Mittelalter. Wir können die Grenzen überwinden und unser Leben neu gestalten.«

»Das werden deine Eltern nie zulassen.«

»Meine Eltern … Es geht doch um uns, nicht um sie. Sie haben mir nichts zu sagen!«, ereiferte er sich. »Ich … empfinde so viel für dich. Ich kann nicht aufhören, an dich zu denken. Ich möchte immerzu in deiner Nähe sein, und es zerreißt mich, dass du nicht mit uns in den Süden fährst. Ich habe schon überlegt, hier zu bleiben«, sprudelte es aus ihm heraus. »Aber das kann ich nicht machen, das würde meinen Vater noch mehr gegen mich aufbringen. Wir hatten heute eine kleine Auseinandersetzung …«

»Ich weiß«, sagte Marthe. »Es ging um die Wehrpflicht.«

Vincent verzog das Gesicht. »Euch hier hinten entgeht aber auch nichts«, sagte er. »Vater wird sich beruhigen. Aber im Moment will ich keinen weiteren Missmut erzeugen. Aber ich komme zurück, so schnell ich kann.« Er nahm ihre Hände, hielt sie fest, zog sie wieder an sich. »Meine süße Marthe. Du bist so ein wunderbares Wesen, du hast mich ganz verzaubert.«

Marthe lachte leise auf. »Ich bin ein ganz normales Mädchen.«

»Das bist du nicht. Wahrlich nicht. Du bist klug und schön und strebsam und … du sollst meine Welt sein und ich will die deine werden.«

Marthe nahm die Worte in sich auf. Sie klangen wunderschön, verlockend, aber gleichzeitig auch beängstigend.

»Wir kennen uns doch kaum«, wisperte sie.

»Ich kenne dich gut. Und wir haben alle Zeit der Welt, um uns noch besser kennenzulernen.« Wieder küsste er sie. Diesmal waren seine Lippen vertrauter. Marthe schloss die Augen, gab sich dem Gefühl hin, Karamell, das in ihr schmolz.

»Dennoch musst du morgen fahren.«

»Ich schreibe dir. Ich werde dir jeden Tag schreiben. Ich werde über alles berichten – was ich sehe, rieche, fühle – und was ich schmecke. So wirst du auch ein wenig dabei sein, kannst ein wenig teilhaben. Und ich komme zurück – schnell wie der Südwind.«

»Wir … fahren zu meiner Grand-mère …«

»Oh ja«, sagte er und runzelte die Stirn. »Dann schicke ich die Briefe dorthin. Schreib mir nur die Adresse auf. Wirst … du mir antworten?«, fragte er zögernd und fast schon unsicher.

Marthe nickte. »Das werde ich.«

Für eine Weile standen sie da, Arm in Arm, Haut an Haut. Sie hörte seinen Atem, konnte seinen Herzschlag fühlen. In ihr war alles in Aufruhr. Sie fühlte sich so geborgen wie noch nie, leicht und luftig wie eine Wolke und gleichzeitig auch unsicher – alles war neu und ungewohnt. Schließlich löste sich Vincent von ihr, trat einen Schritt zurück, sah sie an. »Ich bin so glücklich, dass wir uns noch getroffen haben. Und dass wir uns ausgesprochen haben. Du wirst sehen, die Zeit vergeht so schnell und dann … dann sehen wir uns wieder. Du wirst dein Studium im Herbst aufnehmen und ich werde mein letztes Jahr an der Sorbonne haben. Danach werde ich den Militärdienst leisten müssen.« Er seufzte auf. »Daran wird kein Weg vorbeigehen. Aber danach – danach fängt unsere gemeinsame Zukunft an. Wir sind noch jung, unsere Leben liegen vor uns. Was sind schon die paar Jahre, sie werden schnell vorbeigehen.«

»Ja«, sagte Marthe beglückt. »Das werden sie.«

»Wir schreiben uns, meine liebste Marthe.« Dann runzelte er die Stirn. »Aber«, sagte er nun, »wir sollten unsere Gefühle und unsere Pläne erst einmal für uns behalten, non? Unser kleines, süßes Geheimnis.« Noch einmal küsste er sie, dann ging er.

Wir werden uns schreiben, dachte sie und fühlte, dass ihr Herz tanzte. Er liebt mich. Er will eine Zukunft mit mir. Maman sagt, dass es unmöglich sei, aber Vincent wird es möglich machen. Und er hat recht – was sind schon ein paar Jahre? Sie werden schnell vergehen, wenn wir aneinander festhalten. Vor uns liegt unser Leben, wir müssen es nur gemeinsam gestalten. Mit diesen frohen Gedanken ging sie zurück in ihr Zimmer.

Unser kleines, süßes Geheimnis, sagte sie sich immer wieder. Wie schön das klang. Etwas, wie das Gefühl zwischen ihnen, das nur ihnen beiden gehörte. Irgendwann würden sie es aufdecken, aber für den Moment, da gab sie Vincent recht, war es sicher besser, dass niemand von ihrer Liebe wusste. Er liebte sie und sie ihn. Das tat er doch, fragte sie sich plötzlich. Gesagt hatte er es nicht. Oder doch? Was sonst sollten seine Worte bedeuten? Ach, ich sollte nicht so grübeln, seine Küsse waren eine klare Aussage gewesen. Er liebte sie und würde sie immer lieben. Mit diesem frohen Gedanken schlief sie ein.

Am nächsten Morgen war sie früh in der Küche. Julie stellte ein leichtes Frühstück für die Reisenden zusammen. Sie hatte gestern schon einiges vorbereitet, was sie nun in einen Picknickkorb tat – Schinken, gekochte Eier, ein paar Würste, Brote, dick mit Butter bestrichen, Pain au Chocolat, Limonade und andere Leckereien.

»Ich weiß«, sagte sie lächelnd zu Marthe, »sie reisen erster Klasse und es gibt einen Speisewagen, aber man weiß ja nie, was ist, und vielleicht sind sie froh, wenn sie einen kleinen Imbiss haben.«

»Das wird sie bestimmt freuen«, sagte Marthe und schaute nervös auf die Uhr. Würde sie Vincent noch einmal sehen? Wie würde er sich nun verhalten? Würden die Blicke sie nicht verraten? Das

Lächeln? Waren ihre Gefühle nicht zu offensichtlich? Wie sollte sie das süße Geheimnis vor ihrer Mutter bewahren? Anlügen wollte sie Maman nicht.

Marthe schüttelte den Kopf, so, als würde sie damit die Gedanken loswerden. »Kann ich etwas tun?«, fragte sie.

»Du kannst mit Camille die Wäschekörbe nach hinten tragen. Und danach das Frühstück für das Personal vorbereiten. Wir werden aber erst essen, wenn die Herrschaften abgereist sind.« Auch Julie schaute wieder zur Uhr. »Husch, schnell nach vorne und schau, ob Claire den Tisch schon gedeckt hat.«

Marthe biss sich auf die Lippen. Nach vorne? Würde sie Vincent sehen? Vielleicht hatten sie noch einmal die Gelegenheit kurz miteinander zu sprechen. Eilig lief sie den Gang entlang. Kaum hatte sie das Haupthaus erreicht, öffnete sich schon die Flügeltür zum Esszimmer. Gaston und Claire kamen ihr entgegen.

»Guten Morgen, Marthe«, sagte Claire fröhlich. »Schickt Julie dich?«

»Sie wollte wissen, ob der Tisch schon gedeckt ist.«

»Ja, und die Messieurs sind auch schon fertig, wir können sofort auftragen«, sagte Gaston. Er sah Claire an. »Das erledigt ihr, während ich mich um das restliche Gepäck kümmere. Die Droschke ist schon bestellt.«

»Fein«, sagte Claire lächelnd. »Na, freust du dich schon auf die freien Tage bei deiner Grand-mère?« Sie hakte sich bei Marthe unter und ging mit ihr zurück zum Wirtschaftsflügel.

Marthe schaute schnell noch nach links und rechts, von Vincent war nichts zu sehen. »Ja, sehr«, sagte sie, aber ihrer Stimme fehlte die wahre Begeisterung.

»Nun geht es ganz schnell – sie werden fahren. Dann werden wir die Arbeiten erledigen«, sagte Claire. »Das ist viel, aber wir müssen nicht den normalen Haushalt machen, also wird es einfacher sein. Oh, ich freue mich schon so sehr auf meine Familie. Das gab es noch nie, dass ich so lange frei hatte.«

Julie hatte schon alles auf den großen Tabletts angerichtet, nun füllte sie noch den heißen Kaffee in die silberne Kanne.

»Vite, vite – es soll noch warm ankommen«, sagte sie.

Marthe nahm das Tablett mit dem Kaffee, der Sahne und dem Zucker, Claire trug das Rührei und den Speck, die noch warmen Buttercroissants, die Marmelade und das Butterschälchen. Beschwingt ging Claire voraus, öffnete die Tür zum Esszimmer geschickt mit dem Ellenbogen.

»Bonjour, Messieurs, hier kommt das Frühstück.«

»Merci, Claire«, sagte Monsieur Laurent. »Welch ein würdiger Abschied. Gaston kümmert sich um das Handgepäck?«

»Natürlich. Auch die Droschke wurde schon gerufen.«

Marthe stellte vorsichtig das Kaffeetablett auf den Tisch. Sie lugte zu Vincent, aber er las die Zeitung und schaute nicht auf. Claire hieß sie mit einer leichten Bewegung einzuschenken. Marthe nahm die Kanne und füllte Monsieurs Tasse, dann ging sie weiter zu Vincent, der sich aber immer noch nicht rührte.

Sie räusperte sich. »Kaffee?«

Nun sah er endlich auf. Sein Gesicht verzog sich, aber Marthe konnte nicht sagen, ob es ein Lächeln war.

»Danke gerne«, sagte Vincent und vertiefte sich wieder in den Artikel. »Hast du gelesen, Papa?«, fragte er, »Deutschland und Japan haben ein großes Handelsabkommen unterzeichnet.«

»Ja«, antwortete Monsieur Laurent. »Man wird die Entwicklung beobachten müssen. Noch sehe ich in Japan keine großen Absatzmärkte, aber das könnte sich durchaus ändern. Immerhin haben sie nun auch eine konstitutionelle Monarchie und könnten sich weiter dem Westen öffnen.«

»Ich war in dem japanischen Pavillon auf der Weltausstellung. Sehr befremdliche Kultur. Die Frauen laufen auf hohen Holzschuhen und haben die Gesichter weiß angemalt. Ich glaube, diese Rasse besitzt keine Mimik, jedenfalls habe ich niemanden gesehen, der irgendwie das Gesicht verzogen hätte – sie lächeln immerzu, aber es ist ein starres Lächeln.«

Marthe stellte die Kaffeekanne zurück auf den Tisch, sah Claire fragend an. Claire gab ihr ein Zeichen, dass sie gehen könne. An der Tür blieb Marthe stehen, drehte sich noch einmal um. »Ich wünsche Ihnen eine schöne Reise, Messieurs«, sagte sie dann.

»Danke, Marthe«, erwiderte Monsieur Laurent freundlich. »Bedauerlich, dass du uns nicht begleitest, Florence ist sehr traurig. Aber wir verstehen natürlich, dass du deine Grand-mère sehen willst.« Er trank einen Schluck Kaffee und nahm ein Croissant.

Marthe wartete noch kurz, doch Vincent sagte nichts, er schaute noch nicht einmal auf. Schnell ging sie zurück zur Küche.

Es ist ein Geheimnis, und er hätte sich sicher verraten, wenn er mich richtig angeschaut und mit mir gesprochen hätte. Ich konnte ja kaum meine Gefühle und Nervosität verbergen, ihm wird es auch so gehen, versuchte sie sich zu trösten. Ganz bestimmt wird es in der nächsten Zeit nicht einfach sein, aber wir werden das schaffen.

Dennoch fühlte sie eine seltsame Leere in sich. Wenigstens ein aufmunterndes Lächeln hätte er ihr zum Abschied schenken können, fand sie. Sie hoffte, dass ihre Mutter sie noch einmal nach vorne schicken würde, um abzuräumen, doch das Geschirr blieb stehen, bis die Herrschaft abgereist war, denn die Droschke kam schon bald. Marthe widerstand dem Drang, nach vorne zu laufen und wenigstens am Fenster zuzuschauen, ob sich Vincent noch einmal umdrehen würde, aber in ihrem Mund blieb ein schaler Geschmack.

Ich bin ihm nicht egal, sagte sie sich immer wieder. Nein, ich bin ihm gar nicht egal. Er wird mir schreiben, das weiß ich genau. Viel Zeit für düsterte Gedanken blieb ihr nicht, denn Julie hielt alle zur Arbeit an. Da sie alle ein Ziel vor Augen hatten, beeilten sie sich.

»Wir machen es dennoch ordentlich und gründlich«, ermahnte Julie sie. »Alles, was ihr heute flüchtig macht, muss später noch einmal erledigt werden.«

Gegen Abend versammelten sie sich in der Küche. Sämtliche Vorhänge waren inzwischen in der Wäscherei, die großen Teppiche zusammengerollt und die hohen Regale und Schränke hatten sie auch schon abgestaubt. Zur Belohnung hatte Julie ein Festmahl aus all den Resten in der Speisekammer gekocht. Es gab Dinge, die sonst nur bei der Herrschaft auf den Tisch kamen, und alle genossen das exzellente Essen.

Selbst Camille machte einen zufriedenen Eindruck. Marthe fiel siedendheiß der gestrige Kummer des Mädchens ein. Sie hatte doch mit Maman darüber sprechen wollen, doch Vincent und seine Worte hatte alles andere in ihr verdrängt.

»Wenn wir alles geschafft haben, können wir in vier Tagen die Tür hier hinter uns schließen«, sagte Julie heiter und erfreut. »Für eine ganze Woche.«

»Ich kann es immer noch nicht fassen«, sagte Estelle beglückt. »Ich hebe das Glas auf dich, Julie. Du hast hier einiges verändert. Die Haushaltsführung, die Küche, das Niveau der Küche – was auch die Herrschaft bemerkt hat – und unser Zusammenleben. Ich bin sehr froh, dass du hier bist. Santé!«

»Santé!«, riefen auch die anderen und hoben ihr Glas. Es gab Schaumwein, der schon länger lagerte, und den Monsieur seinen Gästen nicht mehr servieren wollte, deswegen hatte er ihn Julie für den Gebrauch in der Küche freigegeben.

»Ich bin sehr froh«, sagte Camille nun und füllte die Gläser aller erneut, »dass ich ein Teil von euch sein darf, dass ich hier sein darf.« Sie schluckte. »Danke, Madame Distel. Danke.«

»Ich bin Julie für euch. Auch für dich, Camille.« Julie lächelte. »Ich habe noch ein paar Knabbereien vorbereitet – es ist die beste Gelegenheit, die Vorratskammer zu leeren, und auch zu trinken haben wir noch genügend. Morgen früh dürfen alle ausschlafen. Es gibt die nächsten vierzehn Tage niemanden von der Herrschaft hier, wir machen nun unsere eigenen Regeln. Das höchste Gebot ist dennoch, dass wir alle Arbeiten erledigt haben, bevor sie zurückkehren.« Julie holte tief Luft. »Aber das werden wir, ihr Lieben, Santé!«

Es wurde ein fröhlicher Abend, an dem alle bei den Speisen und den Getränken ordentlich zulangten. Julie hatte beschlossen, keine einzelnen Gänge zu servieren, sondern alles in Schüsseln und auf Platten gleichzeitig aufzutragen. Jeder durfte sich nehmen, was und wie viel er wollte. Es war ein wahres Schlemmen. Die geleerten Schüsseln, Gläser, Platten und Teller trugen sie nach und nach in die Spülküche.

Gaston und Estelle waren die Ersten, die sich, ein wenig beschwipst, zu Bett verabschiedeten. Dann stand auch Claire auf, nahm ihren Teller, schwankte, kicherte. »Ohh«, sagte sie. »Ich glaube, ich bin schon auf dem Schiff.«

»Noch nicht«, sagte Julie belustigt. »Ich hoffe, du hast das Gefühl dafür nicht verloren, denn schon in ein paar Tagen wirst du ja tatsächlich auf dem Lastenkahn deiner Familie sein.«

Claire kicherte. »Das ist anders. Heute schwankt mein Kopf, nicht meine Füße.« Sie sah Camille an. »Bist du überhaupt schiffstauglich? Oder wirst du seekrank?«

Camille hob die Hände. »War noch nie auf 'nem Schiff.«

»Das wird alles schon gut gehen«, meinte Julie amüsiert. »Aber nun geht es ab ins Bett. Aufräumen können wir morgen noch.«

»Camille geht mit Claire?«, fragte Marthe, nachdem die beiden die Küche verlassen hatten.

»Ja. Ich habe Claire gefragt, schon vor ein paar Tagen, weil ich sah, wie unglücklich das Mädchen war. Claire hat mit ihrer Familie gesprochen, und sie werden sie mit offenen Armen aufnehmen. Ansonsten hätte ich Camille mit zu Grand-mère genommen.«

»Sehr gut«, sagte Marthe erleichtert. »Camile war wirklich unglücklich bei dem Gedanken daran, nach Auteuil zurückzumüssen.«

»Das Heim an sich ist ja nicht schlecht. Aber natürlich ist es dort nicht wie in einer Familie. Ich glaube, wir haben eine gute Lösung gefunden.« Sie stellte die Teller schnell zusammen und trug sie in die Spülküche. Marthe half ihr. »Aber du, mon Cœur, machst auch keinen glücklichen Eindruck. Bereust du es, nicht mit in den Süden gefahren zu sein?«

Für einen Moment war Marthe versucht, ihrer Mutter alles zu erzählen, aber dann dachte sie an Vincents Worte – es war ihr Geheimnis. »Nein«, sagte sie dann, »das bereue ich nicht. Ich freue mich auf die Zeit bei Grand-mère.«

Julie sah sie prüfend an, sagte aber nichts. Schnell verabschiedete sich auch Marthe, um zu Bett zu gehen. Sie war sich nicht sicher, ob sie das Geheimnis vor ihrer Mutter wirklich würde bewahren können, Julie kannte sie zu gut.

Doch in den nächsten Tagen kam Julie kaum dazu, ihre Tochter genauer zu beobachten. Gemeinsam leisteten sie ganze Arbeit und erledigten die groben Aufgaben. Die Teppiche wurden im Hof ausgeklopft, die Schränke und Regale abgestaubt, das Parkett gebohnert und die Vorhänge schließlich wieder aufgehängt. Es wurde gefegt, geschrubbt, gewienert, geklopft und abgewischt.

Nach drei Tagen sah sich Julie zufrieden um. Die Teppiche lagen wieder auf dem glänzenden Boden, die Vorhänge hingen vor den geputzten Fenstern und die Möbel standen alle wieder dort, wo sie hingehörten.

»Den Rest machen wir, wenn wir wieder da sind«, sagte sie.

»Was müssen wir denn noch machen?«, fragte Camille verwirrt. »Is doch alles sauber.«

Julie lachte auf. »Aber nein. Wir haben das Grobe geschafft. Jetzt bleiben uns noch die Feinarbeiten. Alles Silber putzen, die Gläser polieren und solche Sachen. Die Daunendecken werden morgen abgeholt und neu befüllt. Die gesamte Weißwäsche muss noch durchgesehen und eventuell zur Wäscherei gebracht werden. Aber das schaffen wir alles, bevor die Herrschaften zurückkommen.« Sie nickte allen zu. »Das habt ihr gutgemacht. Nun könnt ihr eure

Sachen packen. Heute Abend gibt es Reste und morgen früh, nach einem kleinen Frühstück, dürft ihr gehen.«

»Ich kann es immer noch nicht glauben«, sagte Estelle und wischte sich über die Augen. »Mein Zug fährt morgen Mittag und morgen Abend bin ich bei meiner Familie. Bis dahin werde ich mich noch das eine oder andere Mal kneifen müssen.«

»In acht Tagen sehen wir uns dann hier wieder.«

Marthe stand in ihrem Zimmer und überlegte, was sie einpacken sollte. Sie würde wohl ein wenig länger als die eine Woche bei Grand-mère bleiben. Auf jeden Fall musste sie ihre Notizen mitnehmen und einige Bücher. Sie hatte den Schulabschluss gut gemeistert, hatte sich schon an der Sorbonne beworben, wusste aber noch nicht, ob sie angenommen werden würde. Obwohl Frauen schon seit etlichen Jahren erlaubt war, Vorlesungen zu besuchen, schien es dennoch ungewöhnlich zu sein, wenn sich eine Frau einzuschreiben versuchte.

Es wird schon klappen, sagte sie sich. Natürlich musste sie auch ihr Briefpapier mitnehmen. Bisher hatte sie jeden Abend einen kurzen Brief an Vincent geschrieben, für mehr war keine Zeit geblieben. Das würde sich in Remiremont hoffentlich ändern. Jeden Tag war sie mehrfach nach unten zum Concierge gegangen und hatte nach der Post gefragt, aber erst gestern war ein Brief von ihm angekommen. Auch er schien im Moment viele familiäre Verpflichtungen nachgehen zu müssen, denn es war ein sehr kurzer, wenn auch liebevoller Brief gewesen.

Sie hatte ihm die Adresse in Remiremont geschickt und hoffte, dass er ihr nun dorthin schreiben würde. Nach und nach legte sie ihre Wäsche in den Teppichkoffer, den ihre Mutter ihr gegeben hatte, faltete die Kleider und Röcke sorgfältig zusammen. Sie freute sich auf Remiremont und Grand-mère, das Leben dort war so anders als hier. Dort gab es auch immer etwas zu tun, aber es war eine andere Art der Arbeit.

Am nächsten Morgen war die Aufregung aller zu spüren. Anspannung lag in der Luft, wie vor einem Sommergewitter. Aber es war eine fröhliche Spannung. Nur Camille war etwas verhalten.

»Was, wenn sie mich nich mögen?«, flüsterte sie Marthe unglücklich zu.

»Das glaube ich nicht. Wie kann jemand dich nicht mögen? Du bist so eine zauberhafte Person.«

»Wirklich?«, fragte Camille erstaunt. »Du auch!« Sie strahlte plötzlich wieder, umarmte Marthe und gab ihr einen Kuss auf die Wange.

Und dann verließen alle nach und nach die Wohnung. Zuerst Gaston und Estelle, die gemeinsam zum Bahnhof fuhren. Gastons Zug ging später als der von Estelle, doch er wollte ihr mit dem Gepäck helfen.

»Hier«, sagte Julie und gab ihnen beiden einen kleinen Korb. »Ich habe euch etwas Proviant fertig gemacht. Dir mehr als Gaston, Estelle, denn du bist am Längsten unterwegs von uns allen. Es ist nicht viel – ein wenig Hähnchen, gekochte Eier, Brot und Speck und so. Etwas Limonade und für jeden eine Flasche Bier.« Sie lächelte. »Außerdem bekommt jeder von mir ein wenig Geld. Es ist nicht viel, aber ein kleiner Zuschuss.«

»Geld?« Gaston runzelte die Stirn. »Von dir? Das nehme ich nicht an. Ich habe mein Einkommen und etwas Erspartes. Davon bezahle ich die Reise.«

»Mein lieber Gaston, als Mamsell verwalte ich die Haushaltskasse, non? Und ich habe einen Betrag für die Verpflegung des Personals. Es ist ein wöchentlicher Betrag. Meist können wir ja noch Reste von den Speisen der Herrschaft verwerten, aber für unser Essen – für das Essen des Personals habe ich ein bestimmtes Budget. Da wir aber nicht da sind, das Geld euch aber im Prinzip zusteht, habe ich es aufgeteilt. Das ist korrekt, und ich habe mir die Vorgehensweise von Monsieur bewilligen lassen, mit dem ich das natürlich besprochen habe. Er hat noch eine kleine Summe dazugefügt und wünscht uns allen eine schöne Zeit.« Sie konnte ihr glückliches Lächeln nun nicht mehr verbergen. »Ihr dürft das Geld also getrost annehmen und ausgeben.«

Sprachlos sahen die anderen sie an. Dann ging Claire zu Julie und umarmte sie. »Du bist die beste Mamsell der Welt. Danke!«

»Dem kann ich mich nur anschließen«, sagte Gaston feierlich und reichte ihr die Hand.

»Ach, Gaston.« Julie nahm seine Hand, zog ihn zu sich und umarmte ihn. Er zögerte erst, erwiderte dann ihre Umarmung.

Julie händigte allen ihre Essenpakete und das Geld aus und dann ging es ganz schnell. Erst verließen Gaston und Estelle das Haus, dann Claire und Camille.

»Ich bekomme auch etwas?«, fragte Camille ungläubig.

»Natürlich, du bist hier angestellt, es steht dir zu.« Julie umarmte sie herzlich, gab ihr drei Bisous auf die Wangen und schob sie zur Tür. »Habt Spaß und kommt gesund wieder.«

Dann waren Julie und Marthe endlich allein. »Hast du alles gepackt?«, fragte Julie. »Unser Zug geht in zwei Stunden.«

»Ja, ich bin bereit«, sagte Marthe.

»Wir müssen noch alles einmal kontrollieren. Nirgendwo darf eine Gaslampe oder eine Petroleumlampe brennen. Die Öfen müssen aus sein, die Fenster – alle Fenster – geschlossen. Wir gehen noch einmal durch alle Räume. Auch durch die in der Mansarde.«

»Das kann ich machen«, sagte Marthe.

Julie musterte sie kurz, dann nickte sie. »Aber du musst bei der Sache sein. Ich weiß, deine Gedanken sind gerade meist woanders, aber jetzt und hier dürfen wir uns keinen Fehler erlauben.«

Marthe wich ihrem Blick aus. »Ich weiß, Maman«, sagte sie.

Hauptgang

Plat principal

Kapitel 16

Remiremont, Herbst 1889

Schon am Morgen war der Himmel perlgrau gewesen. Keine Wolke hatte das Grau aufgelockert, es war, als hätte jemand ein tristes Tuch über den Himmel gespannt. Gegen Mittag hatte Marthe noch gehofft, dass die Sonne durchdringen würde, aber das war sie nicht. Nun, zum Abend, zogen immer noch keine Wolken auf, nichts brach durch die Tristesse, es wurde einfach nur dunkler. Und wieder war keine Post gekommen. Es war nun schon zwei Wochen her, seit sie das letzte Mal von Vincent gehört hatte.

Marthe hatte den Tag im Gemüsegarten verbracht, hatte Lauch und Kohl geerntet, Laub zusammengerecht. Zuerst war die schwere körperliche Arbeit ungewohnt gewesen, schmerzhaft, aber schnell hatten sich die Muskeln und Knochen an die Tätigkeiten erinnert, und auch Marthe wusste bald wieder ganz genau, worauf sie im Garten zu achten hatte.

Man verlernt es nicht, dachte sie nun, wenn man es einmal verinnerlicht hat. Man verlernt die Tätigkeiten ebenso wenig wie den Tagesablauf: Kuh melken, Tiere füttern, Wasser nachfüllen, Gatter öffnen und schließen. Es waren gleichbleibende Tätigkeiten um die Tiere, jeden Tag, immer wieder – nur der Jahreszeit angepasst. Im Sommer kam die Kuh auf die Weide. Im Winter blieb sie im Stall. Die Hühner durften bei fast jedem Wetter nach draußen – sie konnten selbst entscheiden, ob sie in den Hof gingen oder nicht.

Das Schwein blieb immer in seinem Verschlag, bis es im November geschlachtet wurde. Im März kam dann ein neues Ferkel und wurde über den Sommer gemästet. Im Winter legten die Hühner meist keine Eier, aber man schaute dennoch jeden Tag in die Nester.

Die Jahreszeit gab auch vor, was auf den Feldern und im Garten gemacht wurde. Grand-mère baute immer weniger Gemüse an, nur noch so viel, dass es sie über das Jahr brachte. Zum Markt ging sie nur noch, um etwas dazu zu kaufen, was nur selten der Fall war. Sie selbst hatte meist gerade noch genug für sich selbst oder tauschte etwas gegen Waren der Nachbarn.

Julie gab Grand-mère inzwischen regelmäßig eine kleine Summe Geld, damit sie sich versorgen konnte, denn die alte Frau schaffte es nicht mehr, den Hof allein zu führen.

Nun brachte Marthe den Korb mit dem Laub und die Kiepe mit dem Kohl in die niedrige Küche, in der der Rauch des Ofens stand. Es ging kein Wind, es war, als würde die Natur für eine Weile innehalten.

Auf dem Feuer stand, wie meist, ein Topf mit Brühe. Darin kochten alle Reste des Gemüses, Knochen, Speck und was sonst noch in der Küche anfiel. Grand-mère füllte hin und wieder Wasser nach, goss eine halbe Flasche Wein oder den Rest Pastis dazu. Sie salzte die Brühe, gab ein paar Pfefferkörner hinzu, manchmal ein Lorbeerblatt von dem Strauch im Hof. Es roch immer köstlich und schmeckte nicht nach Brühe oder Suppe, sondern wie die Essenz von Zeit.

Der Topf stand da wie ein Mahnmal, ein Zeichen, dass das Land sie ernährte, und ein gelegentliches Flüstern hob den dampfbetauten Deckel hin du wieder an, so, als würde der Topf leben.

Grand-mère kniff die Augen zusammen, als Marthe die Körbe in die Ecke stellte. Der Lauch verströmte sein herbes, würziges und erdiges Aroma, vermischte sich mit dem Duft der Suppe.

»Hast du Hunger?«, fragte sie Marthe.

Marthe nickte nur müde und ging in die Spülküche nebenan, wusch sich Gesicht und Hände mit dem kalten Brunnenwasser.

»Ich mache gleich Essen. Aber …«, Grand-mère seufzte, »die Kuh ist noch auf der Weide. Ich habe es nicht geschafft, sie reinzuholen.«

»Ich mach das schnell«, sagte Marthe. »Ich melke sie dann auch.«

»Da wird nicht mehr viel kommen«, sagte Grand-mère. »Ich hätte sie im Frühjahr decken lassen müssen, doch mir wird das zu viel. Entweder lass ich sie im Herbst schlachten oder im Frühjahr.« Grand-mère klang traurig und erschöpft.

»Dann hast du ja keine Milch mehr … keine Butter … keinen Käse.«

»Ich brauche nicht mehr viel. Und das, was ich brauche, kann ich bei Didier oder Pierre kaufen oder tauschen.«

Marthe biss sich auf die Lippen und ging schnell, um die Kuh zum Stall zu bringen. Tatsächlich gab sie kaum noch Milch. Grand-mères Überlegungen waren vernünftig, doch Marthe konnte sich den Hof ohne eine Milchkuh nicht vorstellen. Was würde als Nächstes kommen? Würde sie auch kein Schwein mehr mästen? Die Hühner abgeben? Die Tiere und der Gemüsegarten machten Arbeit, aber Grand-mère hatte das ihr Leben lang getan. Womit würde sie den Tag füllen, wenn sie das alles aufgab?

Und dennoch – sie wurde alt und gebrechlich. Heute hatte sie schon die Kuh nicht von der Weide geholt, was hätte sie gemacht, wenn Marthe nicht hier gewesen wäre? Dann hätte sie sich sicherlich zur Weide geschleppt. Doch irgendwann würde es nicht mehr gehen, und das war Grand-mère sicherlich bewusst.

Maman hatte Grand-mère schon mehrfach vorgeschlagen, zu ihnen nach Paris zu ziehen, doch Grand-mère wollte nicht.

»Was soll ich dort, in der riesigen Stadt? Ich brauche die Natur um mich herum, die Berge, die Felder. Ich würde in der Stadt ersticken. Ich muss die Vögel zwitschern hören, den Wind in den Bäumen und das Summen der Insekten. Die laute Stadt mit all den Novitäten, den Menschen und dem Lärm – das könnte ich nicht ertragen.«

Marthe konnte Grand-mère verstehen, aber sie sorgte sich auch um sie. Mit der nur viertelvollen Kanne Milch kehrte sie in die Küche zurück, wo Grand-mère schon den Tisch gedeckt hatte. Marthe stellte die Milch in den Erdkeller, sie würde später das bisschen Rahm abschöpfen und buttern.

»Setz dich«, sagte Grand-mère, nachdem Marthe sich die Hände gewaschen hatte. »Es gibt Potage. Und frisches Brot mit Butter. Wenn du möchtest, kann ich dir gleich noch ein Ei braten.« Sie stellte die Suppenschüssel auf den Tisch, schnitt das Brot mit dem großen Messer, setzte sich dann auch, faltete die Hände und senkte den Kopf zu einem stummen Gebet.

Schweigsam begannen sie zu essen. Die Suppe war reichhaltig und nahrhaft, schmeckte süßlich und erdig zugleich.

»Wieso hat diese Suppe so unterschiedliche Aromen?«, fragte Marthe.

»Das Erdige kommt von den Wurzeln und Beten, das süßliche von den Zwiebeln. Man muss sie eine Weile mit ein wenig Butter bei geringer Hitze schmoren – sie dürfen keinesfalls Farbe annehmen, sondern sollen nur weich und süß werden. Warum willst du das wissen?« Grand-mère kniff die Augen zusammen.

Marthe zog ein kleines Heft und einen Bleistift aus der Schürzentasche. »Ich werde mir das notieren. Die Suppe ist köstlich, wie immer. Aber sie schmeckt anders als Mamans Suppen.«

»Weil diese hier ewig köchelt«, sagte Grand-mère. »Es kommt immer ein wenig was dazu – und wir essen ja auch fast täglich davon. Sie schmeckt deshalb nie gleich.«

»Das stimmt. Sie hat eine andere Tiefe als die Suppen und Brühen, die Maman kocht. Manchmal stehen die auch zwei oder drei Tage auf dem Herd, aber nie länger, weil sie dann aufgebraucht sind.« Nachdenklich notierte Marthe: *Zeit und Zutaten spielen eine Rolle.*

»Man sollte immer etwas als Ansatz für die nächste Suppe übrig lassen«, sagte Grand-mère. »Doch nur, wenn es immer ein wenig erhitzt wird und zwischendurch aufkochen kann, sonst schlägt es um und wird schlecht.«

»Ist dir das schon passiert?«

»Aber natürlich. Vor allem im heißen Sommer, wenn sich ein Gewitter ankündigt. Dann muss man Wasser zugießen und die Suppe aufkochen oder sie eben kaltstellen – aber beides ist kein Garant dafür, dass sie nicht umschlägt.« Grand-mère musterte Marthe. »Du hast viel Interesse und auch viel Verstand für das Kochen. Willst du jetzt doch Köchin werden? Oder warum notierst du dir das alles?«

»Nein. Ich möchte immer noch Journalistin werden«, sagte Marthe und schaute zur Anrichte, wo die Ausgabe der »France Illustrée« lag, in der ihr Artikel über die Restaurants der Weltausstellung erschienen war. Letzte Woche war das Exemplar mit der Post gekommen, und Marthe konnte sich kaum an ihrem Namen und ihren gedruckten Worten sattsehen. Der Redakteur hatte einen Scheck und einen Brief beigelegt und hatte ihr vorgeschlagen, einen weiteren Artikel zu schreiben. Gerne dürfte sie Vorschläge einreichen. Seitdem dachte sie darüber nach. Zu gerne würde sie über Auguste Escoffier schreiben, ihn sogar befragen. Aber auch ein anderer Gedanke war ihr gekommen: Sie würde gerne über die beliebtesten Gerichte Frankreichs schreiben, vielleicht sogar mit Rezepten. Das hatte sie dem Redakteur geschrieben, doch bisher hatte sie keine Antwort erhalten.

»Nun, mein Kind, ein Anfang ist gemacht«, sagte Grand-mère und deutete zur Anrichte. »Du kannst gut mit Worten umgehen, ich habe den Artikel schon zweimal gelesen und hatte durchaus das Gefühl, selbst dort gewesen zu sein. Das solltest du unbedingt weiter verfolgen.« Sie lehnte sich zurück. »Allerdings bist du nun schon fast fünf Wochen hier. Wann wolltest du nach Paris zurückkehren?«

»Das hat keine Eile«, sagte Marthe und versuchte gleichmütig zu klingen.

»Aber du wolltest doch zur Universität gehen und dort Kurse besuchen.«

»Ja, Grand-mère, aber das geht erst im Frühjahr. Einen Kurs könnte ich jetzt besuchen, aber der wird auch im Frühjahr angeboten – und die anderen eben erst dann.«

»Ein Kurs ist besser als nichts«, sagte Grand-mère. »Und vor allem wäre es besser, wenn du dich wieder in das Leben in der Stadt einfügst und nicht hier auf dem Land bei mir versauerst.«

»Ich versauere doch nicht«, empörte sich Marthe. »Und hier gibt es doch immer etwas zu tun …«

»Ja, das ist richtig. Aber es sind meine Aufgaben und nicht deine. Deine Aufgaben liegen in Paris.«

»Im Moment kann ich hier mehr tun als in Paris«, sagte Marthe. »Ich kann dir mit dem Hof helfen.«

»Das solltest du aber nicht.« Grand-mère verschränkte die Arme vor der Brust. »Ich lebe hier schon lange allein und habe es immer gemeistert.«

»Aber … jetzt fällt es dir schwerer …«, sagte Marthe leise.

»Ich werde alt, das ist ja kein Geheimnis. Und deshalb verringere ich ja auch den Hof. Ich brauche nicht mehr viel. Und weil ihr nicht mehr hier seid, und ich immer weniger brauche, habe ich noch Eingelegtes und Eingekochtes von vor zwei Jahren im Vorratskeller. Ein wenig schaffe ich noch – aber die Kuh muss nicht mehr sein und das Schwein auch nicht. Vielleicht teile ich mir ein Schwein mit Didier im nächsten Jahr? Das habe ich schon überlegt.« Wieder sah sie Marthe nachdenklich an. »Du siehst, ich bin nicht blauäugig, ich weiß genau, was ich tue. Bei dir habe ich da jedoch meine Zweifel.«

»Wieso?«, fragte Marthe unsicher.

»Nun, du warst so begeistert von der Schule, von Paris, von deinem neuen Leben … und jetzt versteckst du dich hier. Warum?«

»Oh nein, ich verstecke mich nicht, Grand-mère. Ich dachte nur, ich könnte hier noch ein wenig nützlich sein.«

»Soso. Und willst du gar nicht zurück?«

»Aber ja. Ich werde ja auch gehen. Doch im Moment bin ich hier nützlicher als in Paris.«

»Papperlapapp. Es ist nicht deine Aufgabe, hier nützlich zu sein.

Dein Leben findet in Paris statt und nicht auf einem einsamen Hof in den Vogesen.« Sie sah Marthe streng an. »Wovor versteckst du dich? Oder sollte ich fragen: Vor wem?«

»Aber Grand-mère …«, sagte Marthe hilflos.

»Mach mir nichts vor, mon Chérie. Ich sehe doch, wie du jeden Tag auf den Postboten wartest – und das hat sich nicht geändert, nachdem die Zeitschrift gekommen war. Manchmal kommt ein Brief und dann versteckst du dich für Stunden im Stall oder im Wald … aber danach wirkst du nicht glücklicher als zuvor, nur nachdenklicher. Ich bin zwar alt, aber sicher nicht dumm. Also – was und wer steckt dahinter?«

Marthe sackte in sich zusammen. »Es ist … ich weiß nicht, wie ich es sagen soll. Es geht um Vincent.«

»Wer ist das?«

»Vincent Laurent. Der Sohn der Herrschaft.«

»Grundgütiger«, seufzte Grand-mère. Sie stand schwerfällig auf, streckte sich stöhnend und holte dann den Selbstgebrannten. Nachdem sie ihnen beiden je ein Glas eingeschenkt hatte, setzte sie sich wieder, sah Marthe an. »Erzähl. Keine falsche Scham. Deine Mutter muss nichts erfahren, außer du hast schon … weitergehende Probleme.« Sie musterte Marthe, schüttelte dann den Kopf. »Die hast du noch nicht, non?«

»Probleme?« Marthe war verwirrt und fühlte sich überrumpelt.

»Wart ihr … intim? Hat er dich angefasst?«

Nun biss sich Marthe auf die Lippen und senkte beschämt den Kopf. »Ja. Wir haben uns … geküsst.«

»Und?«, fragte Grand-mère mit Anspannung in der Stimme.

Marthe wusste nicht, was sie sagen sollte.

»Ihr habt euch geküsst und was habt ihr noch gemacht?« Jetzt wurde Grand-mère ungeduldig.

»Uns … umarmt«, wisperte Marthe.

»Hat er dich berührt?«

Marthe nickte.

Grand-mère trank einen großen Schluck aus ihrem Glas. »Trink auch, vielleicht lockert das deine Zunge. Ich mag dir nicht jedes Wort aus der Nase ziehen, wie Würmer aus dem Schlick.«

Marthe trank, der Alkohol brannte in ihrem Mund, im Hals und schließlich im Magen, dann aber wurde es ihr warm.

»Er hat dich also berührt«, sagte Grand-mère und füllte ihr Glas erneut, schenkte auch Marthe nach. »Wo?«

Marthe schwieg entsetzt. »Aber … Grand-mère …«, stotterte sie dann.

»Mon Dieu!«, rief Grand-mère nun aus. »War er unsittlich? Hat er deine Grenze überschritten? Bist du womöglich … schwanger? Ist es das, was dich hier hält? Bekommst du ein Kind von ihm?«

Marthe sah sie entsetzt an. »Nein«, sagte sie. »Nein, ich bekomme kein Kind.«

»Bist du dir sicher?«

»Aber ja. Ich weiß, wie Kinder entstehen, ich habe ja lange genug Zeit hier auf dem Hof verbracht«, flüsterte Marthe voller Scham. »Nein, so weit ist er nicht gegangen, und das … das hätte ich auch nicht zugelassen.« Sie schluckte. Ganz sicher war sie sich nicht, ob sie nicht doch Grenzen mit ihm überschritten hätte, in der Euphorie und in dem Glückstaumel ihrer Gefühle. Zum Glück hatte er diese Grenze nicht überschritten.

»Du hast also eine Art Techtelmechtel mit dem Sohn eurer Herrschaft gehabt und nun traust du dich nicht mehr zurück nach Paris.«

»Nein, so ist das nicht.« Marthe trank nun auch noch einen Schluck des Selbstgebrannten. »Ich bin mit Florence befreundet«, berichtete sie nun, »mit Vincents Schwester. Wir sind zusammen zur Schule gegangen, haben uns angefreundet.«

»Das weiß ich ja, Kind. Ich bin alt, aber nicht vergesslich.« Grand-mère schnaufte.

»Vincent war immer freundlich zu mir. Und dann … dann haben wir uns ineinander verliebt. Ich konnte gar nicht fassen, dass seine Gefühle für mich über das Freundschaftliche hinaus gehen. Aber dann, einen Tag vor seiner Abreise, hat er sich mir erklärt. Und wir haben uns geküsst.« Sie sprach immer schneller, hektischer. Es tat gut, all das jemandem anzuvertrauen, denn das Geheimnis hatte in ihr gebrodelt und sich unheilvoll ausgedehnt. Zuletzt hatte sie das Gefühl gehabt, so sehr unter Druck zu stehen, dass sie fürchtete, bald zu platzen, so wie eine Flasche mit vergorenem Kirschwein. Sie holte nun tief Luft, trank erneut. »Er hat mir seine Pläne erläutert, möchte eine Zukunft mit mir. Natürlich nicht sofort, sondern in ein paar Jahren. Er muss ja erst noch seine Ausbildung abschließen und den Militärdienst leisten, dann wird er wohl in die Firma der Familie einsteigen. Aber sein Traum ist es, Bauwerke zu entwerfen.« Nun glühten ihre Wangen. »Vincent ist so ein … großartiger Mann, so durchdacht, so einfühlsam und … zärtlich.«

»Aha«, sagte Grand-mère. »Aber?«

»Aber was?«, fragte Marthe verwirrt, die immer noch ganz entrückt an ihn dachte, ihr Herz tanzte eine Polka.

»Aber warum bist du dann hier und nicht in Paris? Ist er nicht dort?«

»Nein, das ist er momentan nicht«, gab Marthe zu. »Er ist … in Nordafrika, auf dem Besitz eines Freundes der Familie. Deshalb dauert die Post ja auch so lange.«

»Und das hatte er so geplant?«

»Das hat sich wohl so ergeben, als die Familie auf ihren Gütern im Süden war«, sagte Marthe leise. »Das hatte er vorher nicht gewusst. Aber … das ändert ja nichts an unseren Absichten.«

»Dann könntest du doch ohne Probleme nach Paris zurückkehren und dein Studium aufnehmen, ma Chère, non?« Grand-mère hob die Augenbrauen.

»Wie war das damals, als du Grandpère kennengelernt und dich in ihn verliebt hast?«, fragte Marthe leise. »Warst du dir immer deiner Gefühle sicher?«

»Verliebt?« Grand-mère lachte rau auf. »Gute Güte, damals hat man nicht über Verliebtheit gesprochen. Liebe, das war etwas für den Adel. Aber auch nur, nachdem sie eine passende Verbindung eingegangen waren. Man heiratete, um Macht zu bekommen oder zu erhalten oder wegen des Geldes, nicht aus Liebe. Dafür gab es später die Mätressen.«

»Hast du Grandpère nicht geliebt?«, fragte Marthe verblüfft.

»Ich mochte ihn. Und er mich. Wir haben uns gut verstanden. Er hat nur mäßig getrunken, nicht wie sonst einer, wurde dann auch nicht laut und böse, sondern nur lustig. Das mochte ich. Und ich konnte mir ein Leben hier auf dem Hof gut vorstellen, meine Eltern lebten ja nicht weit entfernt, man kannte sich. Er schien mir eine geeignete Partie zu sein.«

»So ganz ohne … Liebe?«

»Ma Chère, das mit der Liebe kam später. Wir haben uns gut verstanden. Und als wir dann verheiratet waren, haben wir uns immer besser verstanden. Vor allem haben wir uns vertraut – er mir und ich ihm. Das ist so viel mehr wert als diese ›Verliebtheit‹, die nun in aller Munde ist. Unsere Ehe war bodenständig, aber auch herzlich und ja – wir haben uns geliebt, auch ohne Gesäusel und viele Blümchen.«

Marthe musste lachen. »Du meinst, die Liebe ist mit den Jahren gewachsen?«

»Da siehst du es – du kannst sehr viel besser mit Wörtern umgehen als ich.«

»Aber Maman und Papa, sie waren doch ineinander verliebt?«

Grand-mère seufzte. »Deine Mutter hat deinen Vater sehr geliebt und er sie sicherlich auch. Aber auch sie haben vor der Eheschließung einiges abgewogen. Deine Mutter war froh, dass sie die Arbeit auf dem Gut an den Nagel hängen konnte. Dafür hat sie in Kauf genommen, dass mein lieber Sohn oft wochenlang unterwegs war, um die Kurierdienste auszuführen. Und er war froh, eine so gute Frau an seiner Seite zu haben, der er vertrauen konnte, während er nicht da war.« Sie sah Marthe an, schenkte noch einmal nach, zog dann die Augenbrauen zusammen. »Ich habe ihm damals gut zugeredet, denn er hatte Flausen im Kopf, hatte sich in ein anderes Mädchen verguckt. Aber die war nichts für ihn.«

»Mein Vater war in eine andere Frau verliebt? Nicht in Maman?«

»Unglaublich, nicht wahr, wenn man sich deine Mutter so ansieht. Sie ist schön, immer noch, sie altert in Würde. Sie ist bodenständig, geschickt, kann gut haushalten – und sie hatte ein großes Herz für deinen Papa und seine Flausen.«

»Aber diese andere Frau?«

»Das war ein Mädchen hier aus der Stadt. Der Vater hatte eine Warenhandlung, und so kam mein Joseph immer wieder mit diesem Mädchen in Kontakt – wenn er Sendungen abholte oder dorthin brachte. Sie hatten Gefallen aneinander gefunden, das merkte man schnell. Aber dieses Mädchen war zu flatterhaft. Niemals hätte sie die Wochen ohne ihn ausgehalten, da bin ich mir sicher. Und so habe ich ihn überzeugt, dass Julie doch die bessere Wahl sei.«

»Ich hatte immer das Gefühl, dass Maman und Papa eine tiefe Liebe verbindet«, sagte Marthe fast tonlos.

»Dem war auch so. Aber Liebe kommt mit der Zeit. Eine Ehe ist wie ein Haus, ma Chère. Man muss ein solides Fundament haben, und die Dinge, die einen verbinden, sind der Mörtel. Verständnis, Vertrauen, Zuneigung – das ist das Fundament einer guten Ehe. Darauf kann man dann Gefühle aufbauen – nenn es Liebe, oder Glück oder … Frohsinn. Nenn es, wie du willst. Man muss sich verstehen, oft auch ohne viele Worte, denn dafür bleibt im Alltag kaum Zeit. Man muss sich vertrauen, darauf, dass man es gemeinsam meistert, dieses Leben mit all dem Guten, aber auch dem Schlechten, was da kommen mag. Und man muss sich mögen und zusammen lachen können.«

»Das klingt so einfach«, sagte Marthe ernüchtert.

»Ja, aber das ist es nicht. Es ist viel schwerer, als du dir vorstellen magst.«

»Maman hat aber Papa immer geliebt, non?«

»Das musst du sie fragen, nicht mich.«

»Ich vertraue Vincent, ich glaube, dass wir eine gemeinsame Zukunft haben können, auch wenn es nicht einfach sein wird. Und wir können zusammen lachen.«

»Und dennoch bist du hier und nicht in Paris«, wiederholte Grand-mère.

»Weil … weil ich mich unsicher fühle. Es hat sich für mich so viel verändert. Das Gefühl ihm gegenüber, seiner Familie. Er hat mich gebeten, all dies für mich zu behalten – als unser Geheimnis. Unser süßes, kleines Geheimnis.«

»Soso«, sagte Grand-mère und runzelte die Stirn. »Warum denn? Ist nicht Florence deine Freundin?«

»Aber … ich denke, seine Familie wird Zeit brauchen, um sich an den Gedanken zu gewöhnen. Und Vincent will erst noch unabhängiger sein, bevor er es ihnen sagt.«

»Dann rechnet er also mit Protest?«

Darüber hatte Marthe noch nicht nachgedacht, aber nun wurde ihr klar, dass dies sicher einer der Gründe war. »Bestimmt.«

»Und er meint, das wird anders, wenn er älter ist?«

»Natürlich. Wenn er das Militär hinter sich hat und eine Stellung in der Firma annimmt.«

»Das sind gute Gründe«, sagte Grand-mère nachdenklich. »Aber was hält dich davon ab, zurückzugehen? Für dich ändert sich dann doch nichts.«

»Eben«, sagte Marthe. »Ich werde weiterhin helfen, die Tochter der Köchin sein, die die Herrschaft manchmal bedienen. Und ich darf mich nicht verraten. Darf nicht zeigen, wie ich ihm gegenüber stehe, was ich für ihn empfinde. Das ist ein wenig wie lügen, non?«

Grand-mère wiegte nachdenklich den Kopf. »Da hast du recht.

Du würdest dich verstellen müssen. Aber im Moment ist er ja sowieso nicht da.«

»Er wird ja wiederkommen.«

»Vielleicht hast du dich bis dahin an die Situation gewöhnt. Deine Maman weiß nichts von dem kleinen Geheimnis?«

Marthe schüttelte den Kopf. »Es wäre doch dann kein Geheimnis mehr.«

»Aber wundert sie sich nicht, dass du nicht zurück nach Paris kommst?«

»Doch, schon. Sie schreibt immer wieder und fragt.« Marthe kaute auf ihrer Lippe. »Ihr nicht den wahren Grund zu sagen, ist auch ein wenig wie lügen.«

»Ich mag diese Art von Geheimnissen nicht, Marthe«, sagte Grand-mère nun. »Es fühlt sich falsch an. Ihr habt Gefühle füreinander, davon kann man halten, was man will, aber es scheint ja so zu sein. Wenn die Gefühle des jungen Mannes aufrichtig wären, würde er dann nicht für dich einstehen?«

Marthe schwieg.

»Du sagst, er schreibt dir«, bohrte Grand-mère nun weiter nach. »Aber wenn ein Brief von ihm kommt, bist du eher verhalten als glücklich.«

»Vincent ist kein großer Briefeschreiber will mir scheinen«, sagte Marthe bedrückt. »Aber es kann sich nicht jeder gut schriftlich ausdrücken, non?« Sie seufzte. »Da waren meine Erwartungen wohl zu hoch.«

»Hmmm«, machte Grand-mère. »Dein Grandpère war auch kein Mann großer Worte. Einen Liebesbrief hätte er mir nie geschrieben. Aber er hat mir im Laufe der Zeit den einen oder anderen

Brief geschrieben und, oh, là, là, ich konnte zwischen den Zeilen lesen«, sagte sie verschmitzt, dann wurde sie wieder ernst. »Nun gut. Ich möchte, dass du nachdenkst, und noch lieber wäre es mir, wenn du schon bald wieder nach Paris fahren würdest.« Sie hob die Hände. »Ich schätze deine Hilfe sehr, aber ich komme noch allein zurecht. Und sollte das nicht mehr der Fall sein, ist es nicht deine Aufgabe, dich um mich zu kümmern. Du hast dein Leben zu leben, ich hatte meins schon.«

»Ja, Grand-mère, ich werde darüber nachdenken.« Marthe räumte den Tisch ab, half noch, dass Geschirr zu spülen, dann ging sie nach oben in ihre Kammer.

Die Schwalben waren schon gen Süden gezogen, auch die ersten Kraniche waren gesichtet worden. Sie kamen früh in diesem Jahr, was für einen strengen Winter sprach. Marthe holte ihre Schreibsachen hervor und las den letzten Brief, den Vincent ihr geschrieben hatte. Er berichtete von dem großen Gut, von dem Leben in Nordafrika. Doch es waren nur kurze Sätze, die wenig aussagten. Er wisse noch nicht, wann er zurückkäme. In seinen ersten Briefen hatte er davon geschrieben, wie sehr er sie vermisse und wie wichtig sie ihm sei. Diese Sätze fehlten in den letzten Nachrichten. Vielleicht denkt er, dass ich es ja wisse und er es nicht immer schreiben müsse, dachte Marthe. Vielleicht vermisst er mich aber auch einfach gar nicht, jetzt, wo so viele neue und spannende Eindrücke auf ihn einprasselten.

Ihr gingen die Dinge durch den Kopf, die Grand-mère zu ihr gesagt hatte. War Liebe tatsächlich nur eine Erscheinung der heutigen Zeit, in der sich zu viel veränderte? Hatten sie und Grand-père tatsächlich aus Vernunftgründen geheiratet, und Maman und

Papa auch? Und die Liebe war erst später gekommen? Reichte Zuneigung, um ein Leben miteinander zu verbringen? Das konnte sie sich nicht vorstellen. Es würde ja bedeuten, dass man quasi jeden heiraten konnte, den man einigermaßen nett fand, und dennoch eine glückliche Ehe hätte.

Früher, dachte sie sich nun, waren andere Dinge wichtiger. Der Hof musste versorgt werden, es ging um Geld, manchmal auch um Macht. Es ging darum, Familien und somit auch Güter zu verbinden. Ganz sicher hatte es auch schon immer Verbindungen aus Liebe gegeben.

Wir kommen nicht aus dem gleichen Stand, sagte sie sich. So offen die Laurents aus sein mögen, so gutmütig und großherzig mir gegenüber, mich in die Familie aufzunehmen wird ihnen aber nicht schmecken. Vielleicht, wenn Vincent ihnen begreiflich macht, wie sehr er mich liebt. Vielleicht hat sich doch schon einiges an den gesellschaftlichen Regeln geändert, so dass es gar kein großes Problem wäre. Oder es ändert sich jetzt, in diesen aufregenden Jahren.

Ich kann mich nicht hier verstecken, nicht hier darauf warten, dass Vincent kommt und mich nach Paris bringt. Ich muss mein Leben leben, dachte sie. Ich möchte weitere Artikel schreiben, möchte mit Leuten reden, möchte lernen. Warum hält mich der Gedanke an Vincent davon ab, zurückzugehen? Es war das erste Mal, dass sie diese Vorstellung wirklich zuließ. Ist es dieses ›kleine Geheimnis‹, das mich hemmt? Ist es die Vorstellung, ohne ihn auf seine Familie zu treffen? Würde Florence etwas ahnen, wenn wir miteinander reden? Ist es das, was mich abhält? Oder ist es die Unsicherheit, die Ungewissheit? Stimmt denn das, was er mir gesagt hat? Wenn er mich wirklich liebt, würde er nicht mehr Engagement zeigen? Und war nicht auch die Zeit einfach zu lang, die Vorstellung, solange auf einander zu warten, war immens und kaum zu erfassen. Jahre würden vergehen, bis er sich zu ihr bekennen könnte, Jahre der Lügen, des Verzichts, der Geheimnisse. Nein, das wollte sie nicht, fühlte sie nun ganz gewiss. Ich schreibe ihm, ich werde ihm sofort schreiben, ich werde ihm mitteilen, dass ich nach Paris zurückkehre. Und ich werde ihm schreibe, dass ich es kaum erwarten kann, ihn wieder zu sehen. Ja, so mache ich das.

Noch an diesem Abend schrieb sie einen Brief an Vincent und spürte die Erleichterung.

In der Nacht begann es zu regnen, und es hörte auch am nächsten Morgen nicht mehr auf. Alles tropfte, war feucht und nebelig, von Osten kam ein kalter Wind, der schon ein wenig nach Winter roch, auch wenn es dafür noch zu früh war. Marthe melkte die Kuh, brachte sie auf die Weide, versorgte die anderen Tiere. Der Garten war durchweicht, das Gefühl des verlorenen Sommers breitete sich über alles wie ein großes Tuch. Der Regen ließ am Vormittag nach, aber es blieb feucht und kalt, im Garten war ein Durcheinander aus schwarz werdendem Laub und abgestorbenen Pflanzen.

»Ich bringe einen Brief zu Pierre«, sagte Marthe zu Grand-mère. »Er fährt sicherlich morgen nach Remiremont und kann ihn für mich zur Post geben.«

»Ist gut«, sagte Grand-mère, die ihren Stuhl vor den Herd gestellt hatte und Zwiebeln von feuchtem Laub befreite und zu Zöpfen zusammenband. »Du kannst einen Korb Porree mitnehmen und getrocknete Tomaten. Er kann das behalten oder mit zum Markt nehmen und verkaufen.«

»Brauchst du irgendetwas aus der Stadt oder von Pierre?«

Grand-mère sah Marthe nachdenklich an. »Ich glaube nicht. Aber bitte frag ihn, wann wir schlachten. Und sag ihm, dass ich auch die Kuh schlachten werde.«

Marthe biss sich auf die Lippen. »Bist du dir sicher?«

Grand-mère nickte zögerlich. »Es hat keinen Sinn mehr, sie zu behalten. Und sie ist auch nicht mehr die Jüngste. Aber … wenn er sie als Milchkuh behalten will, dann wäre ich damit einverstanden. Ich habe sie jetzt seit fünf Jahren, und sie ist eine gute, eine sanfte Kuh.«

Es war der Kreislauf des Lebens auf einem Hof, das wusste Marthe. Sie war damit aufgewachsen. Tiere wurden aufgezogen und versorgt. Sie lieferten Milch oder Eier. Sie brachten Jungtiere zur Welt, die oft geschlachtet wurden. Und manche, wie das Schwein, lieferten das Fleisch, das die Menschen aßen. Und wenn die Kuh oder das Huhn keinen Ertrag mehr brachten, wurden sie geschlachtet und verwertet. So war das auf einem Hof. Auch in der Stadt aß man Fleisch – mehr noch als auf dem Land. Aber die Schweine, Kühe oder das Geflügel hatten die Städter nie gesehen, gefüttert oder angefasst. Bisher war es für Marthe auch immer selbstverständlich gewesen, dass die Nutztiere irgendwann geschlachtet wurden, bei dieser Kuh war es anders – es schmerzte sie.

Vielleicht ist das so, dachte sie, als sie sich auf den Weg zum Nachbarhof machte, weil es eine Endgültigkeit hat. Es ist Grand-mères letzte Kuh. Sie hat sie nicht mehr decken lassen, und deshalb gibt das Tier kaum noch Milch. Jetzt taugt sie nur noch als Fleischlieferant. Außer Pierre erbarmt sich, nimmt sie und lässt sie wieder decken. Die Kuh war auf Grand-mères Hof geboren worden, hatte hier einige Jahre gelebt. Das Muttertier hatte sie geschlachtet und die Färse gedeckt. Zweimal hatte sie gekalbt und immer zuverlässig Milch gegeben. Sie war eigentlich noch zu jung, um geschlachtet zu werden. Andererseits stand sie gut im Futter und würde Grand-mère Fleisch für viele Monate bringen. Rindswürste und geräuchertes Rindfleisch gab es nur alle paar Jahre, es war selten, kostbar und schmackhaft.

Aber es war auch der Gedanke, dass eine Ära zu Ende ging, der Marthe traurig machte. Grand-mère würde keine Kuh mehr haben, kein Kalb, keine Milch, keine eigene Butter und keinen Käse. Grand-mère dachte vernünftig und wirtschaftlich – sie brauchte die Milch einer Kuh nicht mehr und konnte den Überfluss nicht mehr ordentlich verwerten. Käse herzustellen bedeutete Zeit und Kraft aufzubringen, es war Arbeit. Die Kuh zu versorgen, war Arbeit und anstrengend. Zu anstrengend für die Erzeugnisse, die sie selbst nicht mehr zur Gänze nutzen konnte. Milch, Butter und Käse brauchte sie nur noch in kleinen Mengen und die konnte sie bei den Nachbarn kaufen oder tauschen. Es war eine vernünftige Entscheidung, aber sie schmerzte, denn es ging nicht nur um das Ende der Kuhhaltung, es ging um das Ende des Hofes. Es ging auch um Grand-mère.

Marthe wischte sich die Tränen aus den Augen und schalt sich eine dumme Nuss, so sentimental zu sein.

Bei Pierre bekam sie einen heißen Milchkaffee und konnte den Brief abgeben.

»Ich bin morgen auf dem Markt«, sagte er. »Da kann ich ihn zur Post geben.« Er schwieg für einen Moment, kaute auf dem Mundstück seiner Pfeife. »Wir schlachten in zwei Wochen. Sag deiner

Grand-mère, dass ich ihr Schwein abhole und es hier mit den anderen schlachten werden, wenn ich dafür einen der Hinterschinken bekomme. Den anderen Schinken und den weißen Speck bringe ich ihr, damit sie das in den Rauch hängen kann. Ich werde zwei Drittel des Fleisches für sie mitpökeln – ein Drittel behalte ich. Dafür drehe ich ihr dann auch das Fleisch durch und wurste es. Es sei denn, sie will es selbst wursten.« Er sah Marthe an und zwinkerte ihr zu. »Sie hat mir nie ihre Gewürzmischung verraten wollen – und die ist sehr gut. Vielleicht verrät sie sie ja jetzt … ansonsten … nun, es ist ihre Entscheidung.«

»Und … die Kuh?«, fragte Marthe leise.

»Das müssen wir uns überlegen«, sagte Pierre, seufzte und sah seine Frau an. »Die Kuh ist nicht belegt, nicht wahr?«

Marthe schüttelte den Kopf. »Grand-mère hätte sie im Frühjahr decken lassen müssen, aber das hat sie nicht getan. Sie braucht die Milch nicht mehr. Eine Kanne in der Woche reicht ihr. Etwas Käse, etwas Butter …«

»Ja, das ist der Lauf des Lebens. Schwer vorzustellen, dass Joséphine Distel irgendwann nicht mehr unter uns weilen wird. Sie war immer da, eigentlich schon, seit ich denken kann.«

Marthe senkte den Kopf und versuchte die Tränen aufzuhalten.

»Noch ist sie ja nicht tot«, sagte Aurelie, Pierres Frau, energisch. Sie schenkte Kaffee nach und holte den Selbstgebrannten aus dem Schrank, gab jedem einen Schluck in die Tasse. »Das hilft gegen trübe Gedanken.«

»Bleibst du jetzt hier bei ihr?«, wollte Pierre wissen.

Marthe schüttelte den Kopf. »Das will sie nicht. Sie will, dass ich zurückgehe nach Paris.«

»Das solltest du auch tun«, meinte Aurelie. »Was sollst du auch hier in den Bergen?«

»Aber … Grand-mère wäre dann ganz allein.«

»Das ist sie schon lange. Ihr Mann ist tot, ihre Jungs sind tot, ihre Tochter ist auch gestorben. Sie hat noch dich und Julie – aber das hier ist nicht euer Leben, und das weiß Joséphine sehr gut.«

»Es bricht mir das Herz, sie hier allein zu lassen«, sagte Marthe. »Aber sie will, dass ich gehe.«

»Sie ist nicht allein. Sie hat uns, und wir haben sie. Das war schon immer so hier in den Bergen. Wir halten zusammen.« Aurelie sah Marthe nachdenklich an. »Mich rührt es, dass du dich so kümmerst. Aber ich verspreche dir, wir werden nach ihr schauen.«

»Wir nehmen die Kuh«, sagte Pierre nun entschieden. »Wir haben zwei, aber eine der Milchkühe ist schon alt, fast zwölf. Sie hat sich nicht nun mehr decken lassen, wir werden sie eh schlachten müssen. Deine Grand-mère bekommt etwas vom Fleisch und den Würsten, dafür nehmen wir dann ihre Kuh. Und dazu bekommt sie Milch, Butter und Käse für ein Jahr. Sag ihr das.«

Marthe nickte. »Danke.«

Der Heimweg fiel ihr leichter. Die Kuh würde noch ein paar Jahre bei Pierre haben, und er und seine Frau würden sich um Grand-mère kümmern und nach ihr sehen, das war gut. Auch Grand-mère schien erleichtert, als Marthe ihr von Pierres Entscheidung berichtete.

»Das ist eine gute Lösung, sie macht mich froh«, sagte sie, aber in ihren Augen schimmerten die Tränen. »Es wird seltsam sein, einen leeren Stall zu haben. Die Hühner gebe ich aber nicht ab.« Sie ging in die Vorratskammer und holte Speck, briet ihn mit Zwiebeln zusammen aus und schnitt Kartoffelscheiben hinein. Der köstliche Geruch erfüllte die Küche. Es war ein tröstender Duft.

Drei Tage später hatte Marthe ihre Sachen gepackt. Der Herbst hatte eine Pause eingelegt, der Himmel war vom Regen reingewaschen, die Luft klar und lau. Noch einmal ging sie in den Stall. Die Kuh hatte sie am Morgen gemolken, aber nicht auf die Weide gebracht. Pierre würde sie gleich mit zu sich nehmen, wenn er Marthe holen kam. Die Hühner scharrten im Hof, und der Hahn saß stolz auf dem Misthaufen, flatterte mit seinen Flügeln, so, als wolle er ihr zum Abschied zuwinken.

»Ich komme wieder«, sagte sie. »Also sei nicht zu frech, sonst habe ich dich beim nächsten Mal in der Suppe.«

In der Stube packte Grand-mère Gläser in eine kleine Kiste. »Das ist für deine Maman«, sagte sie. »Und hier – kannst du das lesen?« Sie gab Marthe ein Blatt Papier. »Das ist mein Rezept für die Schweinswürste. Pierre darf es nicht bekommen, aber du willst doch über die besten Gerichte Frankreichs schreiben, non?« Sie zwinkerte ihrer Enkelin zu.

»Ich komme vor Weihnachten wieder. Vielleicht kannst du mir dann zeigen, wie es geht.«

»Vielleicht«, sagte Grand-mère. »Bewahre es gut auf und auch die anderen Rezepte, die ich dir gegeben und diktiert habe. Sie gehen sonst verloren.«

»Niemals.« Marthe fühlte sich so, als hätte sie einen Mühlstein in ihrem Bauch. Der Abschied fiel ihr noch schwerer als sonst.

»Was ist mit deinem Herz, mein Kind?«, fragte Grand-mère. »Hat es sich entschieden?«

»Nein«, gab sie zu. »Aber mein Kopf hat eine Entscheidung getroffen. Ich werde meinem Herz folgen, solange es vernünftig bleibt. Und ich werde mich nicht von ungelegten Eiern ins Bockshorn jagen lassen.«

»Du bist eine Distel, und ich bin stolz auf dich«, sagte Grand-mère und schloss sie in die Arme. »Schreibe mir. Ich werde dir auch schreiben, aber erwarte nicht zu viel von meinen Briefen.«

»Ich danke dir, Grand-mère, ich danke dir sehr.«

»Wenn du Weihnachten kommst, möchte ich, dass du wieder fröhlicher bist. Das erwarte ich von dir. Und mindestens zwei weitere Veröffentlichungen. Die Zeitschrift mit deinem Artikel bleibt hier.« Sie sah Marthe an, lächelte. »Es ist gut, dass du hier warst, aber es ist auch gut, dass du nun wieder fährst. Du wirst wiederkommen, darauf freue ich mich.« Sie hob lauschend den Kopf. »Da kommt Pierre mit seinem Karren, es ist Zeit.«

Marthe verbot sich, sich umzudrehen und Grand-mère zu winken, als sie losfuhren. Sie war sich sicher, dass sie zurückkehren würde. Das traurige Gefühl, dass es ein Abschied für immer war, blieb und machte es ihr schwer, zu atmen und zu schlucken. Es war ein Abschied von dem Hof, so, wie sie ihn ihr Leben lang gekannt hatte. Die Kuh brachte Pierre zu seinem Hof, dann fuhr er mit Marthe weiter nach Remiremont.

Gegen Abend erreichte Marthe schließlich den Bahnhof in Paris. Gaston war gekommen, um sie abzuholen. Er begrüßte sie herzlich.

»Du hast uns gefehlt«, sagte er und nahm ihr das Gepäck ab. »Vor allem deine Mutter ist froh, dass du nun wieder hier bist.«

»Ihr habt mir auch gefehlt«, sagte Marthe und merkte auf einmal, dass es stimmte. Als sie das Haus im achten Arrondissement erreichten, fühlte es sich an wie nach Hause zu kommen.

»Ist die Herrschaft da?«, fragte Marthe ein wenig nervös.

»Oh ja, sie haben Gäste. Es wird gefeiert.«

»Ein großes Fest? Dann habe ich mir ja einen schlechten Tag ausgesucht, um zurückzukehren. In der Küche ist nun bestimmt viel zu tun.«

»Nein, es sind nur drei Leute da, und Julie hat alles gut vorbereitet.«

Sie gingen durch die Hofeinfahrt, stiegen die Hintertreppe zum Wirtschaftsflügel hinauf. Nur ein paar Wochen war Marthe in Remiremont gewesen, aber es schien ihr eine Ewigkeit zu sein. Dennoch war alles vertraut – die knarzende Treppe, der Geruch im Stiegenhaus, der Anblick der Tür, die an einer Stelle abgestoßen war, weil sie sie oft mit der Schulter oder dem Ellenbogen aufstießen, da sie die Hände voll hatten.

Durch den Flur zog der vertraute Duft von Brühe und einkochender Jus, und sie hörte das Klappern der Töpfe und des Geschirrs.

Noch bevor sie die Küche betreten konnte, öffnete sich die Durchgangstür vom Vorderhaus und Florence lief ihr entgegen.

»Marthe, Marthe! Marthe! Endlich bist du wieder da!« Sie fiel ihrer Freundin um den Hals, drückte sie an sich. »Ich habe schon gefürchtet, dass du gar nicht mehr heimkommst. Und dabei war ich doch auch so enttäuscht, dass du nicht zu uns in den Süden gekommen bist. Mit dir wäre die Zeit bestimmt noch viel schöner gewesen«, plapperte sie ohne innenzuhalten. »Ach, wie wunderbar, dass du gerade heute kommst. Wir feiern ein wenig. Weißt du es schon? Hat Vincent dir geschrieben?«

»Vincent?«

»Aber ja. Du weißt es noch nicht? Ich dachte, er hätte dir schon vor Wochen geschrieben, dass er nach Nordafrika geht – zu Familie Lefebvre.«

»Doch, das hat er mir mitgeteilt.« Marthe beschlich ein seltsames Gefühl.

»Ist es nicht wunderbar? Meine Eltern sind ganz aus dem Häuschen. Komm mit nach vorne und stoß mit uns an.« Sie wollte Marthe mit sich ziehen. »Du bist doch fast ein Teil der Familie – wie eine entfernte Cousine oder so.«

»Worauf stoßt ihr an?«, brachte Marthe heraus.

»Auf Vincents Verlobung natürlich. Es fügt sich alles so wunderbar. Er wird Isabell Lefebvre heiraten, und ihr Vater und mein Vater werden Kompagnons. Vincent macht seinen Militärdienst nun schnell in Nordafrika, das hat Papa alles schon geklärt, und dann können sie heiraten. Das ist für die Firma großartig, für uns natürlich auch – diese Verbindung ist sehr vorteilhaft.«

»Aber … diese Isabell … heiraten?«

»Aber ja. Natürlich liebt er sie auch, er ist ganz und gar für sie entbrannt. Es war so lustig anzusehen – er hing förmlich an ihren Lippen, hat sie überallhin begleitet. Wie schade, dass du nicht dabei warst.« Wieder zog sie an Marthes Hand. »Lass uns gehen, meine Eltern werden sich sicherlich freuen, dich wiederzusehen.«

»Nein«, sagte Marthe. »Nein. Ich bin doch gerade erst zurückgekommen. Ich bin noch voller Reisestaub, und meine Maman habe ich auch noch nicht begrüßt.« Aus den Augenwinkeln sah sie Julie, die in der Küchentür stand. »Richte deinen Eltern meine herzlichen Grüße aus.«

»Nun gut«, sagte Florence enttäuscht, umarmte Marthe dann noch einmal flüchtig. »Aber morgen sehen wir uns, non?«

Marthe nickte schwach. Julie zog sie in ihre Arme, während Florence fröhlich nach vorne lief.

»Sie wusste es gar nicht?«, fragte Julie und drückte Marthe an sich. »Florence wusste es nicht?«

»Was?« Marthe versuchte mit aller Kraft die Tränen zu unterdrücken, doch es gelang ihr nicht.

»Dass du in Vincent verliebt bist, mon Cœur.«

Marthe sah ihre Mutter überrascht an. »Du weißt das?«

»Es war ja nicht zu übersehen. Oh, mein Kind, es tut mir so leid für dich. Nun komm erst einmal an.« Sie führte Marthe in die warme, duftende Küche, nahm ihr den Mantel ab. Um sie herum herrschte die gewohnte Betriebsamkeit, alle begrüßten Marthe, allerdings nur kurz, denn jeder hatte etwas zu tun.

»Möchtest du etwas essen? Oder willst du ein Bad nehmen?«, fragte Julie sanft.

Marthe zuckte mit den Schultern. Sie fühlte sich wie in einem Nebel, hörte zwar die Worte ihrer Mutter, hatte aber das Gefühl, den Sinn dahinter nicht zu begreifen. In ihrem Bauch saß ein heftiger, glühender Schmerz. Sie schaute an sich hinunter, erwartete dort eine Wunde zu sehen, aber ihre Kleidung war tadellos.

Isabell, dachte sie. Er hat nie eine Isabell in seinen Briefen erwähnt. Auch Florence hatte nie von einer Isabell erzählt. Und nun war Vincent mit ihr verlobt, würde sie heiraten. Wie kann das sein?

Julie betrachtete ihre Tochter, dann schob sie sie sanft zum Küchentisch, zog ihr einen Stuhl herbei. Sie holte einen Teller Suppe und stellte ihn vor Marthe auf den Tisch.

»Camille«, rief sie dann, »mach den Badeofen an.« Dann sah sie Marthe in die Augen. »Du isst jetzt etwas, auch wenn du keinen Hunger hast und die Suppe nach nichts schmeckt. Danach nimmst du ein Bad.«

Marthe gehorchte, löffelte die Suppe, die heiß und tröstend war. Danach ging sie ins Bad, zog sich aus und stieg in die Badewanne. Sie fühlte nichts, nur eine Leere und immer noch diesen stechenden Schmerz im Bauch.

Er hat gesagt, dass er mich liebt. Er hat mir geschrieben. Er hat unsere Zukunft in leuchtenden Farben ausgemalt. Nur warten hätten wir müssen. Ein paar Jahre aufeinander warten. Aber selbst ein paar Wochen waren schon zu viel gewesen. Er hat mich nicht geliebt, es war nur ein Strohfeuer. Grand-mère scheint recht zu haben, was die Liebe angeht – sie ist nur ein flüchtiges Gefühl, andere Dinge sind wichtiger. Die Gedanken machten Sinn, aber sie halfen nicht gegen den Kummer. Es kamen keine Tränen, dabei wollte Marthe so gerne ihren Kummer hinausspülen, wollte jammern und schluchzen, aber es ging nicht.

Nach einer Weile stieg sie aus der Wanne, trocknete sich ab. Maman hatte ihr saubere Kleidung gebracht. Sie zog sich an und ging zurück in die Küche. Dort war man schon dabei, alles aufzuräumen.

»Ich gehe zu Bett«, sagte Marthe. »Gute Nacht.«

Julie musterte sie, nickte dann. »Morgen ist ein neuer Tag.«

Ihr Zimmer war ihr vertraut, aber das Gefühl, zu Hause zu sein, war verflogen. Sie legte sich in ihr Bett, schloss die Augen und hatte Vincents Gesicht vor sich. Wie er lachte. Wie er ihr zuzwinkerte.

Wie er sie besorgt ansah. Wie er sie angeschaut hatte, kurz bevor sie sich geküsst hatten. Es waren doch echte Gefühle gewesen, Zuneigung, Verliebtheit. Hatte sie sich das nur eingebildet? Oder hatte er ihr etwas vorgegaukelt? Sie konnte es nicht begreifen.

Es klopfte leise, und Julie betrat das Zimmer. »Ich fand keine Ruhe«, sagte sie, »und wollte noch einmal nach dir schauen.«

»Es ist schon in Ordnung«, sagte Marthe, ihre Stimme klang rau, dabei hatte sie immer noch nicht geweint.

Julie setzte sich auf die Bettkante und nahm die Hand ihrer Tochter. »Nein, es ist nichts in Ordnung, auch wenn du dir das vormachen möchtest.«

»Kann man sich das vormachen?«, fragte Marthe. »Was kann man sich alles vormachen? Sich und anderen? Dass man verliebt ist? Kann man sich damit selbst betrügen?«

Julie seufzte. »Liebe ist ein starkes Wort, manchmal ist es auch ein starkes Gefühl. Manchmal ist es jedoch flüchtig, wie der leichte Duft des Jasmins im Sommer. Ein Lufthauch, und er ist verweht.«

»Grand-mère hält die Liebe für eine neumodische Erfindung.«

»Grand-mère ist immer sehr pragmatisch«, sagte Julie und lächelte. »Die Liebe ist keine neumodische Erfindung, es gab sie schon immer und wird sie auch immer geben. Aber wahre Liebe ist ein rares Gut und nicht leicht zu finden.«

»Sie sagt, sie hätte Grand-père geheiratet, ohne in ihn verliebt zu sein. Außerdem wäre Vertrauen wichtiger als Liebe.«

»Das war damals so üblich und ist es heute noch. Viele Ehen werden aus Vernunftgründen geschlossen. Manchmal, um es der Familie recht zu mache, manchmal geht es um Geld oder um eine gesellschaftliche Position.«

»Hast du Papa geliebt?«

»Aber ja.«

»Und er dich?«

»Natürlich. Hat dir Grand-mère etwas anderes erzählt?«

»Sie meinte, Papa wäre in eine andere Frau verliebt gewesen.«

»Das stimmt. Doch er hat eingesehen, dass sie seine Liebe nicht so erwiderte, wie er dachte. Wir kannten uns schon, mochten uns. Ich war in ihn verliebt. Ob er auch in mich verliebt war?« Sie zuckte mit den Schultern. »Die Liebe kommt, wenn man Glück hat, mit der Zeit. Verliebtheit vergeht. Immer. Und wenn man es gut getroffen hat, wird aus Verliebtheit Liebe.«

»Dann ist Vincents Verliebtheit in mich verflogen – schneller als der Jasminduft.« Nun endlich stiegen die Tränen in ihre Augen.

»Mon Cœur, Vincent ist ein junger Mann, der dich sehr anziehend und aufregend fand. Womit er ja auch recht hat – du bist wunderschön, aufgeweckt, klug. Ob diese Anziehung nur der Reiz des Neuen war oder ob er wirklich in dich verliebt war, weiß vermutlich noch nicht einmal er selbst. Für dich ist es nun schmerzhaft, das tut mir leid. Aber ich glaube, dass es so besser ist.«

»Weil wir sowieso keine Zukunft gehabt hätten?«, schniefte Marthe und spürte nun die dumpfe Verzweiflung, die sich in ihr ausbreitete.

»Ob ihr eine Zukunft gehabt hättet, hätte an euch gelegen.«

»Du hast mir gesagt, dass wir keine Zukunft haben würden. Weil wir aus unterschiedlichen Schichten sind und immer bleiben werden.«

»Immer. Das ist auch so ein Wort, das viel zu schnell gebraucht wird«, sagte Julie leise. »Wer weiß schon, ob sich das nicht deutlich ändern wird in den nächsten Jahren? Du bist die Tochter einer Köchin und dennoch wirst du zur Universität gehen, hast eine gute Schulbildung und einen hervorragenden Abschluss. Vor fünfzig Jahren war das noch undenkbar. Als ich jung war, war das undenkbar. Für dich ist es machbar.«

»Es würde mich trösten, dass Vincent mich aus gesellschaftlichen Gründen ablehnt«, gab Marthe zu. »Und nicht, weil er plötzlich festgestellt hat, dass ich doch nicht so anziehend bin.«

Julie runzelte die Stirn und dachte kurz nach. »Stell dir Vincent als einen Schmetterling vor«, sagte sie dann. »Er fliegt durch den Garten und sieht eine wunderschöne, duftende Blume. Oh, denkt er, das ist die schönste Blume der Welt. Und es wird immer die schönste Blume sein. Aber sie hat wenig Nektar. Doch dann riecht er einen anderen Duft. Nicht besser, nicht süßer, nur anders. Und diese Blume steht neben anderen Blumen ihrer Art. Gemeinsam haben sie ganz viel Nektar. Das ist verlockend, also fliegt er zu diesen Blumen und lässt sich dort nieder. Er findet die erste Blume wahrscheinlich immer noch wunderschön, aber … die zweite Blume in ihrem Beet bietet mehr Sicherheit. Also beschließt er, die zweite Blume für sich zur Schönsten zu ernennen.«

»Ich bin die erste Blume, und Isabell die zweite«, sagte Marthe nachdenklich. »Und der Nektar – wofür steht der?

»Tja, Sicherheit, Geld, familiäre Verpflichtungen. Wer weiß, warum er sich für sie entschieden hat. Und wer weiß, ob er nicht noch eine dritte Blume sieht, zu der er dann hinflattert. Und womöglich auch noch eine vierte …«

»Du hältst ihn für unbeständig und schwach?«

»Ich glaube, er ist einfach noch sehr jung. Und ich denke, er weiß selbst nicht, was er will. Heute dies, morgen das. Wollte er nicht Jura studieren?«

»Nur, weil er nicht zum Militärdienst wollte.«

»Schau, das ist auch so etwas, das nicht für ihn spricht, non?« Sie reichte Marthe ein Taschentuch.

»Das hatte er ja eingesehen«, sagte Marthe und putzte sich die Nase.

»Ja, und vielleicht hat er auch eingesehen, dass es leichter und einfacher für ihn ist, wenn er Isabell heiratet. Die Firmen können sich verbinden, er muss sich nicht gegen seine Familie durchsetzen – es ist ein viel einfacherer Weg.«

»Meinst du, er liebt sie gar nicht?«

»Wie lange mag er sie kennen? Ein paar Wochen? Er kann in sie verliebt sein, aber um sie zu lieben, ist das zu kurz.«

»Dann hat er mich auch nie geliebt.«

»Nein, mon Cœur, das hat er nicht«, sagte Julie und strich ihrer Tochter über den Kopf.

Marthe nickte, putzte sich wieder die Nase. »Ja, ich habe das schon befürchtet. Schon eine Weile. Ich wusste zwar nichts von Isabell, aber seine Briefe wurde anders, kürzer, sachlicher und sie kamen immer seltener.«

»Bist du deshalb so lange bei Grand-mère geblieben?«

»Auch«, gestand Marthe. »Ich wusste nicht, wie ich mich hier verhalten, wie ich ihm gegenübertreten sollte. Ich wusste ja nicht, dass er in Nordafrika bleibt.« Sie holte tief Luft. »Das war feige von mir, aber ich hatte gehofft, dass er mir wieder eine eindeutige Nachricht schreibt, dass seine Gefühle für mich immer noch stark seien. Doch … die Hoffnung war vergebens.« Nun flossen die Tränen. »Es tut so weh.«

»Ich weiß, aber der Schmerz wird vergehen.«

»Das glaube ich nicht«, schluchzte Marthe. »Meine Gefühle für ihn sind aufrichtig.«

»Ja, mein Kind. Wein dich aus. Und morgen sehen wir weiter.«

»Morgen wird es noch viel schlimmer sein«, jammerte Marthe. »Wie soll ich denn den Laurents gegenübertreten? Ich kann doch nicht so tun, als freue ich mich für Vincent.«

»Wir werden eine Lösung finden. Versuch erst einmal zu schlafen«, versprach Julie. Sie gab Marthe einen Kuss.

Ich werde kein Auge schließen können, dachte Marthe. Sie fühlte sich todtraurig und verletzt, konnte es immer noch nicht wirklich fassen, auch wenn sie schon geahnt hatte, dass sich Vincents Gefühle ihr gegenüber verändert hatten. Aber dass er sich direkt verlobte, tat noch mehr weh.

Sie schlief nur wenig und sehr unruhig. Am nächsten Morgen wollte sie gar nicht aufstehen. Sie wollte niemanden sehen, mit keinem sprechen, vor allem nicht mit Florence. Wie sollte sie ihr gegenübertreten? Julie kam hoch, um nach Marthe zu schauen. Sie brachte Kaffee und Croissants mit.

»Du kannst heute auf dem Zimmer bleiben«, sagte sie. »Ich habe allen erzählt, dass du krank bist. Nimm dir die Zeit, die du brauchst.«

»Ich kann nicht glauben, dass es jemals besser wird«, sagte Marthe kraftlos.

»Doch, das wird es. Du wirst sehen, es dauert auch gar nicht so lange.«

Kapitel 17

Remiremont, Frühjahr 1890

Das Frühjahr hatte nass begonnen, Landregen war über die Felder und Berge gezogen, sanft wie ein weiches Tuch. Zwischendurch hatte es sonnige, laue Tage gegeben, und nun schien die Natur zu explodieren. Der Obstgarten war gefüllt mit weichen Wolken aus Kirsch- und Apfelblüten, alles vibrierte vom Tanz der Bienen. Es duftete nach frischer Erde und jungem Gras. Doch für all das hatte Marthe keinen Blick. Sie saß neben Grand-mères Bett und hielt ihre Hand.

Zu Weihnachten war sie zuletzt hier gewesen – ohne Maman, denn die Familie Laurent hatte wieder groß gefeiert. Auch Vincent und seine Verlobte Isabell waren gekommen, und so war Marthe froh gewesen, nach Remiremont flüchten zu können. Außerdem wurde Grand-mère immer schwächer, und auch diesmal war Marthe mit einem schlechten Gewissen wieder abgereist. Doch auch diesmal hatte ihre Großmutter ihr einen guten Ratschlag mit auf den Weg gegeben: »Ich weiß, du bist immer noch verletzt. Aber was genau ist das? Was verletzt dich? Dass er deine Gefühle nicht erwidert? Bist du deshalb traurig und bekümmert? Oder ist es, weil du ausgetauscht worden bist – so schnell und einfach wie ein Paar Schuhe? Bist du dann eher verbittert und enttäuscht? Werde dir darüber klar, denn es sind unterschiedliche Gefühle mit verschiedenen Beweggründen. Ich an deiner Stelle wäre sicherlich enttäuscht und auch verletzt – aber keineswegs bekümmert. Sieh nicht, dass du ihn nicht bekommst, mach dir lieber klar, dass er auch dich nicht bekommen wird. Ihm entgeht eine großartige Chance. Eigentlich solltest du ihn bemitleiden – und nicht dich selbst. Es gibt noch mehr Männer, du wirst sicherlich noch einige treffen. Aber mach nie, niemals, einen Mann zum Sinn deines Lebens. Gib deinem Leben einen Sinn, unabhängig von einem Mann.«

Lange hatte Marthe über diese Worte nachgedacht, hatte sie in sich bewegt, hervorgeholt, gedreht und wieder weggesteckt. Mit der Zeit hatte sich das Gefühl für Vincent geändert, sie war wütend auf ihn geworden, hatte ihn sogar ein wenig verachtet. Doch zum Schluss blieb nur ein wenig Mitleid für ihn. Er war ein Gefangener seiner Welt, auch wenn er das gar nicht sein wollte. Er würde Isabell wegen der Firma heiraten, wegen der Familie und der gesellschaftlichen Stellung. Vielleicht war da sogar Zuneigung zwischen ihnen, eventuell würden sie sich mit der Zeit lieben. All das würde Marthe nicht mit Vincent haben, aber inzwischen war sie fast froh darüber. Grand-mère hatte ihr geraten, ihr eigenes Leben zu leben. Doch was war ihr eigenes Leben? Das fing doch gerade erst an, und sie musste es noch herausfinden. Und das konnte sie nun tun, ohne Rücksicht auf Vincent und seine Familie nehmen zu müssen.

»Was war der Sinn deines Lebens?«, fragte Marthe Grand-mère nun leise. Ihre Großmutter hatte die Augen geschlossen, ihr Atem war flach. Marthe wusste nicht, ob sie sie überhaupt hören konnte. Vor ein paar Tagen hatte Pierre eine Eildepesche nach Paris geschickt, hatte geschrieben, dass Grand-mère zu schwach sei, um aufstehen zu können. Marthe hatte sofort ihre Tasche gepackt und war hierher gefahren. Julie würde nachkommen, sobald sie es einrichten konnte. »Hattest du einen Sinn für dein Leben?«

Grand-mère öffnete die Augen und sah Marthe an, fast schon schien sie etwas spitzbübisch zu schauen. Dann drückte sie Marthes Hand. Es war nur ein ganz leichter Druck, kaum zu spüren. Sie nickte einmal kurz und schloss wieder die Augen.

»Möchtest du etwas trinken? Oder ein wenig Brühe?«, fragte Marthe schnell. Doch Grand-mère gab keine Antwort, öffnete auch die Augen nicht mehr.

Schläft sie, fragte Marthe sich unsicher. Aber das schien nicht der Fall zu sein, denn Grand-mères Atem war zu unruhig.

»Meinen Sinn für mein Leben habe ich noch nicht wirklich gefunden«, meinte Marthe nachdenklich. »Ich will schreiben, das erfüllt mich mit Freude. Und ich denke auch, dass ich das gut kann. Weißt du, dass ein weiterer Artikel in der »France Illustrée« von mir erschienen ist? Ich habe über das Boeuf Bourguignon geschrieben – welche regionalen Unterschiede es gibt und wie man es in den Regionen zubereitet. Ich habe sogar Leserzuschriften bekommen, ist das nicht grandios?« Sie sah Grand-mère an, doch es kam keine Reaktion. Dennoch plauderte Marthe weiter, das erschien ihr sinnvoller, als nur stumm hier zu sitzen.

»Ich habe Maître Escoffier angeschrieben, sein Küchenchef aus dem ›Maison Chevet‹ hat mir geholfen. Er hat ihm den Brief gegeben. Und stell dir vor, der Maître hat mir geantwortet und will mich demnächst treffen. Das finde ich sehr aufregend.«

Grand-mères Mundwinkel verzogen sich. War das ein Lächeln? Wollte sie etwas sagen, sich mitteilen?

»Möchtest du etwas trinken?«, fragte Marthe besorgt. Gegessen hatte ihre Großmutter schon seit einigen Tagen nicht mehr, nur Brühe getrunken. Marthe ließ die Suppe auf dem Herd köcheln, fügte hin und wieder Wasser oder auch Wein hinzu, Gemüseabfälle oder ein Stück Speck – so wie sie es von Grand-mère gelernt hatte. Sie selbst hatte auch einiges von der Suppe gegessen, für sich alleine zu kochen schien ihr verschwenderisch. Es reichte ihr, wenn sie sich morgens ein Omelett machte oder ein Ei kochte, die Hühner hatten wieder begonnen zu legen. Brot war noch ein kleiner Rest da, auch der Sauerteigansatz stand auf der Anrichte. Heute Abend würde sie einen Brotteig ansetzen und ihn über Nacht gehen lassen, dann konnte sie am nächsten Morgen frisches Brot backen. Sie nahm das Wasserglas, das auf dem Nachttischchen stand und hielt es Grand-mère an die Lippen, aber ihre Großmutter kniff den Mund zusammen, also stellte Marthe das Glas zurück.

»Maman möchte bei dem Gespräch dabei sein. Sie bewundert Monsieur Escoffier sehr und erhofft sich weitere Ratschläge für die Schulküche in Auteuil.« Nun seufzte Marthe auf. »Maman geht ganz darin auf, diese Schulküche zu leiten, aber Madame Laurent gibt ihr keinen weiteren freien Tag. Sie möchte auch nicht, dass Amelie bei uns arbeitet, dabei ist sie so gut. Sie ist eine geborene Köchin und könnte Estelle an Mamans freien Tagen sehr viel besser unterstützen als Camille.« Nachdenklich zog Marthe die Stirn in Falten. »Camille hat schon viel gelernt, aber Amelie ist ein Naturtalent. Sie hat das Zeug dazu, Mamsell zu werden.« Marthe holte tief Luft. »Maman würde so gerne die Schulküche ganz übernehmen. Sie möchten den Mädchen so viel beibringen – es geht ja nicht nur ums Kochen, sondern auch darum, den Einkauf zu beherrschen und die allgemeine Haushaltsführung. Dass, was die

Mädchen bisher lernen, reicht gerade mal für eine Großküche oder ein Bistro ohne große Ansprüche.« Wieder seufzte sie. »Doch Madame Laurents Nächstenliebe, die wahrlich sehr spendable Hosen anhat, endet an ihrer Wohnungstür. Bei sich zu Hause möchte sie den höchsten Komfort und keine Einschränkungen, so großherzig es auch den Waisen gegenüber wäre.«

Grand-mère hatte den Kopf leicht zur Seite geneigt, als würde sie gespannt zuhören. Doch tat sie das wirklich?

»Leider kann der Pater Maman nicht bezahlen. Jedenfalls nicht so viel, dass es ausreichen würde, sollte Maman die Schulküche komplett übernehmen. Wir müssten dann ja auch ein anderes Zuhause finden – denn wir leben ja bei den Laurents. Ich wünschte, ich könnte mehr Geld verdienen. Meine Artikel sind zwar bezahlt worden, aber ein sicheres und regelmäßiges Einkommen ist es leider noch nicht.« Sie sah aus dem Fenster. Die Mauersegler und Schwalben flogen ihre Kreise über dem Hof. Der Hahn stand auf dem Misthaufen und schien alles zu überwachen. Es gab kein Schwein und keine Kuh mehr, nur noch die Hühner. Der Gemüsegarten lag brach, ihre Großmutter hatte nichts angepflanzt oder ausgesät. Sie würde den Garten sowieso nicht mehr bewirtschaften können, dachte Marthe und wurde ganz traurig. In diesem Moment spürte sie wieder den leichten Druck von Grand-mères Hand, es war ein tröstendes Gefühl. Sie musterte Grand-mère, doch der Druck der Hand, der kaum zu spüren gewesen war, ließ nun ganz nach, und Grand-mères Atem wurde tiefer und gleichmäßiger, sie schlief ein.

Noch einen Moment beobachtete Marthe Grand-mère, dann stand sie leise auf, streckte sich und ging in die Küche. Auf dem

Herd stand der Suppentopf und blubberte, er klang ein wenig beleidigt, so, als wäre er einsam und würde sich vernachlässigt fühlen. Marthe schaute in den Erdkeller. Dort waren noch etwas schrumpeliges Wurzelgemüse und eine ganze Stiege mit Kartoffeln, die in der kalten Dunkelheit zwar auch schrumpelten, aber nicht keimten. Es gab noch Äpfel, die aber schon lange nicht mehr gewendet worden waren, etliche von ihnen hatten begonnen zu faulen, und Marthe sammelte sie ein, um sie auf den Misthaufen zu schmeißen. Sie nahm zwei Steckrüben und eine kleine Sellerieknolle mit, fand noch etwas Speck und tat es auch in den Korb. Dann schloss sie die Tür wieder sorgfältig. Pierre hatte im Winter dafür gesorgt, dass frische Eisklumpen in den Erdkeller gebracht worden waren. Sie lagen unter einer dicken Schicht Stroh und kühlten den Raum – mit etwas Glück sogar bis zum nächsten Winter. Sie schaute nach den Hühnern, die fröhlich auf dem Hof scharrten, ging dann in die Küche. Vielleicht würde Grand-mère ja später etwas Appetit haben, und die Steckrüben ließen sich, mit zwei Möhren und etwas Sellerie zu einem schmackhaften Stampf zubereiten. Ich könnte den Speck mitkochen und alles nachher durch den Wolf drehen, dann wäre es eine Art Püree, was ihre Großmutter vielleicht essen könnte. Es sind auch noch geräucherte Würste da, die geben viel Geschmack. Voller Enthusiasmus machte sich Marte daran, dass Gemüse zu putzen. Die Schalen kamen in den Suppentopf, das klein geschnittene Gemüse in einen anderen Topf, in dem sie zuvor den gewürfelten Speck ausgelassen hatte. Ein köstlicher Duft breitete sich in der Küche aus, zog durch das kleine Haus. Die Arbeiten gingen ihr leicht von der Hand. Immer wieder schaute sie kurz in das Schlafzimmer, doch Grand-mère rührte sich nicht.

Das Gemüse war weich gekocht. Marthe schüttete das würzige Kochwasser und die Würste in den Suppentopf, vermengte das dampfende Gemüse mit Butter und drehte es durch den Wolf. Das feine Püree würzte sie etwas und stellte den Topf an den Rand des Herdes. So blieb es warm, ohne anzukochen.

Anschließend fegte sie die Küche, räumte auf, sah wieder nach den Hühnern. Am liebsten wäre sie in den Gemüsegarten gegangen und sei es nur, um Unkraut zu jäten. Aber sie wollte sich nicht zu weit entfernen, denn Grand-mère konnte ja jederzeit etwas brauchen.

Am späten Nachmittag hörte sie Schritte auf dem Hof. War das Maman? So schnell hatte Marthe sie nicht erwartet. Doch es war nur Aurelie, die Nachbarin.

»Wie das hier duftet«, sagte sie, als sie das Haus betrat. »Geht es dir besser, Joséphine? Anscheinend konntest du ja kochen.«

»Bonjour, Aurelie«, sagte Marthe. »Nein, Grand-mère hat nicht gekocht, das war ich.«

»Dann hast du das von deiner Grand-mère gut gelernt. Wie geht es ihr denn? Ich dachte, ich schau mal vorbei und bringe euch etwas frische Milch, Sahne und Butter. Brauchst du sonst noch etwas?«

»Danke. Wir haben ansonsten wohl noch alles. Grand-mère schläft. Heute Morgen war sie eine Weile wach, aber sie hat nicht gesprochen. Auch isst und trinkt sie nichts. Gestern hat sie wenigstens noch etwas Brühe zu sich genommen. Ich habe ein Püree gekocht, aber sie ist noch nicht wieder aufgewacht.«

Aurelie runzelte die Stirn und ging ins Schlafzimmer, setzte sich ans Bett. »Bonjour, Joséphine«, sagte sie leise, doch Grand-mère reagierte nicht. »Wie geht es dir, meine Liebe?«

»Sie schläft«, sagte Marthe besorgt. »Aber sie muss doch mal aufwachen und etwas essen und trinken.«

Aurelie schaute Marthe mitleidig an. »Vielleicht braucht sie das nicht mehr, Liebes.«

»Aber ja doch. Sie muss doch etwas zu sich nehmen. Wie soll sie sonst wieder zu Kräften kommen?«

»Ach, ich glaube, sie wird nicht mehr zu Kräften kommen. Ihr Körper braucht nun keine Nahrung mehr.«

Es dauerte ein wenig, bis Marthe verstand, was die Nachbarin gesagt hatte. »Sie ist doch gar nicht krank«, schluchzte sie auf. »Nur schwach.«

»Und das ist gnädig«, sagte Aurelie sanft. »Sie hat keine Schmerzen, muss sich nicht quälen. Sie wird nur immer weniger und weniger.« Aurelie stand auf und nahm Marthe tröstend in die Arme. »Gräm dich nicht, das ist der Lauf der Dinge. Zum Leben gehört auch der Tod.«

»Wie lange wird es dauern?«, fragte Marthe. »Können wir nicht noch irgendetwas machen?«

Aurelie schaute zu Grand-mère. »Wenn du dir das zutraust, könnten wir sie frisch machen und etwas anders hinlegen. Vielleicht wird sie dabei wach, wahrscheinlich aber nicht.«

»Ja, natürlich«, sagte Marthe. »Was brauchen wir dafür?«

»Frische Wäsche, vielleicht können wir auch das Bett neu beziehen. Möglicherweise hat sie … nun ja … etwas unter sich gelassen.«

Wieder brauchte Marthe einen Moment, bis sie verstand. »Aber natürlich. Daran hätte ich auch denken können. Vorgestern konnte sie noch den Nachttopf benutzen, aber seitdem …«

»Warmes Wasser, Handtücher. Vielleicht etwas Öl für die Haut«, zählte Aurelie auf.

Marthe brachte die gewünschten Sachen. Ganz vorsichtig zogen sie ihre Großmutter aus. Ihr Atem ging schneller, aber die Augen öffnete sie nicht. Sie wuschen sie, rieben die papiertrockene Haut mit Öl ein, bezogen vorsichtig das Bett und legten Grand-mère ein wenig seitlich, denn der Rücken hatte schon zwei wunde Stellen.

»In ein paar Stunden solltest du sie auf die andere Seite drehen, nur ein wenig«, erklärte Aurelie.

»Woher weißt du das alles?«

»Ich habe meine Mutter gepflegt, ein Jahr lang, nachdem sie der Schlag getroffen hatte und sie sich kaum noch rühren konnte.«

»Ein Jahr?«, fragte Marthe erschrocken.

»So lange wird Joséphine nicht brauchen«, sagte Aurelie. »Meine Mutter konnte noch essen und trinken, erst zum Schluss dann auch nicht mehr.« Sie nahm einen sauberen Lappen, tauchte ihn in das Wasserglas und befeuchtete Grand-mères Lippen. »Das kannst du immer mal wieder machen. Wirklich Durst hat sie wahrscheinlich nicht mehr, doch ein trocknerer Mund und ausgetrocknete Lippen sind ja sehr unangenehm.«

»Wie lange noch …?«

Aurelie schüttelte den Kopf. »Das weiß man nie so genau. Vielleicht geht sie heute Nacht von uns, vielleicht aber auch erst nächste Woche.« Sanft deckte sie Großmutter wieder zu. Dann sah sie Marthe nachdenklich an. »Hast du Angst? Soll ich bei dir bleiben?«

Marthe schüttelte den Kopf. »Angst? Nein. Aber es macht mich sehr traurig. Und ich hoffe sehr, dass Maman bald kommt.«

»Wenn etwas ist, kannst du jederzeit zu uns kommen – auch mitten in der Nacht.«

»Danke.«

»Und sieh zu, dass du etwas isst. Du musst auch ein wenig auf dich achten, Marthe.«

Marthe war dankbar für die Hilfe und den Zuspruch. Sie setzte sich wieder neben Grand-mères Bett, aß etwas von dem Püree, schnitt sich eine der Kochwürste klein und gab sie dazu. »Das schmeckt wirklich gut«, sagte sie zu ihr. »Eine große Köchin wie du und Maman werde ich bestimmt nicht werden, aber eine ordentliche und genießbare Mahlzeit bekomme ich hin.« Sie beugte sich vor, befeuchtete wieder die Lippen der Großmutter. »Ich hoffe, Madame Laurent gibt Maman bald frei, so dass sie herkommen kann. Sie wird sicherlich auch von dir Abschied nehmen wollen. Ohne dich werden wir nur noch uns zwei haben«, fügte sie traurig hinzu. Sie meinte, wieder einen leichten Händedruck zu verspüren, vielleicht war das aber nur Wunschdenken.

»Ich habe noch niemandem erzählt, wie es war, als ich Vincent das erste Mal wiedergesehen habe«, sagte sie nachdenklich. »Maman hat mich zwar nach meinen Gefühlen gefragt, aber ich konnte nicht mit ihr darüber reden. Dabei ist sie immer so verständnisvoll und lieb. Vielleicht ja deshalb, weil ich mich so schäme, wie albern ich mich verhalten habe.« Marthe nagte eine Weile an ihrer Unterlippe. »Ich hatte gedacht, dass er Paris schon wieder verlassen hätte, als ich Anfang des Jahres von hier zurückfuhr. Das hatte er aber nicht, und Maman war gerade nicht da, als ich ankam und konnte mich somit nicht warnen. Also bin ich ihm quasi direkt in die

Arme gelaufen.« Marthe hielt inne, versuchte die Gefühle von damals wieder aufzurufen. »Stell dir vor, Grand-mère, ich hatte den Eindruck, dass er fast noch erschrockener war, als ich. Es war ihm auf jeden Fall sichtlich peinlich. Er hat mich angesehen und ist ganz blass geworden und dann rot. Ja, wirklich, seine Wangen waren puterrot.« Marthe kicherte leise. »Er sah mich also an und ich ihn. Nach dem ersten Schreck war ich ganz gefasst, fast gleichmütig, wollte mir scheinen. Aber er nicht. Er stotterte: ›Hallo, Marthe‹, sagte er. ›Wie schön … dich zu sehen. Damit … habe ich … habe ich ja gar nicht gerechnet‹«, imitierte sie ihn. »Natürlich schlug mein Herz heftiger als sonst. Und natürlich war ich zuerst auch aufgewühlt, aber dann wurde ich ganz ruhig und innerlich ganz kalt. Und stell dir vor, es war so seltsam, ich hatte das Gefühl, als würde er plötzlich schrumpfen, als würde er ganz klein werden.«

Sie sah zu ihrer Großmutter und meinte, dass ihre Mundwinkel zuckten. Vielleicht bildete sie sich das aber auch nur ein. »Ich schaffte es zu lächeln, Grand-mère, kein Mädchenlächeln, sondern so ein kühles, überlegenes Lächeln, non? Und er schien noch verlegener zu werden. Und dann, dann habe ich gesagt: ›Bonjour, Vincent. Wie geht es dir? Ich habe gehört, dass man dir gratulieren kann. Du hast dich verlobt, meinen Glückwunsch. Dir wird eine glänzende Zukunft bevorstehen. Hoffentlich wirst du glücklich.‹ Und dann habe ich ihm zugenickt und bin weitergegangen. Er stand da, ganz wie ein begossener Pudel, und schaute mir hinterher. Und ich hielt meinen Kopf erhoben und bin ganz langsam gegangen.« Wieder kicherte sie.

Die Augenlider von Grand-mère flatterten plötzlich. Marthe beugte sich vor, nahm wieder das feuchte Tuch, drückte es vorsichtig an Grand-mères Mund. Diesmal öffnete sie die Lippen, schien fast an dem Tuch zu saugen. Marthe befeuchtete es schnell erneut, hielt es ihr wieder an die Lippen. Und nun öffnete Großmutter die Augen, sah Marthe an.

»Möchtest du etwas trinken? Komm, ich helfe dir.« Marthe nahm das Glas, stützte Grand-mères Kopf. Sie trank einen winzigen Schluck, presste dann wieder die Lippen zusammen. Marthe sah sie an. »Langsamer?«, fragte sie unsicher. Grand-mère holte Luft, ein röchelnder Laut. Doch ihr Gesicht verzog sich zu einem Lächeln, die tiefen Furchen um ihre Augen schienen zu Radspeichen zu werden. Oder Sonnenstrahlen, dachte Marthe. Sie erholt sich, sie wird sich erholen, dachte sie beglückt.

»Möchtest du etwas essen? Ein wenig Brühe trinken? Ich halte die Brühe immer warm, habe heute neues Gemüse und Kochwürste dazugetan und alles aufkochen lassen. Auch Wasser habe ich nachgefüllt.« Sie hielt inne, merkte, dass sie zu schnell gesprochen hatte. Großmutter sah sie an, lächelte immer noch, schüttelte dann ganz leicht den Kopf und neigte ihn zum Nachttisch, zum Wasserglas. Wieder stützte Marthe Grand-mères Kopf, half ihr, ein weiteres Schlückchen zu trinken. Grand-mère hielt das Wasser im Mund, so, als wolle sie ihn gut befeuchten, dann schluckte sie mühsam, hustete ein wenig, lehnte sich erschöpft zurück. Dann bewegte sie die Lippen, so, als wolle sie etwas sagen, aber Marthe konnte nichts hören. Sie stellte das Glas ab, nahm Grand-mères Hand und beugte sich vor.

»Möchtest du mir etwas sagen? Willst du von der Brühe?«, fragte sie.

Grand-mère hauchte etwas, doch wieder verstand Marthe es nicht.

»Was hast du gesagt?«

»Ssss … Sssss«, zischte Grand-mère, schluckte trocken und hörbar, holte Luft, ihr Atem rasselte. »Ssss … inn.«

»Sinn?«, wiederholte Marthe und sah Grand-mère ratlos an.

Grand-mère nickte und schien erleichtert zu sein. Wieder spitzte sie die Lippen. »Sinn … du … mein Sinn.« Dann schloss sie erschöpft die Augen, ihr Atem war unruhig, mehrfach schnappte sie nach Luft, doch schließlich beruhigte sie sich.

Du mein Sinn, sagte Marthe sich. Was sollte das bedeuten? Was wollte Grand-mère? Hatte sie einen Wunsch? Marthe verstand die Worte nicht. Sie ging in die Küche, holte eine Tasse der Brühe, hielt sie Grand-mère vor die Nase. »Möchtest du? Wenigstens ein paar Löffel? Es ist eine kräftige Brühe, vielleicht stärkt sie dich?«

Großmutter schloss die Augen und kniff wieder die Lippen zusammen. Sie tastete nach Marthes Hand, drückte sie kurz. Ihr Atem ging sehr unregelmäßig, und mehrfach schien sie nach Luft zu schnappen, doch dann beruhigte sie sich endlich wieder.

Marthe blieb neben ihr sitzen, streichelte ihren Arm und ihre Hand, die nur noch aus Haut und Knochen zu bestehen schienen. Als es dunkel wurde, bettete sie Grand-mère um, so wie Aurelie es ihr gezeigt hatte. Sie zündete die Lampe an, brachte die Hühner in den Stall und setzte sich wieder an ihr Bett.

Was sollten die Worte bedeuten, die Grand-mère gesagt hatte? Sie konnte sich keinen Reim darauf machen, rieb sich immer wieder müde über die Augen. Ins Bett wollte sie nicht gehen, falls Grand-mère in der Nacht wach würde und irgendetwas brauchte. Irgendwann musste sie eingeschlafen sein.

Es war diese Stunde der Wesenlosigkeit zwischen Tag und Nacht, in der der Wind ruht, das Wachstum stockt und die Bäume wie benommen dastehen, als Marthe wieder wach wurde. Nichts regte sich, ein tiefes Schweigen lag über dem kleinen Hof in den Vogesen. Nur die Lampe bleckte, und Marthe stand auf, um den Docht zu kürzen. Als sie das Glas wieder über die Flamme stülpte, sah sie zu Grand-mère, die immer noch so dalag wie am Abend. Und doch hatte sich etwas verändert, war etwas anders als zuvor. Grand-mères Körper schien noch kleiner, noch mehr in sich zusammengesunken und … sie regte sich nicht mehr. Marthe starrte auf ihren Brustkorb, aber weder hob noch senkte er sich. Dann beugte sie sich über die Großmutter, lauschte, schaute auf die Lippen, die Nasenflügel. Nichts.

Langsam ließ sie sich auf den Stuhl zurücksinken, versuchte zu fassen, was passiert war. Sie ist … eingeschlafen, von uns gegangen … sie ist tot. Für einen Moment saß sie nur da, schaute Großmutter an, sah aus dem Fenster in die Dunkelheit. Über den Bäumen konnte man den Schimmer des ersten Tageslichts erahnen. Noch war es nur der Vorbote, ein Versprechen, dass der nächste Tag kommen würde, so wie an allen Tagen zuvor, auch wenn sich in dieser Nacht alles geändert hatte und nichts mehr so sein würde wie zuvor.

Marthe stand auf, öffnete das Fenster. Sie wusste nicht genau, warum sie das tat, es war ein Wunsch, der aus ihrem Inneren zu kommen schien, etwas, was sie tun musste. Die Lampe flackerte, schien zu verlöschen, um kurz danach wieder aufzuflammen, als wäre ein Zug durch das Zimmer geglitten, doch es war windstill.

Wieder setzte sie sich, lauschte diesem Haus, das älter als Grand-mère war und schon viele Dinge gesehen haben mochte. Geburt und Tod und alles, was es dazwischen gab. Erinnerungen an andere, ältere Leben schienen in dem Haus zu lauern, wie Fledermäuse unter Dachtraufen. Oder vielleicht waren es auch die Erinnerungen an Grand-mères Leben in diesen Mauern und Räumen. Sie hatte das Haus mit Leidenschaft gefüllt, mit Liebe und mit Trauer, mit Wut und mit Tränen. Sie und Grand-père und die Kinder, die sie gehabt hatte und die alle vor ihr gegangen waren. Und nun war keiner mehr da, außer Marthe. Sie war die Letzte der Blutlinie der Distel, wurde ihr klar.

Sinn, hatte Grand-mère gesagt. Sinn. Ich habe sie nach dem Sinn ihres Lebens gefragt und ob sie ihn gefunden hätte. Du mein Sinn – sie hat mich gemeint, dachte Marthe nun überrascht. Mich. Ich bin der Sinn ihres Lebens. Aber natürlich.

Ich darf nur nie vergessen, was sie mir alles mitgegeben hat. Welche Weisheiten und Ratschläge, ihren feinen Humor, ihre Achtsamkeit. Rau war sie gewesen und kantig, weil das Leben sie so geformt hatte. Doch unter der Hülle war die wahre Joséphine gewesen, eine mitfühlende, gnädige, humorvolle Frau. Sie hatte sich nicht immer so zeigen können, doch Marthe hatte sie gesehen und gespürt. Und nun war sie gegangen.

Nein, dachte Marthe, wir werden sie behalten – in uns, in unseren Erinnerungen. Sie wird mit uns weiterleben.

Hier zu sitzen, neben der Toten, fand Marthe nicht furchteinflößend und keinesfalls gruselig. Grand-mère war friedlich gegangen, ohne Schmerzen und ohne Qual.

Sie blieb sitzen, bis der Tag sich zeigte, es heller und heller wurde. Der Himmel erst ein verhaltenes Grau, dann ging er in ein zartes, noch scheues Blau über, bis die ersten Sonnenstrahlen über den Horizont reichten und den Himmel einfärbten. Müde stand Marthe auf, streckte sich. Dann ließ sie die Hühner in den Hof und machte Feuer unter dem großen Wasserkessel, den sie mit Brunnenwasser füllte.

Sie würde ein Bad in der kleinen Zinkwanne nehmen, sich umziehen. Dann würde sie Grand-mère noch einmal waschen und anziehen, bevor sie den Nachbarn Bescheid gab. Sicherlich mussten nun einige Dinge gemacht werden, aber davon hatte sie keine Ahnung und wollte sich auch noch nicht damit befassen. Noch ein wenig, eine kleine Weile, wollte sie allein sein mit Grand-mère, obwohl Marthe sich ganz sicher war, dass ihre Seele diesen Ort schon verlassen hatte. Es war nur noch die Hülle da.

Sie wusch Grand-mère, die ganz friedlich dalag, so, als würde sie sehr fest schlafen. Nur war es schwerer, sie zu bewegen, da sie irgendwie erstarrt wirkte, als hätte sie alle Muskeln angespannt. Deshalb war es auch mühsam, Grand-mère das gute Kleid anzuziehen. Aber Marthe schaffte es. Sie legte sie auf das Bett, deckte sie nicht zu. Die Augen hatte Grand-mère geschlossen, aber es war unmöglich, ihre Hände auf der Brust zu falten.

Schließlich gab Marthe auf. Das Wasser im großen Kessel war inzwischen heiß. Sie holte die Zinkwanne hervor, goss das Wasser ein und nahm ein Stück der Seife, die Grand-mère immer mit den Gartenkräutern gekocht hatte. In der Kammer waren noch etliche Stücke Seife, aber die würden nicht endlos halten. Irgendwann, wurde Marthe bewusst, würden sie das letzte Stück anbrechen und aufbrauchen und dann würde es nie wieder Grand-mères Seife geben. Also, beschloss sie, genieße ich das jetzt ganz besonders. Es ist etwas, was sie uns überlassen hat, eins ihrer Vermächtnisse. Und vielleicht weiß Maman auch, wie man Seife macht.

Es würde auch nie wieder Suppe geben, die Grand-mère angesetzt hatte, nie wieder ihr Brot, ihre salzige Butter, ihren Weihnachtstruthahn. Ganz viele Dinge würde es nie wieder geben. Aber ich erinnere mich daran, ich weiß, wie es geschmeckt hat, sich angefühlt hat. Ich muss mich nur daran erinnern. Marthe wusste, dass Erinnerungen verblassten und verschwanden. Irgendwann hatte sie sich nicht mehr an die Stimme ihres Vaters erinnern können, an sein Gesicht, seinen Geruch. Aber dass es ihn gegeben hatte, daran erinnerte sie sich natürlich noch ganz genau. Und wie sanft er gewesen war und wie lustig er hatte sein können. Wie er mit Mutter durch die Wohnung getanzt war und wie er ihr Essen gelobt hatte. Es gab viele kleine Dinge, die sie noch von ihrem Vater wusste, an die sie sich erinnerte. Und es gab viele Erinnerungen an Grand-mère, die sie bewahren wollte.

Die Seife roch nach Lavendel und Rosmarin, sie schäumte sich mehrfach ein, schnupperte immer wieder. Als das Wasser schließlich zu kalt wurde, stand sie auf, nahm das Handtuch und rubbelte sich trocken. Inzwischen war der Tag zur Gänze erwacht, die Vögel sangen ihre Morgenlieder, der Hahn hatte seinen Wachposten auf dem Misthaufen bezogen. Marthe schüttete das Badewasser in den Hof, sah sich um. Was würde mit dem Haus, mit dem Hof nun werden? Unschlüssig stand sie da, schließlich machte sie sich auf den Weg zu den Nachbarn.

Die Felder, die hier in den Bergen terrassenförmig angelegt waren, wurden bestellt. Es roch nach satter, feuchter und frischer Erde, dort, wo das Land gepflügt wurde. Ein kräftiger Duft, der Erneuerung versprach. Marthe schritt schnell voran, auch wenn sie nicht wirklich wusste, was sie sagen wollte. Sie hatte bisher kaum Tränen vergossen, immer noch erschien ihr alles eher unwirklich und gleichzeitig auch verständlich. Grand-mère war alt gewesen und nun gestorben. Müsste sie nicht tiefe Verzweiflung fühlen? War sie womöglich gar nicht fähig, tiefe Gefühle zu empfinden? Als sie von Vincents Verlobung erfahren hatte, war die echte Verzweiflung auch ausgeblieben. Sie hatte getrauert – aber hatte sie nicht im Grunde sich selbst bemitleidet? Oder sich über seine Art geärgert? War das Trauer gewesen? Und warum fühlte sie nun so wenig? Weil es absehbar gewesen war? Weil Grand-mère auf so eine sanfte und eigentlich gnädige Art erlöst worden war? Es gab keinen Grund zur Verzweiflung, es gab nur das Gefühl, verlassen worden zu sein, nun allein zu sein – wie in der Tiefe eines Brunnens.

Sie erreichte den Hof und fand Aurelie in der Küche. »Bonjour«, sagte sie, aber alle weiteren Worte wollten nicht kommen.

Aurelie sah sie an, lächelte, dann verstand sie. »Mon Dieu. Wann? Heute Nacht? Oh je. Mein armes Kind.« Sie umarmte Marthe, drückte sie an sich. »Wie geht es dir? Komm, setz dich. Möchtest du einen Milchkaffee? Oder etwas essen?«

Marthe fiel ein, dass sie am Abend zuvor Brotteig angesetzt, aber heute Morgen nicht gebacken hatte. Das würde sie noch machen müssen. »Was muss ich jetzt tun?«, fragte sie und setzte sich, nahm dankbar den Kaffee.

»Wir müssen den Pastor informieren, das Amt«, sagte Aurelie. »Deine Mutter. Ja, wir müssen ihr sofort eine Depeche schicken. Soll ich hoch gehen zu eurem Hof und mich … kümmern?«

»Ich habe sie gewaschen und ihr das beste Kleid angezogen.«

»Alleine?« Aurelie sah sie überrascht an.

»Das schien mir sinnvoll, und ich wollte ihr diesen Respekt erweisen. Sie ist einfach letzte Nacht gegangen, eingeschlafen und nicht mehr wach geworden.«

»Eine gnädige Art, um zu gehen.«

»Ich wünschte nur, Maman wäre hier.« Marthe spürte plötzlich einen Druck auf ihrer Brust, als würde ihr erst jetzt bewusst, was passiert war. Sie biss sich auf die Lippen und spürte die Tränen, die liefen wie ein Wasserfall nach dem Regen.

Aurelie drückte sie nur kurz, reichte ihr ein Taschentuch. »Weine nur. Das braucht es jetzt.« Dann lief sie auf den Hof. »Alain, komm schnell, du musst in die Stadt fahren und vorher meinem Mann Bescheid sagen«, rief sie. Der Bursche kam aus dem Stall geeilt. »Oui Madame. Ist etwas passiert?«

»Joséphine ist tot«, sagte Aurelie und klang traurig.

Marthe hörte die Worte und schluchzte auf. Tot, dachte sie, sie ist unwiederbringlich tot. Warum erschüttert mich das erst jetzt, fragte sie sich und fühlte sich plötzlich ganz klein und müde. Am liebsten hätte sie sich auf der Küchenbank zusammengerollt und geschlafen. Sie wollte erst wieder aufwachen, wenn alles geregelt und vorbei wäre.

Aurelie trat zurück in die Küche und blieb für einen Moment an der Tür stehen. Dann seufzte sie auf. »Oje, ma Chère, oje. Das ist sicherlich nicht einfach für dich. Komm, komm. Ich bring dich in die Kammer dort vorne, da legst du dich erst einmal hin und ruhst dich aus. Jaja, weine nur. Es ist alles gut, es wird sich alles fügen. Pierre wird gleich nach Remiremont fahren und eine Depeche an deine Mutter schicken. Nun, nun, alles ist gut.«

Der Singsang von Aurelies Stimme beruhigte Marthe sehr viel mehr als die Worte selbst. Sie ließ sich in die Kammer führen, legte sich dort auf das schmale Bett und fiel schnell in einen unruhigen Schlummer. Immer wieder hörte sie Wortfetzen aus der Küche, bekam mit, dass dort Betriebsamkeit herrschte, schaffte es aber nicht, sich aufzuraffen und die Augen zu öffnen. Sie schwebte in einem Bewusstseinszustand zwischen wachen und schlafen. Immer wieder sah Aurelie kurz nach ihr.

»Ich hoffe, dass Julie bald kommt. Das war wohl alles ein wenig zu viel für das Mädchen.« Sie holte tief Luft. »Ich hätte gestern doch bei ihr bleiben sollen.«

»Man konnte doch nicht wissen, wie lange es dauert«, meinte Pierre. »Die Depeche habe ich abgeschickt und auch die Behörde informiert. Nun lassen wir sie einfach ruhen, solange sie das braucht.«

Die Worte beruhigten Marthe, und endlich konnte sie fest einschlafen. Einige Zeit später erwachte sie und fühlte sich erfrischt. Sie ging in die Küche, in der Aurelie das Essen vorbereitete. Es duftete nach frisch gebackenem Brot, ausgelassenem Speck und gebratenen Kartoffeln. Aurelie drehte sich zu ihr um, lächelte sie an. »Wie geht es dir?«

»Sehr viel besser«, sagte Marthe. »Ich habe drei Nächte auf dem Stuhl neben Grand-mères Bett verbracht und das scheint mich mehr erschöpft zu haben, als ich dachte.«

»Ich in meinem Alter wäre schon nach einer Nacht nicht mehr zu gebrauchen«, sagte Aurelie. Sie musterte Marthe. »Hast du Hunger? Die Männer kommen gleich vom Feld rein, dann gibt es Essen.«

»Ich sollte wieder nach Hause gehen«, meinte Marthe.

»Aber nein, du bleibst bei uns, bis deine Mutter da ist.«

»Das möchte ich nicht«, sagte Marthe. »Dann ist Grand-mère ja die ganze Zeit allein.«

»Sie ist doch gar nicht mehr da, nur noch ihr Körper.«

»Ich weiß, dennoch fühlt es sich falsch an.«

Aurelie sah sie schweigend an, dann nickte sie. »Ich kann deine Gedanken verstehen, aber bevor du nicht mit uns gegessen hast, lasse ich dich nicht gehen.«

Das Essen war sehr lecker, aber die Stimmung am Tisch gedrückt. Viele Jahren war Grand-mère ihre Nachbarin gewesen, und sie hatten gegenseitig aufeinander aufgepasst. Sie würde auch hier fehlen.

Auf einmal hob Alain den Kopf. »Ich höre einen Karren auf der Straße«, sagte er.

»Das wird der Priester sein«, meinte Aurelie und stand auf, ging zur Tür und schaute dem Gefährt entgegen. Doch es war nicht der Geistliche, der von der Kutsche sprang, sondern Julie.

»Das ist ja kaum zu glauben«, sagte Aurelie überrascht. »Wie hast du das so schnell geschafft? Wir haben nicht vor morgen mit dir gerechnet.«

»Aber ich hatte Marthe doch gesagt, dass ich so schnell es geht nachkomme. Hat sie euch das nicht mitgeteilt? Wie geht es Joséphine? Ich wollte erst bei euch vorbeischauen und sehen, ob ich etwas mitnehmen soll.« Julie lächelte, doch dann sah sie Marthe, die durch den Hof auf sie zugelaufen kam, und ihr Gesicht wurde ernst.

»Maman, Maman«, rief Marthe und warf sich ihrer Mutter in die Arme. »Oh, ich bin so froh, dass du hier bist.«

»Was … wieso … was?«, stammelte Julie, und dann begriff sie. »Grand-mère?«

Marthe nickte. »Heute Nacht. Sie ist nicht mehr aufgewacht. Ich war aber die ganze Zeit bei ihr.«

»Mein armes Kind«, sagte Julie und drückte Marthe an sich.

»Marthe hat das alles ganz wunderbar gemacht«, berichtete nun Aurelie. »Du kannst stolz auf sie sein. Sie hat sich sehr um Joséphine gekümmert.«

»Ich habe dir heute Morgen eine Depeche geschickt«, sagte Pierre, der auch in den Hof gekommen war.

»Ich bin schon morgens losgefahren«, sagte Julie. »Eine Depesche habe ich nicht bekommen.«

»Es wird sich überschnitten haben«, meinte Pierre.

»Nun komm erst einmal rein und iss mit uns«, sagte Aurelie. »Du kannst sicher eine Stärkung gebrauchen. Und es eilt auch nicht, zu eurem Hof zu gehen.«

»Was wird nun mit dem Hof?«, fragte Marthe nachdenklich, als sie wieder alle zusammen am Tisch saßen.

»Ich weiß nicht«, sagte Julie. »Das kommt sicher auf einige Dinge an.«

»Worauf denn?«

»Ich weiß nicht, ob Joséphine noch Verwandtschaft hat und ob es ein Testament gibt. Ich bin mir noch nicht einmal sicher, ob ihr der Hof gehört hat, oder nur gepachtet war. Über solche Dinge hat sie nie mit mir gesprochen.«

»Es ist ihr Hof«, sagte Pierre. »Das weiß ich ganz sicher, weil wir ja einige der Äcker von ihr gepachtet haben. Sie wollte sie nicht verkaufen, wollte den Hof nicht zerstückeln.«

»Aber nun …«, meinte Aurelie, »nun …«

»Das ist noch zu früh«, fiel Pierre ihr ins Wort. »Joséphine ist doch noch nicht einmal unter der Erde, und Julie hat ja recht, man muss erst abwarten, ob es ein Testament gibt und so weiter.«

»Ich finde, wir sollten es trotzdem ansprechen«, meinte Aurelie. »Denn wenn es keine weitere Verwandtschaft gibt, dann erbst du den Hof, Marthe.«

»Ich? Aber … was mache ich denn mit dem Hof?«

»Nun, wir würden ihn kaufen«, sagte Aurelie und sah über den bösen Blick ihres Mannes hinweg. »Das haben wir schon vor einer Weile beschlossen. Falls wir uns auf einen Preis einigen können. Dann könnte Simon, unser Sohn, mit seiner Familie hierherziehen. Wir könnten die Felder zusammenlegen. Unser Hof ist nicht groß genug, um eine weitere Familie mit zu ernähren, beide Höfe zusammen wären aber ausreichend.«

»Jetzt ist aber gut«, schimpfte Pierre. »Wie kannst du das der armen Julie antun? Sie ist gerade erst gekommen und hat von Joséphines Tod erfahren.«

»Ist schon gut«, sagte Julie. »Wir wussten doch, wie es um sie stand. Ich habe nur nicht damit gerechnet, dass es so schnell geht.« Sie wischte sich über die Stirn. »Und obwohl wir nun einige Dinge klären müssen, was den Hof angeht, bin ich doch froh zu wissen, dass ihr ihn würdet haben wollen.«

»Siehst du«, zischte Aurelie ihrem Mann zu. Er brummte nur.

Nach dem Essen machten sich Julie und Marthe auf den Weg zum oberen Hof.

Marthe erzählte Julie vom gestrigen Tag. »Aurelie hat mir geholfen und mir gezeigt, wie ich sie umlagern muss. Wir haben sie gestern gewaschen, und ich habe es heute Morgen noch einmal getan, bevor ich ihr das gute Kleid angezogen habe.«

»Du ganz allein?«, fragte Julie verwundert. »War das nicht … unheimlich für dich?«

»Nein. Ich hatte das Gefühl, so Grand-mère noch einmal Respekt erweisen zu können. Nur als ich dann bei Pierre auf dem Hof war, bin ich ein wenig zusammengebrochen. Ich musste so weinen und danach war ich einfach nur erschöpft. Ich bin sehr traurig, dass Grand-mère gestorben ist, ich hätte so gerne noch mit ihr geredet. Erzählt habe ich ihr ganz viel, aber sie hat nicht mehr geantwortet.«

»Sie hat dir bestimmt zugehört, war aber dann zu schwach, um noch zu antworten. Es ist ein sehr tröstlicher Gedanke, dass du die ganze Zeit bei ihr warst, dass sie nicht alleine war.«

»Meinst du«, fragte Marthe zögernd, »dass sie Angst hatte?«

»Nein!«

»Wie kannst du dir so sicher sein?«

»Weil ich Grand-mère kannte, gut kannte. Sie hatte vielleicht Angst vor Schmerzen, oder davor, keine Luft mehr zu bekommen. Aber nicht vor dem Tod selbst. Sie ist auf einem Hof groß geworden, hat einen Hof bewirtschaftet – und der Tod gehört auch immer mit zum Leben dazu. Sie hat ihre Hühner geschlachtet, war dabei, wenn das Schwein geschlachtet wurde oder auch mal ein Kalb oder eine Kuh. Der Tod ist auf einem Hof eine Notwendigkeit. Und deshalb haben die meisten Leute auf dem Land wenig Angst davor.«

»Aber natürlich. Das macht Sinn«, sagte Marthe.

»Zudem hatte sie ein langes und erfülltes Leben, mon Cœur. Sie hat schon früh ihren Mann verloren und all ihre Kinder überlebt.

Ich bin mir sicher, dass Grand-mère sie nun im Himmel wiedertrifft und dass das sie glücklich macht.«

»Auch Papa«, sagte Marthe leise.

»Ja, ihn auch.«

Marthe schwieg eine Weile. Sie bogen auf den Hof ein, blieben kurz stehen. Das alte Haus schien sich unter seinem Dach zu ducken, so, als wolle es sich verstecken.

»Kann es sein, dass es noch Verwandtschaft gibt?«, wollte Marthe nun wissen.

»Ja, das kann sein. Die Familien hier auf dem Land sind oft weit verzweigt. Aber ich glaube nicht, dass jemand anderes als du einen Erbschaftsanspruch hat.«

»Wenn das so ist, warum erbe ich und nicht du?«

»Weil du mit ihr blutsverwandt bist und ich nicht. Aber ich weiß nicht, ob es dann nicht einen Verwalter geben wird, denn schließlich bist du weder volljährig noch verheiratet. Rechtlich hast du keinen Stand.« Julie atmete tief durch, dann schritt sie entschlossen zum Haus, öffnete die Haustür. Es roch intensiv nach der Suppe, die auf dem Herd köchelte, auch wenn das Feuer ausgegangen war und nur noch ein wenig Glut glomm.

»Die Suppe«, rief Marthe und lief zum Herd. Schnell schüttete sie Wasser nach, es zischte etwas. Sie rührte um.

Julie war neben sie getreten und schaute in den großen Topf. »Glück gehabt. Eine halbe Stunde später hätte es angesetzt.« Dann schnupperte sie. »Das riecht gut. Hast du da noch etwas hineingetan, oder ist das noch Grand-mères?«

»Ich habe immer wieder Wasser und Wein dazu geschüttet, Gemüseabschnitte und zuletzt ein paar Kochwürste, so wie ihr beide es mir gezeigt habt. Ein paar frische Kräuter sind auch hineingewandert. Aber der Ansatz war der, den Grand-mère immer auf dem Herd stehen hat.« Sie schluckte. »Es ist der letzte Ansatz von ihr.«

»Weißt du, ihr Ansatz ist ein wenig so, wie der Sauerteig, der immer da oben auf der Anrichte steht. Sie hat den Sauerteig gefüttert, dann etwas abgenommen und verwendet, wieder den Vorteig aufgefüllt. Und so hat sie es auch mit der Brühe gemacht. In all den Jahren stand immer und immer dieser Topf mit Brühe auf dem Herd. Siehst du, wie schwarz er ist? Manchmal, wenn wirklich nur noch ein Rest da war – bei der Erntezeit, wenn geschlachtet wurde, immer dann, wenn sie viel Jus oder Consommé brauchte, hat sie den Rest in einen kleinen Topf geschüttet, den großen ausgewaschen, mit Sand ausgescheuert und gespült. Dann kam der kleine Rest wieder zurück in den großen, nun sauberen Topf und sie hat ihn aufgefüllt – mit Gemüse, Gewürzen, Wein und Wasser. Und so ging das über Jahre, vermutlich schon immer. Eine kleine Essenz von der alten Suppe war immer mit dabei, wie auch der Sauerteig nie ausgehen, nie ganz verbraucht werden darf. Und wir können diesen Rest Suppe mitnehmen und weiterverwenden. Natürlich wird das irgendwann nicht mehr Grand-mères Suppenessenz sein, aber … vielleicht doch ein winziges bisschen. Ich finde den Gedanken jedenfalls schön.«

»Ja«, sagte Marthe fast andächtig. »Ja, du hast recht. Und den Sauerteig nehmen wir auch mit. Überhaupt – ich habe Brotteig angesetzt, der muss noch gebacken werden.« Schnell öffnete sie die Ofenklappe, fachte das Feuer sacht wieder an. Es würde eine Weile dauern, bis genügend Hitze entstanden war, um Brot zu backen, aber sie hatten ja Zeit.

Während sie sich um den Ofen und den Topf kümmerte, ging Julie langsam in das Schlafzimmer. Erst hatte Marthe gar nicht bemerkt, dass ihre Mutter gegangen war, dann aber sah sie die offene Tür und blieb unsicher stehen. Brauchte Maman nun Zeit alleine mit Grand-mère? Sie selbst wollte auch noch mal hineinschauen, denn alles, was sie von dem heutigen Morgen erinnerte, war konfus und verwischt. Sicher war sie sich nur, dass Grand-mère tatsächlich tot war.

Julie blieb eine ganze Weile in dem Schlafzimmer. Schließlich rief sie leise nach Marthe. Marthe ging langsam in das Schlafzimmer. Ihre Mutter saß an Grand-mères Bett und schaute Marthe entgegen. Ihre Augen waren feucht, und sie wischte sich über die Wange.

»Das hast du wirklich, wirklich gut gemacht. Ich danke dir. Ich bin sehr froh, dass du hier warst und dich so tapfer geschlagen hast. Ich weiß nicht, ob ich das in deinem Alter gekonnt hätte. Grand-mère wäre mehr als stolz auf dich.«

Marthe starrte auf das Bett. »Sie … sie hat die Hände gefaltet«, hauchte sie. »Das hatte sie heute Morgen nicht. Ich habe das nicht geschafft, weil … ich sie nicht bewegen konnte, sie war so steif.«

»Ja, das stimmt. Ich habe ihre Hände gefaltet«, sagte Julie leise.

»Aber … wie hast du das gemacht?«

»Wenn jemand stirbt, wird er ganz schnell ganz steif«, sagte Julie. »Immer. Ich weiß nicht, warum das so ist, es passiert einfach. Und nach einiger Zeit erschlafft der Körper wieder. Du hast sicherlich schon gesehen, dass Tote manchmal ein Tuch um den Kopf gewickelt haben, oder eine Schnur? Das ist, weil sonst der Kiefer nach unten fällt, und der Tote dann mit offenem Mund daliegt. Deshalb bindet man das. Noch ist Grand-mère nicht so … weich, aber das kommt. Ihre Hände konnte ich jedoch schon falten.«

»Thierry hatte so ein Tuch um den Kopf. Es hat mich gewundert, aber ich habe mich nicht getraut zu fragen«, sagte Marthe leise. »Grand-mère sieht immer noch so aus, als würde sie schlafen.«

»Ja, sie sieht ganz friedlich aus. Das macht mich froh. Sie ist mit einem guten Gefühl von uns gegangen, und dafür bist du verantwortlich, das hast du ihr ermöglicht.«

»Ich war doch nur da, ich konnte doch gar nichts tun.«

»Du warst da. Und sie war nicht alleine, mon Cœur.« Julie nahm Marthes Hand und drückte sie.

»Was passiert jetzt?«

»Ich glaube nicht, dass der Pfarrer heute noch kommt, aber morgen früh sicherlich.« Julie schaute aus dem Fenster. »Hinten am Wald ist die alte Kapelle und da ist auch der Bergfriedhof.«

»Da ist Papas Grab und auch das von Grand-père«, sagte Marthe leise. »Da liegen meine Geschwister, non?«

Julie nickte. »Dort wird auch Grand-mère beerdigt werden. Wahrscheinlich übermorgen. Und wir werden einen kleinen Leichenschmaus ausrichten müssen.« Sie seufzte. »Ich muss morgen eine Nachricht an die Laurents schicken, es wird hier noch einiges zu tun geben, ich werde nicht so schnell zurückkehren können.«

»Das werden sie sicher verstehen.«

»Es ist wie es ist.« Julie seufzte auf. »Lass mich meine Sachen nach oben bringen. Es wird schon dunkel.«

An diesem Abend saßen sie zusammen, tranken ein wenig Wein und aßen von dem Brot, das Marthe noch gebacken hatte. Sie teilten ihre Erinnerungen an Grand-mère, von denen Julie natürlich so viel mehr hatte als Marthe. Doch Marthe erinnerte sich an ganz andere Dinge als ihre Mutter. Plötzlich mussten sie beide laut lachen, als Marthe eine lustige Begebenheit von früher erzählte. Sie sah Julie erschrocken an, schlug die Hand vor den Mund und senkte den Kopf. »Oh nein, ich schäme mich«, flüsterte sie.

»Das musst du nicht, mon Cœur. Warum solltest du auch?«

»Aber wir … wir haben gelacht.«

»Es war doch auch lustig, was du erzählt hast. Das macht unsere Trauer über Grand-mères Tod nicht geringer. Es gibt kein Entweder oder. Es gibt beides zugleich. Traurig sein und dennoch Freude empfinden, zu lachen, sich wohlzufühlen – alles geht gleichzeitig. Ich habe auch eine Weile gebraucht, bis ich das begriffen hatte, vor allem nach dem Tod deines Vaters. Ich trauere immer noch um ihn, vermisse ihn, hätte ihn gerade jetzt gerne an meiner Seite. Aber das geht nun mal nicht. Und dennoch darf ich auch etwas lustig finden, lachen, weil etwas lustig ist. Das schmälert nicht das Gefühl für den Toten und ist auch nicht respektlos.« Sie trank nachdenklich einen Schluck Wein. »Du wirst das nach der Beerdigung erleben. Erst sind alle sehr traurig, aber dann wird in den Erinnerungen gekramt und dann kommen ganz viele: Weißt du noch? Damals? Da hat Joséphine … dies, jenes, welches gesagt, getan. Und es sind meist lustige, schöne Erinnerungen, die hochkommen. Das ist auch gut so. Wir wollen uns an die schönen Erlebnisse erinnern, an all die lustigen Dinge, die man miteinander erlebt hat. Es sind diese Dinge, die uns durch das Leben tragen. Und das macht das Leben auch erträglich.«

Julie hatte recht, am Tag der Beerdigung kamen viele Leute. Nachbarn, Händler, mit denen Grand-mère früher viel zu tun gehabt hatte, Leute, die Marthe noch nie zuvor gesehen hatte. Sie alle machten den Anschein, als hätten sie noch in den letzten Wochen bei Grand-mère in der Küche gesessen und mit ihr geredet.

Julie hatte geahnt, dass viele kommen würden und hatte einen sehr großen Topf Cassoulet gekocht – mit Würsten aus dem Elsass und Entenschlegeln aus den Vogesen. Dazu gab es Brot und Schmalz, gesalzene Butter und gebratene Hähnchen.

»Ich habe vier der Hühner und den Hahn geschlachtet«, sagte Julie zu Pierre. »Die restlichen Hühner kannst du mitnehmen.«

»Was willst du dafür haben?«, fragte Pierre.

»Ich möchte, dass du in den nächsten Wochen, vielleicht auch Monaten hier nach dem Rechten schaust. Ihr könnt auch gerne den Gemüsegarten bewirtschaften. Ich weiß, für einige Dinge ist es schon zu spät, aber anderes kann man noch sähen. Ich möchte kein Geld dafür, keine Pacht. Nicht, solange die Besitzverhältnisse noch nicht geklärt sind. Mir wäre es nur lieb, wenn der Garten bewirtschaftet würde und nicht verkommt und brachliegt Ihn dann wieder nutzbar zu machen, wäre sicherlich schwieriger.«

»Du weißt ja, wir würden den Hof und die Felder kaufen«, nuschelte Pierre verlegen.

»Das weiß ich und das ist auch gut, zu wissen. Aber noch ist nicht geklärt, was damit passiert. Ich werde euch nicht vergessen.«

»Würdest du den Hof denn behalten wollen?«, fragte Pierre überrascht. »Du bist doch jetzt Pariserin. Du wirst doch nicht mehr hier auf dem Land wohnen wollen.«

Julie sah ihn nachdenklich an. »Um ehrlich zu sein, weiß ich das gar nicht. Ich bin wegen Marthe nach Paris gegangen. Damit sie mehr Möglichkeiten in ihrem Leben hat, als ich jemals hatte. Aber ich bin im Grunde ein Landkind.«

»Oh.« Pierre sah sie zweifelnd an. »Das überrascht mich.« Er setzte sich auf. »Ich habe Aurelie immer zurückgehalten, sie wollte Joséphine den Hof schon längst abkaufen, aber ich wollte ihr nicht das Zuhause nehmen, sie hing ja an diesem Land, auch wenn es karg ist und nicht viel abwirft.«

Julie lächelte nachsichtig. »Du hast so ein gutes Herz, Pierre. Dafür bin ich dir dankbar. Ich kann aber noch gar nichts über das weitere Vorgehen sagen, denn vermutlich wird ja Marthe den Hof erben und nicht ich. Und dann muss sie entscheiden, was damit wird.«

»Papperlapapp. Selbst wenn Marthe erbt, wirst du entscheiden, denn du bist ihr Vormund.« Er räusperte sich. »Nun wollen wir nicht ungelegte Eier zerschlagen. Lass uns lieber auf Joséphine trinken. Ich habe ein paar Flaschen Gebrannten mitgebracht.«

»Das ist eine hervorragende Idee. Santé.«

Nach der Beerdigung blieben Marthe und Julie noch eine Woche. Sie räumten das Haus auf, gaben Grand-mères Kleider der Wohlfahrt, sortierten die wenigen persönlichen Sachen, die Grand-mère besessen hatte. Es gab ein Buch, in dem sie Rezepte aufgeschrieben hatte, es gab einige Stapel alter, manchmal schon verblichener Briefe, es gab eine Kiste mit Erinnerungsstücken, die ihnen fremd waren. Darin waren Schneckenhäuser und Muscheln, alte Federn und von Motten zerfressene Babysöckchen.

»Muschelschalen, das sind Muscheln aus dem Süden, die sind vom Mittelmeer«, sagte Julie nachdenklich. »Ich wusste nicht, dass Grand-mère jemals dort gewesen ist.«

»Vielleicht hat Grand-père ihr die mitgebracht? Oder Papa. Der war ja öfter dort unten in Nizza und Marseille.«

»Möglich. Wir werden es nie erfahren.« Julie lächelte still.

»Was denkst du?«, fragte Marthe neugierig.

»Ich finde den Gedanken schön, dass Grand-mère ihre eigenen Geheimnisse hatte. Dinge, die sie mit ins Grab genommen hat. Erinnerungen, die nur ihr etwas bedeutet haben. Verstehst du, wie ich das meine?«

Marthe überlegte, dann nickte sie. »Ja«, sagte sie dann langsam. »Wir kannten nur einen Teil von ihr. Sie war meine Grand-mère. Sie war deine Schwiegermutter und Papas Mutter. Sie war Grand-pères Frau – aber vielleicht war sie ja noch mehr. Vielleicht war sie die Freundin von jemanden, den wir nicht kennen, die Vertraute von jemand anderem. Vielleicht hat sie Reisen gemacht, von denen wir nichts wissen und Dinge erlebt, von denen wir nichts ahnen.« Sie kaute nachdenklich auf ihrer Unterlippe. »Einerseits macht mich das traurig, ich kann sie nicht mehr fragen, sie kann es mir nicht mehr erzählen. Aber andererseits – es war ihr Leben. Sie hat vielleicht gar nicht davon erzählen wollen. Sie hat sicherlich unschöne Erinnerungen gehabt, aber wahrscheinlich auch schöne. Und die gehörten ihr, ihr ganz allein. Es war ihr Leben, und sie hat es gelebt.«

Julie sah Marthe an. »Ja, da hast du recht. Es war ihr Leben, und sie hat es für sich gelebt. Ich glaube, im Große und Ganzen ist sie zufrieden gestorben. Sicherlich nicht glücklich, denn sie hat all ihre Kinder überlebt, und das ist das Schlimmste, was einer Mutter passieren kann. Aber sie hatte dich. Sie hat gesehen, dass du einige ihrer Ratschläge angenommen hast. Andere hast du verworfen, aber ich weiß, auch das fand sie nicht schlimm, weil sie merkte, dass du an dir selbst wächst, und das hat sie froh gemacht. Ich weiß das, weil sie es mir gesagt hat.«

»Ich habe sie sehr geliebt.«

»Und das wusste sie.«

Kapitel 18

Paris, Herbst 1894

Non, non, non, Amelie«, schimpfte Julie. »Das Gelee ist noch viel zu heiß. Wenn du es jetzt in die Pasteten gießt, ist alles verdorben. Wie oft soll ich dir das denn noch sagen?«

»Quie, Chef«, sagte Amelie und grinste. »Ich weiß es ja, aber …«

»Kein Aber, auch wenn viel zu tun ist, machen wir alles sorgfältig.«

Die Türglocke ging, und Julie schaute auf. »Wer kann das jetzt sein?«

»Ich gehe schon«, rief Elaine.

»Sie macht sich gut, non?«, sagte Marthe, die gerade aus dem Bad kam und noch die letzten Strähnen in ihren Dutt steckte. »Wie heißt sie noch, die Neue?«

»Elaine«, sagte Julie und sah ihre Tochter an. »Das willst du aber morgen nicht tragen?«

»Doch, Maman.« Marthe lachte. »Nun schau nicht so. Man trägt das jetzt so.«

»Diese Ärmel. Wie willst du dich denn bewegen? Geschweige denn etwas essen?«

»Und wir habt ihr euch früher hingesetzt? Mit diesen Turnüren hinten? Und mit den Reifröcken? Dagegen sind diese wunderschönen Ärmel ja nichts.« Marthe hob den Kopf, schnupperte. »Es riecht so köstlich. So wunderbar. Du bringst wieder kleine Wunder auf den Tisch, will mir scheinen.«

»Ne«, sagte Amelie nun und zog ein Gesicht. »Wird nur ein ganz normales Büfett. Sie will ja gar nichts Extravagantes, dabei hätte ich mir so sehr gewünscht, dass wir mal etwas Neues machen.«

»Extravagant, tsss«, machte Julie und strich sich die Haare aus der Stirn. »Es soll doch schmecken, non? Schließlich ist morgen ein besonderer Tag.«

»Bei dir schmeckt es immer, Maman. Und ich wäre auch mit einem Eintopf zufrieden. Du musst gar nichts groß auftischen.«

»Vielleicht kommt er ja«, sagte Amelie nun schwärmerisch. »Du hast ihn ja eingeladen. Sollten wir dann nicht wenigstens eins seiner Gerichte machen? Als Hommage?«

»Er wird nicht kommen«, sagte Julie sachlich. »Und selbst wenn, ich würde ihm doch nicht eins seiner Gerichte servieren, damit mache ich mich doch lächerlich.« Sie schüttelte den Kopf. »Was ist mit den Aalen, Amelie? Hast du sie schon abgezogen? Wir müssen sie noch kochen. Wie sollen wir fertig werden, wenn du nur träumst?«

»Escoffier würde alles als gut befinden, was du machst, Maman. Aber ich schätze, er wird tatsächlich nicht kommen können. Jedenfalls nicht morgen«, sagte Marthe.

»Marthe! Wo bist du? Marthe!«, rief nun jemand durch das kleine Haus. Florence stürmte in die Küche, blieb kurz stehen. »Natürlich finde ich dich hier, wo sonst. Oh, siehst du gut aus. Bonjour, Julie. Bonjour, ihr anderen.« Sie wedelte mit ihren Händen und lachte, dann fiel sie Marthe um den Hals. »Wir haben es geschafft, geschafft, geschafft. Bist du aufgeregt? Bist du froh? Mon Dieu, ich weiß gar nicht, wo mir der Kopf steht.« Die Worte strömten aus ihr heraus wie ein Wasserfall.

»Ruhig, Flo, ganz ruhig«, sagte Marthe und legte der Freundin die Hände auf die Schultern. »Komm, trink ein Glas Wasser und beruhige dich.«

»Wasser? Wir sollten Champagner trinken. Ganz viel Champagner.«

»Das werden wir auch noch. Aber jetzt nicht, Florence«, sagte Julie und lachte. Sie trat zu den beiden, umarmte Florence. »Herzlichen Glückwunsch. Du hast deinen Abschluss geschafft.«

»Ja, das hätte ich nie gedacht«, sagte Florence nun. »Bei Marthe war es ja klar, sie ist so gut in allem, aber ich? Und jetzt bekomme ich mein Diplom. Zwischenzeitlich wollte ich alles hinschmeißen, aber Marthe hat mich nicht gelassen. Danke, du beste aller Freundinnen. Ist es nicht großartig? Ist das Leben nicht großartig? Es ist alles so wunderbar!«

Marthe verdrehte belustigt die Augen. »Ja, das Leben ist wunderbar.« Sie schaute sich um, sah ihre Mutter mit einem flehenden Blick an, Julie verstand sie sofort. Sie nahm einen Teller, häufte schon fertige Pasteten, gekochte Eier und gebratene Hühnerflügel darauf, drückte Florence den Teller in die Hand, Marthe gab sie eine Flasche Holunderlimonade. »So, und nun geht in den Salon, ihr beiden. Hier stört ihr nur! Wenn ihr etwas gegessen habt – gleich wird es Suppe geben –, können wir auch anstoßen.«

»Deine Mutter ist einfach göttlich«, sagte Florence, als sie im Salon Platz nahmen. »Meine Mutter trauert ihr immer noch nach. An Julie kommt niemand heran, sagt sie immer wieder.«

»Camille kann inzwischen fast genauso gut kochen wie Maman«, sagte Marthe. »Maman hat ihr schließlich alles beigebracht.«

»Ja, das stimmt schon, dennoch – das Essen hier schmeckt immer so gut, so viel besser als woanders«, schwärmte Florence. »Alle schwärmen immer noch, selbst nach drei Jahren, von den Kochkünsten deiner Mutter.«

»Alle?« Marthe lachte leise. »Auch Vincent?«

»Ohh«, sagte Florence und senkte den Kopf. »Ich kann immer und immer noch nicht fassen, dass er das damals mit dir gemacht hat. Und noch weniger werde ich jemals fassen können, dass ich es nicht gemerkt habe. Du warst in meinen Bruder verliebt, und ich habe es nicht gesehen.«

»Es sollte ja auch niemand sehen, Flo«, sagte Marthe. »Das sind doch alte Kamellen, du brauchst dir deswegen nicht gram zu sein.«

»Wenn Vincent nicht Vincent wäre, wären wir vielleicht bald Schwägerinnen geworden. Das wäre schön gewesen. Wer weiß, wen er als Nächstes anschleppt. Nach Isabell kam diese Engländerin, aber die ist auch schon wieder Geschichte. Meine Eltern sind nicht amüsiert über sein Verhalten.«

»Ich bin nur sehr froh, dass ich so schnell den Absprung geschafft habe. Er hat mir ja noch nicht einmal so wirklich das Herz gebrochen. Eigentlich hat er eher meine Eitelkeit verletzt damals. Ach, was war ich für ein Huhn. Und so jung.«

»Wir sind immer noch jung. Und uns steht noch so viel bevor.« Florence strahlte.

Im letzten Jahr hatten sich die beiden Freundinnen nicht mehr oft gesehen. Florence war mit ihrer Mutter mehrere Monate in der Schweiz gewesen, danach waren sie durch Italien gereist. Die Abschlussprüfung hatte sie tatsächlich nur mit Mühe bestanden, was ihrem Stolz keinen Abbruch tat.

Marthe hatte konzentriert gelernt, gleichzeitig ihrer Mutter geholfen und etliche Artikel für die »La France Illustrée« geschrieben.

»Gibt es jemanden, der inzwischen dein Herz verzaubern konnte?«, fragte Florence leise.

»Mein Herz verzaubern.« Marthe kicherte. »Du schreibst noch an deinem Roman?«

»Ja«, sagte Florence. »Die Reisen durch Südeuropa waren sehr inspirierend, aber ich werde noch eine ganze Weile schreiben müssen, es ist einfach kein Ende in Sicht. Immerhin habe ich wahrscheinlich schon einen Verleger gefunden – jemanden, den Papa kennt.«

»Das ist wunderbar. Es wird sicher ein großer Erfolg werden.«

»Wer weiß. Ich wünsche es mir sehr, aber meine Eltern halten es nur für eine Art Zeitvertreib, bis ich den richtigen Mann gefunden habe.« Sie seufzte auf. »Auch dafür war die Reise gedacht – mich den entsprechenden Kandidaten Europas vorzuführen.« Sie verzog das Gesicht. »Aber ich bin doch kein Pony, habe ich Maman gesagt. Ich werde mich selbst entscheiden und wenn es hundert Jahre dauert.«

»So lange dauert es bei dir sicherlich nicht«, meinte Marthe belustigt.

»Und wie ist es nun mit dir?«

Marthe schüttelte den Kopf. »Dafür habe ich keine Zeit im Moment. Pater Roussel wird immer schwächer, er wartet nur darauf, dass die Kirche ihm einen Nachfolger schickt. Und von diesem Nachfolger hängt einiges ab«, erzählte Marthe nun. »Ich habe mit der Druckerei ausgemacht, dass ich eine Zeitschrift herausbringe. Sie werden sie setzen und drucken. Das kann ich für eine Weile von meinem Erbe bezahlen, Grand-mère sei Dank. Maman ist ja mit ihrer Haushaltsschule inzwischen unabhängig und verdient sogar nicht schlecht. Es kommen immer mehr junge Frauen, die bei ihr Hauswirtschaft und kochen lernen wollen und sogar dafür bezahlen. Am Anfang wollte sie das ja nur für die Waisen machen – und das ging auch nur, weil wir Grand-mères Hof so gut verkaufen konnten.«

»Bereust du es nie, dass ihr den Hof verkauft habt?«

Marthe musste nicht lange überlegen, sie schüttelte den Kopf. »Wir hätten dort keine Zukunft gehabt. Zusammen hätten wir vielleicht als Selbstversorger leben können, aber was wäre das für ein Leben gewesen? Nein, ich war sogar froh, dass Pierre und Aurelie alles gekauft haben. Jetzt wohnt ihr Sohn mit seiner Familie dort, die Höfe florieren, sie überlegen sogar, einen festen Marktstand in Remiremont zu kaufen und ihre Waren dort anzubieten. Ihr Ziegenkäse ist der Beste der Welt.« Sie lächelte. »Und durch den Erlös konnte Maman ihre Hauswirtschaftsschule aufbauen und wir konnten dieses Häuschen mieten. Maman liebt ihre Schule.«

»Jeder, der einen Abschluss an Julies Schule hat, wird sofort mit Kusshand genommen. Es hat sich herumgesprochen, wie gut die Schülerinnen ausgebildet sind.« Sie strahlte Marthe an. »Ich kann gar nicht glauben, dass du wirklich eine Zeitschrift herausbringen wirst. Es war immer dein Traum, und nun wird er wahr.«

»Ach, noch sehe ich das pragmatisch. Wer weiß, ob meine Zeitschrift überhaupt Erfolg haben wird. Ewig kann ich mir das ja nicht leisten. Bisher habe ich zwar etliche Artikel an die »La France Illustrée« verkaufen können, und auch andere Zeitungen haben mir schon etwas abgenommen, aber das reicht natürlich auch nicht auf Dauer.« Marthe runzelte die Stirn. Schon zu Beginn ihres Studiums war sie sich sicher gewesen, dass sie Journalistin werden wollte. Sie wollte schreiben, wollte aufklären und informieren. Doch das, so stellte sie bald fest, war nicht so einfach, wie sie es sich erhofft hatte. Obwohl sie guten Kontakt zu einigen Zeitungen und Zeitschriften hatte, wurden keine Artikel von ihr genommen, die sich mit kritischen Fragen, wie die Gleichberechtigung der Frau oder die Lebensverhältnisse der Arbeiterfamilien befassten. Die Redakteure lächelten oft milde. »Liebe Mademoiselle Distel«, sagten sie ihr, »das sind doch keine Themen, mit denen sich das zarte Gemüt einer Frau befassen sollte. Politische Meinungen kann man natürlich auch als Frau haben, aber darüber zu schreiben, das sollten Sie doch den Männern überlassen.«

Sie hatte hitzig diskutiert, argumentiert, gebettelt, versucht zu überzeugen und war doch meistens gescheitert. Artikel, die sie über Haushaltsführung, Kochen oder Lebensmittel schrieb, wurden jedoch immer gerne genommen.

»Das sind Themen«, erklärte ihr der Redakteur des »Le Figaro«, »mit denen Sie überzeugen können, Mademoiselle Distel. Unsere Leser halten Sie in diesen Bereichen, in den weiblichen Bereichen, für kompetent.«

Es hatte eine Weile gedauert, bis Marthe dies akzeptierte. Und es ging ihr auf, dass es zwei Aspekte in ihrem Leben gab, die ihr Herz berührten: das Schreiben und das Kochen. Sie war in der Küche groß geworden. Geschmack und Aromen, Konsistenz und Texturen hatten ihr Leben geprägt und prägten es immer noch. Die Idee, eine Haushaltszeitschrift herauszugeben, lag also nahe. Vielleicht, so dachte Marthe tief in sich drin, vielleicht kann ich auf diese Art und Weise meinen Anteil dazu beitragen, dass Frauen sich mehr trauen – sich weiterbilden und damit glänzen. Im Haushalt und in der Küche. Sie würde wahrscheinlich nie glühende Protestartikel veröffentlichen, aber dennoch trat sie so für die Rechte der Frau ein. Das Recht auf Weiterbildung und Klassifizierung, das Recht, etwas aus ihrem Leben zu machen.

»Was für eine Zeitschrift soll es denn werden?«

»Ich habe ja vor drei Jahren über Maître Escoffier geschrieben. Er war sehr offen und hilfsbereit. Er war vor allem ganz angetan von Mamans Schule, da er selbst auch wohltätig ist und die Armen unterstützt. Seine Restaurants geben alles, was sie nicht mehr verwerten können an Armenküchen. Er hat ihr viele Ratschläge gegeben und ihr gezeigt, wie er die Brigaden in seinen Küchen schult, wie er vorgeht. Das ist alles sehr effektiv und nützlich.« Marthe sah Florence an. »Und er gibt auch eine Zeitschrift heraus. ›Guide Culinaire‹ ist eine Fachzeitschrift für Köche. Sie erscheint nur unregelmäßig, ist aber sehr beliebt bei den Küchenchefs, nicht nur in Frankreich.«

»Du willst auch eine Kochzeitschrift herausgeben? Oh, was für eine grandiose Idee.«

»Nein, keine reine Kochzeitschrift. Es geht eher um allgemeine Fragen der Hauswirtschaft. Wie man Vorräte anlegt, einkocht, vielleicht auch Einkaufsratschläge. Ich will die regionalen Lebensmittel in den Mittelpunkt rücken, und natürlich wird es auch Rezepte geben. Weißt du, die Gesellschaft verändert sich. Viele gutbürgerliche Familie können sich kein Personal mehr leisten. Durch unsere moderne Welt, durch die vielen Erfindungen, verändert sich auch die Haushaltsführung. Ich bin mir sicher, in zehn oder zwanzig Jahren wird es Elektrizität auch in Privathäusern geben.«

»Wirklich?«, fragte Florence skeptisch. »Das kann ich mir nicht vorstellen.«

»Aber ja, ich glaube schon. Jetzt schon gibt es Wäschereien, die mit Dampfmaschinen arbeiten. Und das wird sich noch weiter fortsetzen. Wir stehen ganz am Anfang einer neuen Welt.«

»Darüber zu schreiben, macht natürlich Sinn«, sagte Florence nachdenklich.

»Wenn du willst, kannst du dich ja auch an einigen Artikeln versuchen.«

Florence grinste. »Ich weiß nicht, ob das mein Weg ist. Ich schreibe doch lieber an meinem Roman. Aber ich werde darüber nachdenken.«

»Es wird noch eine Weile dauern, bis das erste Exemplar erscheinen kann. Es gibt so viel zu überlegen und zu organisieren. Aber ich habe Hilfe, und das ist gut so. Durch Monsieur Escoffier habe ich ja die Artikelreihe über die besten Köche Frankreichs schreiben können, und so manch einer hat mir seine Hilfe zugesagt. Auch der Redakteur von ›Le Figaro‹, der auch die ›La France Illustrée‹ betreut, wird mir helfend unter die Arme greifen. Aber ich bin dennoch nicht blauäugig – es kann natürlich auch ein Reinfall werden, aber ich habe es wenigstens versucht, denn schließlich war es schon immer mein Traum, als Journalistin zu arbeiten.«

»Genug geträumt«, sagte Julie, die unbemerkt in den Salon gekommen war. »Es gibt Essen. Und danach möchte ich auf meine Mädchen anstoßen. Wie sieht es aus, Florence, kommen deine Eltern morgen zu der kleinen Feier? Wir würden uns sehr freuen.«

»Maman wird ganz bestimmt kommen. Sie ist schon ganz gespannt auf die Leckereien.«

»Einen Teil haben die Mädchen von Auteuil vorbereitet. Wir habe gerade das Thema Brot- und andere Teige. Ich hoffe sehr, dass sie den Blätterteig hinbekommen, bin aber sehr zuversichtlich.« Man hörte den Stolz in ihrer Stimme.

Am nächsten Morgen wurden ihnen feierlich die Diplome überreicht. Sie waren insgesamt sieben junge Frauen, die das humanistische Studium bis zum Ende durchgezogen hatten. Zu Beginn waren sie viermal so viel gewesen, aber einige hatten geheiratet, andere hatten schlicht aufgegeben.

Um eine Zeitschrift herauszugeben, brauchte Marthe den Abschluss nicht, das war ihr wohl bewusst. Aber sie hatte ihn unbedingt schaffen wollen, auch, um Grand-mère und Maman zu beweisen, dass sie sich nicht in ihr getäuscht hatten.

Sie wusste, dass das, was vor ihr lag, nicht viel mit den Themen zu tun hatte, die sie an der Universität gelernt hatte. Aber sie hatte hier ein anderes, besseres Verständnis für die Sprache bekommen, für Satzbau und Wortklang.

Obwohl es ihm nicht gut ging, war Pater Roussel zur Feier in das kleine Haus der Distels gekommen. Madame Deraismes war leider im Februar des Jahres verstorben.

»Sie wäre so stolz auf euch«, sagte Madame Laurent. »Ihr seid die Generation der Frauen, die ihre Hoffnungen erfüllen werden.«

»Das wäre wünschenswert, Maman«, sagte Florence. »Aber ob wir es wirklich schaffen, gleichberechtigt zu den Männern zu werden? Da habe ich meine Zweifel. Zu sehr sind einige Ansichten und

Gepflogenheiten in den Köpfen der Männer und auch vieler Frauen verankert.«

»Natürlich setzen wir uns für unsere Rechte ein«, meinte nun auch Marthe. »Doch Flo hat den Kern erkannt – nicht nur wir müssten das tun, sondern auch ein Großteil der Männer.«

»Das wird sehr schwer werden«, meinte Pater Roussel. »Dazu muss ich sagen, dass ich nicht glaube, dass Männer und Frauen gleich sind. Gott hat nicht umsonst zwei Geschlechter erschaffen. Wir sollten das nicht infrage stellen.«

Marthe biss sich auf die Lippen und sah Florence verstohlen an. Sie schätzte den Pater sehr, aber diese Art von Diskussionen mit ihm war sinnlos.

»Da haben Sie recht, lieber Pater Roussel«, sagte Florence nun und nahm seinen Arm. »Es ist auch müßig, solche Dinge an so einem Tag zu besprechen. Möchten Sie noch ein Glas Champagner? Oder sollen wir zusammen ans Büfett gehen? Ihre lieben Mädchen aus Auteuil haben ja wunderbare Dinge zustande gebracht. Die Mille Feuilles sehen traumhaft aus.«

»Ja, nicht wahr?«, sagte er und lächelte. »Es ist erstaunlich, wie Madame Distel es immer wieder schafft, ihnen diese komplizierten Dinge beizubringen. Ich bin sehr froh, dass sie die Schule führt. Nur … dass sie nun auch bezahlende Schülerinnen aufnimmt, finde ich nicht passend.«

»Aber, mein lieber Pater«, sagte Julie nun, die zu ihnen getreten war, lächelnd, »die Schule muss sich doch finanzieren.«

»Das tut sie doch. Sie macht keinen Profit, aber sie trägt sich fast selbst. Und oft können wir noch etwas von den Spenden, die wir bekommen, dazugeben.« Er schnappte nach Luft.

»Kommen Sie, kommen Sie«, sagte Madame Laurent besorgt. »Da vorne ist ein Stuhl, setzen Sie sich. Florence, hol dem Pater etwas Wasser.«

»Vielleicht wäre eine kräftigende Brühe passend«, meinte Julie. »Haben Sie heute schon etwas gegessen?«

»Ein kleines Stück Brot.«

»Das reicht doch nicht. Ich hole Ihnen ein paar Dinge, die kräftigen, aber nicht zu schwer im Magen liegen«, sagte Julie und eilte davon. Bald schon kam sie mit einem Tablett wieder. Sie hatte ihm einen Teller mit Steak Tatar angerichtet, darauf ein frisches Wachtelei. Natürlich auch eine Schale mit Suppe, etwas Brot, Käse und Weintrauben. »Langen Sie zu«, ermunterte sie ihn.

»Und ihr alle natürlich auch. Es ist euer Tag, wir feiern euch und trinken auf eure Zukunft.« Julie sah sich um. Sie hatte einige der Mädchen aus der Schule hergebeten, um beim Service zu helfen. Nun nickte sie einem zu, und das Mädchen brachte Gläser und eine Flasche Champagner.

»Wenn ich daran denke, dass auch unsere Camille einst aus dem Waisenhaus kam und fast nichts konnte – es ist ein Wunder, was du vollbringst, Julie«, lobte Madame Laurent sie. Dann lächelte sie. »Aber du weißt, du könntest jederzeit zu uns zurückkommen. Wir würden dich immer wieder nehmen.«

»Das ist sehr freundlich, Madame«, sagte Julie, doch Marthe hörte die Distanziertheit in ihrer Stimme. »Ich denke aber, dass ich mit der Schule ausgelastet bin.«

»Ich meine ja auch, falls du dich nicht mehr mit diesen mühseligen Prozessen abgeben möchtest. So eine Schule zu führen, ist doch bestimmt nicht einfach.«

»Nein, einfach ist es nicht. Aber sehr, sehr erfüllend. Wie Sie schon sagten, die Erfolge sind doch deutlich zu sehen. Camille zum Beispiel ist ein ganz anderer Mensch geworden. Sie trägt Verantwortung, plant den Haushalt, weiß, wie man auch schwierige Menüs zubereitet und kann sogar inzwischen die Kosten kalkulieren. Und das sollen alle meine Mädchen lernen, so gut sie es vermögen.«

»Madame Distel muss an der Schule bleiben«, ließ sich nun der Pater vernehmen. Seine Wangen hatten wieder etwas Farbe bekommen, und er sah nicht mehr so geschwächt aus, wie noch zuvor. »Sie ist das Herz und die Seele der Schule. So habe ich mir das immer für die Mädchen gewünscht – dass sie eine erfolgreiche Lehre abschließen und danach eine gute Stellung finden. Und deshalb bin ich immer noch der Meinung, dass wir keine anderen Schülerinnen annehmen sollten. Sie sind doch dann … Konkurrenz für unsere Mädchen, non?« Er trank einen Schluck Champagner.

»Das sehe ich nicht so«, sagte Julie nachdenklich. »Unsere Gesellschaft verändert sich. Die zahlenden Schülerinnen sind ja aus Familien, die sich keine Mamsell mehr leisten können. Oder Familien, die keine Mamsell brauchen. Oder es sind Mädchen, die eine vernünftige Ausbildung haben wollen. Sie zahlen das Material – also die Lebensmittel – und einen Obolus. Aber normalerweise muss man ja nichts zahlen, wenn man eine Lehre macht.«

»Dass die Frauen das tun, zeugt davon, wie angesehen deine Schule ist, Julie«, sagte Madame Laurent. »Von dem guten Ruf profitieren doch alle – auch die Waisen.«

»Aber ja«, sagte Julie. »Und zudem muss ich ja auch von etwas leben, non? Ich weiß, Pater Roussel, Ihnen wäre es am liebsten, wir würden alles aus lauter Nächstenliebe tun. Davon kann ich aber mir und meiner Tochter kein Essen kaufen.«

»Jaja«, sagte der Pater. »Ist schon recht. Doch wenn diese Frauen nicht kämen, hätten wir noch mehr Plätze für andere arme Kinder.« Dann nahm er die Champagnerflasche aus dem Kühler und schenkte sich noch einmal ein. »Bald bin ich nicht mehr dafür zuständig. Bald kommt mein Nachfolger. Ich hoffe nur, er übernimmt meinen Ansatz. Denn es hat sich bewährt, dass die Kinder eine Ausbildung bekommen.«

»Wissen Sie schon etwas über Ihren Nachfolger, lieber Pater?«, fragte Marthe ein wenig nervös.

»Es gibt wohl zwei Kandidaten. Aber wer es wird, liegt nicht in meiner Hand.« Er schaute Marthe an. »Doch mach dir keine Sorgen, die Druckerei wird sicherlich bestehen bleiben, auch wenn sie – wie fast alle anderen Betriebe – kaum noch etwas abwirft. Auch die Spenden gehen zurück, und ich habe große Angst um meine Lehrlinge.«

»Warum ist das so? Woher kommen die finanziellen Probleme?«, fragte Madame Laurent.

Pater Roussel zuckte mit den Achseln. »Das weiß ich nicht. Es lief eine Weile sehr gut, aber nun … Es scheint mir wie eine Wellenbewegung zu sein. Doch ich bin zu müde, um schon wieder Spender zu motivieren oder die Betriebe umzustrukturieren. Um ehrlich zu sein habe ich auch immer weniger und weniger Ahnung davon. Es gibt nun Maschinen, wo früher Handarbeit gefragt war. Diese Maschinen müssen bedient werden – aber wir haben keine. Unsere Zeitungen drucken wir von Hand, und das dauert natürlich. Aber wir machen so weniger und weniger Profit.« Er seufzte, dann sah er Marthe an. »Doch deine Zeitschrift werden wir ganz sicher drucken können.«

»Eine Zeitschrift?«, fragte Madame Laurent. »Du wirst eine Zeitschrift herausgeben?«

Marthe nickte. »Eine Zeitschrift für junge Frauen«, erklärte sie.

»Es gibt doch so viele Modezeitschriften«, meinte Madame Laurent. »Meinst du, eine weitere wäre erfolgreich?«

»Aber nein, ich werde doch nichts über Mode schreiben«, Marthe schmunzelte. »Es wird eine Zeitschrift über Haushaltsführung.«

»Wer würde so etwas lesen?«, fragte Madame Laurent verwirrt.

»Du nicht, Maman«, sagte Florence und schmunzelte. »Aber ich vielleicht. Wenn ich mich dazu entschließe, eine eigene Wohnung zu führen, einen eigenen Haushalt.«

»Aber du würdest eine Mamsell haben.«

»Dann könnte die Mamsell die Zeitschrift lesen«, sagte Marthe schnell, denn sie wusste, dass Florence in unsichere Gewässer abzudriften drohte.

»Warum brauche ich eine Mamsell?«, fragte Florence nun. »Ich könnte doch meinen Haushalt auch selbst führen.«

Marthe stieß sie leicht in die Seite und warf ihr einen grimmigen Blick zu, schüttelte leicht den Kopf.

Madame Laurent lachte auf. »Du? Deinen eigenen Haushalt? Ach komm, mein Kind, das kannst du nicht ernst meinen.«

Florence holte tief Luft, trank noch einen Schluck Champagner, lächelte dann. Ein Lächeln, das wie aufgezogen wirkte, aber ihre Mutter sah es nicht. »Natürlich nicht, Maman. Du hast ja recht. Aber meine … Mamsell könnte Marthes Zeitschrift lesen und davon profitieren.«

»Was würdest du denn schreiben?«, fragte Madame Laurent Marthe immer noch ungläubig.

»Oh, zum Beispiel darüber, wie man im Haushalt sparen kann«, sagte Marthe, die sich natürlich schon Gedanken gemacht hatte. »Es gibt viele Möglichkeiten, Dinge zu sparen. Oder über neue Erfindungen für die Küche. Viele Köchinnen schlagen Sahne immer noch mit dem Schneebesen auf, dabei gibt es inzwischen einen mechanischen Schneebesen, da muss man nur eine Kurbel drehen. Es ist viel leichter, einfacher und geht auch schneller.«

»So etwas gibt es?«, fragte Madame Laurent. »Ja, das ist natürlich gut zu erfahren. Weiß Camille davon? Haben wir so etwas zu Hause?« Sie sah Julie an, als ob sie immer noch für die Laurents arbeiten würde.

Julie zuckte mit den Schultern. »Ich habe dieses Gerät seit einiger Zeit, und ja, es ist wirklich eine Erleichterung. Ich habe es auch in der Schulküche.«

»Dann gäbe es vielleicht doch einen Markt für deine Zeitschrift.«

»Ich habe ja vor ein paar Jahren einige Artikel über typische französische Gerichte geschrieben, die sind sehr gut angekommen, wir haben viele Zuschriften bekommen«, erzählte Marthe nun. »Deshalb dachte ich, dass ich hin und wieder auch Rezepte veröffentliche. Nicht so, wie es in Monsieurs Zeitschrift ›Guide Cuisine‹ gemacht wird, Rezepte für Restaurantküchen, die sehr extravagant sind, sondern eher … alltägliche, aber doch raffinierte Rezepte für den Hausgebrauch.« Sie dachte an die Rezepte, die Grand-mère ihr diktiert oder aufgeschrieben hatte. Gute, bürgerliche Küche, einfach, aber lecker. Jede Familie hatte solche Rezepte, die in den Jahrhunderten verfeinert und von einer Generation zur anderen weitergegeben worden waren. So würde es vermutlich auch in Zukunft sein – aber nur auf dem Land. Die fortschreitende Industrialisierung riss die Familien auseinander, in den Städten gab es kaum Leben als Großfamilie. Auch wurden in den Städten immer weniger traditionelle Gerichte gekocht. Alles musste billig sein und schnell gehen. Mit der Zeit, so befürchtete Marthe, würde die gute französische Landküche der Vergangenheit angehören und niemand würde sie mehr beherrschen. Dem wollte sie entgegentreten. Und so würde sie das Vermächtnis ihrer Grand-mére unsterblich machen können.

»Das klingt erfolgsversprechend«, sagte Madame Laurent. »Wenn deine erste Zeitschrift gedruckt ist, musst du mir unbedingt ein Exemplar geben. Wenn es sich gut liest – davon gehe ich aber aus –, werde ich sie allen meinen Freundinnen für ihre Mamsells empfehlen.« Sie lächelte wohlwollend.

»Das ist sehr freundlich von Ihnen«, meinte Marthe und beglückwünsche sich einmal mehr, dass die Gefühle zwischen ihr und Vincent nur ein Strohfeuer gewesen waren. Sie hätte sich in dieser Familie nie wohlfühlen können.

»Wie soll denn die Zeitschrift heißen?«, fragte Madame nun.

»Das weiß ich noch nicht«, gestand Marthe. »Ich habe schon einige Ideen, aber keine überzeugt mich wirklich.«

Florence sah sie nachdenklich an. »Ich weiß noch, als Madame Deraismes damals bei uns zu Besuch war, da wart ihr noch nicht lange in Paris. Ich glaube, du hast sie an dem Tag das erste Mal gesehen. Da hatten wir eine Diskussion am Tisch darüber, ob auch Frauen große Köche werden könnten. Kannst du dich daran erinnern?«

Marthe nickte. »Ich habe ausgeholfen und serviert.«

»Stimmt. Und mein Vater hat das Essen gelobt, aber … ich weiß nicht mehr genau, wie das damals war. Jedenfalls hat Madame Deraismes von der Mätresse Ludwig XV. erzählt. Wie hieß sie noch?«

»Madame du Barry«, sagte Julie und schmunzelte. »Ich weiß, worauf du anspielst. Der König war ein Gourmand, ein Genießer. Und er liebte gutes Essen. Aber er war der festen Überzeugung, dass nur Männer hervorragend kochen könnten und verlieh diesen Köchen den Orden des Blauen Bandes. Madame du Barry hatte aber eine exzellente Köchin und ließ diese beim nächsten Besuch ein Menü kochen, das zum Niederknien war. Der König lobte das Essen, und Madame rief die Köchin. Er war sehr perplex, aber so beeindruckt, dass er auch ihr das Blaue Ordensband verlieh – das Cordon Bleu.«

»Aber ja, ich erinnere mich«, rief Marthe aus. »Cordon Bleu.« Sie sah Florence an. »Was für eine wunderbare Idee. Hervorragend. Natürlich, ich werde die Zeitschrift ›Cordon Bleu‹ nennen.«

»Und darauf stoßen wir jetzt an«, sagte Julie. »Auf das ›Cordon Bleu‹, möge es erfolgreich sein.«

»Santé!« Alle erhoben ihre Gläser.

Abends, als Marthe in ihrem Bett lag, spürte sie in sich hinein und lauschte nach draußen. Die Nacht hatte ihr dunkles Tuch über die Stadt geworfen, es hatte sacht angefangen zu regnen. Sie hörte das gleichmäßige Geräusch des Regens, das ihr das Gefühl von Beständigkeit und Vertrautheit gab. Immerhin regnet es noch so, wie die Jahre zuvor, dachte sie. Alles andere hat sich mit dem heutigen

Tag geändert. Ich bin keine Schülerin mehr, keine Studentin. Ich habe meinen Abschluss gemacht und muss nun mein Leben allein meistern. Es gibt keine Sicherungsleinen mehr, an denen ich mich entlanghangeln kann. Ich bin jetzt auf mich gestellt.

Ich habe Maman, mein Fels in der Brandung. Solange sie lebt, wird sie für mich da sein. Aber irgendwann werde ich für sie da sein müssen. Ich habe das Erbe von Grand-mère, das ist mehr, als viele andere haben, aber es wird nicht mein Leben lang reichen.

Was, wenn … diese Gedanken, dunkel, wie Gewitterwolken, wollten nicht aus ihrem Kopf weichen. Was, wenn die Zeitschrift sich nicht verkaufen würde? Was, wenn sie es nicht schaffte, sich einen Lebensunterhalt zu erarbeiten? Florence hatte es leichter, ihre Eltern würden sie unterstützen und über kurz oder lang würde ein Mann auftauchen und sie erst verzaubern, dann heiraten und demnach versorgen. Florence konnte Schriftstellerin sein, ohne einen Erfolgsdruck zu haben. Diese Gnade hatte Marthe nicht. Unruhig stopfte sie ihr Kissen zurecht, versuchte ruhig zu atmen, doch die Ungewissheit hing wie ein Nebel im Raum.

Maman hatte ihr beigebracht, zu bilanzieren, denn eine Küche, eine Schule oder ein Haushalt mussten wirtschaftlich sein. Und eine Zeitung musste es ebenso.

Die Kosten für das Setzen und den Druck waren in der Druckerei des Paters nicht annähernd so hoch, wie bei anderen. Dafür aber dauerte es länger, weil es ja ein reiner Lehrbetrieb war. Und manchmal, das hatte sie bei »La France Illustrée« des öfteren mitbekommen, wurde stümperhaft und schlecht gearbeitet. Da es keinen festen Erscheinungstermin für ihre erste Ausgabe gab, konnte sie das aber genau überprüfen. Doch zuerst brauchte sie genügend

Artikel, um die Zeitschrift überhaupt zu füllen. Sie würde alles allein machen müssen – die Artikel, die Recherche, den Aufbau. Gut wäre es, wenn sie schnell Abonnementen hätte oder vielleicht Werbung drucken könnte. Über Werbung finanzierten sich viele Zeitungen, aber dafür mussten sie bekannt sein.

Ich frage Monsieur Escoffier, vielleicht mag er eine Anzeige für seine Restaurants schalten. Und dann würden das auch andere Restaurants machen. Oder ich frage bei Geschäften mit Haushaltswaren nach.

Marthe setzte sich im Bett auf, drehte den Docht der Lampe höher und schrieb eine Notiz in das kleine Buch, das sie immer auf dem Nachttisch liegen hatte. Ich werde über dieses mechanische Rührbesengerät einen Artikel schreiben und es anpreisen. Wenn ich das in den Geschäften kundtue, die das Gerät führen, werden sie vielleicht eine kleine Werbung bei mir kaufen. Oder … meine Zeitschrift in ihrem Geschäft auslegen. Auch das wäre ein Gewinn.

Ihr Kopf brummte, und ihre Augenlider wurden schwer. Es war ein langer und aufregender Tag gewesen, und sie hatte etliche Gläser Champagner getrunken. Gegessen hatte sie wenig, dafür war keine Zeit geblieben, und sie hatte auch keinen Hunger verspürt. Doch jetzt knurrte ihr Magen wie eine beleidigte Katze. Obwohl sie müde war, stand sie auf und schlich in die Küche des kleinen Hauses. Julie und Amelie hatte die Reste des Büfetts zusammengeräumt und verstaut, aber auf dem Küchentisch stand noch ein Teller mit kleinen Pasteten, die mit Aal oder Geflügel gefüllt waren. Sie setzte sich an den Tisch und aß genüsslich.

»Ich wusste doch, dass ich etwas gehört habe«, sagte Julie. Marthe fuhr überrascht um. Julie setzte sich neben sie, nahm auch eine Pastete.

»Ich hätte darauf wetten können, dass du tief und fest schläfst nach diesem aufregenden Tag.«

»Müde bin ich ja«, gab Marthe zu. »Aber in meinem Kopf sind so viele Fragen, und ich habe keine Antworten.«

»Kannst du die Fragen nicht verscheuchen? Denn heute Nacht wirst du ganz sicher keine Antworten finden.«

»Ich habe es versucht. Und dann habe ich festgestellt, dass ich Hunger habe.« Marthe zuckte mit den Schultern und grinste. »Doch in diesem Haus muss zum Glück niemand hungern.«

»Was für Fragen sind das denn?«

»Nun, ob ich die richtigen Entscheidungen treffen werde. Ich stehe jetzt am Anfang meines Lebens, und das ist ein wunderbares, aber gleichzeitig auch erschreckendes Gefühl. Wenn ich in der Schule Fehler gemacht habe und eine Prüfung nicht geglückt ist, konnte ich die wiederholen. Wenn ich mich jetzt mit der Zeitschrift verzettele – dann war es das.«

»Ach nein«, sagte Julie beruhigend. »Wie schön wäre es, wenn wir als Erwachsene alles richtig machen und immer die besten Entscheidungen treffen würden. Aber das ist nur ganz wenigen vergönnt. Doch es gibt immer Wege, es geht immer weiter. Wenn das mit der Zeitschrift nicht klappt, wirst du etwas anderes finden, du wirst deinen Weg schon gehen, da bin ich mir sicher.«

»Wie kannst du dir da sicher sein? Wenn die Zeitung sich im nächsten Jahr nicht trägt, habe ich Grand-mères Erbe in den Sand gesetzt – der Gedanke ist fürchterlich.«

»Das musst du anders sehen«, sagte Julie, ging zum Eisschrank und holte die Milch heraus. Sie schürte den Ofen und setzte einen Topf auf. »Du hast das große Glück, Geld von Grand-mère zu haben, um deinen Traum zu erfüllen. Das machst du ja nicht aus einer Laune heraus, denn dann würde ich dich nicht unterstützen. Du hast lange darüber nachgedacht, hast einen Plan entwickelt, hast Bedingungen ausgehandelt und ausgerechnet, was alles kosten wird und wie du Gewinn machen kannst. Du gehst nicht blauäugig daran, denn du weißt, dass es eine Weile dauern wird, bis so eine Zeitschrift Leser hat. Das hast du mit eingerechnet. Du hast dir Gedanken über die Themen gemacht und ob es dafür Interesse gibt. All das spricht sehr dafür, dass dein Plan vernünftig ist.«

»Und dennoch gibt es keine Garantie dafür, dass tatsächlich jemand die Zeitschrift kaufen wird. Die erste und dann, weil es gut war, auch die nächste und so weiter – das weiß ich nicht.«

»Das weiß niemand. Auch die allerbesten Pläne können scheitern. Manchmal sogar aus Gründen, die du nicht beeinflussen kannst. Aber sollte die Zeitschrift sich nicht verkaufen, wirst du analysieren, warum das so ist und daran arbeiten. Nicht jeder hat das Privileg am Anfang seiner Karriere Geld zu haben, das er investieren kann. Du hast es aber, und das gibt dir ein wenig Freiheit. Du kannst ein paar Ausgabe quasi zur Probe auflegen und schauen, was gut läuft und was nicht.«

»Ja, und ich will auch nicht, dass es schiefläuft«, sagte Marthe. »Ich träume schon so lange davon, es muss einfach funktionieren.«

»Nichts im Leben muss zwingend funktionieren. Du weißt doch gar nicht, was alles noch vor dir liegt«, sagte Julie lächelnd und goss die warme Milch in zwei Schalen, stellte sie auf den Tisch. »Dein Leben kann noch etliche Wendungen nehmen – gute sowie auch schlechte. Man muss mit allem rechnen. Was man aber nicht darf, ist aufgeben.«

»Wie ist dein Leben bisher für dich verlaufen?«, fragte Marthe nachdenklich. »Haben sich deine Träume erfüllt?«

»Einige schon. Andere nicht. Und meine Träume haben sich auch immer verändert, gewandelt. Als junges Mädchen, als Küchenhilfe wollte ich unbedingt Chef de Cuisine werden – und ich bin es geworden. Ich dachte eine Zeit lang, dass ich bis zum Ende meines Lebens in der großen Küche des Gutes stehen würde, doch dann kam dein Vater.« Sie nippte an der Milch, pustete den heißen Dampf weg. »Dann wollte ich Ehefrau und Mutter sein – auch das bin ich geworden. Nur … nun ja.« Sie biss sich auf die Lippen, schluckte. »Aber ich habe ja noch dich. Und ich wollte, dass du viele Möglichkeiten im Leben hast, dafür habe ich alles getan.«

»Das hast du wirklich, und dafür bin ich sehr dankbar. Es macht mir auch ein schlechtes Gewissen«, gab Marthe zu.

»Aber warum denn?«, fragte Julie überrascht.

»Weil du es für mich gemacht hast und nicht für dich. Du hast die Stellung bei den Laurents angenommen, du hast die Schule übernommen – damit ich hier in Paris meine Ausbildung machen kann.«

»Ja, das habe ich auch für dich gemacht, aber zum Teil ganz sicher auch für mich. Mir war klar, dass ein Leben auf einem Einsiedlerhof, so wie es Grand-mère geführt hat, nichts für mich ist. Natürlich hätte ich da auch wirtschaften können, so wie sie. Aber glücklich wäre ich dort nie geworden.«

»War Grand-mère glücklich?«

»Doch, das war sie. Das Leben war hart und sicherlich auch einsam in den letzten Jahren, aber sie hätte sich in einer Stadt – und sei es auch nur Remiremont – nie wohlgefühlt. Außerdem denke ich, dass sie ein anderes Empfinden für Glück hatte. Viele Dinge – die immer gleiche Arbeit und das Schuften auf den Feldern, das hat sie als gegeben angesehen. Sie hätte das nie infrage gestellt, sich nie überlegt, ob etwas anderes sie ›glücklicher‹ machen würde. Sie hat von den kleinen Momenten gelebt, hat diese geliebt. Das weiß ich genau, denn das hat sie mir gesagt.«

»Welche kleinen Momente?«

»Der Ruf einer Singdrossel am Morgen zum Beispiel. Oder das strahlende Blau des Vergissmeinnichts am Wegesrand. Ein besonders schöner Zitronenfalter, der, trunken von Nektar, über den Hof taumelte. Die ersten Schwalben im Frühjahr, die den Hof wieder in Besitz nahmen. Solche Dinge. Dann hat sie innegehalten und Gott für seine Schöpfung gedankt.« Sie lächelte ganz in Gedanken versunken. »Sie hat mir damit etwas Großes auf den Weg gegeben, und dafür bin ich ihr sehr dankbar, nämlich: Dass es die kleinen Dinge sind, die uns glücklich machen. Die vielen kleinen, schönen Dinge, die das Leben aneinanderreiht, wie Perlen auf eine Kette. Man muss nur auf sie achten.«

»Und welche kleinen Dinge machen dich glücklich?«

»Wenn du morgens lächelnd, aber noch ganz schlafzerzaust aus deinem Zimmer kommst, wenn eine Jus dunkel und glänzend gelingt und intensiv schmeckt, nach all dem, was das Leben zu geben hat. Wenn ein Brot im Ofen aufgeht, die Kruste schön fest wird und wie es duftet, wenn man den Ofen öffnet. Eine Salzbutter, die perfekt schmeckt – nach jodigem Salz und süßem Rahm.« Sie lächelte etwas beschämt. »Solche Dinge machen mich glücklich.«

»Ich werde darüber nachdenken«, sagte Marthe und gähnte, sie trank schnell ihre Milch aus, stellte die Schale in die Spüle. »Ich werde darüber nachdenken und aufpassen, dann finde ich auch meine kleinen Glücke. Und die werde ich mir bewahren. Danke, Maman.«

Die nächsten Tage waren mit allerlei Tätigkeiten gefüllt, und Marthes Schreibtisch drohte überzuquellen. Sie hatte schon zwei Artikel geschrieben, zwei weitere sollten noch folgen. Dazu gab es die zwei Rezepte, die sie aber mit ihrer Mutter noch genauer durchsprechen musste. Sie wollte ganz genaue Angaben haben, so dass das Gericht auch für unerfahrene Köchinnen nachzukochen wäre.

»Ich möchte auch, dass wir Beilagen dazu vorstellen. Ohne ein weiteres Rezept – nur, damit man weiß, was gut dazu passt.«

»Du könntest ja vielleicht in einem der nächsten Hefte ein kleines Menü vorstellen. Und dann in jedem weiteren Heft einen Gang zum Thema machen.«

»Maman, das ist eine ganz wunderbare Idee«, schwärmte Marthe und notierte es sich eifrig.

»Nächste Woche treffe ich mich mit Monsieur Escoffier. Vielleicht kannst du ihn bitten, dir ein Rezept zu spenden.«

»Daran hatte ich auch schon gedacht. Um ehrlich zu sein hoffe ich sehr auf eine Zusage. Am liebsten wäre es mir, ich könnte das schon im ersten Heft bringen, denn sein Name erregt ja Aufmerksamkeit.«

»Das wird er sicherlich machen, er ist ein sehr großherziger Mann.«

Die Erstausgabe hatte Marthe eigentlich für Februar des nächsten

Jahres vorgesehen, denn sie war sich nicht sicher gewesen, wie schnell sie mit der Arbeit sein würde. Doch nun erschien es ihr besser, das erste Heft noch vor Weihnachten auf den Markt zu bringen.

»Ich habe einen Artikel über die unterschiedlichen Weihnachtsessen in einigen der Departements schon fertig«, sagte sie beglückt. »Einer der Redakteure der ›France Illustrée‹, Monsieur Sepet, wird es noch gegenlesen und korrigieren. Wenn ich jetzt noch ein Weihnachtsrezept von Maître Escoffier bekommen, könnte ›Cordon Bleu‹ tatsächlich schon vor Weihnachten erscheinen.«

»Hast du denn mit der Druckerei gesprochen?«, fragte Julie.

»Nein, das muss ich auch noch. Sie müssen natürlich die Kapazitäten dafür haben«, seufzte Marthe. »Es gibt so vieles, an das ich denken muss.«

»Morgen kommt Monsieur Escoffier in die Schule«, sagte Julie lächelnd. »Er würde sich freuen, dich zu treffen.«

Marthe schaute überrascht auf. »Morgen schon?«

»Je eher, desto besser, non?« Julie tätschelte ihre Schulter.

Schon morgens begleitete Marthe Julie in die Schule. Es war die Aufgabe der Mädchen, alles schon vorzubereiten und die Öfen anzuheizen. Die Messer waren gewetzt, die Schneidebretter sauber gescheuert und frisch gewaschene Küchentücher lagen in großen Stapeln auf den Tischen.

»Bonjour, Mesdemoiselles«, begrüßte Julie die Mädchen. Jede musste die Hände ausstrecken und zeigen, dass sie ordentlich gewaschen waren. Auch kontrollierte Julie die Schürzen, sie akzeptiere keinen Fleck. »Heute werden wir einen besonderen Gast haben«, sagte sie und strahlte. »Ihr habt sicherlich alle schon mal von Auguste Escoffier gehört, er wird uns besuchen.«

»Der Maître von dem Sie immer so schwärmen, Madame Distel?«, fragte eins der Mädchen.

»Exactement.«

Die Mädchen und jungen Frauen sahen sich an, einige tuschelten aufgeregt. Julie klatschte in die Hände. »Wir wollen einen guten Eindruck bei ihm machen, non?«

»Oui, Chef!«, riefen alle.

»Ich weiß, er möchte heute mit euch zu einen über die Grundsoßen sprechen. Also möchte ich, dass jede von euch sich ihren Mise en Place entsprechend vorbereitet. Das haben wir schon geübt. Also los.«

»Was genau müssen sie tun?«, fragte Marthe und zückte ihr kleines Notizbuch und den Bleistift. »Sie wissen, was sie zu tun haben?«

»Gute Güte, Marthe, das weißt du doch auch. Wie setzt man eine Soße an? Eine Grundsoße. Wenn du das nicht weißt, dann zweifele ich an meinen Kompetenzen. Was würdest du also machen?«

»Das kommt doch auf die Soße an«, sagte Marthe ein wenig unsicher. »Ich weiß, wie man eine Beurre blanc zubereitet, das ist doch ganz einfach – gewürfelte Charlotten, Weißwein, ein wenig Wermut … dann Gewürze je nachdem, wozu man sie serviert – Lorbeer, Estragon, Fenchel – und anschließend kalte Butter unterrühren, und die Soße durch ein feines Sieb passieren und noch einmal aufkochen.«

»Sehr gut. Hier geht es aber um die anderen Grundsoßen und dafür brauchst du … was?«

Wieder überlegte Marthe. »Gibt es eine Soße, für die ich keine Charlotten oder Zwiebeln brauche?«

»Eine Hollandaise zum Beispiel«, sagte ihre Mutter. »Oder eine Béchamel. Aber dafür brauchst du auch eine …?«, Sie sah Marthe erwartungsvoll an, und Marthe fühlte sich plötzlich wie auf dem Prüfstand.

»Gemüsebrühe«, sagte sie. »Gut, ich denke, ich habe es verstanden. Egal, ob du eine Fleisch-, Fisch- oder Gemüsesoße kochen willst, du brauchst Mirepoix.«

»Sehr gut«, sagte Julie zufrieden. »Lass uns mal schauen, ob meine Schülerinnen das auch wissen und machen.«

»Sollte ich nicht auch … mitkochen?«, fragte Marthe unsicher.

»Heute nicht. Heute machst du dir am besten Notizen«, meinte Julie.

Sie hatten das Nebengebäude inzwischen umgestaltet. Es gab zwei Reihen mit Tischen, an denen die Schülerinnen standen. Jede hatte ihr eigenes Schneidebrett, ihre eigenen Messer. Es gab diverse Schüsseln – für Abfälle und für die Produkte, die sie bearbeiteten. Außerdem hatte Julie durchgesetzt, dass ein weiterer Herd und ein größeres Spülbecken installiert worden waren. An den Wänden waren nun Bretter angebracht, auf denen Pfannen und Töpfe in allerlei Größen gestapelt waren. Außerdem gab es noch ein Regal mit weiteren Küchenutensilien.

Der Boden war sauber, die Vorratskammern wurden alle zwei Tage neu aufgefüllt – oft bekamen sie Spenden von Restaurants, mit Resten, die dort nicht mehr gebraucht wurden. Zudem hatte Julie eine Vereinbarung mit manchen Händlern in Les Halles getroffen, die auch ihre überschüssige Ware hierhin brachten, statt sie wegzuschmeißen. Einiges davon war tatsächlich nicht mehr zu gebrauchen und wanderte direkt auf die Komposthaufen der Gärtnerei nebenan. So entwickelte sich im Moment ein ganz neues System, das viel Gewerke der Lehrstätten einband. Die Wäscherei war für die Schürzen und Trockentücher zuständig, die Schneiderei fertigte Kochjacken für alle Schülerinnen an, aus der Schmiede kamen manchmal Töpfe und Pfannen. Damit aber die Schule nicht nur auf die Reste angewiesen war, wurde jeden dritten Tag frische Ware geliefert, das hatte sich Julie ausbedungen. So gab es immer Kartoffeln, Karotten, Zwiebeln, Lauch und Sellerie. Es gab Rinder-, Kalb- und Schweineknochen und auch Geflügel. Gemüse hatten sie ansonsten saisonabhängig und Fisch nach Fang. Haltbare Vorräte hatten sie in einer anderen Kammer. Dort lagerten unter anderem Reis, Mehl, Salz, Zucker.

Julie ging an den Schülerinnen vorbei, die sich inzwischen ihre Zutaten aus den Vorräten zusammengesucht hatten. Die meisten hatten die richtigen Sachen ausgewählt, aber nicht alle.

»Warum hast du dir Rosenkohl geholt?«, fragte Julie eins der Mädchen.

»Der ist ganz frisch, und wir sollen doch frische Zutaten verwenden. Außerdem hat er Saison.«

»Was wollen wir vorbereiten?«

»Eine … Soße.«

»Kohl hat einen sehr intensiven Geschmack, meinst du, das ist gut für eine Grundsoße?«

Das Mädchen sah Julie an und schüttelte dann den Kopf. »Nein, natürlich nicht. Ich bringe ihn zurück.«

Marthe, die das Gespräch verfolgte hatte, war beeindruckt. Ihre Mutter stellte die Fragen so, dass die Schülerinnen auf die richtigen Antworten kommen konnten. Das war sicherlich viel eindrücklicher, als wenn sie sie nur zurechtgewiesen hätte. Ich werde, dachte Marthe nun, auch einen Artikel über das Unterrichten schreiben.

Die Mädchen schnibbelten und schnitten, und Julie half hier, zeigte da, wie man das Messer besser hielt, wie man das Gemüse am besten schälte und wie man effektiver arbeitete.

Dann öffnete sich die Tür, und mit einem Schwall frischer Luft kam ein Paar herein. Julie schaute auf, wischte sich die Hände an einem Tuch ab und eilte den Gästen entgegen. »Maître Escoffier«, sagte sie voller Freude. »Wie schön, dass Sie uns besuchen.«

»Ich habe meine Frau mitgebracht, wollte ihr diese beeindruckende Schule zeigen, Madame Distel. Ich bin immer noch ganz begeistert von dem, was Sie hier leisten.«

Marthe trat zu ihnen. »Bonjour«, sagte sie schüchtern.

»Ah, da ist ja auch die entzückende Marthe, von der habe ich dir doch schon erzählt, Delphine, non?« Er nahm Marthes Hand, schüttelte sie.

»Oh ja, du hast viel über die beiden Damen Distel erzählt«, sagte Delphine Escoffier lächelnd. »Es ist schön, dass Sie diesen Kindern helfen, Madame.« Sie sah sich um. »Aber es sind ja nicht nur Kinder, es sind ja auch Frauen.«

»Aber ja«, meinte Julie. »Unsere Schule hat inzwischen einen gewissen Ruf, einen guten Ruf. So schicken auch andere Familien ihre Töchter hierher – und bezahlen einen kleinen Obolus dafür. Und es kommen auch junge Frauen, die das Hauswirtschaften lernen wollen – für ihre Familie. Immer mehr Familien sorgen für sich selbst, ohne Personal. Aber in immer weniger Familien werden Traditionen und Wissen weitergegeben. Hier füllen wir eine Lücke.«

»Das ist außerordentlich interessant«, meinte Madame Escoffier. »Aber lassen Sie sich von mir nicht stören.«

Julie hatte inzwischen Monsieur Escoffier erklärt, was die Mädchen machten. Er ging durch die Reihen, beobachtete die Mädchen.

»Sehr gut«, sagte er dann. »Sie setzen das so um, wie ich es gesagt habe und es in meinen Küchen halte. So lernen sie Strukturen und Arbeitsabläufe. Das ist gut.« Er stellte sich nach vorne, klatschte in die Hände. »Mesdemoiselles, Sie haben schon sehr gute Vorarbeit geleistet. Ich möchte jetzt gerne mit Ihnen verschiedene Soßen zubereiten. Dafür würde ich sie in Gruppen einteilen. Die eine Gruppe – sagen wir die fünf in der hinteren Reihe links – bereitet eine Rinderbrühe zu, rechts eine Gemüsesuppe, vorne links eine Hühnerbrühe und rechts eine Kalbsbrühe.« Er sah Julie an. »Haben wir alles dafür da?«

»Aber natürlich.«

»Bon, dann machen wir es so.«

Julie nickte den Schülerinnen zu. »Ihr habt ab jetzt eine halbe Stunde Zeit.«

»Aber in einen halben Stunde ist doch keine Suppe, geschweige denn eine Soße fertig«, sagte Marthe verblüfft.

»Das ist wohl wahr, Mademoiselle.« Monsieur Escoffier lächelte und strich sich über seinen Schnurrbart. »Aber es reicht für den Ansatz. Wir brauchen für Suppe oder Soße einen Ansatz, immer.«

»Aber für die dunklen Soßen müssen die Knochen doch geröstet werden, für eine Suppe werden sie nur ausgekocht.«

»Oh, Sie sind sehr gut informiert«, meinte er amüsiert. »Dennoch lässt sich aus einer guten Suppe auch ein guter Fond kochen, und aus einem Fond kann man eine Soße ziehen, die sehr viel leichter ist als die geschmorten Soßen. Leichter, aber nicht weniger schmackhaft. Meiner Meinung nach verkocht in französischen Küchen zu viel. Zu heiß, zu lange, zu überwürzt. Das sind Methoden aus den alten Zeiten, als man keine Eisenbahn und keine Kühlhäuser hatte. Heute haben wir das und können ganz anders kochen, ohne an Geschmack zu verlieren.«

Marthe hatte ihren Notizblock aus der Schürzentasche gezogen und schrieb eifrig mit.

»Mich beeindruckt Ihre Idee der Haushaltszeitschrift, Mademoiselle«, sagte Escoffier nun. »Ihre Mutter deutete an, dass ich helfen könnte?«

»Aber ja«, rief Marthe aus. »Das wäre zauberhaft. Wenn alles glückt, würde ich das erste Exemplar noch vor Weihnachten auflegen wollen. Es wäre vielleicht auch ein nettes Geschenk.«

»Und wie genau kann ich helfen?«

»Ich möchte in jedem Heft mindestens ein Rezept veröffentlichen. Aber nicht nur das Rezept, sondern auch genaue Anleitungen dazu, wie man es kocht. Wie man es vorbereitet, was man braucht – all diese Dinge. Und ein weihnachtliches Rezept aus Ihrer Feder wäre fabelhaft.«

Escoffier nickte, runzelte aber auch die Stirn. »Ein Rezept von mir mit genauen Anleitungen? Ob das die französische Hausfrau kochen wollte?«

»Aber ja!«, sagte Marthe voller Überzeugung.

»Nein«, sagte er, und Marthe sank in sich zusammen. »Nein, das wird nicht glücken. Meine Rezepte sind für die Restaurantküche konzipiert. Für eine Küchenbrigade. Für viele Leute, die einander zuarbeiten. Das kann man in einem normalen Haushalt nicht übernehmen.«

»Oh, wie schade«, sagte Marthe enttäuscht.

»Und wir servieren an den Feiertagen … nun, sehr exquisite Speisen. Das erwarten unsere Gäste. Aber das sind Zutaten, die nicht in den Haushalten vorkommen. Oder nur selten.«

»Ich verstehe«, sagte Marthe mit gepresster Stimme. Die Idee war so gut gewesen, aber sie hatte sie nicht völlig durchdacht, das wurde ihr nun klar. Natürlich konnte man ein Essen im Restaurant nicht einfach so in einer Haushaltsküche zubereiten, das hätte ihr bewusst sein müssen.

Escoffier schien ihre Betroffenheit zu bemerken. »Aber nun, Mademoiselle, lassen Sie nicht den Kopf hängen. Ich überlege mir etwas, non?«

»Wirklich?«

Er nickte und lächelte ihr zu.

In der nächsten Stunde ging er durch die Reihen der Kochlehrlinge, half hier, zeigte dort etwas, erklärte und beantwortete die erst noch zögerlichen Fragen. Am Ende hatten alle eine respektable Suppe gekocht. Er erklärte ihnen, wie sie sie klären und verstärken konnten. »Das dauert ein paar Stunden. Deshalb setzt man immer eine große Menge an, damit es sich lohnt. Und so eine Brühe oder eine Consommé hält sich. Man kann immer wieder neue Parüren, Gemüse, Wein und Wasser nachfüllen. Man kann so eine Suppe ewig kochen lassen, wenn man sauber arbeitet. Nur im Sommer ist das heikel, da kann so eine Suppe schon mal umkippen und schlecht werden.« Er holte Luft, sah in die Runde. »Madame Distel wird Ihnen erklären, wie Sie weiter vorzugehen haben. Ich finde diese Schule ganz wunderbar. Sie lernen etwas, was Frankreich von anderen Ländern abhebt: das Kochhandwerk. Die französische Küche ist weltberühmt und das soll sie auch bleiben. Also – strengen Sie sich an, Mesdemoiselles, und enttäuschen Sie unser Land nicht. Au Revoir!« Er drehte sich zu Julie um, reichte ihr die Hand. »Großartig, ganz großartig, was Sie hier machen. Ich werde mich wieder bei Ihnen melden.« Dann wandte er sich zu Marthe. »Und auch Sie werden von mir hören. Hat Ihre Zeitschrift schon einen Namen?«

»Ja, sie wird ›Cordon Bleu‹ heißen.«

»Wie außerordentlich passend. Ich glaube an Ihre Idee, denn sie ist gut.«

Dessert

oder Entremets de fromage

Kapitel 19

Paris, Frühsommer 1895

Es war einer dieser Frühsommertage, an denen das frische Grün der aufsteigenden Säfte in den Bäumen, Sträuchern und Blumen fast zu sehen war. Minütlich schien sich ein weiteres, noch zartes und vorsichtiges Blatt zu entfalten. Der Himmel blass und klar, das Licht der Sonne wärmte schon und strahlte durch die frischgeputzten Fenster, von denen der Dreck des nassen Frühjahrs poliert worden war. Es duftete nach den ersten jungen Kräutern, die die Vorfreude auf die schöne Jahreszeit voller Sonne und Wärme versprachen.

»Unglaublich«, sagte Florence und sah sich in Marthes Zimmer um. »Ich kann es gar nicht glauben. Wirklich nicht. Das sind alles Leserzuschriften?« Sie drehte sich im Kreis. »Oh, Marthe, du hast es geschafft.«

»Nein«, sagte Marthe und stand auf, um ihre Freundin fest und nachdenklich zu umarmen. »Nein, noch nicht.« Sie verzog das Gesicht und wies auf das Bilanzbuch, das in der Mitte ihres Schreibtisches lag. »Es sind viele Zuschriften, das ist wahr. Aber damit kann ich nicht rechnen. Rechnen muss ich mit den Verkäufen, aber das ist nahezu unmöglich. Wir haben immer noch kaum Abonnementen. Die Leute kaufen die Zeitschrift, aber nicht auf einer berechenbaren Basis.« Sie seufzte. »Komm, hier ist kein Platz, lass uns in die Küche gehen.«

»Gerne«, sagte Florence lachend. »Das ist mir der liebste Platz in eurem Haus.«

Julie war in der Kochschule, aber Amelie stand am Herd und rührte in einem Topf. Es roch süßlich-herb. Eine ganze Stiege Eier stand auf dem Küchentisch und wartete darauf, verarbeitet zu werden.

Amelie sah sich um. »Ich kann euch gerade keinen Kaffee geben, wenn ich aufhöre zu rühren, brennt die Schokolade an. Aber dort steht die Kanne und warme Milch ist auch noch da.«

»Du musst uns wahrlich nicht bedienen«, sagte Marthe. »Möchtest du auch einen Kaffee, Amelie?«

»Ich hatte schon zwei, und wenn ich noch einen trinke, wird meine Hand zu hektisch und aus der Masse wird Schaum. Das würde deiner Mutter nicht gefallen.«

»Was machst du denn da?« Florence trat neben sie.

»Ich versuche mich an einem Schokoladensoufflé aus dunkler Schokolade und mit einem Hauch von Milchcreme. Ein Rezept von Henri-Paul Pellaprat, einem bekannten Chef de Cuisine. Und es ist gefühlt der hundertste Versuch.« Sie wischte sich mit dem Unterarm über die Stirn.

Marthe hatte zwei Schalen mit Milchkaffe auf den Tisch gestellt, schaute nun in den Topf. »Nimm das vom Feuer. Es schmilzt ja gerade erst. Es macht keinen Sinn, etwas wieder und wieder und wieder zu versuchen, wenn es gerade nicht gelingt. Dann sollte man eine Pause einlegen.«

»Die Worte deiner Mutter«, seufzte Amelie. »Aber vermutlich hat sie, wie meist, auch damit recht.« Amelie stellte den Topf zur Seite. »Ich muss sowieso noch zum Markt und den Fisch, den deine Mutter bestellt hat, abholen.«

»Du kannst dich auch zu uns setzten«, bot Marthe ihr an.

»Nein, denn ich würde nicht sitzenbleiben, sondern mich wieder an dem Soufflé versuchen. Ich brauche frische Luft und Abstand von der Küche.«

»Ist das ein Rezept für die nächste Ausgabe des ›Cordon Bleu?‹«, fragte Florence.

»Nein«, sagte Amelie. »Aber dieser Koch hat uns ein Rezept gegeben, das wir gerade in der Schule auf Tauglichkeit prüfen, und ich habe nach anderen Rezepten von ihm gesucht und bin im ›Guide Culinaire‹ fündig geworden. Ich habe die Mengenangaben und weiß grob, wie es geht, aber es will und will mir nicht gelingen.«

»Dann fragen wir ihn, ob er es uns zeigt«, meinte Marthe leichthin. »Es gibt bestimmt etwas, was er anders macht als du und kann er dir sicherlich zeigen.«

»Ja, wenn er es mir einmal zeigt, werde ich wissen, wie es geht. Aber wir können ihn doch nicht einfach fragen«, sagte Amelie und nahm den Korb. »Die Luft wird mir gut tun und die Bewegung auch, vielleicht fällt mir ja unterwegs ein, was ich anders machen kann.«

»Magst du etwas essen?«, fragte Marthe, als die Haustür ins Schloss gefallen war. Sie schaute in die Vorratskammer und kam mit einem Brett zurück. Darauf waren verschiedene Käsesorten. Von der Anrichte nahm sie das frische Brot und schnitt ein paar Scheiben ab, stellte noch ein Schüsselchen mit Feigenmarmelade vom letzten Jahr dazu.

»Das ist ein Grund, warum ich es bei euch so liebe«, schwärmte Florence. »Es gibt immer etwas zu essen, und es immer lecker.«

»Es ist doch nur Käse«, winkte Marthe ab und setzte sich zu ihr an den Küchentisch.

»Du siehst erschöpft aus, auch ein wenig unglücklich«, stellte Florence fest.

»Der Tag hat einfach zu wenig Stunden«, seufzte Marthe. »Hast du die ganzen Zuschriften in meinem Zimmer gesehen? Die muss ich alle durchgehen, sortieren und einige auch beantworten. Dazu muss ich das nächste Heft planen, die Rezepte aussuchen und die müssen probegekocht werden. Mir fehlt noch mindestens ein Artikel, und ich weiß nicht, wie ich das schaffen soll.«

»Ich helfe dir«, sagte Florence und lächelte.

Marthe sah sie überrascht an. »Aber ...«

»Aber ja«, sagte Florence belustigt. »Warum auch nicht? Ich komme mit meinem literarischen Werk im Moment nicht voran und zu Hause fällt mir die Decke auf den Kopf. Maman will unbedingt mit mir den Sommer in England verbringen – aber dazu habe ich nun wirklich keine Lust. Alternativ könnte ich auch auf unser Gut in der Dordogne fahren – doch auch das reizt mich nicht. Wenn ich dir helfen kann, habe ich eine vernünftige Aufgabe. Ich würde es gerne machen.«

»Das wäre wirklich wundervoll«, sagte Marthe. Dann verzog sie das Gesicht. »Ich kann dir aber nichts zahlen.«

»Sehe ich sehr bedürftig aus?« Florence lachte auf und nahm sich noch ein Stück Käse. »Allerdings gibt es eine kleine Bedingung.«

»Alles, was du willst ...«

»Logis brauche ich nicht, aber ... Kost. Wenigstens ein wenig.«

Erleichtert atmete Marthe aus. »Wenn es nicht mehr ist? Maman wird sich freuen, dich am Tisch zu haben.«

»Vielleicht lerne ich dann ja auch kochen. Es ist so viel einfacher, wenn einem die Schritte gezeigt werden. Ich habe mich an dem Weihnachtsessen von Maître Escoffier versucht – mit Camilles Hilfe –, aber so richtig geglückt ist es uns nicht.«

»Ja, das habe ich von etlichen Leuten gehört. Dabei hat er sich so viel Mühe gegeben und ein wirklich einfaches Rezept geschrieben, mit Zutaten, die sich jeder ordentliche Haushalt leisten kann. Aber die Arbeitsschritte zu erklären, das ist gar nicht so einfach. Also lag es eher an mir und nicht an seinem Rezept. Ich muss das besser hinbekommen.«

»Wie machst du das denn überhaupt? Du hast das Rezept und schreibst dann auf, was gemacht werden muss? An deinem Schreibtisch?«

»Ja, genau so mache ich das. Und ich hatte eigentlich gedacht, dass es doch sehr verständlich wäre, aber da habe ich mich wohl getäuscht.«

»Ich bin schon an einigen Begriffen gescheitert. Camille wusste, was gemeint war, aber sie ist ja auch bei deiner Mutter in die Lehre gegangen«, sagte Florence und nahm sich ein weiteres Stück Käse, strich etwas von der Feigenmarmelade darauf und verspeiste es, schloss genüsslich die Augen.

Marthe runzelte die Stirn. »Welche Begriffe meinst du denn?«

»Nun so etwas wie Mirepoix, sautieren, Zwiebeln schmelzen – wie zum Teufel schmelzt man Zwiebeln?«

»Man lässt sie auf geringer Hitze garziehen, ohne dass sie Farbe annehmen«, erklärte Marthe nachdenklich, dann erhellte sich ihr Gesicht. »Aber natürlich, diese ganze Küchenbegriffe – die kennen Köche und Köchinnen, aber niemand, der das nicht gelernt hat.

Wahrscheinlich weiß das jede Hausfrau, aber unter einem anderen Begriff. Ich werde ein Glossar schreiben – ein Glossar mit Küchenbegriffen. Oh ja, das ist eine gute Idee. Ich kann das bestimmt auf drei Hefte aufteilen und hätte so immer etwas, was die Leserinnen dazu bringt, auch die nächste Ausgabe zu kaufen.«

»Das ist wirklich eine gute Idee. Und nun gehen wir in dein Zimmer und machen etwas Ordnung. Und dann fange ich an, die Briefe zu sortieren.«

Von nun an kam Florence jeden Tag zur Mittagszeit und half Marthe. Sie blieb meist bis zum Abendessen. Schnell hatte sie ein System entwickelt, um die Briefe zu sortieren – zuerst nach Datum, dann danach, ob eine Frage beantwortet werden musste oder es nur eine freundliche oder sogar begeisterte Zuschrift war.

»Sie alle haben Probleme damit, dass sie nicht wissen, wie man es macht. Also habe ich die Rezepte zu ungenau erklärt«, seufzte Marthe.

»Vielleicht solltest du das aufschreiben, während jemand das kocht. Schritt für Schritt – du stehst daneben und notierst alles. Und ich stelle mich auch daneben und sage dir, was ich nicht verstehe.«

»Ja!«, sagte Marthe begeistert. »So machen wir das. Können wir das in der Schulküche machen?«, fragte sie Julie.

Julie sah sie an, seufzte dann. »Das weiß ich nicht«, gestand sie.

Auf einmal wurde Marthe bewusst, dass ihre Mutter in den letzten Tagen sehr still geworden war. Sie hatte das darauf geschoben, dass sie und Florence ja die ganze Zeit schwatzten, aber vielleicht steckte doch etwas anderes dahinter.

»Was ist denn mit der Schulküche?«, fragte sie besorgt.

»Ach«, sagte Julie, »ich will dich nicht damit belasten.«

»Aber Maman«, empörte sich Marthe, »wir sind doch eine Familie.« Sie schaute zu Florence. »Oder ist es etwas sehr Privates?«

»Ich kann gehen«, sagte Florence und stand auf. »Gar keine Frage.«

»Aber nein, setz dich wieder hin«, meinte Julie. »Es geht um Pater Fontaine, der vor einem Monat das Waisenhaus von Pater Roussel übernommen hat. Pater Fontaine, ihr habt ihn ja schon kurz kennengelernt, ist wirklich ein von Gott gesandter Mann. Pater Roussel, das war uns ja allen bewusst, war in den letzten Jahren doch manchmal mit der ganzen Arbeit und Verantwortung überfordert. Er hat das Heim gegründet und lange Jahre gut geführt, aber nun ist es gut, dass er sich zurückgezogen hat, und ich hoffe, dass er seine letzten Lebensjahre noch genießen kann.« Sie stand auf und holte den Krug mit dem Tafelwein, schenkte ihnen allen ein Glas ein. »Pater Fontaine muss sich natürlich nun mit allem erst einmal vertraut machen. Und, das war uns allen schon bewusst – das Waisenhaus und auch die Lehrbetriebe haben finanzielle Probleme. Das möchte er natürlich ändern.«

»Ja?«, fragte Marthe. »Und was hat das mit der Schulküche zu tun?«

»Es ist alles nicht rentabel genug, meint Pater Fontaine, was natürlich stimmt.«

»Wie kann man das ändern? Ich wusste nicht, dass Schulen rentabel sein müssen«, meinte Florence.

»Schulen sind nicht rentabel«, sagte Julie, »Lehrbetriebe können es aber sehr wohl sein. Die Schulküche zum Beispiel könnte für ein Bistro kochen und ausliefern. Oder große Gesellschaften bekochen.«

»Das klingt doch gut«, sagte Marthe.

»Ja, aber ich sehe mich dann nicht mehr in der Leitung der Küche«, meinte Julie leise. »Ich möchte den jungen Frauen in aller Ruhe und sehr gründlich etwas beibringen. Wenn aber Essen ausgeliefert werden muss, dann geht es auch um Schnelligkeit. Man muss größere Mengen produzieren, damit sich das lohnt. Dann lernen die Mädchen zwar, wie man zum Beispiel Hors-d'œuvre zubereitet, aber auch nur das. Es ist ohne Frage eine gute Idee des Paters und würde dem Waisenhaus sicherlich auch sehr helfen, aber ich … ich möchte das nicht so machen.«

Marthe sah ihre Mutter nachdenklich an. »Dann machst du das eben nicht mehr«, sagte sie.

»Nun ja, mein Schatz, aber auch wir müssen rentabel sein«, sagte Julie und lächelte schief. »Ich muss noch etwas Geld verdienen, auch wenn ich fest an deine Zeitschrift glaube.«

»Ja, ich weiß. Und es tut mir auch leid. Ich wünschte, ich könnte sagen: Bleib zu Hause und leg die Beine hoch, du hast in deinem Leben schon mehr als genug geleistet – was ja stimmt. Aber das wäre im Moment noch ein Problem.«

»Das könnte ich mir gar nicht vorstellen«, meinte Julie nun. »Die Füße hochlegen und nichts tun – nein, das ist nicht mein Weg. Ich brauche eine Aufgabe, und die Schulküche zu führen, erfüllt mich sehr. Nur mit diesen Änderungen tue ich mich schwer. Zumal der Pater auch nicht mehr möchte, dass Schülerinnen von außerhalb kommen, selbst wenn sie dafür zahlen. Es soll ein rein kirchlicher Betrieb sein.«

»Maman!«, rief Marthe aus, »da haben wir doch die Lösung. Das ist doch eine ganz wunderbare Idee!«

Florence und Julie sahen sie überrascht an.

»Es ist doch ganz einfach – du machst eine neue, eine eigene Schulküche auf. Du gibst Kochkurse – und wirst dafür bezahlt.«

Julie schwieg einen Moment. »Aber dann«, sagte sie langsam, »muss ich eine Küche anmieten, denn hier ginge das nicht. Und das kostet wieder Geld …«

»Ja, aber die Idee ist hervorragend«, meinte Florence. »Du könntest ja Kochkurse zu verschiedenen Themen anbieten: Saisonales Gemüse, Fisch oder so etwas. Und Marthe könnte die Kurse ganz wunderbar in der ›Cordon Bleu‹ bewerben.«

»Aber natürlich«, sagte Marthe begeistert. »Und vielleicht können wir dann auch zeigen, wie die Rezepte gehen, die ich veröffentliche.«

»Zuerst müssen wir schauen, ob es eine geeignete Lokalität gibt und ob sie erschwinglich ist. Und dann müssen wir das alles durchrechnen«, sagte Julie, die nun von dem Eifer der Mädchen angesteckt worden war.

Den ganzen Abend planten sie, schrieben Ideen auf, legten Listen an.

»Es wird sicherlich ein wenig dauern, bis wir das realisieren können«, meinte Julie, »aber vielleicht ist es ja tatsächlich möglich.«

»Doch wie machen wir das bis dahin mit dem Probekochen?«, fragte Marthe plötzlich verzagt.

»Für die nächste Ausgabe wird das sicherlich noch in Auteuil gehen«, sagte Julie. »Ich kann ja dort auch nicht Knall auf Fall weggehen, es muss eine Nachfolgerin gefunden werden.«

»Sehr gut, dann kann ich die Vorbereitungen für das nächste Heft vorantreiben. Aber bis es erscheint, solltest du eine neue Küche gefunden haben, damit wir sie bewerben können.«

Eine Woche später erhielten sie eine Einladung von Auguste Escoffier, der für einige Zeit in Paris weilte. Seine Hauptaufgabe war immer noch die Küchenleitung des Savoy Hotels in London, doch er kehrte regelmäßig auf das Festland zurück und kümmerte sich um seine französischen Belange.

Zu Julie hielt er eine lose, aber herzliche Verbindung, denn er schätzte ihre Arbeit sehr. Auch ließ er sich immer ein Exemplar des »Cordon Bleu« schicken.

Er hatte für Julie und Marthe einen Tisch in seinem Restaurant Maison Chevet reserviert und setzte sich dort zu ihnen.

»Ich soll Sie ganz herzlich von meiner Frau grüßen«, sagte er freundlich. »Sie empfiehlt all ihren Freundinnen, die ›Cordon Bleu‹ zu lesen.«

»Das ist zu freundlich von Madame«, sagte Marthe. »Ich bin mir jedoch deutlich bewusst, dass die Zeitschrift noch Verbesserungen erfahren könnte.«

»Welche denn? Gibt es Beschwerden?«

»Vielen Hausfrauen ist der Küchenjargon nicht vertraut, und deshalb haben sie Schwierigkeiten einiges an den Rezepten zu verstehen. Dem werde ich jetzt entgegentreten, indem ich ein Küchen-Dossier anlege und dort die Begriffe erkläre.«

»Hervorragend«, sagte Escoffier.

»Aber dennoch ist es nicht so einfach, die Rezeptanleitungen verständlich aufzuschreiben. Durch Ihre freundliche Vermittlung werden wir im nächsten Heft ein Rezept von Henri-Paul Pellaprat drucken dürfen.« Sie biss sich verlegen auf die Lippe. »Das Rezept ist vorzüglich, aber ich bekomme es nicht hin.«

»Ich habe tatsächlich auch ein wenig Schwierigkeiten damit«, gestand Julie. »Es geht um Kaninchen. Ich weiß, das Fleisch ist sehr empfindlich. Geschmortes Kaninchen beherrsche ich aus dem Effeff, aber dieser Kaninchenrücken wird mir jedes Mal zu trocken.«

»Aber woran kann das liegen? Doch nur an der Temperatur, non?«, sagte Escoffier. »Hätten Sie die Güte, mir das Rezept in den nächsten Tagen zu bringen, dann kann ich es mir anschauen. Mit Henri-Paul bin ich sehr gut bekannt. Er ist ein großartiger Koch, und ich kann mir nicht vorstellen, dass ihm beim Rezept ein Fehler unterlaufen sein soll. Ebenso wenig kann ich daran glauben, dass Sie, Madame Distel, das Rezept nicht beherrschen sollten.« Er hob die Hände. »Ich bin noch die ganze Woche in Paris.«

»Das mache ich gerne«, sagte Marthe.

»Ich glaube nicht, dass es an dem Rezept an sich liegt«, meinte Julie, »sondern an einer gewissen Art der Zubereitung. Die wird dem Maître wahrscheinlich so vertraut sein, dass er sie nicht erwähnenswert fand. Und weil ich nicht weiß, was es ist, gelingt es nicht.«

»Das könnte gut sein.«

»Was führt Sie denn schon wieder nach Paris?«, fragte Marthe ihn. »Außer natürlich, dass dies die schönste Stadt der Welt ist.«

»In der Tat«, sagte Escoffier lachend, »das ist sie. Ich habe hier geschäftlich zu tun. Das Savoy in London ist inzwischen eine begehrte Adresse geworden, aber dennoch gibt es auch da immer etwas zu verbessern. Und ich lege Wert darauf, dass nur die besten Produkte in meinen Küchen verwendet werden. Ja, auch die Engländer stellen Käse her – aber mit französischem Käse ist er nicht zu vergleichen. Wein brauche ich gar nicht zu erwähnen und auch das britische Brot kann mit dem hiesigen nicht konkurrieren. Und dann ist da noch der Fisch – Fisch aus dem Mittelmeer ist unschlagbar, aber in England nicht zu bekommen. Deshalb schaue ich immer nach geeigneten Händlern, die mir die gewünschte Ware liefern können. Durch die Eisenbahn ist es auch möglich geworden, Fisch auf Eis bis zur Küste und dann per Boot nach London zu bringen.«

»Das ist interessant«, sagte Marthe. »Wie nehmen die Briten die französischen Produkte denn auf?«

»Voller Begeisterung natürlich. Doch im Savoy haben wir recht internationale Gäste – aus Russland, Deutschland oder auch Italien. Es ist beliebt geworden, nach London zu reisen. Sehen und gesehen werden ist die Devise – wie schon in Nizza und natürlich in Paris.«

Sie plauderten den ganzen Abend, Maître Escoffier ließ einige besonders raffinierte Gänge servieren, aber auch solche, die inzwischen internationalen Ruhm erlangt hatte, wie ›Pfirsich Melba‹.

»Wie läuft es mit Ihrer Schule?«, fragte Monsieur Escoffier Julie. »Ich finde es immer noch bewundernswert, was Sie dort leisten.«

»Damit ist es wohl bald vorbei«, sagte Julie traurig und erzählte ihm von den Entwicklungen im Waisenhaus.

»Wir müssen nur die geeigneten Räume finden, dann könnte Maman ihre eigene Kochschule eröffnen«, meinte Marthe. »Aber das gestaltet sich gar nicht so einfach.«

Auguste Escoffier runzelte die Stirn. »Lassen Sie mich darüber nachdenken, vielleicht finde ich eine Lösung.«

Am nächsten Tag saß Marthe zweifelnd am Küchentisch. »Soll ich ihm wirklich das Rezept von Maître Pellaprat bringen? Ist das nicht zu aufdringlich?«

»Aber nein«, meinte Julie. »Er hat es dir doch angeboten. Komm, wir gehen gemeinsam, ich muss sowieso noch zu Les Halles, um einige Bestellungen aufzugeben.«

In der Küche des Restaurants wurde schon emsig gearbeitet, um alles für den Abend vorzubereiten. Auch Monsieur Escoffier war dort und besprach sich mit seinen Küchenchefs. Er winkte Julie und Marthe zu, ließ ihnen einen Kaffee und etwas Gebäck bringen. In der Küche war es wieder einmal erstaunlich leise, obwohl jeder etwas zu tun hatte. Julie beobachtete fasziniert die Abläufe und schien fast schon enttäuscht, als Escoffier schließlich zu ihnen trat.

»Es ist beeindruckend, wie geordnet alles abläuft«, sagte sie. »Davon bin ich bei meiner Klasse weit entfernt.«

»Aber Madame«, sagte er lächelnd, »dies ist keine Schulklasse, selbst wenn wir hier auch Lehrlinge haben. Die meisten meiner Köche sind mit ihrem Posten sehr gut vertraut und das schon eine Weile. Sehen Sie dort drüben, dort an der Seite?« Er wies auf einen Bereich in der Nähe der Spüle, wo ein großer Tisch stand. Um den Tisch herum hatten sich fünf junge Männer versammelt, ein sechster zeigte ihnen gerade, wie sie Zwiebeln würfeln sollten. Neben dem Tisch stand ein riesiger Korb mit Gemüsezwiebeln. »Dort sind die Anfänger. Sie werden heute, morgen und die nächsten Wochen nichts anderes machen, als Gemüse klein zu schneiden. Erst Zwiebeln, dann Karotten, dann Sellerie und so weiter. Am Ende kann eigentlich jeder perfekte Brunoise schneiden. Sie machen nämlich in der Zeit nichts anderes. Das können Sie mit Ihren Schülerinnen kaum machen – wie würden Sie die Mengen an Brunoise verwenden, non?« Er zuckte mit den Schultern. »Und so lernen sie alles – auf jedem Posten.«

»Ja, das stimmt, das kann ich so nicht leisten«, sagte Julie nachdenklich.

»Aber das müssen Sie ja auch nicht. Vor allem dann nicht, wenn sie demnächst nur Kurse geben. Dann zeigen Sie es den Frauen, zeigen ihnen, wie es gemacht wird – üben können sie zu Hause, non?«

»Aber natürlich«, sagte Julie. »Unter diesem Blickwinkel habe ich es noch gar nicht gesehen. Meine neuen Schülerinnen, falls ich diese Schule tatsächlich eröffnen kann, haben alle ein Zuhause, sie sind keine Waisen.«

Escoffier lächelte und zwirbelte seinen Schnurrbart. »Sie werden Ihre Schule eröffnen, da bin ich mir sicher. Ich habe da nämlich eine Idee. Kommen Sie, kommen Sie.« Er führte sie aus dem Restaurant hinaus, ging mit ihnen ein paar Schritte weiter die Kolonnade des Palais Royal entlang, bog um eine Ecke und blieb vor einer Tür stehen. »Voilà«, sagte er und holte einen Schlüssel aus der Tasche, schloss auf. »Diese Räume stehen seit einiger Zeit leer. Hier war ein kleines Restaurant, doch es hat geschlossen, weil der Besitzer verstorben ist. Ich spiele seit einiger Zeit mit dem Gedanken, diese Räume anzumieten.«

»Sie wollen ein weiteres Restaurant eröffnen?«, fragte Julie überrascht.

»Non, nicht hier jedenfalls. Nein, ich könnte diese zusätzliche Küche gebrauchen. Auch, um einen Platz für meine Lehrlinge zu haben und für Vorbereitungsarbeiten. Schauen Sie.« Er führte sie hinein. »Die Räumlichkeiten eignen sich nicht so gut für ein Restaurant, sehen Sie? Aber es gibt eine Küche. Und hier, hier könnte man einen Raum einrichten mit Bänken. Hier vorne könnten Sie alles anrichten und zeigen – dafür reicht ein großer Küchentisch. Nebenan könnte man mehrere Küchentische aufstellen, an denen dann die Schülerinnen arbeiten könnten und – zu guter Letzt – die Küche hier, sie ist sehr groß, non? Man könnte einen weiteren Herd aufbauen. An der anderen Seite. Er steht sogar schon im Keller – muss nur noch angeschlossen werden. Es ist ein Elektroherd, eine ganz neue Entwicklung. Und das reizt mich auch, denn es wird unsere Zukunft sein. Aber hier könnten meine Chefs erst einmal daran üben und sich damit vertraut machen.«

»Aber wenn doch Ihre Chefs hier üben, kann ich nicht mit meinen Schülerinnen kochen …«

»Ah, non. Aber wann wollten sie den Unterricht geben?«

»Vormittags«, sagte Julie.

Escoffier hob die Hände und strahlte. »Très bien. Und ab mittags könnten wir die Räume übernehmen. Und noch einen Vorteil hätte es, wenn wir uns die Räumlichkeiten teilen würden – ich könnte all die Brunoise, die ihre Schülerinnen fabrizieren, verwenden.«

Julie sah ihn sprachlos an.

»Das ist fabelhaft!«, rief Marthe begeistert. Sie drehte sich in der Küche im Kreis. »Das ist eine ganz wunderbare Idee. Oh, Maman, ich sehe dich schon hier stehen, es wird wunderbar werden.«

Julie ging still durch die Räume. Es gab natürlich Vorratsräume, eine Spülküche, sogar ein Büro. »Kann ich mir das leisten?«, fragte sie dann.

»Ich werde es durchrechnen. Mit den Erben habe ich schon geredet, sie haben kein Interesse an der Gastronomie und würden uns das Inventar zu einem guten Preis überlassen. Die Räume sind für ein Restaurant ungünstig geschnitten, deshalb würde uns mit der

Miete entgegengekommen werden. Ich bin mir sicher, dass Ihre Kochschule ein voller Erfolg werden wird. Und es ist eine so gute Sache, die Sie beide tun – die französische Kochkunst am Leben zu erhalten und weiterzugeben, das muss unterstützt werden.« Er lächelte Julie an. »Sagen Sie Ja!«

»Ich möchte wenigstens eine Nacht darüber schlafen«, gestand Julie.

»Aber natürlich. Auch zwei. Ich bin noch die ganze Woche hier und werde auch bald wiederkommen. Überlegen Sie gut und sagen Sie dann zu!«

Noch einmal ging Julie durch die Räume. »Hier könnte ich einen Schreibtisch aufstellen und eine Sammlung mit Kochbüchern«, murmelte sie. »Es fehlen natürlich noch Schneidebretter, davon werden wir einige brauchen, und Schüsseln. Pfannen …«

Marthe grinste. »Du richtest ja schon ein.«

»Ich überlege nur. Die genauen Kosten bräuchte ich auch, damit ich das durchrechnen kann. Und dann muss ich mir überlegen, was ich an Kursgebühren nehmen könnte. Das muss alles überlegt sein.«

»Natürlich, Madame«, stimmte Escoffier ihr zu. »Ich werde Ihnen eine Übersicht der Kosten zukommen lassen. Sie sollen das nicht übers Knie brechen.«

»Es wäre tatsächlich eine wunderbare Gelegenheit, und ich fühle mich sehr geehrt, dass Sie an mich gedacht haben, Monsieur Escoffier«, sagte Julie.

Sie verließen das Gebäude, und Escoffier verabschiedete sich. »Sie werden von mir hören, und ich hoffentlich dann auch von Ihnen.«

Erst, als sie schon ein paar Schritte gegangen waren, fiel Marthe das Rezept von Maître Escoffier ein. Sie rannte zurück, erreichte ihn gerade noch vor seinem Restaurant.

»Oh, natürlich«, sagte er. »Auch das werde ich mir anschauen.«

»Aber natürlich musst du das tun, Julie«, sagte Florence am nächsten Tag. »Eine eigene Kochschule. Das ist doch ganz wunderbar.«

»Ich muss es mir auch leisten können«, meinte Julie. Ein Bote hatte ihr die Unterlagen gebracht, und den ganzen Nachmittag schon saß sie darüber gebeugt, rechnete, verglich und überschlug die Kosten.

»Wir werden eine ganze Menge an Küchentüchern brauchen. Und Schürzen.«

»Aber das kannst du doch in der Näherei von Auteuil anfertigen lassen«, sagte Marthe. »Die werden dir sicher einen guten Preis machen.«

»Ja, und ich könnte auch gleich mit der Wäscherei eine Pauschale vereinbaren, damit sie die benutzten Tücher und Schürzen waschen.«

»In dem Gastraum vorne würde ich die Tische und Stühle stehen lassen«, sagte Marthe. »Dort kannst du das Anrichten und Servieren zeigen und üben.«

»Das ist eine sehr gute Idee. Dennoch – es ist ein hohes Risiko. Was, wenn sich nicht genügend Schülerinnen anmelden? Ich könnte Kurse über sechs Monate und auch welche nur für ein paar Wochen anbieten. Die längeren Kurse, um die Grundlagen des Kochens zu vermitteln, die kürzeren, um bestimmte Themen zu vertiefen.«

»Ja, das klingt wunderbar. Und ich weiß, du wirst das ganz phantastisch hinbekommen, Maman.«

»Wir werden sehen, wir werden sehen«, sagte Julie, aber ein Lächeln zeigte sich in ihren Mundwinkeln.

»Ich werde deine Kurse in der nächsten Ausgabe anpreisen«, meinte Marthe.

»Wie weit bist du denn?«, fragte Florence.

»Fast fertig. Ich habe schon den ersten Teil des Küchenglossars setzen lassen. Und ich habe noch eine Idee gehabt: Es gibt ja einige Fragen, die von mehreren Leuten gestellt werden. Nun werde ich, statt jedem einen Antwortbrief zu schreiben, die Frage mit Antwort drucken. So haben alle etwas davon, denn nicht jeder schreibt mir, wenn ihm etwas unklar ist.«

»Das ist grandios. Und was ist mit dem Rezept?«

»Oh, Flo, daran hapert es noch. Ich überlege sogar, ob ich nicht für die jetzige Ausgabe ein anderes nehme und das von Pellaprat erst in der nächsten abdrucke.«

»Wir werde es am Wochenende einfach noch mal probieren«, sagte Julie. »Ich habe extra dafür Kaninchen auf dem Markt bestellt.«

»Es muss schon nachkochbar sein«, meinte Marthe betrübt. »Sonst will ja keiner mehr ein Heft kaufen.«

»Es hört sich so einfach und lecker an«, sagte Florence.

»Ja, aber das Fleisch wird zäh.«

Am nächsten Tag, Marthe und Florence waren wieder mit den Zuschriften beschäftigt, kam ein Bote von Monsieur Escoffier vorbei, der sie bat, mit ihm zum Restaurant zu kommen. Julie war in Auteuil, also hinterließ Marthe ihr eine Nachricht.

Escoffier stand in der Restaurantküche, gekleidet in seiner Kochjacke mit der hohen Mütze auf dem Kopf. Neben ihm stand ein Koch, der allerdings eine andere Kochjacke trug.

»Darf ich vorstellen?«, sagte Monsieur Escoffier. »Dies ist Henri-Paul Pellaprat. Mademoiselle Distel und Mademoiselle Laurent.«

»Oh«, sagte Marthe und wurde rot. »Oh.«

»Ich bin zufällig in der Stadt«, sagte Monsieur Pellaprat und lächelte. »Und da hat mir Auguste von Ihrem Problem mit meinem Rezept berichtet.«

»Sie müssen mich für furchtbar undankbar und schrecklich unbegabt halten«, sagte Marthe verlegen. »Ich bin mir sicher, uns entgeht nur eine Kleinigkeit … aber diese Kleinigkeit macht das Fleisch trocken. Und meine Leserinnen würden es so nachkochen, wie ich es beschreibe … also falsch.«

»Der Fehler liegt sicherlich bei mir«, sagte Pellaprat charmant, »und keineswegs bei Ihnen. Ich schreibe meine Rezepte immer nur sehr stichpunktartig auf, da ich ja weiß, wie es geht. Ich habe nicht bedacht, dass Ihre Leserinnen sehr viel ungeübter sind.«

»Ja, tatsächlich«, sagte Marthe erleichtert, »das sind sie.«

»Ich weiß, ich kann gut zeigen, wie Dinge gehen, aber mich schriftlich nicht so gut ausdrücken, wie Sie es können, Mademoiselle Distel. Ich habe eine Ihrer Zeitschriften studiert und bin ganz angetan.« Wieder lächelte er. »Deshalb habe ich mir überlegt, dass ich Ihnen das Gericht einmal vorkoche, non?«

»Eine großartige Idee«, sagte Marthe begeistert und zog ihr Notizbuch aus der Tasche.

Monsieur Escoffier führte sie zu einem Tisch an der Seite. Dort war das Mise en Place schon vorbereitet worden.

»Hier haben wir alles, was wir brauchen«, erklärte Pellaprat.

»Natürlich ein schönes Kaninchen.« Er wies auf das abgezogene Tier. »Dann brauchen wir Mirepoix, etwas Fett, natürlich Butter und die Gewürze: Salz, Pfeffer, ein Lorbeerblatt, einige Wacholderbeeren.« Er sah sie fragend an. Marthe nickte und machte sich Notizen.

»Dann nehmen wir das Kaninchen. Wir brauchen für dieses Rezept nur den ausgelösten Rücken.« Er löste das Fleisch aus, parierte es, legte es vor sich hin, würzte es. Zeitgleich hatte er eine Eisenpfanne auf den Herd gestellt und das Mirepoix mit etwas Butter hineingegeben, schwenkte es immer wieder durch. Dann gab er das Gemüse in eine kleine Schüssel, goss etwas Fett in die Pfanne und die beiden Kaninchenrückenstücke. Er ließ sie auf hoher Hitze von allen Seiten ganz kurz anbraten, gab etwas Butter hinzu, stellte die Pfanne an den Rand, wo die Hitze geringer war. Mit der schaumig gewordenen Butter übergoss er das Fleisch ein paarmal, bevor er es auf einem Teller zur Seite stellte und wieder das Gemüse in die Pfanne gab. Er röstete es an, löschte mit Wermut und etwas Weißwein ab, ließ alles einköcheln.

»Manche Köche«, erklärte er, »geben noch etwas konzentriertes Tomatenpüree dazu, ich halte das aber für falsch. Das Kaninchenfleisch hat so einen zarten Geschmack, die Tomaten würden das überdecken.« Er passierte die Soße durch ein feines Sieb, legte das Fleisch wieder in die Pfanne und ließ es bei milder Hitze warmziehen. »Voilà.« Pellaprat nahm das Kaninchen aus der Pfanne, schnitt es an. Es war butterzart und saftig. Dann richtete er für Marthe und Florence jeweils einen Teller mit etwas Kaninchenfleisch, Soße, sautiertem Gemüse und etwas Pommes Soufflé an. »Bon Appetit.«

»Das ist einfach nur köstlich«, schwärmte Florence. »Und jetzt, nachdem ich gesehen habe, wie sie es gemacht haben, würde ich mir das fast auch zutrauen.«

»Aber ja, es ist kein Hexenwerk«, sagte Monsieur Pellaprat belustigt. Er sah Marthe an. »Wissen Sie jetzt, wo Ihr Fehler lag?«

Marthe nickte. »Das Fleisch war zu langer bei hoher Hitze in der Pfanne. Und die Butter habe ich auch vergessen.«

»Die habe tatsächlich ich vergessen«, sagte Monsieur Pellaprat lächelnd. »Das habe ich aber erst gesehen, als Auguste mir das Rezept gab. Man muss so ein Stück Kaninchen wie ein Stück Wild behandeln – ganz vorsichtig. Es ist sehr mageres Fleisch und das wird natürlich schnell trocken, außer man schmort es. Normalerweise wird Kaninchen ja geschmort, aber diese Zubereitung finde ich ebenfalls sehr schön.«

»Deliziös«, schwärmte Marthe. »Meine Leserinnen werden begeistert sein. Und sie werden mich darum beneiden, dass Sie mir gezeigt haben, wie es geht.«

»Ihre Leserinnen werden es bestimmt wunderbar nachkochen können, da Sie, Mademoiselle, es ihnen beschreiben.«

»Jetzt wird es funktionieren, davon bin ich überzeugt. Ganz herzlichen Dank!«

»Natürlich«, sagte Julie am Abend, als Marthe und Florence ihr begeistert von der Vorführung berichteten. »Man muss es behandeln wie ein Stück Wild, das man kurz brät. Warum bin ich nicht darauf gekommen?«

»Vermutlich, weil man Kaninchen sonst immer schmort.«

»Ach, ich wäre gerne dabei gewesen. Aber nun gut, du hast deine

Notizen und wirst es neu aufschreiben, und morgen kochen wir es nach. Dann gelingt es bestimmt.«

Tatsächlich war es nun kein Problem, das Fleisch zart und saftig auf den Teller zu bekommen.

Marthe stellte die nächste Ausgabe fertig, aber Julie war sich immer noch unsicher, ob sie die Räumlichkeiten anmieten sollte oder nicht.

»Ich habe mal durchgerechnet«, sagte Marthe zu ihr. »Wenn sich die nächste Ausgabe so gut verkauft wie die davor, dann haben wir genügend Geld noch aus dem Erbe, dass du für mindestens ein halbes Jahr die Schule führen kannst. Wenn sie nicht genügend Geld einbringt, müssen wir uns etwas anderes überlegen. Aber dadurch, dass Escoffier einen Teil der Miete mitträgt und er den Elektroofen gekauft hat, wird es allemal reichen.«

»Ja«, sagte Julie. »Wir werden es wagen. Es kann gut laufen, es kann aber auch schiefgehen. Wie sagte Grand-mère immer: Man muss mit allem rechnen, auch mit dem Guten.«

»Juchhu!«, jubelte Marthe auf. »Das müssen wir feiern.«

Julie nickte und holte eine Flasche Champagner aus dem Keller, entkorkte sie ploppend. Als sie Marthe ein Glas reichte, hielt sie kurz inne. »Da ist noch etwas, was ich dich fragen möchte. Es ist mir fast ein wenig unangenehm.«

»Was kann das sein?«, fragte Marthe verwirrt.

»Es geht um die Schule. Sie braucht einen Namen, non? Und ich dachte, ich nenne sie auch ›Cordon Bleu‹, wenn du nichts dagegen hast.«

»Aber nein, Maman, das ist eine wunderbare Idee! Und es macht so viel Sinn. Ich finde es großartig. Was glaubst du, wann du eröffnen kannst?«

»Mit eurer Hilfe … sollte es wohl schon im nächsten Monat losgehen können. Die fünf Schülerinnen von außerhalb, die gerade in der Kochschule von Auteuil sind, kommen mit, das habe ich schon mit ihnen besprochen. Amelie wird die Kochschule des Waisenhauses übernehmen. Mir fehlen noch ein paar Kleinigkeiten, aber das wird sich mit der Zeit schon finden.«

Die nächste Ausgabe der »Cordon Bleu« war wieder ein Erfolg. Marthe hatte eintausendfünfhundert Exemplare drucken lassen und musste nach zwei Wochen nachdrucken. Die Leserzuschriften stapelten sich wieder in ihrem Zimmer, und sie und Florence kamen kaum noch hinterher, alles zu lesen und zu beantworten. Diesmal gab es jedoch kaum Fragen zur Zubereitung des Rezepts, nur begeisterte Briefe.

»Ich habe schon sieben Anmeldungen für die Kochschule«, sagte Julie glücklich. »Und mehrere der Frauen haben mich gefragt, ob wir denn auch die Rezepte aus dem Heft nachkochen werden. Da weiß ich noch nicht, wie ich das machen soll. Denn eigentlich wollte ich ja die Grundlagen vermitteln und nicht direkt mit komplexen Rezepten anfangen.«

»Vielleicht machen wir dafür einen gesonderten Termin«, überlegte Marthe. »Das könnte ich dann in der nächsten Ausgabe ankündigen.«

»Das wäre eine Möglichkeit. An einem Tag das zeigen, was du veröffentlicht hast.«

»Aber … nein«, sagte Marthe nachdenklich. »Wie wäre es, wenn wir so ein Angebot machen, aber nur für die Abonnementen der ›Cordon Bleu‹? Nur, wer das Heft im Abonnement hat, darf zu diesen Terminen kommen, dafür kostet es dann nichts. Es wären ja nur zwei Stunden oder so. Und wer dann noch mehr lernen will, kann sich bei dir anmelden.«

»Das klingt vernünftig. So machen wir es.«

Kapitel 20

Paris, Sommer 1900

Es war ein heißer Tag, die Luft schläfrig und voll vom süßen Duft der Pflaumen, die hinter dem Haus blühten.

»Bist du aufgeregt?«, fragte Florence ihre Freundin Marthe.

Marthe lehnte sich in der Chaiselongue zurück und schloss die Augen. »Ja«, sagte sie kaum hörbar.

»Aber du hast es verdient, Marthe.«

»Das weiß ich nicht. Was mache ich denn? Ich führe eine Zeitschrift und eine Schule. Die Schule führt eigentlich Maman, sie sollte den Orden erhalten, nicht ich.«

»Du leitest alles, hältst alles zusammen. Von dir geht das alles aus. Deine Artikel, die Zeitschrift – all das hast du ins Leben gerufen. Und ohne dich und die Zeitschrift gäbe es die Schule gar nicht.«

»Ohne Maman gäbe es sie auch nicht.« Marthe setzte sich wieder auf. »Was ist jetzt mit dir? Hast du mit deinen Eltern gesprochen?«

Florence seufzte auf. »Ich habe es versucht, aber du kennst sie doch. Sie haben ihre Meinung und weichen nicht davon ab.«

»Nun ja, aber es ist deine Entscheidung und nicht ihre, es ist dein Leben.«

»Sie haben die Hoffnung noch nicht aufgegeben, dass ich mich entsprechend unserer gesellschaftlichen Stellung vermähle.«

»Grundgütiger. Aber ja, ich weiß es ja. Nächstes Jahr werden wir beide dreißig, ich glaube kaum, dass sich noch ein passender Mann zeigen wird.«

»Wir beide hatten einige Anwärter …«

»Die uns aber beiden nicht gereicht haben. Nein, ich glaube nicht, dass ich jemals heiraten werde. Ich kann mir nicht vorstellen, mich einem Mann unterzuordnen und nach seinem Gusto den Haushalt zu führen. Ich schätze mein Leben als Verlegerin und Geschäftsfrau.« Sie sah Florence an. »Und du bist finanziell ebenso unabhängig wie ich. Du leitest mein Büro, ohne dich wäre ich verloren.«

»Aber«, sagte Florence kichernd, »ich kann immer noch nicht kochen. Und das wird sich auch nicht ändern, wenn ich mit euch zusammen in das neue Haus ziehe.«

»Du brauchst nicht kochen zu können. Die vielen Vorteile, die es mit sich bringen würde, wenn du bei uns einziehst, werde ich dir nicht noch einmal aufzählen.«

»Jaja. Das eigene Büro im Haus, meine eigenen Zimmer, ohne das meine Mutter ständig hereinkommt … und nicht zuletzt das hervorragende Essen – von dem ich aber sowieso fast jeden Tag profitiere.«

»Wir werden in das Haus ziehen, mit dir oder ohne dich – aber du weißt, was mir lieber wäre. Und wenn doch noch der elegante Chevalier vor deine Füße stolpert, kannst du eine neue Entscheidung fällen.«

»Meine Eltern würden mich verstoßen …«

»Papperlapapp. Wie oft wollten sie Vincent schon verstoßen und was ist passiert? Nichts. Sie werden sich aufregen, sie werden schmollen, sie werden vielleicht eine Weile nicht mit dir sprechen, und dann werden sie sich daran gewöhnt haben.«

»Damit liegst du vermutlich noch nicht einmal falsch.« Florence hob den Kopf. »Ich glaube, deine Mutter ist zurück.«

»Das wird aber auch Zeit. Ich verstehe nicht, warum sie immer noch jeden Tag so lange in der Schule bleibt. Das müsste sie doch gar nicht mehr. Aber sie meint, ohne sie würde sich alles in ein großes Wirrwarr verwandeln. Dabei wird sie nun wirklich nicht jünger. Ich mache mir Sorgen um sie. Letzte Woche hatte sie wieder einen Schwächeanfall, aber mehr als einen halben Tag wollte sie sich nicht ausruhen.«

»Wo seid ihr?«, hörten sie Julies Stimme. »Kommt in die Küche, Mädchen.«

»Na komm, altes Mädchen«, sagte Florence und lachte. »Lass uns zu ihr gehen.« Sie reichte ihrer Freundin die Hand und zog sie hoch.

Julie hatte einen großen Korb auf den Küchentisch gestellt, und holte nun verschiedene Gläser und Schüsseln heraus.

»Ich hoffe, ihr habt noch etwas Hunger. Es gab Reste, die ich euch eingepackt habe. Es war ein sehr schönes Abschlusskochen.«

»Was gibt es denn?«, fragte Florence und linste über Julies Schulter.

»Fischsuppe, sehr köstlich. Wir haben auch noch Blinis und Sauerrahm, sicherlich findet sich hier irgendwo noch eine Dose Kaviar. Zudem gibt es einen Salat mit frischen Kräutern und dazu gebratene Wachteln. Creme Brûlée und Mousse au Chocolade habe ich auch noch eingepackt.«

»Wie immer werden wir gemästet«, seufzte Marthe gespielt entsetzt und lachte dann. »Zu der Feier wird mir das Kleid nicht mehr passen, wenn du so weiter machst.«

»Unfug. Du isst und isst, aber du nimmst nicht zu, mon Chéri.« Julie sah sich um. »Hol mal eine Flasche Champagner. Wir sollten darauf anstoßen.«

»Darauf, dass du uns mästest?« Marthe schmunzelte und brachte ihnen eine Flasche Champagner aus dem Keller. Sie entkorkte sie, schenkte ihnen ein. Florence hatte in Windeseile den Tisch gedeckt und Julie die Suppe aufgewärmt.

»Es ist nicht mehr viel Champagner da«, sagte Marthe.

»Oh, ich habe schon welchen bestellt, aber den lasse ich direkt an die neue Adresse liefern.« Julie nahm das Glas, rückte die Brille, die sie seit einiger Zeit trug, zurecht, und hob es. »Santé! Auf meine wunderbare Tochter, die ein Ritter der öffentlichen Bildung wird.«

»Auf Marthe«, sagte auch Florence.

Marthe winkte ab. »Du solltest den Orden bekommen, Maman. Ohne dich …«

»Aber nein«, fuhr ihr Julie ins Wort, »du hast die Zeitschrift gegründet. Du hast das erste Jahr all deine Kraft und Energie da reingesetzt. Meine Kochschule hätte ich ohne deine Abonnementen nie verwirklichen können. Du hast das alles erreicht. Und du trägst zur Bildung bei, dazu, dass die französische Küche weiterhin hohes Ansehen behält und die Kochkunst angewendet wird.«

»Ja, Marthe, du hast das alles geschafft«, sagte Florence. »Wäre Monsieur Escoffier damals nicht mit den Räumlichkeiten gekommen, hättest du etwas anderes aufgetan. Es war ein glücklicher Zufall.«

»Er wollte nur den elektrischen Herd ausprobieren«, sagte Marthe belustigt. »Und hat sich nicht getraut so etwas in einer seiner Küchen zu installieren, bevor er sich nicht sicher war, dass nichts passiert. Das hat er mir mal erzählt. Deshalb haben ja seine Lehrlinge die Schulküche nur wenige Wochen genutzt, weil er dann einen eigenen Herd gekauft hatte.«

»Dennoch war es eine große Hilfe, die er uns gegeben hat.« Julie verteilte die Blinis auf den Tellern, während Marthe die Kaviardose öffnete.

»Ja, aber schon nach einem halben Jahr waren die Kurse so voll, dass wir Personal einstellen mussten. Wir brauchen all die Räume.«

»Wie viele Mamsells und Köchinnen inzwischen in den Pariser Häusern wirken, die im ›Cordon Bleu‹ ausgebildet worden sind?«, sinnierte Florence. »Hunderte.«

»Und es werden immer mehr. Die nächsten Kurse sind auch schon wieder fast ausgebucht«, sagte Julie. Sie sah Marthe an, griff dann in ihre Rocktasche und zog einen Brief hervor. »Das kam heute. Er ist an uns beide adressiert.«

»Von wem ist er?«, fragte Marthe und löffelte sich Kaviar auf den Teller.

»Von Henri-Paul.«

»Oh, wie schön. Weitere Rezepte? Und wird er wieder einen Kurs bei uns geben? Es hat sich so etabliert, dass die Chefs de Cuisine bei uns ihre Vorführungskurse geben. Ich habe schon Anmeldungen aus dem ganzen Land, selbst aus Deutschland, England und Österreich wollen sie hierherkommen, um bei einem Spitzenkoch zu lernen. Und, Grundgütiger, was sind die Leute bereit zu zahlen, es ist unfassbar«, sagte Marthe vergnügt. Sie nahm den Brief, las ihn, runzelte dann die Stirn und sah ihre Mutter an.

Julie zuckte mit den Schultern. »Das musst du entscheiden, Marthe«, sagte sie.

»Sagt ihr mir nun auch, worum es geht, oder werde ich dumm sterben müssen?«, fragte Florence ein wenig beleidigt.

»Henri-Paul Pellaprat fragt an, ob er … ob er eine feste Stelle bei uns bekommt. Er möchte die Meisterkurse leiten, die wir einführen wollen.«

»Er will … was?« Florence schüttelte ungläubig den Kopf. »Aber er hat doch ein Restaurant.«

»Ja«, sagte Julie nun nachdenklich. »Das hat er. Aber er hat festgestellt, dass ihm das Lehren mehr zusagt, dass er größere Freude daran findet, Köchen die gute Küche beizubringen, als für Gäste zu kochen.«

»Und das kann er richtig gut, er kann erklären, er kann es ihnen beibringen«, sagte Marthe nun nachdenklich. »Aber eine feste Stelle? Ich weiß nicht, ob wir dafür Bedarf haben.«

»Aber ja, Marthe«, sagte Julie nachdrücklich. »Wenn wir das anbieten, werden sie kommen. Und wenn wir ebenso noch andere Spitzenköche haben, die Kochführungen machen, wird das unseren Ruf nur verbessern. Das ›Cordon Bleu‹ könnte zur besten Kochschule Frankreichs werden.«

»Das ist sie doch schon, Maman«, sagte Marthe. »Das ist sie doch schon lange. Und wir werden immer besser.«

»Dann ist es abgemacht? Wirst du ihm zusagen?«

»Ich werde eine Nacht darüber schlafen, so wie wir es immer bei wichtigen Entscheidungen tun, Maman.«

Julie stand auf und holte die Suppe vom Herd. »Es wäre gut, wenn er die Leitung der Meisterklassen übernehmen würde, dann könnte ich mich ein wenig zurückziehen. Ich werde ja auch nicht jünger.«

»Also wirklich, Maman, du könntest dich auch so zurückziehen. Wir haben genügend Personal.«

»Den Überblick möchte ich schon noch behalten«, meinte Julie ein wenig spitz. »Ihr jungen Leute seid nicht so sorgfältig.«

»So jung sind wir ja gar nicht mehr«, sagte Florence leise.

»Nein, ihr seid im besten Alter.« Julie musterte sie. »Hast du schon mit deinen Eltern gesprochen?«

Florence verdrehte die Augen. »Sie werden mich nicht gehen lassen.«

»Du hast also nicht mit ihnen gesprochen. Gut, dann werde ich das tun«, sagte Julie. Sie stellte eine Pfanne auf den Herd, tat die Wachteln hinein und goss sie mit etwas Jus an. »Was freue ich mich auf die neue Küche im neuen Haus. Endlich haben wir dann dort auch einen elektrischen Herd. Und elektrisches Licht. Das wird ganz famos werden. Und so modern.«

»Wisst ihr noch? Vor elf Jahren? Als der Eiffelturm eröffnet wurde und auch Weltausstellung war? Da gab es das erste Mal elektrisches Licht zu sehen und elektrische Maschine. Was haben wir damals gestaunt«, sagte Florence.

»Und uns auch ein wenig gefürchtet«, meinte Marthe. »Ich weiß noch, als ich zum ersten Mal Aufzug gefahren bin – ich dachte, mein Herz bliebe stehen.«

»Und jetzt gehören die Maschinen zu unserem Alltag dazu.«

»Es werden sogar immer mehr. Ich weiß noch, wie unheimlich ich die fahrende Plattform in der Halle der Maschinen damals fand, und nun gibt es den rollenden Bürgersteig, der kilometerweit die neue Weltausstellung umrundet.«

»Da traue ich mich nicht drauf«, sagte Julie entschieden.

»Aber doch, Maman, du musst! Es ist gar nicht schlimm.«

»Er hält doch nicht an, ist immer in Bewegung. Und so schnell. Nein, darauf werde ich nicht gehen.«

»Gut, dann fahren wir mit der elektrischen Eisenbahn.«

»Oder mit dem Dampfomnibus.«

»Ich bin noch recht gut zu Fuß«, sagte Julie und holte die Wachteln vom Herd.

»Du freust dich auf den elektrischen Ofen, auf das Licht – du bist der Moderne doch gar nicht abgeneigt. Warum dann diese Angst?«, fragte Marthe.

»Es ist die Geschwindigkeit«, meinte Julie nachdenklich. »Alles wird so schnell. Daran kann sich mein Kopf nicht gewöhnen. Und dann noch die Métro – eine Eisenbahn unter der Erde. Wenn da etwas passiert …«

»Aber du fährst doch mit der normalen Eisenbahn. Da hast du keine Angst.«

»Das ist auch was anderes und seit Jahren erprobt«, sagte Julie ein wenig indigniert.

»Ich finde die Métro gut. Vielleicht wird dadurch der Verkehr auf den Straßen wieder weniger, es ist ja fast lebensgefährlich heutzutage mit den vielen Pferdebussen und Droschken, den Karren und nun auch den Fahrrädern. Man muss geradezu Angst haben, als Fußgänger überfahren zu werden«, sagte Marthe. Sie sah ihre Mutter an. »Aber wir können übermorgen auch eine Droschke nehmen, wenn wir zur Ausstellung gehen.«

»Schon übermorgen«, sagte Florence aufgeregt. »Die Zeit fliegt.«

Marthes Mund wurde plötzlich ganz trocken. Den Gedanken an die Ordensverleihung hatte sie immer wieder verdrängt. Sie hatte zwar ein Kleid in Auftrag gegeben und die Putzmacherin bestellt, aber ansonsten hatte sie sich verboten, an den Tag zu denken.

Als vor ein paar Wochen der Brief der Regierung gekommen war, in dem stand, dass sie auf der Weltausstellung zum Ritter der öffentlichen Bildung gekürt werden würde, hatte sie es erst nicht glauben können. Wie war das Ministerium auf sie gekommen? Diese Ehre, dachte Marthe nun, habe ich nicht verdient. Alles, was ich getan habe, habe ich für Maman und mich gemacht – nicht für das französische Volk. Oder doch?

Sie erinnerte sich daran, dass sie als junges Mädchen schon die Rezepte ihre Grand-mère notiert hatte, damit sie nicht verlorengingen. Sie hatte aufgeschrieben, wie man Vorräte anlegte, Lebensmittel haltbar machte, Heilkräuter sammelte und zubereitete. All dieses Wissen war in ihre Artikel geflossen. Es war der Grundstein für das »Cordon Bleu« – sowohl die Zeitschrift als auch die Schule – gewesen. Viel hatte sich in den letzten Jahren verändert. Die Art zu kochen war leichter und bekömmlicher geworden, die Gänge kleiner und vielseitiger. Die Lebensmittel wurden heutzutage schonender zubereitet, denn es gab sehr viel bessere Möglichkeiten der Lagerung und Konservierung. Durch die neuen Öfen konnte man die Hitze besser kontrollieren und so behutsamer kochen. All das wollte sie ihren Leserinnen beibringen.

Bei Grand-mère hatte sie alte Gemüsesorten schätzen gelernt und wie man damit saisonal kochte. Auch das hatte sie weitergegeben.

Durch Maman war ihr die gute französische Küche nahegebracht worden. Ein gutes Gericht basiert auf einer hervorragenden Soße, das war Mamans Credo, und Marthe hatte es übernommen. Es hatte sie überrascht, wie viele Zuschriften sie zu Soßen immer noch bekam. Viele bedankten sich für die Rezepte. Und ja, die französische Küche wurde auch in den bürgerlichen Haushalten wieder zelebriert.

Die Weltausstellung war eine Reise durch andere Länder. Es gab sogar ein ganzes Dorf aus der Schweiz – mit künstlichen Bergen, Wasserfällen und Wäldern. In diesem Jahr nahmen wieder fast alle europäischen Länder an der Ausstellung teil – vor elf Jahren war die Republik von den Monarchien noch ignoriert worden. Die anderen Länder präsentieren die Produkte ihres Landes, allerlei Waren und auch Lebensmittel. Natürlich waren die Franzosen neugierig und interessiert, kauften Schweizer Käse und deutsche Wurst, aber die französischen Produkte galten als wertiger, und das war auch Marthes Verdienst.

Auguste Escoffier, mit dem sie immer noch in freundschaftlichen Kontakt standen, hatte Marthe und Julie nachhaltig beeinflusst. Julie führte die Schulklassen so, wie Escoffier seine Küchen leitete – ruhig und mit viel Disziplin. Marthe hatte von ihm die Leidenschaft für gute heimische Produkte übernommen, war immer auf der Suche nach noch besseren Produzenten und Waren.

Aber dafür einen Orden zu bekommen, erschien ihr doch etwas hoch gegriffen.

Ich kann es nicht ändern, ich kann es nur annehmen, sagte sie sich nun.

»Du bist so ganz in Gedanken, ma Chérie«, meinte Julie besorgt. »Geht es dir nicht gut?«

»Aber nein, alles ist in Ordnung«, winkte Marthe ab. »Ich hoffe nur, das Kleid passt, und ich werde nicht aussehen wie eine Nebelkrähe.«

»Das Kleid ist wunderschön, du bist wunderschön. Mit einer Nebelkrähe hast du gar keine Ähnlichkeit«, meinte Florence. »Du wirst schon sehen, alles wird gut gehen.«

Doch Zweifel und Unsicherheit plagten Marthe. Am nächsten Tag kam die Schneiderin. Das Kleid war nach der neusten Mode geschnitten, mit einem breiten Atlasgürtel und mit Blumen bedruckt. Der Stoff leicht und weich fallend.

»Wir müssen gar nicht viel schnüren«, sagte die Schneiderin zufrieden. »Ihre Taille ist von Natur aus schlank. Aber ganz ohne Korsett geht es natürlich nicht. Das wäre ja auch unanständig.«

Sie musste nur noch wenige Änderungen vornehmen, ließ die passenden Handschuhe und den Hut, den die Hutmacherin extra für diesen Tag angefertigt hatte, gleich da.

»Mein erstes feines Kleid hatte ich von dir«, sagte Marthe zu Florence. »Weißt du noch? Damals die Weihnachtsfeier?«

»Ja, das war eine aufregende Zeit.«

»Aufregend? Das trifft es nicht im Entferntesten. Ich wusste nicht, wie ich mich bewegen, was ich sagen sollte. Ich dachte, jeder sieht in mir sogleich das trampelige Bauernmädchen.«

»Du hast dich ganz wunderbar geschlagen, trotz deiner Unsicherheit. Und inzwischen bist du eine Dame von Welt. Und morgen wirst du Präsident Loubet gegenübertreten.«

»Oh bitte, erwähne das nicht, sonst werde ich ohnmächtig«, seufzte Marthe. »Was, wen er mich etwas fragt?«

»Soweit ich weiß, wird er mindestens zehn Orden für verschiedene Verdienste verleihen. Da hat er keine Zeit für längere Plauderstündchen. Du musst nur lächeln und ihm die Hand drücken.«

»Die Hand drücken?« Marthe wurde blass. »Wirklich? Ich werde sterben vor lauter Aufregung.«

»Nein, das wirst du nicht. Und anschließend gehen wir auf dem Eiffelturm essen, non?« Florence biss sich auf die Lippen. »Nun … ähm … da wäre noch etwas …«, druckste sie herum.

»Ja?«

»Meine Eltern. Sie werden auch zur Verleihung kommen …«

»Oh, das ist ja … wunderbar. Oder etwa nicht?«

»Doch, doch. Sie sind ganz stolz auf dich, so, als wäre das auch ihr Verdienst, was du erreicht hast. Das ist mir ein wenig unangenehm.«

»Aber nein. In gewisser Weise haben sie ja recht. Wenn Maman nicht die Stelle bei deinen Eltern bekommen hätte, hätte ich vielleicht gar nicht zum Lyzeum gehen können. Immerhin haben sie ein gutes Wort für mich eingelegt. Ich bin ihnen dafür sehr dankbar.«

»Wäre es schlimm, wenn sie mit zum Essen kämen?«, fragte Florence leise. »Es ist dein Tag, deine Feier und du kennst doch meine Maman – sie wird es schaffen, es zu ihrem Tag zu machen.«

Marthe lachte auf, zum ersten Mal seit Tagen voll echter Fröhlichkeit. »Mon Dieu, nein. Ich finde es eher amüsant. Und – es ist die perfekte Gelegenheit, mit deinen Eltern über deinen Umzug zu sprechen. Du willst doch bei uns einziehen, non?«

Florence seufzte. »Ja, das möchte ich. Im Prinzip lebe ich ja schon seit Jahren bei euch. Du bist meine allerbeste Freundin, ein Leben ohne dich kann ich mir nicht vorstellen.«

»Ich wäre ohne dich schlicht verloren«, gestand Marthe und umarmte ihre Freundin. »Mach dir keine Gedanken, sie werden schon

Ja sagen, immerhin ist Maman dabei, sie weiß, wie man mit deiner Mutter umgeht.«

In der Nacht schlief Marthe kaum. Sie fühlte sich so unsicher wie der junge Backfisch damals, der zum ersten Mal in der Gesellschaft auftrat. Doch gegen Morgen fiel sie in einen tiefen Schlaf und erwachte erfrischt.

»Es ist Grand-mère«, sagte sie am Frühstückstisch. »Sie ist bei mir, sie schaut von oben auf uns herab und platzt beinahe vor Stolz. Das fühle ich ganz sicher.«

»So ähnlich geht es mir auch«, sagte Julie und biss herzhaft in ihr Brot. »Aber wenn du so zuversichtlich bist, solltest du etwas essen. Du willst doch nicht vor körperlicher Schwäche umfallen, non?«

»Ach, Maman«, sagte Marthe und nahm sich ein Pain au Chocolat, »Bei dir dreht sich immer alles nur ums Essen.«

»Bei dir doch auch«, meinte Julie und zwinkerte ihr zu.

Sie nahmen eine Droschke bis zum Eingang der Weltausstellung, gingen unter dem Eiffelturm hinein. Florence entdeckte sie und kam ihnen freudestrahlend entgegen.

»Du siehst phantastisch aus«, sagte sie. »Ich wusste, du würdest phantastisch aussehen.«

»Du nicht minder«, gab Marthe zurück und schmunzelte.

Überrascht sah Florence ihre Freundin an. »Wo ist deine Bangigkeit der letzten Tage geblieben?«

»Ich habe sie zu Hause gelassen.«

»Ein weiser Entschluss. Komm, meine Eltern möchten dich begrüßen.«

Madame und Monsieur Laurent strahlten tatsächlich voller Stolz.

»Ich wusste schon immer, dass etwas Besonderes aus dir wird,

Marthe«, sagte Monsieur Laurent. »Und nun diese Ehrung. Phantastisch.«

»Bei der letzten Ausstellung waren wir auch zusammen hier«, sagte Madame Laurent.

»Aber nur kurz, Maman. Wir haben uns schon am Eingang von euch getrennt und sind ohne euch gegangen.«

Margaux Laurent sah ihre Tochter missbilligend an. »Du musst immer das letzte Wort haben, non?«

»Eigentlich bist du das«, meinte Florence und zuckte mit den Schultern. Sie hakte sich bei Marthe unter. »Bereit für den großen Augenblick?«

Marthe nickte.

Sie war seit der Eröffnung schon ein paarmal in der Ausstellung gewesen, war den Weg über den Champs de Mars zur großen Halle gegangen, um zu üben. Aber heute war es dennoch anders. Ihr Herz klopfte, aber sie fühlte keine Schwäche.

Viele Menschen eilten gemeinsam mit ihnen zur großen Halle, wo der Präsident und einige Minister schon warteten. Jemand kam auf sie zu, nahm Marthe mit. Sie stellte sich in einer Reihe zu den anderen, die auch heute geehrt wurden.

Es wurde eine Rede gehalten, dann lobte der Präsident die zukünftigen Ordensempfänger einzeln und hob ihre Verdienste hervor. Und schließlich steckte er ihnen das veilchenfarbene Band mit dem Medaillon, das einen Kreis aus Öl- und einem Zweig des Lorbeerbaums bildete, an.

Er schüttelte tatsächlich Marthes Hand, beglückwünschte sie. Doch bevor sie noch etwas sagen konnte, hatte er sich schon dem Nächsten zugewandt.

»Ich habe von der Rede kaum etwas mitbekommen«, gestand Marthe anschließend. »Ich habe zwar gehört, dass etwas gesagt wurde, aber die Worte kamen nicht bei mir an.«

»Das macht nichts«, meinte Julie. »Das geht vermutlich allen so. Worte sind Schall und Rauch, wichtig ist nur, dass du diesen Orden hast. Der französische Staat hat dich für deine Dienste ausgezeichnet. Ich bin so stolz auf dich.«

»Ich auch«, sagte Madame Laurent. »Es war sehr ergreifend.«

»Nun ja, bei einigen der Geehrten habe ich den Sinn nicht verstanden. Eine Auszeichnung für besondere Dienste im … Sport?« Monsieur Laurent schüttelte den Kopf. »Wofür soll das gut sein?«

»Jeder, der heute eine dieser Medaillen überreicht bekommen hat, hat irgendetwas geleistet, dass Frankreich dient, nützt oder hervorhebt. Für andere mag das gering sein, nicht auszeichnungswürdig, aber der- oder diejenige hat es auch für sein Land getan«, sagte Marthe ruhig. »Unser Staat ist ein ganz besonderer Staat – wir alle gemeinsam machen ihn aus. Wir alle können uns auf unsere Art und Weise einbringen. Und wer das tut, sollte gewürdigt werden.«

Sie gingen zurück zum Eiffelturm.

»Ich habe für uns alle einen Tisch reserviert«, sagte Marthe. »Oben, auf der Plattform.«

Die Restaurants, die damals zur Eröffnung des Eiffelturms gebaut worden waren, gab es immer noch. Das elsässische Restaurant war in den letzten Jahren als Theater genutzt worden, nun wurde dort aber wieder gekocht und Essen serviert. Alle Lokalitäten waren renoviert worden und erstrahlten in neuem Glanz.

»Wohin gehen wir?«, fragte Madame Laurent und drehte sich im Kreis. »Russisch? Elsässisch?«

»Natürlich werden wir in das französische Restaurant gehen«, sagte Marthe lachend. »Hier hat alles seinen Anfang genommen.«

Sie hatten einen Tisch am Fenster.

Marthe schaute hinaus. »Dort drüben liegt der Palais Royal, da ist das ›Cordon Bleu‹.« Sie sah ihre Mutter an, drückte ihre Hand. »Unser Cordon Bleu. Möge es noch viele Schüler aufnehmen und ihnen die französische, die beste Küche der Welt beibringen. Möge der Gedanke der Haute Cuisine Frankreichs sich über die Welt verbreiten und alle begeistern. Ich für meinen Teil werde alles dafür tun.« Marthe hob ihr Glas. »Santé!«

Nachwort

Marthe Marie Joséphine Distel wurde am 18. September 1871 in Remiremont geboren und starb am 1. April 1934 in Saint-Leu-la-Foret. Ihr Vater Joseph war Kurier, ihre Mutter Julie war Köchin. Der Vater starb früh, die Mutter zog mit dem einzigen Kind nach Paris.

Viel mehr ist über Marthe Distel nicht bekannt. Dennoch hat mich diese Person fasziniert – wie kam es, dass sie zu einer der ersten Journalistinnen in Frankreich wurde, eine Kochzeitschrift und eine Kochschule gründete? Trotz langer und intensiver Bemühungen habe ich kaum etwas über sie erfahren und so ließ ich meiner Phantasie freien Lauf.

Die Kochschule »Le Cordon Bleu« ist bis heute eine der berühmtesten und anerkanntesten Kochschulen und hat auf der ganzen Welt Dependancen. Dort einen Abschluss zu machen, ist ein Garant für eine gute Anstellung.

Marthe hatte ganz sicher Kontakt zu dem Waisenhaus der Lehrlinge von Auteuil, denn sie vermachte der Stiftung ihr ganzes Eigentum. Und tatsächlich hat Pater Roussel Werkstätten geschaffen, um den Waisen eine Ausbildung zu ermöglichen. Es wäre also gar nicht so abwegig, dass sich die Kochschule daraus entwickelt hat.

Die Zeitschrift »Le Cordon Bleu« erschien 1895 das erste Mal, da eröffnete auch die gleichnamige Koch- und Hauswirtschaftsschule. Die ersten Jahre besuchten viele junge Frauen die Schule – sie wollten nicht nur Kochen lernen, sondern auch die Grundlagen der damals modernen Hauswirtschaft. Kochkurse für Abonnementen auszuschreiben war eine Werbemaßnahme der Zeitschrift. Doch diese Kochkurse entwickelten sich schnell zu einem wahren Hit. Henri-Paul Pellaprat, ein Spitzenkoch der damaligen Zeit, übernahm die Leitung dieser Kochkurse, und es gelang ihm, weitere Spitzenköche dazu zu verpflichten, diese Kurse abzuhalten. Nach den ersten Jahren, in denen fast nur Frauen die Schule besuchten, hatten sich diese Kurse unter den Spitzenköchen Frankreichs herumgesprochen, und immer mehr Köche meldeten sich im »Cordon Bleu« an. Zuerst unterstützten die Kochkurse die Zeitschrift, aber schließlich begleitete die Zeitschrift nur noch die Kochschule.

1904 starb Julie Distel, und Henri-Paul Pellaprat übernahm die Schule. Zu der Zeit reisten schon Köche aus der ganzen Welt, sogar aus Japan, an, um dort ausgebildet zu werden. Die Gastronomie, die Haute Cousine, war immer noch eine Männerdomäne, und erst in den letzten Jahrzehnten wandelte sich das. Die Schule »Le Cordon Bleu« wurde zu einer Kochschule der Spitzengastronomen.

Nach dem Zweiten Weltkrieg wurden dort Kochkurse für amerikanische Soldaten angeboten. Julia Child, eine Diplomatengattin, erkämpfte sich dort einen Platz – als eine der wenigen Frauen, die zu der Zeit dort teilnehmen durften. Kochbegeisterte LeserInnen mögen vielleicht den Film »Julie & Julia« kennen – dort wird das »Cordon Bleu« gezeigt. Julia Child wurde die erste Fernsehköchin in Amerika – aber das ist eine ganz andere spannende Geschichte.

Ob Marthe sich den Erfolg, den ihre Kochschule hat, erträumt hat? Wahrscheinlich nicht. Ihr war die Zeitschrift wichtiger, aber sie war auch eine Geschäftsfrau und hat demnach ihr Augenmerk auf das erfolgreichere Model – die Schule – gelegt. Die Zeitschrift wurde in den 1950er-Jahren eingestellt.

Marthe hat sich für regionale französische Produkte eingesetzt, und tatsächlich wurde ihr 1900 auf der Weltausstellung in Paris eine Auszeichnung der Gruppe »Lebensmittel« verliehen.

Sie heiratete nie, starb kinderlos und ohne weitere Verwandtschaft. Ich bin mir sicher, dass sie viele glückliche Momente in der Küche verbracht hat – denn gutes Essen ist Lebensgenuss.

Bon Appetit!

Danksagung

Ein Buch entsteht nie ohne Hilfe, ohne Unterstützung, Zuspruch und Zeit.

Ich danke allen, die mir immer wieder zuhören, wenn ich anfange, von meinen Figuren zu erzählen und oft kein Ende finde. Und freue mich immer, wenn sich Bekannte, Nachbarn, Freunde und Familie bei mir in der Küche einfinden und mit mir dem Genuss frönen. Mögen wir alle noch viele solcher Momente haben.